“科学社会主义的理论与实践”同步辅导

主　编　蒲国良
撰稿人　蒲国良　张万杰　宫玉涛　熊光清

中国人民大学出版社
·北京·

目　录

绪 论

一、要点提示

本章主要阐述科学社会主义理论与实践的基本问题、学习与研究科学社会主义的意义和方法。本章的主要知识点有：马克思主义的基本概念，科学社会主义是马克思主义的核心，社会主义思想认识的三次历史性飞跃和科学社会主义理论的三种形态，学习与研究科学社会主义的理论与现实意义、基本方法。

二、基本概念

1. 马克思主义：是马克思恩格斯创立的无产阶级和全人类解放的科学。简而言之，马克思主义是“人的解放学”。

2. 人的解放：就是使人摆脱艰险繁重的劳动，摆脱贫穷困苦的生活，摆脱愚昧无知的状态，摆脱阶级的剥削与压迫，摆脱自然的威胁与灾害，使每一个人得到自由而全面的发展，过上美满而幸福的生活。

3. 社会主义：一般而言，社会主义包括三个层面的含义，它既是指社会主义思潮、理论和学说，又是指社会主义的社会形态和社会制度，同时还用来指在社会主义学说指导下为建立和完善社会主义社会制度而进行的社会运动。在世界社会主义运动史上，存在着各种各样的思潮和流派，也存在着对社会主义的各种各样的解释和定义。作为一种社会形态和社会制度，一般而言，社会主义是指以社会化劳动为基础、由劳动人民掌权的社会形态。社会主义是资本主义的继承物、对立物、取代物和创新物，它是继承资本主义各种积极成果、克服资本主义各种矛盾和弊端而创建的，高于资本主义的社会制度和社会形态。

4. 科学社会主义：是马克思和恩格斯为了与空想社会主义相对应而使用的

一个概念，是指研究改变资本主义世界、建设社会主义世界的一般规律的科学。科学社会主义有狭义和广义之分。就狭义而言，科学社会主义是马克思主义的重要组成部分，是马克思主义理论体系的核心；就广义而言，可以说科学社会主义就是马克思主义，科学社会主义就是人的解放学。

5. 资本主义：是以私人资本为基础、由资本家阶级统治的社会形态。资本主义最早从 14 世纪起孕育于西欧封建社会内部，到 16 世纪在西欧一些国家产生资本主义制度。从 16 到 18 世纪，它在西欧一些国家经历了简单协作、手工工场和机器工业三个时期。到 18 世纪末，实现三大革命即美国和法国的政治革命以及英国的产业革命之后，资本主义才由第一阶段的封建资本主义阶段进入第二阶段的自由资本主义阶段，开始发展成为囊括全球的世界性体系。19 世纪末，自由资本主义又发展到第三阶段的垄断资本主义阶段即帝国主义阶段。

三、重点问题和答题要点

1. 科学社会主义是马克思主义的核心。

第一，从马克思主义三大组成部分之间的关系来看，马克思主义哲学是研究无产阶级和全人类解放这个主题的起点，马克思主义经济学是中介，终点则是科学社会主义。如果没有终点，起点和中介也就半途而废，没有任何意义。从这个特定意义上说，科学社会主义比之哲学和经济学是马克思主义更加重要的一个组成部分，是马克思主义理论体系的核心部分。

第二，从理论对实际的指导来看，可以说，科学社会主义是比马克思主义哲学更直接、比马克思主义经济学更全面地指导无产阶级和全人类的解放运动的一个组成部分。

第三，中国特色社会主义既坚持了科学社会主义的基本原则，又具有我国实际和时代特征所赋予的鲜明的中国特色。要全面建成中国特色社会主义，首先就要深入理解科学社会主义。

2. 科学社会主义的研究对象。

科学社会主义是研究社会主义产生和发展的一般规律，即研究改变资本主义旧世界、建设社会主义世界的一般规律的科学。这就是说，它所研究的不仅是社会主义社会，而且还有资本主义社会，它是以资本主义社会和社会主义社会这两个社会形态作为研究客体的，当然也包括从资本主义社会到社会主义社会的一国性过渡时期和世界性过渡时期在内。它主要包括：在资本主义世界，怎样以工人阶级及其政党掌握政权为中心，全面开展改变资本主义的斗争，从各方面积累社会主义因素；在从资本主义到社会主义的过渡时期，怎样以巩固并发展工人阶级及其政党领导的政权为支柱，以经济建设为中心，全面进行社会主义改造和社会主义建设；在社会主义社会从初级到高级发展的全过程中，怎样以工人阶级政权和工人阶级政党的建设为支柱，以经济建设为中心，带动并指导全面的社会主义建设和社会主义改革；怎样处理好社会主义世界内部社会主义国家之间的关系以及社会主义世界同资本主义世界之间的关系；等等。

3. 资本主义社会的基本特征。

（1）经济上，实行生产资料的资本家私有制和剥削工人的雇佣劳动制；

（2）政治上，资产阶级通过其政党掌握国家政权，统治人民；

（3）文化上，维护资产阶级统治的意识形态居于主流地位。

4. 社会主义社会的基本特征。

（1）经济上，在不断提高生产力的基础上实行劳动者拥有产权的生产资料社会公有制，消除两极分化，实现共同富裕；

（2）政治上，由全体劳动人民当家作主，国家政权的领导是人民的公仆，应由人民选举产生，并受人民监督，不得享有特权；

（3）文化上，劳动人民普遍知识化，文化素养、文明程度有较大提高，先进文化繁荣兴盛。

5. 社会主义思想认识的三次历史性飞跃。

（1）第一次飞跃：社会主义由空想形态发展为科学形态。马克思恩格斯于19世纪40年代在参加工人运动、阶级斗争实践和从事科学研究的基础上，完成了社会主义思想认识的第一次历史性飞跃，形成了科学社会主义。1848年《共产党宣言》的发表标志着科学社会主义的诞生。在总结19世纪下半叶国际工人运动和社会主义运动经验的基础上，科学社会主义理论得到进一步丰富和发展。

（2）第二次飞跃：社会主义在落后国家首先建立，由思想理论发展为现实的社会制度，形成苏联模式社会主义。第二次飞跃以十月革命后在俄国一国建成社会主义为标志。斯大林时期形成的苏联模式社会主义是有严重弊病的社会主义，是渗透了俄国历史遗留下来的军事封建因素的社会主义。这种社会主义在特定历史条件下虽然也显示出一些优越性，但是如果不对其具体体制进行重大改革，那么社会主义基本制度的优越性就无法持久、充分地显示出来。如果长期改革不力，这种有严重弊病的社会主义终究会被人民抛弃。

（3）第三次飞跃：通过改革开放探索各具本国特色的社会主义。第三次飞跃是社会主义各国在改革开放中出现的。社会主义改革实际上是第二次革命，而不是细枝末节的改良；但是这不像第一次革命那样完全是自下而上推翻旧制度的革命，而是在维护社会主义基本制度前提下的社会主义自我调节和自我完善，它是自上而下与自下而上相结合的渐进性改革。它既要肯定苏联模式中坚持和发展科学社会主义的成果，同时又要纠正其对科学社会主义的教条式理解和背离性歪曲，而且还要结合当今时代的变化和各国国情的特点，进一步发展科学社会主义，这样社会主义国家在改革开放中才能够逐步实现社会主义思想认识的第三次飞跃。

6. 学习与研究科学社会主义的理论与现实意义。

（1）学习与研究科学社会主义有助于我们树立科学世界观、革命人生观和正确价值观。

（2）学习与研究科学社会主义有助于我们学好各门具体科学和专业学科。

（3）学习与研究科学社会主义有助于我们深化对社会主义的认识，提高执行中国共产党在社会主义初级阶段的基本纲领和基本路线的自觉性，更好地为建设中国特色社会主义和社会主义现代化而贡献自己的力量。

（4）学习与研究科学社会主义将帮助我们扩大视野，增强对当代资本主义世界的分析能力，明确全世界走向社会主义的大趋势，坚定社会主义在全世界必胜的信念。

（5）学习与研究科学社会主义有助于我们认清当代世界社会主义与世界资本主义的关系，明确我们在改革开放中对世界资本主义应该采取的方针，洞察今后世界发展的趋势。

7. 学习与研究科学社会主义的基本方法。

（1）最基本、最重要的方法是理论联系实际的方法。

（2）世界联系中国的方法。历史实践证明：没有世界社会主义，也就不会有中国社会主义；中国社会主义的发展不能不受世界社会主义的影响；要了解中国应该如何建设社会主义，首先就要深入研究世界社会主义的经验教训；要立足中国，了解外国，借鉴世界；还要争取社会主义的中国能够在多方面为推进世界社会主义的发展作出自己的贡献，千万不能脱离了中国，孤立地去研究科学社会主义在世界的实现与发展。

（3）成就联系挫折的方法。要善于从挫折中认真总结并真正吸取经验教训，社会主义才会取得从理论到实践的重大成就。如果不能从挫折中真正吸取经验教训，就不能彻底克服苏联模式过度集权的弊病，改弦更张，加快改革开放，发展社会主义民主、自由、人权、法治，那还是难免要再受挫折，难以在社会主义理论与实践方面取得更新的成就。

（4）现实联系历史的方法。要深入了解社会主义的现实，就必须认真联系社会主义的历史进行系统的考察。历史的惰性成为社会主义发展的阻滞因素，历史的非线性造成了社会主义发展的曲折性，历史的必然性促使社会主义波浪式地百折不挠、迂回前进。

(5) 现在联系未来的方法。从世界历史的发展进程来看，社会主义还处于幼年时期。当今的社会主义国家，只要加快体制改革，在发展新科技革命方面奋起直追，迎头赶上，就能更充分体现社会主义的优越性。只要工人阶级及其政党善于总结历史经验，把握现实特点，采取正确对策，通往社会主义的未来之路比之过去应该说会更加宽广顺畅。只要现在联系未来，就能开阔视野，豁达胸怀，更加明了世界社会主义今后发展的轨迹，更快促进世界社会主义未来的拓展。

四、重要论述题及答案要点

1. 试述科学社会主义的研究对象。

2. 试述社会主义思想认识的三次历史性飞跃。

答案要点

1. 答案要点参见第三部分“重点问题和答题要点”第 2 题。

2. 答案要点参见第三部分“重点问题和答题要点”第 5 题。

第一章
科学社会主义理论的形成和初步实践

一、要点提示

本章主要论述科学社会主义理论的形成及其在19世纪后半叶的实践和发展情况，阐明了欧洲空想社会主义是科学社会主义的理论先驱，马克思恩格斯完成了对空想社会主义的扬弃，促成了社会主义由空想到科学的飞跃。但马克思恩格斯没有把自己的学说局限于一时一地，而是把它视为一个开放的和发展的理论体系，并不断根据新的实践经验予以丰富和发展。本章的知识点主要有以下几个方面：

1. 欧洲空想社会主义的产生、发展及其基本评价。欧洲空想社会主义产生于16世纪初的早期资本主义发展阶段，是伴随着资本主义的制度性弊病而产生的。从16世纪初到19世纪中叶，空想社会主义在欧洲经历了三个发展阶段。空想社会主义的思想内容既有一定的科学因素，也存在很大消极成分。按照马克思恩格斯的观点，空想社会主义兼具历史局限性和进步性。

2. 科学社会主义的诞生及其历史意义。马克思恩格斯几乎同时在19世纪40年代参加工人运动和实际斗争并且从事科学研究的基础上完成了阶级立场和世界观的转变。唯物史观和剩余价值理论两大理论发现为科学社会主义奠定了坚实的理论基础。1848年2月出版的《共产党宣言》是科学社会主义诞生的重要标志。科学社会主义的诞生对社会主义运动和工人运动产生了深远影响，整个地改变了人类历史的发展方向。

3. 科学社会主义的基本原则。科学社会主义的基本原则可以归纳为六大方面：人类社会从资本主义发展到社会主义、共产主义是一个客观的、自然的历史进程；须经过工人阶级和人民大众自觉的、长期的斗争才能实现；人类社会从资本主义发展到社会主义、共产主义的目标是实现人的解放；必须要有社会主义、共产主义政党的正确领导；人类社会要从资本主义发展到社会主义、共产主义，工人阶级和劳动人民必须掌握政权；工人阶级和劳动人民掌握政权后，还要经历几个历史阶段才能逐步建成社会主义、共产主义。

4. 科学社会主义理论在实践中的新发展。科学社会主义理论诞生后，马克思恩格斯对19世纪下半叶世界社会主义和世界资本主义的发展经验进行了新的总结，进一步丰富和完善了科学社会主义理论。科学社会主义理论在实践中的进一步发展主要表现为：马克思恩格斯提出了利用议会民主和平过渡与坚持工人民主共和国的思想；提出了不发达国家有可能不通过资本主义的卡夫丁峡谷过渡到社会主义的思想；认为资本主义还有扩展能力；等等。

5. 科学社会主义是一个开放的、发展的思想体系。马克思恩格斯始终以严肃的科学态度对待科学社会主义，总是随着社会的发展以及自己认识的深化而不断丰富、完善或修正自己的理论。马克思主义者应坚持实事求是的思想路线，一切从实际出发，把科学社会主义的基本原则与各国革命和建设的具体情况相结合，创造性地运用和发展科学社会主义。

二、基本概念

1. 空想社会主义：一般是指近代欧洲的空想社会主义，即从16世纪初叶到19世纪中叶的300多年间，在英、法、德、意等西欧最早萌发资本主义的国家涌现出的理论设想及社会试验。当时一些著名思想家揭露、抨击新兴资本主义的各种矛盾和弊病，提出取代资本主义的一种未来新型社会制度的各种设想和实现这种新型社会制度的各种方案，甚至着手进行种种试验。他们都自认为这些设想和方案能够逐步实现，而绝非空想。“空想社会主义者”这种说法是法国资产阶级经济学家阿道夫·布朗基（1798—1854）为贬低这些人而首先使用的，后被广泛采用。空想社会主义虽不是社会主义的科学形态，但它是科学社会主义的思想先驱，是科学社会主义的理论与实践的逻辑起点。欧洲空想社会主义经历了三个发展阶段：第一阶段从16世纪初到17世纪，以英国的托马斯·莫尔、德国的托马斯·闵采尔、意大利的托马斯·康帕内拉等为代表；第二阶段从17世纪中叶到18世纪末，以英国的杰拉德·温斯坦莱，法国的摩莱里、马布利和弗朗索瓦·诺埃尔·巴贝夫等为主要代表；第三阶段以19世纪的三大空想社会主义者圣西门、傅立叶和欧文为主要代表，这是空想社会主义发展的最高阶段。

2. 托马斯·莫尔：空想社会主义的创始人。1516年，莫尔所著《乌托邦》

一书出版，该书在社会主义史上第一次系统阐述了空想社会主义的基本思想，书全名为《关于最完美的国家制度和乌托邦新岛的既有益又有趣的金书》。莫尔不仅猛烈抨击了封建专制制度，而且对资本主义血腥的原始积累过程进行了无情的鞭挞。在《乌托邦》一书中，莫尔对乌托邦的经济、政治、文化教育、社会福利、家庭婚姻等制度以及宗教信仰和对外交往等各方面的状况都作了生动的描写。莫尔所阐述的乌托邦思想在近代社会主义思想史上具有开创先河的意义，以至于乌托邦社会主义成了此后空想社会主义的同义语。

3. 科学社会主义基本原则：是指贯穿于科学社会主义基本原理（针对科学社会主义基本问题所形成的基本观点）之中，而又对科学社会主义的基本原理起着指导性作用的、相对宏观与抽象的原理及准则。我们认为，科学社会主义的基本原则可以归纳为如下六点：人类社会从资本主义发展到社会主义、共产主义是一个客观的、自然的历史进程；必须经过工人阶级和人民大众自觉的、长期的斗争才能实现；人类社会从资本主义发展到社会主义、共产主义的目标是实现人的解放；必须要有社会主义、共产主义政党的正确领导；人类社会要从资本主义发展到社会主义、共产主义，工人阶级和劳动人民必须掌握政权；工人阶级和劳动人民掌握政权后，还要经历几个历史阶段才能逐步建成社会主义、共产主义。

4. 封建资本主义：特指世界资本主义发展的第一阶段。14 世纪至 15 世纪，西欧社会进入资本主义原始积累时期，资本主义生产方式已经从简单协作发展到手工工场。16 世纪至 18 世纪，资本主义生产方式在西欧封建社会内部更迅猛地发展起来。新兴资本主义一方面受到封建主义势力的阻压，另一方面又有封建主义势力的渗透。

5. 欧洲三大工人运动：19 世纪 30 年代至 40 年代，西欧工人运动已从产业革命初期破坏机器的自发斗争，发展成有组织的、大规模的政治罢工和武装起义。其中最著名的是 1831 年和 1834 年法国里昂丝织工人起义、1836 年至 1848 年英国工人的宪章运动以及 1844 年德国西里西亚纺织工人起义。这三大工人运动标志着欧洲现代工人运动进入了一个新的独立的政治运动时期。这三大工人运动表明，无产阶级已经开始作为独立的政治力量登上历史舞台，无产阶级和资产阶级之间的斗争也开始占据欧洲主要资本主义国家的重要地位。

6. 第一国际：即国际工人协会，成立于 1864 年 9 月，最初是英、法、德、意等国工人代表为声援 1863 年波兰人民反抗沙俄的民族起义而建立的一个国际工人联合组织，正式名称为“国际工人协会”，在其存在期间简称“国际”或“协会”，第二国际成立后，人们又习惯地称之为第一国际。1876 年 7 月，第一国际正式宣告解散。第一国际在它存在的 12 年间，先后在欧、美、非三大洲 18

个国家建立了支部，会员最多时近百万人，为国际工人运动和社会主义运动的发展立下了不朽的功勋，产生了深远的影响。第一国际广泛地传播了科学社会主义，促进了科学社会主义同国际工人运动实践的结合，在思想上和组织上为在各国建立独立的无产阶级政党准备了条件。

7. 第二国际：1889 年 7 月，国际社会主义者在巴黎召开代表大会。一般认为，巴黎代表大会的召开，实际上标志着第二国际的建立。根据国际工人运动发展的新形势，第二国际组织形式比较松散，主要是用每隔几年召开一次国际代表大会的方式，就各国社会主义政党共同关心的问题进行讨论并作出决议，但这些决议对各国党并无严格的约束力。第二国际实行的是各国社会主义政党和工人团体在独立自主基础上自由联合、横向联系、自主协商的一种组织形式。第二国际广泛组织社会主义力量，进一步扩大了国际社会主义的影响，推动了社会主义政党和其他工人阶级群众组织的发展壮大，领导国际无产阶级进行了卓有成效的反对资本主义的斗争，推动了国际工人运动的发展，并极大地促进了马克思主义的广泛传播。第一次世界大战爆发后，第二国际绝大多数社会民主党背叛了国际的原则，公开地或隐蔽地支持本国政府进行帝国主义战争，标志着第二国际在思想上政治上的破产。

8. 1848 年欧洲革命：是继 17 世纪英国革命和 18 世纪法国大革命之后欧洲的又一次革命大风暴。这场几乎席卷整个欧洲的革命风暴，是欧洲社会转型初期各种矛盾的复杂化和尖锐化的结果。由于社会两极分化日益严重，社会冲突尤其是作为统治阶级的资产阶级与作为被统治阶级的无产阶级之间的冲突越来越剧烈，越来越不可调和，直至发生公开的、大规模的阶级暴动和街垒战。这次革命浪潮主要包括意大利一月革命、法国二月革命和六月起义、德国三月革命、东南欧民族解放运动等。这次革命与以往的资产阶级革命不同的地方在于，资产阶级与封建势力的矛盾还没有彻底解决，它与无产阶级的矛盾却已经凸显出来。无产阶级的觉悟水平和组织程度虽然都还不高，但它们已是这次革命的主力军，并使这次革命深深打上了自己的烙印。1848 年革命是欧洲工人运动、社会主义运动和共产主义运动的重要里程碑。它是欧洲工人运动从自发走向自觉的重要转折点，它极大地推动了社会主义思想的传播和国际共产主义运动的发展。

9. 巴黎公社革命：世界社会主义运动史上无产阶级推翻资产阶级统治、建立无产阶级专政的第一次伟大尝试。巴黎公社革命是法国在 1870 年的普法战争中战败，阶级矛盾和民族矛盾空前尖锐的形势下，巴黎无产阶级于 1871 年 3 月 18 日举行武装起义，取得胜利后进行的建立巴黎公社政权和巩固政权的斗争。尽管由于资产阶级的残酷镇压，巴黎公社只存在了 72 天就失败了，但是，巴黎公社革命以其首创精神，进行了打碎旧的国家机器、建立新型国家政权的伟大尝试，为世界无产阶级革命提供了丰富的经验和具有深远意义的启示。马克思和恩格斯通过《法兰西内战》等著作，对巴黎公社革命的经验和教训进行了深入的总结和阐发，大大丰富和发展了科学社会主义理论。

10. “十大最低纲领”：指马克思、恩格斯在《共产党宣言》中指出的“最先进的国家几乎都可以采取”的十项措施：(1) 剥夺地产，把地租用于国家支出；(2) 征收高额累进税；(3) 废除继承权；(4) 没收一切流亡分子和叛乱分子的财产；(5) 通过拥有国家资本和独享垄断权的国家银行，把信贷集中在国家手里；(6) 把全部运输业集中在国家手里；(7) 按照总的计划增加国家工厂和生产工具，开垦荒地和改良土壤；(8) 实行普遍劳动义务制，成立产业军，特别是在农业方面；(9) 把农业和工业结合起来，促使城乡对立逐步消灭；(10) 对所有儿童实行公共的和免费的教育，取消现在这种形式的儿童的工厂劳动，把教育同物质生产结合起来。这十项措施通称为十大最低纲领。概括地说，这十项措施就是逐步改变所有制关系（在工业、农业、运输业、银行业等方面），改变工农关系，改变城乡关系，改变税收制度、劳动制度，改变教育制度，目的在于加速生产力的发展，培养一代新人，逐步改造旧社会，同时逐步建设新社会。

11. 资产阶级：在资本主义制度下，资产阶级是指占有社会生产资料并使用雇佣劳动的现代资本家阶级。

12. 无产阶级：在资本主义制度下，无产阶级是指没有自己的生产资料，因而不得不靠出卖劳动力来维持生活的现代雇佣工人阶级。它有两个相互联系的基本特征，即丧失生产资料和自由地出卖个人劳动力。

13. 无产阶级专政：通过对欧洲 1848 年革命和 1871 年巴黎公社革命经验的总结以及大量的经济事实的分析，马克思具体阐明了无产阶级专政和过渡时期的观点，即：在资本主义社会和共产主义社会之间，有一个从前者转变为后者的革命转变时期；同这个时期相适应的也有一个政治上的过渡时期，这个时期的国家只能是无产阶级的革命专政。马克思所讲的无产阶级专政是指工人国家的阶级本质。工人国家体现了工人阶级的利益和意志，在工人和人民大众内部实现广泛的民主，只是对被推翻的资产阶级实行专政，这个“专政”主要是要全面改造旧社会，全面建设新社会。

14. 社会形态：是同一定历史阶段的生产力发展相适应的经济基础和上层建筑的统一体。一般认为，按照马克思主义的观点，人类社会可以被划分为原始社会、奴隶社会、封建社会、资本主义社会，以及社会主义和共产主义社会等几大社会形态。

15. 国体：是指国家政权的阶级性质，即社会各阶级在国家政权中的地位，也就是国家政权掌握在哪些阶级手里，以及对哪些阶级实行专政。它是一个国家的根本政治制度，体现了民主的阶级实质。

16. 政体：是指国家的政权组织形式，即统治阶级采用什么样的方式来实现自己的统治。国体决定政体，并产生自己的政体。由于社会历史条件不同，国体相同的国家可能采取不同的政体。政体也会反作用于国体。

17. 实事求是："实事"就是客观存在着的一切事物，"是"就是客观事物的内部联系，即规律性，"求"就是我们去研究，实事求是，就是要从实际情况出发，引出事物固有的而不是主观臆造的规律性，即找出事物的内在联系，作为行动的向导。

三、重点问题和答题要点

1. 欧洲空想社会主义发展的三个阶段。

1516 年托马斯·莫尔所著《乌托邦》一书出版是空想社会主义诞生的标志。空想社会主义从莫尔开始到 19 世纪中叶欧文时期达到顶峰，其间经历了 300 多年的时间。按照恩格斯的说法，空想社会主义三个多世纪的发展史，大体可分为三个阶段，即：16 至 17 世纪，以英国的莫尔、德国的闵采尔和意大利的康帕内拉为代表的早期空想社会主义；17 至 18 世纪，以法国的摩莱里和马布利为代表的空想社会主义；19 世纪初，以法国的圣西门、傅立叶和英国的欧文为代表的批判的、空想的社会主义和共产主义。

2. 欧洲空想社会主义第一阶段的主要特点。

16 世纪至 17 世纪，随着资本主义生产方式的扩展，出现了早期的资产者与无产者。在资产阶级领导反封建斗争之初，城乡无产者便试图推动这一斗争走向彻底。最初的空想社会主义思潮便是与这种斗争相适应而产生的，英国的莫尔、德国的闵采尔和意大利的康帕内拉是这一时期空想社会主义最杰出的代表人物。这一时期空想社会主义的主要特点是：

（1）它们基本上是对资本主义原始积累过程的反应，是近代无产阶级的先驱者反对早期资本主义的最初呐喊。

（2）它们都在不同程度上吸收并改造了古希腊柏拉图的思想、早期基督教的平等思想以及当时正蓬勃兴起的资产阶级人文主义思想。

（3）它们在历史上第一次系统阐述了社会主义理想，开辟了社会主义思想史的新时代。

（4）它们对未来社会主义理想制度的主张都较为粗疏，缺乏严密的理论论证。

(5) 它们的理想社会都是建立在手工业和小农业生产基础上的，带有明显的小生产者思想的烙印。

(6) 它们普遍不承认资本主义的历史合理性，而把资本主义与封建制度及一切私有制度一起仅仅看成是一种罪恶的制度。

3. 欧洲空想社会主义第二阶段的主要特点。

从17世纪中叶到18世纪末，英法先后爆发资产阶级革命，资产阶级已作为独立的政治经济力量登上历史舞台。在资产阶级反对封建主义斗争中，城乡无产者对资产阶级革命的结果深感失望，希望把革命继续引向深入，空想社会主义进入其发展的第二阶段。这一阶段的主要代表人物是英国的温斯坦莱，法国的摩莱里、马布利、巴贝夫等。这一时期空想社会主义的主要特点是：

(1) 相对于16至17世纪莫尔等人的社会主义思想，该时期的空想社会主义基本上剥去了早期空想家们的神学外衣，也抛弃了纯粹幻想的文学手法，它把社会主义建立在自然法学说与理性论基础之上，其现实感更强了。

(2) 这一时期的空想社会主义已带有明显的理论思辨与理论论证色彩，开始从理论上探讨和论证废除私有制等社会主义的基本原则，其科学性更强了。

(3) 这一时期的空想社会主义的法学色彩极为鲜明，空想社会主义者们大都从法学的角度，通过法律条文的形式对未来理想社会的经济、政治、法律、文化和教育制度乃至社会生活的诸多重大原则进行了明确的规定或详细的论述。

(4) 这一时期的空想社会主义带有明显的平均主义和禁欲主义特征。

4. 欧洲空想社会主义第三阶段的主要特点。

进入19世纪，资本主义生产方式进入大机器生产时期，其政治统治进一步加强和扩展，议会民主与共和制度开始确立。随之而来的是社会问题的大量涌现与社会危机的空前加剧，资产阶级与无产阶级的矛盾空前激化。正是在这一背景下，欧洲社会出现了以法国的圣西门、傅立叶和英国的欧文为代表的批判的、空想的社会主义和共产主义。这是欧洲空想社会主义发展的第三阶段，也是其发展的最高阶段。这一时期空想社会主义的主要特点是：

(1) 他们的社会主义和共产主义学说是在欧洲近代产业革命已基本完成、资产阶级的政治经济统治已基本稳固确立的时期出现的，是科学社会主义产生之前社会主义思想发展的最高成就。

(2) 他们的理论基础基本上都是唯物主义的自然观以及含有一系列唯物主义因素的社会历史观，都倾向于把人类社会的历史看成是一个连续的、上升的和进步的过程，并试图以此证明资本主义被更完善的理想社会所代替的必然性。

(3) 他们的社会主义和共产主义理论直接来源于18世纪法国的启蒙学说，是在继承和改造启蒙学说的基础上形成的。

(4) 他们都敏锐地看到了大工业发展的前景，无论是对现实资本主义的批判还是对未来理想社会的设计，都是以机器大生产为基本前提的。

(5) 他们把批判的矛头直接对准资产阶级和资本主义，对准资本主义社会的全部基础，就其批判的深刻程度而言，远远超过了自莫尔以来的所有空想社会主义者。

(6) 他们对未来社会的若干重大原则作了较之先辈们更有价值的猜测，提出了许多天才的思想，为科学社会主义的创立提供了直接的思想材料。

(7) 他们生前就已拥有一批为数不少的信徒，形成了颇有影响的圣西门学派、傅立叶学派和欧文学派，这些追随者积极宣传和阐释他们的思想，有些还在某些方面有所发展和创新。但是，这些学派后来相继衰落，逐渐堕落成一些保守乃至反动的宗派，最终走向瓦解。

5. 空想社会主义的科学因素。

空想社会主义者在预测和论证未来社会的基本原则的过程中，萌发了许多进步的、引导人类历史发展方向的思想。这些思想成了其后科学社会主义理论的重要思想来源。

(1) 关于社会发展规律性的思想。空想社会主义已开始把人类历史看成一个有规律的前进过程，并已认识到每一新社会制度的出现都是过去全部历史发展的必然结果，每一社会都包含着前一社会制度的残余以及未来社会的萌芽。

(2) 关于废除私有制和雇佣劳动制度，建立以公有制为基础的新社会的思想。空想社会主义者把私有财产看成是一切罪恶的根源，认为雇佣劳动造成贫富两极分化，所以要消灭罪恶、实现公平，就要废除私有制和雇佣劳动制度，人人参加劳动，"各尽所能"，实行"按劳分配"或"按需分配"。

(3) 关于劳动改造与劳动光荣的思想。莫尔、温斯坦莱等空想社会主义者在强调人人都应当参加劳动的同时把劳动视为一种惩戒手段，要通过劳动改造挽救过错者与罪犯，这个思想有其合理成分。康帕内拉、摩莱里等空想社会主义者把劳动视为公民的一种不可剥夺的权利，并提出了劳动光荣的思想。

(4) 关于有计划地组织社会生产的思想。几乎所有空想社会主义者都注意到了生产无政府状态给社会造成的危害，在设计未来社会生产模式时都强调有计划地组织社会生产的重要性。

(5) 关于人的全面发展以及用新型分工代替旧式分工的思想。在其理想社会里，人人都受到同样的教育和处于同样的生活环境，人人都将成为与旧世界的人完全不同的新人，人人都将得到全面发展。由于每个人都是全面发展的人，旧式社会分工将被消灭，取而代之的是自由选择工种、自由调换工种，残酷的自由竞争也将被愉快的劳动竞赛所取代。

(6) 关于建立一个和谐完美的社会的思想。他们所构想的未来社会里有和谐友爱的人际关系、和谐美满的两性关系、和谐完善的天人关系。

(7) 关于大力发展科学、繁荣艺术，以促进人的全面发展的思想。空想社会主义者的理想社会运用科学、艺术和工艺的现有知识来满足人们的需要，培养德、智、体、行各方面全面发展的人。大都认为须大力推进教育事业，且要从幼儿教育开始。

(8) 关于消灭城市和乡村、工业和农业、脑力劳动与体力劳动之间的对立和差别的思想。乌托邦里就已有消除城乡对立的思想。傅立叶的法郎吉是一种城乡结合、工农业生产结合、脑力劳动与体力劳动结合、教育与生产劳动结合、生产与消费结合的新型协作组织。欧文的共产主义劳动公社是一个城乡和谐的有机整体，体力劳动与脑力劳动相结合、消灭了阶级特权和阶级差别的共产主义联合体。

(9) 关于缩短工时的思想。在空想社会主义者所设计的未来社会里，由于生产与生活的社会化与计划化，由于劳动成了人们生活的第一需要，劳动效率大大提高，人们每天只需劳动很少时间便可满足社会生产的需要，其余时间被用来安排学习或娱乐。

(10) 关于未来社会分配制度的设想。大致存在四种主张。一是温斯坦莱、欧文、德萨米主张的按需分配；二是摩莱里、马布利、巴贝夫主张的平均分配；三是圣西门、傅立叶主张的按比例分配；四是圣西门的学生们和欧文主张的按劳分配。

(11) 关于民主政治与法治建设的思想。温斯坦莱等都主张权力要受到有效制约，公职人员由人民定期选举产生，并可随时撤换，滥用职权者应及时受到惩罚；管理者不享受任何特权，应是人民公仆。空想社会主义者都反对世袭制，反对滥用权力，主张对管理者手中的权力实施有效的制约和监督。乌托邦人人精通法律、遵守法律。太阳城将简单而明确的法律条文悬挂在神殿的柱子上。温斯坦莱更明确主张人民选举代表组成议会来制定法律，而政府的真正生命力就在于认真执行法律。摩莱里等人阐述了诸如用法律维护社会公益、保护公民权利及法律面前人人平等等法治思想。

(12) 关于实现理想制度的方法与途径的设想。可分两大类：一是闵采尔、马布利、巴贝夫等人主张的通过革命、战争方式用暴力推翻旧制度，重新建立一个崭新的世界；二是温斯坦莱、圣西门、傅立叶等人主张通过社会改革消除现存社会的弊病，最终实现理想社会。

(13) 关于建立一个精干的职业革命家组织的思想。闵采尔、巴贝夫、布朗基等人在进行革命活动中认识到组织的重要性，都主张建立一个精干的职业革命家组织。

(14) 关于过渡时期的思想。巴贝夫最早提出人民革命胜利后要实行人民专政，经历一个逐步以公有制代替私有制的过渡时期的主张，并制定了逐步废除私有制、实现公有制的过渡措施。欧文及其弟子约翰·布雷也有比较明确的过渡时期的思想。

(15) 关于实行和平外交政策的思想。乌托邦人和太阳城人实行和平睦邻政策。温斯坦莱明确表示可与不同社会制度的国家进行经济往来。圣西门认为未来社会组织的使命“在于为各国人民建立持久和平”。欧文主张“民族之间精诚团结和合作”。卡贝坚持与一切国家友好的原则。

(16) 关于国家消亡的思想与未来社会管理的思想。莫尔的乌托邦废除了监狱、警察等暴力机关，国家的主要职能是对内组织社会生产和生活管理，对外巩固国防。圣西门认为未来社会权力的主要职能是将由对人的统治变成对物的管理和对生产过程的领导。欧文的共产主义劳动公社里没有军队、警察、法庭和监狱，不需要再使用暴力，随着公社民主制度的发展，国家也就失去了作用，失去了它继续存在下去的理由。

(17) 关于人口发展规划与人口平衡的思想。莫尔提出规划人口发展及实行社会人口有计划流动的思想。傅立叶把“劳动引力，均衡分配；阶级融合，人口平衡”看成是未来和谐社会的基础。欧文也认为须进行周密研究，制定合理规章，防止出现有害于公社制度发展的人口过剩问题。

(18) 关于妇女解放的思想。乌托邦共和国的男女在受教育、劳动、担任公职等方面都享有同等权利。太阳城里妇女与男子一样参加劳动。圣西门提出妇女拥有与男子同等的政治权利，有选举权和被选举权。欧文主张在新社会应该彻底改变妇女的地位，实行男女平权。傅立叶把妇女地位的历史演变视为考察社会制度性质的重要特征，第一个提出“在任何社会中，妇女解放的程度是衡量普遍解放的天然尺度”的思想。

6. 空想社会主义的消极成分。

概括起来看，空想社会主义的消极成分主要有：

(1) 一些空想社会主义者的理想社会里还保留着奴隶与奴隶劳动。乌托邦的每个家庭有两名奴隶，其他一些部门也有奴隶劳动。温斯坦莱自由共和国里也有奴隶。除生产奴隶和家奴外，塞瓦兰的每个城市的招待所里还有许多女奴。

（2）一些空想社会主义者的理想社会还保留着殖民地。在乌托邦，如全岛人口超过规定数量，他们就到邻近大陆无人荒地上建立殖民地。塞瓦兰人不仅强迫战败国每年进贡，而且还在战败国派驻军队，实施殖民统治。

（3）一些空想社会主义者歧视妇女，甚至主张实行公妻制。摩莱里认为未来社会政治制度的实质是父系家长民主制。维拉斯公然把多妻制视为最好的婚姻形式。康帕内拉主张理想社会应该废除家庭，实行公妻制。

（4）一些空想社会主义者思想中包含着某种宗教神秘主义因素。太阳城是政教合一的国家。太阳城人迷信占星术，保留着人祭制度。1828 年底，圣西门主义者举行了圣西门派使徒会议，接着组织起等级森严的教会。傅立叶学说本身充斥着神秘主义色彩。

（5）一些空想社会主义者公开倡导平均主义和禁欲主义。摩莱里的《市政法》和《取缔奢侈法》有明确的平均主义的规定。马布利倡导全体居民发扬斯巴达式精神，过苦修苦练的生活，主张未来的共和国要节制欲望，甚至提出先进民族应像落后民族那样生活。

（6）一些空想社会主义者的思想中隐含着对社会生产劳动的偏见，潜藏着劳动不平等的思想。莫尔等人提出劳动惩罚论，主张保留奴隶和奴隶劳动。傅立叶的和谐社会里没有奴隶，最后只能荒诞地求助于儿童，安排儿童去干各种脏活。

（7）相当一部分空想社会主义者把社会变革的希望寄托在某一个人或少数几个人身上。有的把希望寄托于某位百年甚至千年难遇的天才或圣哲身上。有的把自己视为真理的化身和再次降临人间的救世主。有的寄托在当时的统治者身上。有的寄托在少数革命家组成的秘密组织身上。

（8）某些空想社会主义者的思想带有明显的政治极端主义色彩。其一，对理想社会赖以存在的物质基础认识不足，空想家们忙于兜售自己的各种“万应灵药”，革命家们急于制造革命或输出革命。其二，一些空想社会主义者之间互不相容，搞关门主义，唯我独尊，垄断真理。其三，实行或主张实行残酷斗争、无情打击的自我孤立主义政策。其四，迷信暴力，冒险蛮干，把泄愤与破坏视为革命。

（9）一些空想社会主义的理想社会里还保留着最高领导人的职务终身制。乌托邦的总督终身任职。太阳城四位最高领导人都不是由选举产生，只有公民中出现了才智、道德等方面高于他们的人时才主动让贤。摩莱里主张未来社会的政权组织形式是最高首脑领导下的家长民主制。

（10）一些空想社会主义者的理想社会里，还保留着官员的特权和不同的阶级。塞瓦兰公职人员可得到比普通平民更高的报酬，享有更好的宅第、饮食、服饰，拥有一定数量的奴隶，还可占有更多妻子。圣西门和傅立叶的理想社会事实上仍存在着实业家与工人、富人与穷人之间实质上的不平等关系。

7. 空想社会主义的历史局限性。

空想社会主义的历史局限性主要表现在：

（1）空想社会主义忽视历史发展的必然性，崇拜幸运的偶然性，宣扬天才论和英雄史观。他们认为天才人物是在现在出现，真理正是在现在被认识到，并不是历史发展进程所必然产生的、不可避免的事情，而纯粹是一种侥幸的偶然现象。

（2）空想社会主义者看不到人民群众特别是广大无产阶级群众的力量，因而始终没能找到改造现实社会的物质力量。

（3）空想社会主义者离开阶级斗争去设计、谈论和实践社会主义，他们的设想便不能不是空话，他们的实践活动也不能不是充满幼稚的幻想。

（4）空想社会主义者的理论基础是理性原则，他们是从道德情感出发认同社会主义。无论是对现实制度弊病的批判、消除这些弊病的手段的提出还是对未来理想方案的设计，都不是从现存物质生产实际和历史发展客观规律“发现出来”的，而只是凭着对人类理性的认识，凭着自己头脑的空想，凭着对现实制度的厌恶和愤怒，凭着对广大人民群众生存状况的同情和忧虑“发明出来”的。

不成熟的理论，是同不成熟的资本主义生产状况、阶级状况相适应的。空想社会主义是在资本主义生产方式已经产生但还不成熟的历史条件下产生的，虽然存在着历史局限性，但它在历史上曾经起过的进步作用应该予以充分肯定。

8. 空想社会主义的当代的意义。

第一，我们应不断发掘其积极成分，从历史中汲取营养，把社会主义先驱者的优秀思想不断发扬光大，把社会主义先驱者所开创的伟大事业不断向前推进。

第二，我们应当对空想社会主义的消极方面及其所犯过的历史错误进行认真的总结和分析，努力避免重犯他们的错误。

第三，自从科学社会主义诞生以来，人们还一直连续不断重犯空想社会主义的错误，在当今资本主义国家和社会主义国家，依然还有人思想脱离实际，还在重新产生新的空想社会主义。这是非常令人深思的。我们应该以史为鉴，避免当今社会主义再度陷入空想的错误。

9. 欧洲产业革命造成的主要后果。

第一，由蒸汽化带动的产业革命极大地推动了社会生产力的提高和发展。

第二，资本主义社会基本矛盾即生产社会化与资本主义私人占有之间的矛盾正在逐步暴露出来。周期性的经济危机越来越严重，它向人们显示了资本主义基本矛盾日益激化的事实；同时，它也促使有识之士去深入探讨这一社会病态现象的根源，并努力寻求消除这一社会病态现象的道路。

第三，产业革命不仅创造了一个工业资本家阶级，而且也创造了一个人数远远超过资本家阶级的现代工业无产阶级。社会阶级两极分化的趋势越来越显著：一方面是财富日益集中到少数资本家手里；另一方面是广大手工业者和农民日益沦为无产阶级，而无产阶级的贫困化也在日益加剧。

10. 现代工业无产阶级较奴隶阶级和农民阶级的不同特点。

现代的工业无产阶级与历史上的奴隶阶级和农民阶级虽都属于劳动阶级和被压迫被剥削阶级，但他们又有许多不同的特点。

第一，奴隶一次性地出卖自己的身体，而现代的无产者则必须长年累月地、每周每日地出卖自己的劳动力；不管奴隶的生活条件多坏，奴隶主总会给他们提供最低的生活保障，无产者一旦失业就会生活无着，走投无路；奴隶不受竞争的影响，无产者却时时处处都处于激烈的竞争中。农民是小私有者，拥有自己的一块土地和一些生产工具，生活多少有些保障；而无产者却一无所有，生活没有任何的保障可言，只能终生出卖自己的劳动力。从这个角度来看，现代无产阶级的地位较之过去的奴隶和农民的地位更悲惨，尤其在欧洲社会处于由传统农业社会向近代工业社会转型的历史时期更是如此。

第二，现代工业无产阶级冲破了狭小的自然经济的束缚而直接与新科技革命和社会化大生产相联系，是社会化新生产力的代表者，他们置身于资本主义市场经济的广阔天地，是自由的雇佣劳动者，流动性大，视野宽广，拥有过去奴隶阶级和农民阶级所未有的先进性。他们被现代化大生产像军人一样地组织起来，一旦其自身的阶级觉悟被唤醒，便会爆发出过去奴隶阶级和农民阶级所从未有过的组织性和战斗性。他们积极参加了资产阶级反对封建主义的斗争，经受过现代资产阶级民主革命的洗礼及近代民主自由观念的熏陶，对现代市民社会的公民的政治权利有着深刻的理解和认知。

11. 欧洲三大工人运动的历史意义。

第一，欧洲三大工人运动是指 1831 年和 1834 年法国里昂丝织工人起义、1836 年至 1848 年英国工人宪章运动以及 1844 年德国西里西亚纺织工人起义。

第二，欧洲三大工人运动表明，无产阶级已开始作为独立的政治力量登上历史舞台，无产阶级和资产阶级之间的斗争开始占据欧洲主要资本主义国家的重要地位。

第三，欧洲三大工人运动表明，为了更有成效地进行反抗资产阶级的斗争，无产阶级迫切需要科学理论的指导。马克思恩格斯正是顺应时代发展的需要，在批判地吸收前人优秀理论成果的基础上，促成了社会主义由空想向科学的转变，创立了科学社会主义理论，为无产阶级的解放事业提供了强有力的理论武器。

12. 近代欧洲产业工人运动的新特点。

与早期的工人运动相比，以欧洲三大工人运动为标志的近代产业工人运动开始表现出如下三个新特点：

第一，无产阶级明确地、公开地提出了自己的政治主张，把斗争的主要矛头直接对准了整个资产阶级和资本主义制度。早期工人运动是资产阶级革命运动中最革命、最彻底的部分。资产阶级在反对封建贵族和国外其他资产阶级的斗争中，都不得不寻求无产阶级的援助，这样就把无产阶级卷进了资产阶级的政治运动。在这个阶段，工人完全是一个纯粹客观意义上的自在的阶级，也可以说是资产阶级的助手。三大工人运动表明，工人运动开始进入独立发展的阶段。这时无产阶级的斗争目标已经不再局限于革命民主主义和改善生活条件，而是有了自己明确的政治要求。

第二，无产阶级逐渐抛弃破坏机器等原始斗争手段，转而采取罢工、游行示威直至武装起义等形式反抗资产阶级，开始尝试走向联合、走向团结，在一次又一次的失败中开始成熟起来，逐渐由一个自在的阶级走向自为的阶级。工人阶级的这种联合由于大工业所造成的日益发达的交通工具而得到发展，从而把许多性质相同的地方性的斗争汇合成全国性的斗争，汇合成阶级斗争。

第三，无产阶级开始建立起许多政治性组织。如德国的流亡者同盟（1834年）、正义者同盟（1836年），法国的四季社（1837年），英国的宪章派全国协会（也称“宪章党”，1840年）等。

13. 马克思恩格斯把社会主义从空想发展为科学。

（1）马克思恩格斯从唯心主义转向唯物主义，从革命民主主义转变为共产主义。马克思先是接受黑格尔的唯心主义辩证法学说，并积极参加青年黑格尔派反对封建主义的活动；随后，在费尔巴哈形而上学唯物主义哲学的影响下又开始转向唯物主义。1844年2月，马克思发表《论犹太人问题》和《黑格尔法哲学批判导言》两篇文章，标志着其世界观和政治立场的转变彻底完成。恩格斯青年时代接受黑格尔的唯心主义辩证法思想，在英国期间的革命活动对其思想观点的变化起了决定性作用。1844年2月，《政治经济学批判大纲》和《英国状况——评托马斯·卡莱尔的“过去和现在”》两篇文章的发表，标志着恩格斯几乎与马克思同时完成了世界观和政治立场的转变。

（2）马克思恩格斯批判地吸收德国古典哲学的精华，创立了历史唯物主义。马克思恩格斯批判地吸收了黑格尔辩证法的合理内核和费尔巴哈唯物主义的基本内涵，并把唯心主义从社会历史领域中驱逐出去，创立了历史唯物主义，为分析繁芜丛杂的社会历史现象提供了强有力的理论武器。

（3）马克思恩格斯批判地吸收英国古典政治经济学的精华，创立了剩余价值理论。马克思批判地吸收了英国古典政治经济学的代表人物威廉·配第、亚当·斯密和大卫·李嘉图提出的劳动价值理论，在此基础上深入研究了资本主义的本质，揭露了资本主义剥削的秘密，提出了剩余价值学说。马克思完全摒弃了空想社会主义对资本主义的纯粹道义的谴责，而是用经济学的方法说明了资本主义的本质，揭露了资本主义社会的发展规律，并找到了改变资本主义社会、实现共产主义新社会的革命阶级即现代产业无产阶级，同时也提出了“剥夺剥夺者”这一改造资本主义社会的现实途径。

（4）科学社会主义的诞生是马克思恩格斯与形形色色的资产阶级、小资产阶级和空想社会主义思潮进行持续不断斗争的结果，是社会主义理论与工人运动相结合的产物。马克思恩格斯在创立自己新理论的过程中，同各种资产阶级、小资产阶级思潮进行了斗争，一方面更彻底地、直接和公开地批判了形形色色的空想社会主义，另一方面则借机把自己的理论进一步推向前进，同时也在这一过程中传播了自己的思想。这些斗争主要包括：批判正义者同盟的主要领导人、空想社会主义者魏特林，明确提出无产阶级应当而且必须首先和资产阶级一起参加资产阶级民主革命，为无产阶级革命创造条件；批判德国小资产阶级社会主义流派“真正的社会主义”，阐明了共产主义的宗旨是维护无产阶级的利益、通过社会革命扬弃私有制而代之以公有制的思想；批判蒲鲁东和海因岑的小资产阶级思想，论证了无产阶级革命的必然性。马克思恩格斯在创立科学社会主义理论的过程中，自觉地把自己的理论运用于工人运动实践，积极进行建立无产阶级革命政党的活动，而工人运动和建党活动的实践反过来又丰富了科学社会主义理论。

14. 唯物史观的基本思想。

马克思的唯物史观认为，人类社会的发展是一个有着自身规律性的进化过程。生产及其产品交换是一切社会制度的基础；在每个历史地出现的社会中，产品分配以及和它相伴随的社会之划分为不同阶级，是由生产什么、怎样生产以及怎样交换来决定的。所以，一切社会变迁和政治变革的终极原因，不应当在人们的头脑中、在人们对永恒真理和正义的认识中去寻找，而应当在生产方式和交换方式的变更中去寻找。在人类社会的整个历史发展中，社会存在决定社会意识。互相斗争的社会阶级任何时候都是生产关系和交换关系的产物，即都是自己所处时代的经济关系的产物。每一时代的社会经济结构形成现实的基础，而每一历史时期由法律设施和政治设施以及宗教的、哲学的及其他观点所构成的全部上层建筑，归根到底都是应该由这个基础来说明的。就人类历史发展的漫长过程来看，阶级和阶级斗争的存在是同生产力发展的一定水平相适应的。在阶级社会，阶级斗争是社会发展的直接动力。随着生产力的进一步发展，阶级社会最终将会为更高阶段上的无阶级社会所取代。

15. 剩余价值学说的基本内容。

剩余价值学说认为，劳动力成为商品是剩余价值生产的先决条件。资本家在市场上按劳动力一天的价值购买了这种有特殊使用价值的商品后，强迫他整天做工。假如工人在一天中某一段时间的劳动中就能创造出补偿其生活费用的产品，那么他在这一天其余的时间里生产的就是资本家不付报酬的产品，这部分价值完全被资本家无偿地拿去了。这就是剩余价值的来源和资产阶级财富的来源，这就是资本主义生产方式的秘密。

16. 马克思恩格斯运用历史唯物主义的方法具体研究资本主义社会所得出的结论。

第一，资本主义只是人类历史上的一种特定的生产方式，它存在着不可克服的矛盾，即生产的社会化与生产资料的私人占有之间的矛盾。

第二，这个矛盾具体表现为单个企业生产的有组织性与整个社会生产的无政府状态之间的矛盾，在资本主义基本矛盾的尖锐化发展经济上的表现便是周期性经济危机的持续不断的爆发，给整个社会带来巨大的破坏性后果；在阶级关系上的表现便是无产阶级与资产阶级之间的矛盾和斗争越来越激化。

第三，作为社会的主体力量、社会的绝大多数，无产阶级有权力也有责任使用包括暴力手段在内的一切社会变革手段，改变不合理不公正的社会，解放自己并最终解放全人类，实现共产主义新社会。

17. 科学社会主义诞生的历史意义。

第一，科学社会主义的诞生把社会主义运动推进到一个新阶段。在过去，所谓社会主义运动的历史主要是思想运动的历史，实践运动始终没有占据主流地位，社会主义基本上局限于少数中上层知识分子的狭小圈子里。科学社会主义从它诞生之日起，就要把社会主义运动变成一个真正群众性的社会运动。社会主义运动从此越出狭小的范围，变成波澜壮阔的社会运动。

第二，科学社会主义的诞生把工人运动推进到了一个新阶段。在科学社会主义诞生之前的工人运动，只是一种零星的、自发的、更多表现为改善生存和生活条件的斗争。这时的无产阶级也只是在它被当作客观存在着的受苦受难的群体的时候，才被认为是一个阶级，也就是说，它还只是一个自在的阶级。科学社会主义的诞生彻底改变了这一状况，它把反对资本主义制度的理论武器交给工人群众，它加速了无产阶级由自在阶级向自为阶级的转变，无产阶级反对资产阶级的斗争也由自发的斗争转变成自觉的斗争。随着科学社会主义理论在工人中间的广泛传播，真正意义上的工人运动在欧美各国以至全世界突飞猛进地发展起来，各国无产阶级的联合也逐步变成了现实。

第三，科学社会主义的诞生促进了社会主义运动与工人运动这两大运动合流，整个地改变了人类历史的发展方向。科学社会主义的诞生促进了两大力量的合流：社会主义运动以工人运动为依托找到了自己的载体，而工人运动也因为有社会主义运动的理论指导而找到了自己的灵魂。这两大运动的结合使欧洲资本主义的发展遇到了前所未有的压力和挑战。从此，资本主义的每一步发展都被深深打上了它的对立面即社会主义的印记，人类历史的发展也因而出现重大转折，在人类社会的发展进程中，时时处处都增添了社会主义的痕迹。

18. 认清与把握科学社会主义基本原则的前提和依据。

第一，要注意科学社会主义基本原则与马克思主义基本原则之间的联系与区别。广义的科学社会主义是马克思主义的同义语，而狭义的科学社会主义则是指作为马克思主义理论体系核心的社会主义理论。在把握狭义的科学社会主义的基本原则时，不应与广义的科学社会主义即马克思主义的基本原则相混淆。明确这一点，就不会把马克思主义关于自然、社会、思维普遍发展规律的唯物辩证法的基本方法论原则纳入科学社会主义基本原则的范畴。

第二，要注意科学社会主义基本原则与历史唯物主义基本原则的联系与区别。历史唯物主义是关于人类社会发展最一般规律的科学，它所考察和分析的对象是整个人类社会发展史，它所提供的辩证唯物主义历史观和方法论也是观察与解剖人类社会总体发展的通则。科学社会主义则是研究改变资本主义、建设社会主义和共产主义的科学，它研究的对象只是人类社会从资本主义发展到社会主义和共产主义这一特殊阶段的历史。它提出的理论和方法，主要是针对这一特殊时段的。明确这一点，一般也不会把历史唯物主义关于社会发展一般趋势的看法，关于生产力与生产关系、经济基础与上层建筑的矛盾学说，关于阶级与阶级斗争的一般理论纳入科学社会主义基本原则的范畴。

第三，要注意科学社会主义基本原则与科学社会主义基本原理的联系与区别。一般说来，基本原理相对微观和具体，而基本原则则相对宏观与抽象，基本原则寓于基本原理之中而又高于基本原理。在无产阶级为改变资本主义世界，建设社会主义、共产主义世界的过程中，会针对不同的具体问题形成许多具体的原理，而针对科学社会主义基本问题所形成的基本观点便属于科学社会主义的基本原理，贯穿于科学社会主义基本原理之中而又对科学社会主义的基本原理起着指导性作用的则属于科学社会主义的基本原则。

19. 科学社会主义的六项基本原则。

（1）人类社会从资本主义发展到社会主义、共产主义是一个客观的、自然的历史进程。

社会形态的变革与更替是一种自然的过程。一个社会，即使探索到了本身运动的自然规律，它还是既不能跳过、也不能用法令取消自然的发展阶段。无论哪一个社会形态，在它所能容纳的全部生产力发挥出来以前，是决不会灭亡的；而新的更高的生产关系，在它的物质存在条件在旧社会的胎胞里成熟以前，是决不会出现的。

（2）人类社会由资本主义向社会主义、共产主义的进化必须经过工人阶级和人民大众自觉的、长期的斗争才能实现。

共产主义的实现不是纯粹自然演进的产物，而是自觉斗争的成果。无产阶级的社会地位与阶级特性使它不仅有改变旧制度、建立新制度的愿望，而且能够担负起改变旧制度、建立新制度的历史使命。社会主义、共产主义的实现不能仅靠工人阶级的单独行动，工人阶级还要善于联合最广大的人民群众，包括农民、手工业者、小市民特别是众多的知识分子。只有联合最广大人民群众自觉进行持久奋斗，才能实现社会主义、共产主义。

（3）人类社会从资本主义发展到社会主义、共产主义的目标是实现人的解放。

人类社会的发展史从某种意义上说也就是一部人类自身追求解放的历史。科学社会主义明确把扬弃资本主义私有制，实现无产阶级和人类的解放作为自己的目标。首先，科学社会主义认为，共产主义是对私有财产的积极扬弃，是人类克服自身异化，实现由"异化人"向"自由人"转变，最终达到人的彻底解放。其次，科学社会主义主张首先实现无产阶级的阶级解放，进而达到全人类的解放。再次，人类实现自身解放的社会形式是"自由人联合体"。最后，共产主义的实现不是人类历史的终结，而只是人真正作为人的历史的开始。

（4）人类社会从资本主义发展到社会主义、共产主义必须要有社会主义、共产主义政党的正确领导。

无产阶级社会主义政党是以科学理论为指导的政党。能否建立一个自觉的社会主义、共产主义政党来正确领导工人阶级和人民大众的斗争，是社会主义、共产主义事业成败的关键。

(5) 人类社会要从资本主义发展到社会主义、共产主义，工人阶级和劳动人民必须掌握政权。

与以往的任何剥削阶级不同，对于无产阶级来说，掌握政权本身并不是革命的目的和结束，而是革命的手段和开始。掌握政权是为了运用国家政权的力量对资本主义社会进行根本性的改造，同时对社会主义社会进行奠基性建设。工人阶级和劳动人民通常要在社会主义政党正确领导下经过长期艰苦奋斗才能掌握政权。工人阶级和劳动人民的国家政权通常要有社会主义政党的领导，但并非一党垄断国家政权，而是要实行多党合作，要有党际民主。

(6) 工人阶级和劳动人民掌握政权后，还要经历几个历史阶段才能逐步建成社会主义、共产主义。

马克思经过系统深入的研究之后指出，无产阶级掌握政权后，社会的发展将经历三个重大的历史时期或历史阶段，即过渡时期、共产主义社会的第一阶段和共产主义社会的高级阶段。马克思恩格斯认为，即便是发达的资本主义国家，也不可能在工人阶级掌握政权后一蹴而就、立即实现社会主义，也要经历一个从资本主义到社会主义的过渡时期。在落后国家，这一过渡时期显然需要更长久的时间，其任务也更艰巨。落后国家在过渡时期首先要彻底清除封建主义遗留下来的自然经济、半自然经济、专制主义、家族主义、等级制、家长制等因素，还要利用资本主义对国计民生的积极作用，不能急于过渡到社会主义。

20. 无产阶级的阶级特性。

(1) 无产阶级是先进生产力的代表，是最有前途的阶级。

(2) 无产阶级最富有革命的彻底性和坚定性。因为无产阶级没有任何生产资料，没有什么自己的东西必须加以保护，他们必须摧毁至今仍在保护和保障私有财产的一切。

(3) 无产阶级最有组织性和纪律性。因为机器大工业把工人像士兵一样地组织起来，大工业的连续性和高度集中养成了工人的组织性和纪律性。无产阶级的社会地位与阶级特性使它不仅有改变旧制度、建立新制度的愿望，而且能够担负起改变旧制度、建立新制度的历史使命。

21. 马克思恩格斯关于无产阶级社会主义政党学说的主要内容。

(1) 无产阶级社会主义政党是以科学理论为指导的政党。只有以科学理论为指导的党，才能发挥先进战士的作用。科学社会主义理论是以辩证唯物主义世界观、历史观和剩余价值理论为坚实基础的科学理论，社会主义政党要以这个科学理论为指导，结合本国实际，制定出奋斗纲领和行动路线，用以武装全体党员，这样才能使他们明确如何去发挥自己的先进作用。

（2）无产阶级的社会主义政党是由无产阶级先进分子组成的党。在马克思和恩格斯参与制定的第一个共产党（共产主义者同盟）的章程中明文要求：党员要承认共产主义，了解无产阶级革命的条件、发展道路和最终目的，参加党的组织，服从党的决议，保守党的秘密，积极完成党交给的任务，交纳党费等。共产党人在进行革命斗争时，要根据不同时间、地点和条件，采取灵活的办法把无产阶级反对资产阶级斗争的长远目标和当前目标结合起来。

（3）无产阶级的社会主义政党是民主性的政党。无产阶级社会主义政党的民主性主要表现在党的自身组织原则是民主制。坚持民主制的建党原则必须做到党的纲领、章程和重大决策都要经党的最高权力机关党代表大会讨论通过。事实证明，党可能犯各种错误，但是只要有科学理论为指导，又有健全的民主制度，就能及时纠正错误。一个缺乏民主制度的党最终会不可避免地走向僵化，其生机和活力会逐渐枯竭，战斗力会逐渐被销蚀掉。

（4）社会主义政党要密切联系人民群众。社会主义政党要在社会上公开亮出自己的理论、纲领、路线、方针和政策，以争取广大人民群众支持，这样才能在政治竞争中被群众首肯，取得政权。党只有密切联系群众，才能了解群众的疾苦和要求，制定切实为群众谋权益的方针政策，改进自己的工作，得到群众的拥护。

22. 19 世纪下半叶马克思恩格斯对科学社会主义理论的丰富和完善。

（1）提出了利用议会民主和平过渡与坚持工人民主共和国的思想。

1848 年革命失败后，欧洲资本主义进入相对平稳的发展时期，马克思明确提出了“工人阶级不能简单地掌握现成的国家机器，并运用它来达到自己的目的”的思想，强调运用和平与暴力两种手段进行斗争的必要性。马克思恩格斯详细阐明了无产阶级对待资产阶级民主共和制所应采取的态度：首先，民主共和制是最进步的一种国家政权组织形式，无产阶级夺取政权之前应当为争取民主共和制而斗争。其次，民主共和制的性质是由它的内容决定的。再进步、再民主的资产阶级民主共和国毕竟仍然是资产阶级的国家。无产阶级要获得阶级的解放，最终还是要把资产阶级的民主共和国变成无产阶级的民主共和国。最后，恩格斯晚年肯定了以权力分立为特征的民主共和国也可以作为未来无产阶级社会主义国家政权的形式。

（2）提出了不发达国家有可能不通过资本主义的卡夫丁峡谷过渡到社会主义的思想。

马克思恩格斯认为，人类历史的发展是多线条的，是多样性的统一；人类向共产主义社会的演进也未必只有西欧资本主义发展这一个途径。由于东方社会具有不同于西方社会的特点，东方国家或许会走上与西方国家完全不同的发展道路。在深入剖析俄国村社制度二重性质的基础上，马克思提出了俄国村社发展存在着两种前途的思想，即俄国存在着不通过资本主义制度的卡夫丁峡谷而占有它的一切积极成果的可能性。马克思的这一重要思想对我们认识和分析人类社会的发展具有方法论的意义。

(3) 提出了资本主义还有扩展能力，实现社会主义将是更长久的历史过程的思想。

马克思通过研究1873年世界经济危机的新特点认识到，尽管资本主义经济危机不断，但是科技进步与科技革命以及经营管理的改进仍使资本主义劳动生产率逐步提高，工人的处境也有所改善。这使马克思改变了以往的看法，深感资本主义还有扩展能力。恩格斯晚年也明确承认资本主义仍具有很大的扩展能力，深感实现社会主义将是更长久的一个历史过程，要达到高级阶段的共产主义则是更为久远未来的事。

23. 马克思恩格斯对待科学社会主义的科学态度。

(1) 马克思恩格斯始终以严肃的科学态度对待科学社会主义，他们总是随着社会的发展以及自己认识的深化而不断丰富、完善或修正自己的理论。他们先后为《共产党宣言》所撰写的七篇序言便是典范，几乎每篇序言都反映了作者在撰写新序言时对新的、已经变化了的社会政治经济环境的最新认识水平。

(2) 马克思恩格斯不断吸收科学研究的最新成果，从不故步自封、自视穷尽一切真理。马克思恩格斯创立科学社会主义时，就吸收了当时欧洲自然科学与社会科学的一切优秀成果。科学社会主义创立之后，他们仍然随时关注着科学研究的最新发现和成果。

四、重要辨析题、论述题及答案要点

1. “批判的空想的社会主义和共产主义的意义，是同历史的发展成反比的”。

2. 空想社会主义是空想社会主义者们凭空设想的产物，毫无历史进步意义。

3. 科学社会主义诞生后，马恩并没有在实践中继续丰富和发展该理论。

4. 简论科学社会主义的目标是实现人的解放。

5. 论述科学社会主义的基本原则。

6. 论科学社会主义是一个开放的、发展的思想体系。

答 案 要 点

1. (1) 19世纪40年代，空想社会主义丢掉了与时俱进的品格，不再随着社会的发展而发展自己，这时它便不可避免地成为时代的落伍者，并被一种新的更能代表无产阶级利益、更有权利作为无产阶级的理论武器的科学社会主义所取代。

（2）依然坚持空想社会主义学说的思想家们，逐渐堕落成为反动的或保守的社会主义者，甚至从无产阶级的立场退到了小资产阶级乃至资产阶级的立场上去了。而那些在无产阶级已经正式登上政治斗争的舞台之后仍继续坚持密谋革命的实践家们即便没有沦落为个人恐怖主义分子和极端无政府主义者，至多也只能算是“过去一代的革命家”了。

2. 空想社会主义的产生有其特殊的时代背景，受各种主客观因素的制约，它具有明显的历史局限性，但其历史进步性也非常突出。

（1）从16世纪初到19世纪中叶的三百多年间，英、法、德、意等西欧国家最早萌发了资本主义。新兴资本主义在其早期的发展阶段就产生了各种社会矛盾和严重制度性弊病。当时西欧数十位著名思想家最早揭露、抨击了资本主义的矛盾和弊病，提出了取代资本主义的一种未来新型社会制度的各种设想和实现这种新型社会制度的各种方案，甚至着手进行种种试验。空想社会主义就是在这样的历史背景下产生的。

（2）空想社会主义的历史局限性在于：

第一，空想社会主义忽视历史发展的必然性，崇拜幸运的偶然性，宣扬天才论和英雄史观。

第二，空想社会主义者看不到人民群众特别是广大无产阶级群众的力量，因而始终没能找到改造现实社会的物质力量。

第三，空想社会主义者离开阶级斗争去设计、谈论和实践社会主义，他们的设想便不能不是空话，他们的实践活动也不能不充满幼稚的幻想。

第四，空想社会主义者的理论基础是理性原则，他们是从道德情感出发认同社会主义。

（3）空想社会主义的历史进步性主要有：

第一，在欧洲16世纪初至19世纪初这三百多年的资本主义新兴的时代，空想社会主义始终站在时代的前沿，充当时代的先锋，要把资本主义推进到更新的社会主义时代。

第二，空想社会主义是早期无产阶级的世界观，是现代无产阶级先驱者思想的理论表现。空想社会主义者是“无产阶级的理论家”。空想社会主义是科学社会主义理论与实践的逻辑起点。

第三，空想社会主义在资本主义上升时期的发展历史体现了社会主义思想与时俱进的品格。

3. 1848年马克思恩格斯《共产党宣言》的发表标志着科学社会主义理论的诞生。科学社会主义理论诞生后，马克思恩格斯又根据时代的发展情况和自己的认识水平，不断与时俱进，进一步丰富和完善了科学社会主义理论。

(1) 科学社会主义理论诞生后，欧洲在19世纪中后期经历了两场影响重大的革命，即1848—1849年的欧洲革命和1871年的巴黎公社革命。革命失败之后，工人社会主义运动在合法斗争中也有新成就。与此同时，世界资本主义也在深度和广度方面获得了重大发展。马克思恩格斯对19世纪下半叶世界社会主义和世界资本主义的发展经验进行了新的总结，在此基础上进一步丰富和完善了自己的理论。

(2) 马克思恩格斯对科学社会主义理论的丰富和发展主要有如下几点：

第一，马克思恩格斯提出了利用议会民主和平过渡与坚持工人民主共和国的思想。1848年革命失败后，马克思通过总结经验教训，阐明了“工人阶级不能简单地掌握现成的国家机器，并运用它来达到自己的目的”的思想。1871年巴黎公社失败后，欧洲资本主义进入相对平稳的发展时期，法、德等国议会民主政治有所发展，社会主义政党在议会斗争中取得席位。根据形势的发展，马克思恩格斯开始强调运用和平与暴力两种手段进行斗争的必要性。1872年马克思在阿姆斯特丹群众大会上的演说中明确指出，“必须考虑到各国的制度、风俗和传统；我们也不否认，有些国家，像美国、英国”，“工人可能用和平手段达到自己的目的”。19世纪末期，欧洲资本主义社会的发展状况较之1848年革命时期有了更为明显的变化，恩格斯特别强调普选权对无产阶级及其政党的重要性。马克思恩格斯详细阐明了无产阶级对待资产阶级民主共和制所应采取的态度：首先，民主共和制是最进步的一种国家政权组织形式，无产阶级夺取政权之前应当为争取民主共和制而斗争。其次，民主共和制的性质是由它的内容决定的。再进步、再民主的资产阶级民主共和国毕竟仍然是资产阶级的国家，无产阶级要获得阶级的解放，最终还是要把资产阶级的民主共和国变成无产阶级的民主共和国。最后，恩格斯晚年肯定了资产阶级通用的三权分立的民主共和国也可以作为未来无产阶级社会主义国家政权的形式。

第二，马克思恩格斯提出了不发达国家有可能不通过资本主义的卡夫丁峡谷过渡到社会主义的思想。19世纪七八十年代，东方革命运动日益高涨，马克思的视线逐渐东移。马克思研究发现，东方社会具有不同于西方社会的特点：东方民族大都集居于大河流域，由于灌溉和兴修水利的需要，那里普遍存在着土地公有制度，并在此基础上形成了强大的中央集权，这就是所谓的亚细亚生产方式的基本特征。这两个特点结合起来，使得东方社会在某种程度上与马克思原先归纳的人类社会发展的一般规律不同。马克思恩格斯通过论述揭示了东方社会未来发展的重要思想，认为人类历史的发展进程是多线条的，是多样性的统一；人类向共产主义社会的演进也未必只有西欧资本主义发展这一个途径，东方社会或许会走上与西方国家完全不同的发展道路；东方社会，特别是像俄国、印度等国存在着两种进化的可能性。马克思深入剖析了俄国村社的二重性质，认为俄国村社的发展存在着两种前途："或者是它所包含的私有制因素战胜集体所有制因素，或者是后者战胜前者。"马克思恩格斯承认俄国可以不通过资本主义制度的卡夫丁峡谷而占有它的一切积极成果，这种可能性的实现要有严格的条件。

第三，马克思恩格斯提出了资本主义还有扩展能力，实现社会主义将是更长久的历史过程的思想。马克思通过研究 1873 年世界经济危机的新特点认识到，尽管资本主义经济危机不断，但是科技进步与科技革命以及经营管理的改进仍使资本主义劳动生产率逐步提高，工人的处境也有所改善。这使马克思改变了以往的看法，深感资本主义还有扩展能力。恩格斯晚年也明确承认资本主义仍具有很强的扩展能力，深感实现社会主义将是更长久的一个历史过程，要达到高级阶段的共产主义则是更为久远未来的事。

4. 人类社会的发展史从某种意义上说也就是一部人类自身追求解放的历史，即追求人的自由而全面发展的历史。马克思认为科学社会主义与自然主义、人道主义是三位一体、不可分割的。

首先，科学社会主义认为，共产主义是对私有财产的积极扬弃，是人类克服自身异化，实现由"异化人"向"自由人"转变，最终达到人的彻底解放。

其次，科学社会主义主张首先实现无产阶级的阶级解放，进而达到全人类的解放。

再次，人类实现自身解放的社会形式是"自由人联合体"。

最后，共产主义的实现不是人类历史的终结，而只是人真正作为人的历史的开始。

5. 科学社会主义基本原则是指贯穿于科学社会主义基本原理（针对科学社会主义基本问题所形成的基本观点）之中，而又对科学社会主义的基本原理起着指导性作用的相对宏观与抽象的原理及准则。

(1) 认清与把握科学社会主义基本原则的前提和依据，需要注意：

第一，科学社会主义基本原则与马克思主义基本原则之间的联系与区别；

第二，科学社会主义基本原则与历史唯物主义基本原则之间的联系与区别；

第三，科学社会主义基本原则与科学社会主义基本原理之间的联系与区别。

（2）科学社会主义的基本原则可以归纳为以下六点：

第一，人类社会从资本主义发展到社会主义、共产主义是一个客观的、自然的历史进程；

第二，人类社会由资本主义向社会主义、共产主义的进化必须经过工人阶级和人民大众自觉的、长期的斗争才能实现；

第三，人类社会从资本主义发展到社会主义、共产主义的目标是实现人的解放；

第四，人类社会从资本主义发展到社会主义、共产主义必须要有社会主义、共产主义政党的正确领导；

第五，人类社会要从资本主义发展到社会主义、共产主义，工人阶级和劳动人民必须掌握政权；

第六，人类社会要从资本主义发展到社会主义、共产主义，工人阶级和劳动人民掌握政权后，还要经历几个历史阶段才能逐步建成社会主义、共产主义。

6.（1）科学社会主义理论是与时俱进的发展的理论。科学社会主义不再把社会主义建立在主观臆想的基础上，而是建立在对现实社会进行科学研究的基础上。人们的认识总是受他们所处的历史条件的制约，这些条件达到什么程度，他们才能认识到什么程度。科学社会主义的创始人也不例外，他们创立科学社会主义理论也不是一劳永逸的事情。马克思恩格斯始终以严肃的科学态度对待科学社会主义，他们总是随着社会的发展以及自己认识的深化而不断丰富、完善或修正自己的理论。他们先后为《共产党宣言》所撰写的七篇序言便是这方面的典范，几乎每篇序言都反映了作者在撰写新序言时对新的、已经变化了的社会政治经济环境的最新认识水平。

（2）科学社会主义具有包容性、开放性的理论品格，它不断吸收科学研究的最新成果，从不故步自封、自视为穷尽一切真理的宗教教义。马克思恩格斯创立科学社会主义时，就吸收了当时欧洲自然科学与社会科学的一切优秀成果。科学社会主义创立之后，他们仍然随时关注着科学研究的最新发现和成果。

（3）科学社会主义的开放和发展特性要求人们在运用它以前认真地、客观地研究它，以保证在运用这一理论时能够实事求是地考虑运动的实际出发点，而不是简单地照搬现成的结论，用教条式的理论原则去剪裁现实。应坚持实事求是的思想路线，一切从实际出发，把科学社会主义的基本原则与各国革命和建设的具体情况相结合，创造性地运用和发展科学社会主义。马克思恩格斯曾明确指出，科学社会主义的基本原理具有普遍的指导意义，但是，“这些基本原理的实际运用"，"随时随地都要以现存历史条件为转移"。"我们从来没有断言"，为了达到共产主义的目的，"到处都应该采取同样的手段"，因为工人阶级在进行反资产阶级的斗争时，"必须考虑到各国的制度、风俗和传统"。他们希望各国工人组织都能够根据本国的具体情况，独立自主地探索本国的道路和制定自己的方针政策。

第二章 苏联模式社会主义的理论与实践

一、要点提示

本章阐述的主题是由科学社会主义理论指导的在俄国建设社会主义的实践，即从社会主义理论到社会主义的实践，这种新的实践经过总结，又上升为新的理论，即苏联模式社会主义。本章阐述了在列宁理论指导下，俄国首先走上社会主义道路，并进行了艰辛探索；苏联模式的形成及其失败过程、经验教训等问题。本章知识要点主要有以下几方面：

1. 列宁的帝国主义论与社会主义可能在不发达国家首先胜利的理论。列宁对帝国主义作出了新的界定和认识，以此为基础，并针对俄国国情，提出了社会主义可能在不发达国家首先胜利的理论。这一理论指导了俄国社会主义革命取得胜利。

2. 列宁对俄国如何实现社会主义的初步探索。列宁领导俄国先后通过实施战时共产主义政策和新经济政策探索向社会主义过渡的道路。战时共产主义政策的严重弊端和局限性使列宁转向实行新经济政策，新经济政策的实施适应了落后国家的基本国情，是经济文化落后国家向社会主义过渡的必然选择。但列宁逝世后，苏联领导层过早终止了新经济政策。

3. 苏联模式社会主义的定型和是非。苏联模式社会主义是伴随着国家高速工业化、农业全盘集体化和党内干部大清洗三大运动而形成的。在当时的历史背景下，苏联模式社会主义取得了巨大成就，但也存在着极其严重的弊端。

4. 苏联模式社会主义在国际上的推广。由于苏联在反法西斯战争中取得的成就、地缘政治因素以及苏联战后强行推广自己的模式等因素，战后逐步走上社会主义道路的各国基本上都照抄照搬了苏联模式，学习苏联经验。

5. 苏联模式社会主义的失败及其历史教训。苏联模式的弊端随着社会的发展日益严重，更由于苏联、东欧各国共产党主要领导人长期背离科学社会主义，苏联模式以失败告终。20世纪80年代末90年代初，东欧剧变、苏联解体，这些社会主义国家的性质发生了根本性变化。苏联模式社会主义的失败具有深刻的历史教训，现实社会主义国家应深入汲取苏联模式的经验教训。

二、基本概念

1. 十月革命：也称为“布尔什维克革命”或“十月社会主义革命”。1917年11月7日（俄历10月25日），列宁和布尔什维克党领导彼得格勒工人赤卫队和革命士兵发动武装起义，推翻了资产阶级临时政府。7日晚，苏维埃第二次全国代表大会召开，宣告苏维埃政府成立，并通过《和平法令》和《土地法令》，选出新的苏维埃中央执行委员会，通过成立苏维埃政府即人民委员会的决定，列宁当选为人民委员会主席。随后，革命迅速向全国发展，到1918年2—3月间，全国各地相继建立苏维埃政权，十月社会主义革命取得完全胜利。十月革命具有划时代的历史意义。这是无产阶级政党领导的第一次成功的社会主义革命，是人类历史上的一次伟大事件。它开创了人类历史的新纪元，开辟了无产阶级革命和民族解放运动的新时代。

2. 苏联模式社会主义：所谓苏联模式指的是苏联在社会主义工业化和农业集体化过程中逐渐形成的一种包括政治、经济、思想、文化教育等方面过度集中的社会主义体制。它起始于20世纪20年代中期斯大林上台执政，完成于斯大林执政晚期，因此这一体制又称为斯大林模式。苏联模式是社会主义第一次作为一种社会制度在一个国家确立并对世界产生广泛影响，它的产生与俄国的政治文化传统和特殊环境有关。其基本特征是过度集中、过度集权。这种社会主义模式是科学社会主义在苏联具体国情条件下的特定产物，它在一定历史时期显示出一定的生命力，对苏联社会发展发挥了促进作用，对世界许多国家起到了示范效应。但总体上看，这种模式有严重弊病，不适合各国正常条件下的发展，而且长期没有进行实质性的改革和体制创新，最终是一种失败了的社会主义模式。

3. 列宁主义：是指列宁探索由俄国革命带头实现世界共产主义的思想体系。列宁是俄国著名马克思主义者，布尔什维克党的领袖。列宁一生不断总结俄国和国际共产主义运动的经验，理论上有许多创新和建树。列宁主义是马克思主义与19世纪末20世纪初帝国主义和无产阶级革命时代国际共产主义运动尤其是俄国工人革命运动相结合的理论结晶。列宁依据时代变化和俄国具体国情，提出了社会主义革命新理论，并对如何建设社会主义的问题进行了新探索。列宁主义的内容十分丰富，尤其是他的“帝国主义论”和“一国革命论”对引导俄国革命胜利发挥了旗帜作用，他对如何建设社会主义问题的探索，对各国更具有启发意义。列宁逝世后，他的思想被称为列宁主义。1924 年 7 月，共产国际第五次代表大会为了强调学习先进理论，又把列宁主义与马克思主义并列为马克思主义—列宁主义。不过，马克思主义与列宁主义既一脉相承，也有很大区别。列宁主义基本理论的运用也需要遵循实事求是的原则，列宁主义也需要适应时代的发展而不断发展。

4. 斯大林主义：斯大林主义从特定意义上可以用 24 个字定义为：“斯大林探索以苏联为中心实现世界共产主义的思想体系”。可以说列宁主义与斯大林主义是一脉相承的。斯大林生前总是称自己是列宁的学生，同意马克思、恩格斯、列宁、斯大林主义的提法，但是他一直不同意单独提出斯大林主义。托洛茨基早在 1927 年《俄国局势真相》中把斯大林主义作为贬义词使用，他认为斯大林主义是机会主义；而苏共领导人赫鲁晓夫、卡冈诺维奇在 1936—1939 年间则是把斯大林主义作为褒义词提出，他们认为斯大林主义是列宁主义的新发展。自 1956 年苏共二十大后，随着斯大林执政时期大量弊端及黑暗面被揭露，斯大林主义也被众多人士视为极权社会主义、专制社会主义、暴力社会主义的代名词。

5. 战时共产主义政策：又称军事共产主义政策，是苏维埃俄国在 1918 年至 1921 年国内战争时期，为保卫和巩固十月社会主义革命政权成果而实行的一种特殊的经济政策和经济管理体制。其主要措施包括：实行余粮征集制；实行广泛的工业国有化；工业管理实行集中制；实行私人商业国有化，限制市场流通和私人贸易；针对物资奇缺和物价飞涨导致的货币急剧贬值，实行经济关系实物化；实行劳动义务制和劳动“军事化”；等等。本来，战时共产主义政策的不少做法都是为了应急而被迫采取的措施，可是，由于革命热情高涨和急于求成，俄共（布）却一度把它当做是建设社会主义的一种捷径，认为由此可以直接过渡到共产主义。作为一种政策，一种体制，一种模式，战时共产主义政策虽然在战争环境中建立过不朽功勋，但作为小农经济环境和传统社会主义观念的产物，它在战争环境下还可以勉强实行，一旦战争结束，其局限性就立即暴露出来。战时共产主义政策作为俄国社会主义制度的最初模式，虽然只存在三年时间，但它对后来苏联模式的形成及改革历程都产生了深远影响。

6. 新经济政策：是指苏俄在 1921 年 3 月开始实行的向社会主义过渡的、与战时共产主义政策相区别的新的经济与社会发展战略。国内战争结束之后，战时共产主义政策的弊端已十分严重，苏维埃共和国面临严重的经济和政治危机。1921 年 3 月召开的俄共（布）十大通过《关于以实物税代替余粮收集制的决议》，标志着苏俄开始由战时共产主义政策转向新经济政策。新经济政策的重要特征主要有：以市场为取向；多种经济成分共存；坚持并改善党的领导；改革过度集权的政治体制，加强对权力的有效监督与制约。新经济政策的实行，重新建立了工业与农业之间正常的经济联系，巩固了工人阶级同农民的联盟，促进了生产力的发展，受到广大人民特别是农民的欢迎，使 1921 年的危机迅速得到克服。苏俄转向新经济政策，实际上是要探索一种新的社会主义建设模式。根据列宁的社会主义建设思想，新经济政策本来是长期的社会发展战略。然而，自 1924 年列宁去世后，新经济政策实际上已逐步减弱。1929 年，新经济政策被苏联领导层提前结束。

7. 帝国主义：20 世纪初“帝国主义”一词在国际上广为流行，各家各派有不同的理解和解释。英国经济学家霍布森，第二国际理论家希法亭、考茨基以及俄国布尔什维克党的领导人之一布哈林等人都比较一致地认为帝国主义是资本主义的一种“政策”。霍布森认为帝国主义是一种“扩张政策”，希法亭认为帝国主义是金融资本的经济政策，考茨基认为帝国主义是一种非和平的暴力兼并政策，布哈林也认为“帝国主义是金融资本的政策”。列宁在 1916 年出版《帝国主义是资本主义的最高阶段》一书，认为帝国主义是资本主义发展的特殊阶段，是资本主义的最高、最后阶段，其特殊性首先表现在垄断性；帝国主义的实质就是垄断，帝国主义就是资本主义的垄断阶段。同时，帝国主义也是腐朽的资本主义，是无产阶级革命的前夜。列宁的帝国主义论对当时世界社会主义运动的发展具有重要的指导意义。

8. 苏维埃：是俄文音译，意为会议或代表会议。苏维埃本来只是一个俄文中的普通名词，十月革命后列入国名，这与列宁当时无产阶级世界革命的思想紧密联系。俄国 1905 年革命中首先出现工人代表苏维埃，是领导工人进行罢工斗争和武装起义的革命组织。1917 年二月革命中，苏维埃再度复活，俄国出现了工人代表苏维埃、士兵代表苏维埃和农民代表苏维埃。苏维埃逐渐发展成为革命政权组织。十月革命胜利后，苏维埃成为最高国家权力机关，俄国国名定为俄罗斯苏维埃联邦社会主义共和国，简称苏俄。苏俄于 1922 年 12 月改名为苏维埃社会主义共和国联盟，简称苏联。1936 年，苏联宪法把工兵农代表苏维埃改为劳动者代表苏维埃；1977 年，苏联宪法又改称人民代表苏维埃。

9. 布尔什维克：是俄文音译，意为多数派。1898 年建立的俄国社会民主工党遭到取缔后，于 1903 年重建。在重新建党的第二次代表大会上，列宁与马尔托夫在党的组织问题上发生分歧。大会在最后选举中央机关时，拥护列宁的一派获得多数，被称为“布尔什维克”（即“多数派”），支持马尔托夫的一派被称为“孟什维克”（即“少数派”）。后来随着俄国革命运动的发展，两派在一些重大问题上的分歧日深，逐渐形成观点彼此对立的两大派别。拥护列宁的布尔什维克派后成为俄国共产党。“布尔什维克”一词直到1952年苏共第十九次代表大会上才从党的名称中正式消失。

10. 俄国二月革命：是俄国第二次资产阶级民主革命，爆发于1917年3月（俄历2月）。沙俄帝国是第一次世界大战的主要参战国之一，战争使俄国经济濒于崩溃，社会各种矛盾空前激化。1917年2月18日（俄历），彼得格勒普梯洛夫工厂工人开始罢工，揭开了二月革命的序幕。23日（俄历），彼得格勒工人举行示威活动，示威迅速转变成政治罢工。27日（俄历），罢工转化为武装起义，驻守彼得格勒的数万名士兵也参加了起义。起义队伍占领了军火库、火车站，并打开监狱释放了政治犯。革命在全国迅猛展开。3月2日（俄历），沙皇尼古拉二世让位给其弟弟米哈伊尔；米哈伊尔于第二天宣布退位，并将政权交给临时政府。统治俄国达三百多年的罗曼诺夫王朝被推翻了。二月革命胜利后，俄国出现了历史上罕见的资产阶级临时政府和工农兵代表苏维埃两个政权并存的局面。列宁回国后，抓住时机，激励布尔什维克党人成功地发动了十月社会主义革命，建立了人类历史上第一个工人阶级领导的社会主义国家。

11. 共产国际（第三国际）：1919年3月列宁领导创建的世界各国共产党和共产主义团体的国际联合组织，总部位于莫斯科。一战爆发后，第二国际破产。十月革命的胜利，促进了马克思主义的传播和各国社会主义运动的发展，客观形势要求建立新的国际组织。1919年3月2日在莫斯科召开了国际共产主义代表会议，通过了《告国际无产阶级宣言》、《共产国际行动纲领》、《关于资产阶级民主和无产阶级专政的提纲》等文件，宣告第三国际成立。其任务是宣传马克思主义，团结世界各国工人阶级和广大劳动人民，为推翻资产阶级的统治，建立无产阶级专政，消灭剥削制度而斗争。它以民主集中制为组织原则，最高权力机关是代表大会，各国共产党是它的支部。代表大会闭会期间，由代表大会选出的执行委员会负责向各国支部发布指示和监督他们的工作。其机关刊物是《共产国际》和《国际新闻通讯》。第三国际在其存在的24年中共召开过七次代表大会，领导过60多个共产主义政党和组织。在捍卫马克思主义，推动国际工人运动和亚非拉民族解放运动，反对法西斯主义和帝国主义战争，促进国际共运发展等方面作出了重要贡献。它在欧洲、美洲、亚洲帮助各国建立了马克思列宁主义政党，培养了一批革命骨干，加速了各国共产党的成长。但它在工作中也有过许多重大失误，给国际共产主义运动带来过消极影响，其高度集中的组织形式曾影响了各党的独立自主和各党之间的平等关系。二战爆发后，为了有效组织反法西斯斗争，经各国共产党同意，共产国际于1943年6月宣告解散。

12. 大清洗运动： 指20世纪30年代苏联爆发的一场政治镇压和迫害运动。20年代末和30年代，随着苏联工业化运动和农业集体化运动通过国家行政命令手段强行推进，导致社会关系、党群关系紧张，引起党内外的怀疑和不满。党内干部大清洗运动就是为了压制这种不满而展开的。早在20年代反对托洛茨基派、新反对派以及清除布哈林派起，就已经开始了政治大清洗。从1934年年底到1938年秋近四年间，苏联先后出现两次更大规模的清洗的高潮。大清洗运动以阶级斗争越来越尖锐化为理论根据，抛弃党的领导，完全由情报安全部门严密控制司法机关和司法程序，采取逼供、诱供等非常手段，把党政军高级干部和知识界精英作为主要打击对象。党内早期反对派人物首当其冲，季诺维也夫、加米涅夫、布哈林等列宁时期的政治局委员均被当做帝国主义特务、人民敌人处死；1929年已被逐出国门的托洛茨基也未能幸免，于1940年在墨西哥被暗杀。联共（布）十七大代表和中央委员大量被清洗。这场大清洗运动破坏法制，制造了大批冤假错案，严重破坏了社会主义民主、自由和法制，扼杀了干部和群众的主动性、积极性与创造性。经过大清洗运动，斯大林的个人权力得到进一步加强，党的领导变成个人专权。大清洗运动的发生有各方面的复杂原因，当时苏联面临的险恶的国际环境、激烈的党内争论、斯大林的个性缺陷等都是重要因素。但它不是社会主义建设过程中的必然现象，这种悲剧完全是可以避免的。

13. 苏南冲突： 是苏联与南斯拉夫党和国家之间发生的导致关系破裂的争执与冲突。苏、南两国共产党在二战期间已存在分歧，苏联承认南流亡政府而对南共领导的临时政府不甚支持，未与南共商议就与英、美就南斯拉夫有关问题达成协议。战后初期两国摩擦加深，苏共以领导党自居，干涉南内政，要求南照搬苏联模式，批评南在外交上不与苏磋商，两国经济关系不够平等互助。南共对此有所抵制。1948年3月中旬，苏联突然撤走在南斯拉夫的全部军事顾问和文职专家，两国关系急剧恶化。其后两党交换信件，阐述各自观点。苏共指责南共反苏，背离马列主义，放弃党的领导作用，低估苏联经验，奉行机会主义理论，声称间谍内奸充斥于南党政机构内。南共进行反驳，表示了该党遵循马列主义，学习苏联榜样，坚持独立自主，以略有不同的方式发展本国社会主义的立场。经苏联提议，欧洲共产党和工人党情报局于1948年6月在布加勒斯特举行会议，在南共拒绝出席的情况下，通过了关于南斯拉夫的决议，严厉抨击南内外政策，宣布将其开除出情报局。1949年，苏联及东欧国家断绝与南斯拉夫的贸易关系，对南施加政治、经济和军事压力。同年11月，情报局再次作出决议，攻击南共是帝国主义的奴仆，号召南人民推翻南共领导人的领导，苏联及东欧国家完全断绝与南的关系。究其原因，苏联的大党主义和大国主义是苏南冲突的根本原因。

1955 年，苏共中央第一书记赫鲁晓夫访南，对苏南关系遭到破坏表示遗憾，双方签署《贝尔格莱德宣言》，两国关系随之正常化。

14. 南斯拉夫“自治社会主义”：苏南冲突爆发后，南斯拉夫共产党重新审视苏联模式的一些做法，根据本国国情，根据自己对社会主义的理解，独立自主进行了颇具南斯拉夫特色的“自治社会主义”理论与实践探索。铁托、卡德尔等南共领导人认为，马克思、列宁在《共产党宣言》、《资本论》、《国家与革命》等著作中，都提出了“劳动解放”、“国家消亡”和建立“自由人联合体”的思想。根据这一思想，在政治方面工人阶级的解放应该由工人阶级自己去争取，而不是由国家和党来垄断和包办，工人阶级应成为国家和社会的主人；“国家消亡”要从社会主义阶段开始做起，要把社会主义的国家看成是逐渐走向消亡的国家，为此要把国家的职能逐步转交给社会团体，建立工人自治制度。在经济方面，要把国有制改变为社会所有制，大力发展商品经济，充分利用价值规律，使计划与市场二者得到最佳配合。自治社会主义的发展大体经历了三个阶段：从 1950—1963 年，是“工人自治”阶段，企业自主权逐步扩大，自治主要局限于工矿企业内的简单再生产领域。从 1963 年到 60 年代末，是“社会自治”阶段，自治由工厂扩大到国家机关和社会事业单位，使工人自治发展为社会自治；企业不再上交投资基金税，只向国家交纳社会行政费用的税款；国家把扩大再生产资金的支配权下放到企业；实行市场经济。从 70 年代初开始进入实行联合劳动和建立在联合劳动基础上的政治自治阶段。自治社会主义制度使广大劳动群众直接参加管理生产和社会事务，有利于发扬社会主义民主和发挥劳动者的积极性，提高劳动生产率，发展生产。经过 30 多年建设，南斯拉夫从一个落后的农业国发展为具有中等水平的工业—农业国。但因为过早削弱和取消国家管理经济的职能，过分削弱中央权力和计划指导作用，造成了经济建设中的无政府主义、比例失调等问题。南斯拉夫的“自治社会主义”最终也未能完全摆脱苏联模式的影响和束缚，它最多只能算是一种探索和实验，在实践上并未取得成功。

15. 布拉格之春：1968 年 4 月，捷共中央全会通过了全面改革捷克斯洛伐克政治、经济体制的“行动纲领”，这一纲领不仅要求彻底改革旧的经济管理体制，而且要求对外政策方面的独立自主和国内政治的民主化。这场改革运动通常被称为“布拉格之春”。当时的苏联领导人认为捷克斯洛伐克的改革离开了社会主义建设的共同规律，背弃了社会主义，于 1968 年 8 月出兵镇压了“布拉格之春”。镇压不仅中止了捷克斯洛伐克的改革进程，而且使得社会主义国家整体改革形势出现逆转。社会主义国家又一次失去了改革的机遇。

16. “人道的、民主的社会主义”理论：是戈尔巴乔夫时期形成的对苏联社会主义的新认识和新构想。戈尔巴乔夫担任苏共总书记后，在批判和否定斯大林社会主义模式的基础上，提出要使社会主义具有时代性和时代的组织形式，使之具备“新质特征”。“人道的、民主的社会主义”理论的主要内容是：第一，其理论根据是“异化”论。强调社会主义的任务归根结底是结束“异化”。第二，其核心和实质是人道主义。认为社会主义就是一种以人为“万物尺度”的真正人道主义制度。第三，其思想来源是多方面的，它是苏共依靠马克思、恩格斯、列宁遗产，结合当代的现实和考虑到 20 世纪的全部经验对社会主义思想的创造性发展。主张深入研究和正确评价社会民主党对社会主义价值观的发展。第四，人道的、民主的社会主义的具体蓝图是：实行经济上的混合所有制和可调节的市场经济，实行政治多元化，不谋求共产党的政治垄断地位。“人道的、民主的社会主义”理论是戈尔巴乔夫改革的指导思想，对苏联乃至东欧的剧变都起到了推波助澜的作用。

17. 东欧剧变：20 世纪 80 年代末 90 年代初，东欧社会主义国家的政局在国际大气候和国内小气候的相互作用和巨大冲击下发生急剧变化。东欧剧变大体经历了三个阶段：一是执政的共产党党内出现反对派，并与党外的反对派相呼应；二是执政党在国内外的各种压力下不断对反对派妥协退让，承认反对派合法地位，与反对派对话或召开“圆桌会议”等，反对派则乘机扩大势力；三是反对派向执政的共产党夺权，或通过大选，或通过不断制造动乱、不断施加压力，个别国家甚至通过武装冲突，最后实现政权更迭。东欧八国剧变有三波浪潮：波兰、匈牙利掀起第一波浪潮；民主德国、保加利亚、捷克斯洛伐克、罗马尼亚掀起第二波浪潮；阿尔巴尼亚、南斯拉夫掀起第三波浪潮。东欧八国剧变各有各的特点，从时间上说，波、匈、民主德国、保、捷、罗六个国家是在 1989 年发生剧变的，时间较早；阿、南两个国家是在 1990 年以后发生剧变的，时间稍晚。从方式上看，有的国家是执政的共产党本身改变了性质，变成了社会党，从而导致社会发展方向的改变；有的国家则是共产党被迫向反对派让权，使国家政权性质发生变化；多数国家剧变是“和平演变”，但个别国家如罗马尼亚的领导人一“左”到底，要用强力镇压群众，结果被人民以暴力推翻了原政权。东欧各国剧变的性质是相同的：首先，共产党的性质发生了根本变化。原来执政的共产党转变成了社会党，不仅改变了党的名称，而且改变了党的性质、指导思想、组织原则、政治地位和奋斗目标。其次，政权性质发生了根本变化。掌握政权的，不是反共反社会主义的政党，就是由共产党转变而来的社会党。再次，社会制度发生了根本变化。原来的社会主义制度被彻底摧毁，各国搬用西方式的多党竞争制、三权分立制、自由选举制和议会民主制，实行大规模的私有化和西方式的市场经济，转轨到资本主义道路。东欧剧变是世界社会主义、共产主义运动的一次重大挫折。

18. 苏联剧变：所谓苏联剧变，主要包含这样几个相互联系的过程：一是苏联共产党丧失政权并最终被解散；二是组成苏维埃社会主义共和国联盟的15个加盟共和国分裂成15个独立的国家；三是宣布独立的各共和国与传统的苏联模式社会主义决裂，朝着经济市场化、政治民主化的方向转轨，体制改革不再是对原社会主义体制的完善和发展。从历史的长时段来看，导致苏联剧变的根本原因是苏联的社会主义体制出了问题，苏联一次又一次地错过改革机遇，到戈尔巴乔夫时期，又实行了一系列混乱的甚至是错误的措施，最终导致苏共的垮台和苏联的崩溃。此外，西方国家长期的演变策略以及20世纪八九十年代世界民族新一轮浪潮对苏联的剧变也都起到了重要的推动作用。苏联剧变是世界社会主义、共产主义运动的重大挫折。

三、重点问题和答题要点

1. 列宁帝国主义论的主要观点。

(1) 列宁在1916年出版的《帝国主义是资本主义的最高阶段》一书中指出：帝国主义是资本主义发展的特殊阶段，是资本主义的最高、最后阶段，其特殊性首先表现在垄断性。认为帝国主义的实质就是垄断，帝国主义就是资本主义的垄断阶段。也就是说，到19世纪末20世纪初，世界资本主义已经从自由资本主义阶段发展到垄断资本主义的新阶段。

(2) 列宁还分析了帝国主义的五个基本特征：生产和资本的集中发展到这样高的程度，以致造成了在经济生活中起决定作用的垄断组织；银行资本和工业资本已经融合起来，在这个“金融资本的”基础上形成了金融寡头；资本输出和以往的商品输出大为不同，具有特别重要的意义；瓜分世界的资本家国际垄断同盟已经形成；最大的资本主义大国已经把世界上的领土瓜分完毕。

(3) 列宁还指出：帝国主义是腐朽的资本主义。这种腐朽性是帝国主义特有的，是与帝国主义的垄断分不开的。通过对帝国主义腐朽性的分析，列宁认为帝国主义是过渡的资本主义，或者更确切地说，是垂死的资本主义。这个结论是建立在对帝国主义基本矛盾的分析之上的。他强调，因为存在垄断，所以帝国主义的经济政治发展不平衡规律的作用特别突出。由于世界已经被帝国主义列强瓜分完毕，后起的帝国主义国家如德、奥、意等国只好结成同盟，与英、法、俄等国结成的协约国相对抗，帝国主义的世界大战不可避免。这种战争造成的破坏，必将使帝国主义时代的其他两大阶级矛盾激化，并且上升为主要矛盾，进而引发世界革命的日益发展，最后必将以无产阶级革命的胜利而告终。

2. 列宁关于社会主义革命可能在不发达国家首先胜利理论的主要内容。

（1）列宁关于社会主义革命可能在不发达国家首先胜利的思想，最早表述见于1915年8月写成的《论欧洲联邦口号》一文："经济和政治发展的不平衡是资本主义的绝对规律。由此就应得出结论：社会主义可能首先在少数甚至在单独一个资本主义国家内获得胜利。"在1916年8月写成的《无产阶级革命的军事纲领》中，列宁进一步明确了他的一国革命论："资本主义的发展在各个国家是极不平衡的。而且在商品生产下也只能是这样。由此得出一个必然的结论：社会主义不能**在所有**国家**内**同时获得胜利。它将首先在一个或者几个国家内获得胜利，而其余的国家在一段时间内将仍然是资产阶级的或资产阶级以前的国家。"

（2）列宁着重分析了社会主义可以在经济落后国家首先胜利的条件。这些条件主要是：第一，帝国主义时代资本主义发展的不平衡加剧了。各国在竞争中往往以军事冲突和战争的方式重新瓜分世界，帝国主义内部的冲突加深，从而造成资本主义统治链条中的薄弱环节。第二，帝国主义战争的严重破坏，使一些经济不发达国家的社会矛盾尖锐化，使这些国家的人民除了起来革命之外没有别的出路。第三，不发达国家由于资本主义发展不充分，封建势力存在，造成这些国家资产阶级的软弱性、动摇性甚至叛卖性，他们不可能举起民族民主革命的旗帜，把这些国家引上资本主义发展道路。第四，这些国家的无产阶级人数虽少，但革命性强，有农民做同盟军，有经过长期革命斗争锻炼的无产阶级政党的领导。如果这些条件汇合起来，就可以形成一种直接的革命形势。

（3）列宁关于社会主义革命可能在不发达国家首先胜利的理论的提出，在很大程度上是针对俄国的。当时俄国已经成为各种社会矛盾的集中点，革命形势日益具备。列宁关于由俄国带头的社会主义革命新理论就是在这一历史背景下提出来的。他认为：帝国主义世界大战已经使无产阶级世界革命的形势成熟，俄国无产阶级夺取政权、取得社会主义革命胜利后，将会引发欧洲发达资本主义国家的无产阶级革命，进而取得无产阶级世界革命的胜利，最终实现世界共产主义。

3. 苏俄战时共产主义的具体措施。

第一，实行余粮收集制。1919年1月，苏俄人民委员会颁布余粮收集制法令。有三个特点：一是强制性，在战争期间，大规模地组织工人征粮队下乡；二是规定阶级原则，富农多征，中农少征，贫农不征；三是国家下达的征集数额是"余粮"，即除了极少口粮外都算余粮。

第二，实行了广泛的工业国有化。除了革命胜利初期已经国有化的大企业外，1918年6月28日人民委员会颁布法令，规定把一部分中小企业也收归国有。1920年11月29日，进而将有机器发动机并雇用5人以上或无机器发动机但雇用

10人以上的私营企业全部收归国有。

第三，工业管理实行集中制，管理和计划集中于最高经济委员会各部门的总管理局。它们直接决定企业生产任务，调拨企业的人力物力，包收企业产品。

第四，私人商业国有化，限制市场流通和私人贸易。由于物资奇缺，国家征管的范围越来越宽。到1919年年底，除粮食、饲料之外，肉类和马铃薯也被列为余粮收集制对象。1920年收集对象几乎涉及全部农产品。实际上，从事私人贸易已被视为违法活动。

第五，经济关系被迫迅速实物化。按阶级属性确定口粮标准，工业必需品实行配给制，单位之间停止货币结算。1918年12月进而决定取消货币；1920年开始实行配给品及生活服务免费制。

第六，实行劳动义务制和劳动“军事化”。1918年12月11日规定16岁至50岁的公民，只有完成一定的劳动义务，才能领取相应的口粮，否则要强制劳动。

4. 战时共产主义的局限性。

作为一种政策，一种体制，一种模式，战时共产主义虽然在战争环境中建立过不朽功勋，但作为小农经济环境和传统社会主义观念的产物，它在战争环境下还可以勉强实行，一旦战争结束，其局限性就立即暴露出来，具体表现在以下三个方面：

(1) 战时共产主义脱离了落后国家的客观现实。在俄国这样文化落后、社会化生产程度很低的国家里，立即实行全面国有化，强调在组织生产、管理和分配方面建立整齐划一的统一措施，并不能真正持久促进社会生产力的发展。

(2) 脱离了农民的需求。战时共产主义采用余粮征集制，完全禁止集市贸易和私人买卖，由国家直接实行工农业之间的产品交换。这脱离了农民的需求，对于他们来讲，是不能接受的。

(3) 实行无货币社会是脱离实际的空想。在战时共产主义开始时，否定社会主义条件下的货币商品市场关系只是一种理论主张和临时措施，当经济实物化已经普遍化的时候，把取消货币当做更加接近社会主义，这实际上是一种空想。

5. 新经济政策的特征。

第一，以市场为取向。新经济政策的一个核心问题是承认和利用商品货币关系，承认和利用市场的积极作用，实现从产品生产向商品生产的转变。

第二，多种经济成分共存。改变了战时共产主义时期力图建立单一社会主义公有制的做法，从1921年起实行租让制和租借制，即把国家一时还无力经营的部分企业租让给本国资本家或租借给外国资本家经营，调动国内资金，并引进外资，以有助于推进社会主义经济建设。列宁还主张重视发展合作制。

第三，坚持并改善党的领导。列宁主张从严治党，注意纯洁党的组织。还提出，为了适应党的中心任务即搞好经济建设的要求，党要改变领导方式，党政之间应有各自的职权范围。实行党政分开是列宁对于进行政治体制改革的重要指导思想。

第四，改革过度集权的政治体制，加强对权力的有效监督与制约。布尔什维克党掌握政权后，由于种种原因，造成了权力过度集中的现象。转向新经济政策后，列宁采取措施对权力过度集中的政治体制进行改革。他把着眼点放在加强监督和建设社会主义民主政治上，提出把改组工农检察院作为改造国家机关的重点，强调要让工农群众参与和监督国家事务。

6. 列宁提出的关于在党和国家领导核心内建立有效的分权和监督制度的主要内容。

列宁提出的一系列措施主要有：扩大中央委员会，以加强决策过程的民主基础，吸收工农优秀分子进入党的中央委员会，在党内建立权力制衡机制，确认党代表大会是党的最高权力机关，中央委员会只是党代会的执行机关，政治局、组织局和书记处只是党中央的常设机构，总书记只管书记处的工作，不在政府兼职，设总书记的本意是要实现党政分开，党代表大会要坚持年会制，要建立党的中央监察委员会和地方监察委员会，它们分别与党的中央委员会和地方党委会平行，其职责是专门监督中央委员会（包括总书记）和各级党委会，防止他们滥用职权。在改革党的领导体制的同时，还要对国家机关进行改造，反对官僚主义，建设社会主义民主政治。

7. 列宁对俄国如何实现社会主义的初步探索过程及其结果。

（1）第一个社会主义国家俄国在列宁领导下进行社会主义建设总共约有 6 年的时间。前 3 年，列宁缺少清醒的认识，急于通过战时共产主义政策直接过渡到社会主义；后 3 年，列宁在总结实践经验教训基础上，对落后国家的国情有了较为清醒的认识，初步探索了通过新经济政策迂回、间接过渡到社会主义的新路径。新经济政策的主要精神是认定落后国家要经历更长的从资本主义到社会主义的过渡时期，其间要大力发展商品市场经济，逐步消除自然经济、半自然经济，允许资本主义成分有一定发展，逐步扩大社会主义阵地，最终战胜资本主义，达到社会主义，实现社会主义国家工业化、电气化和政治民主化、工农化，用社会主义现代化来弥补落后国家未曾实现的资本主义现代化的课程。

（2）新经济政策本来是长期的社会发展战略，然而，自 1924 年列宁去世后，新经济政策实际上已逐步减弱。到 1929 年，苏联领导层提前结束了新经济政策。这次战略转变所采取的苏联社会主义建设方针以及最终形成的社会主义苏联模式，对苏联乃至以后对其他社会主义国家的政治经济文化体制都产生了巨大、深远的影响。转变的原因归根结底，仍然是对如何在一个帝国主义包围中的落后国家建设社会主义的特殊规律没有取得正确的认识。这次转变的结果，是建立起了斯大林模式，即后来持续存在了半个世纪并在第二次世界大战后扩大到欧洲、亚洲、拉丁美洲一系列国家的苏联模式社会主义。

8. 落后国家建设社会主义的特殊发展规律。

第一，无产阶级夺取政权后，要着力彻底铲除封建主义的落后遗物，不仅限于地主阶级土地所有制和贵族制，而且还包括小农经济、君主专制、皇权主义、官僚特权、官僚主义、等级观念等。

第二，要充分利用资本主义文明成果，如发展和引进社会化大生产、现代化企业管理、商品市场经济、民主、自由、法治、人权等。

第三，要经历较长的过渡时期，不能急于消灭资本主义和小生产，不能急于全面实行社会主义公有制，不能急于宣布建成社会主义。

第四，更不能急于过渡到高级的共产主义，不能急于消灭工农、城乡、脑体劳动差别，不能急于实现按需分配。

9. 俄国作为落后国家难以短时间内单独一国建成典型的社会主义的原因。

第一，从国内条件来看，俄国的经济、政治、文化条件较为落后，现代工业不占优势，又遭到战争的严重破坏，农村中小农自然经济、半自然经济占统治地位，甚至还有封建宗法性经济，沙皇君主专制制度有三百多年传统，缺少资本主义议会民主制，文盲占人口的75%，长期对外扩张侵略形成了浓烈的大国沙文主义。

第二，从国际条件来看，社会主义长期处在发达资本主义国家的包围之中。这种资本主义包围既是地理的，更是军事、政治、经济、文化和思想的，因此不能不集中大量人力、财力、物力对付帝国主义的军事入侵、武装威胁、政治进攻、经济封锁、文化腐蚀和思想渗透，不能不建立强大的国防和国家安全部门，不能不建立高度集中的体制，以便能够迅速对意外事件作出及时的反应，这样就不能不影响到正常的社会主义建设和正常的社会主义体制。

10. 托洛茨基派建设社会主义的基本观点。

首先，托派反对一国建成社会主义理论。托洛茨基认为应该坚持马克思、恩格斯、列宁关于不断革命和世界革命的思想，苏联不能满足于自己在一国取得革命胜利，要“等待”世界革命、促成世界革命；如果没有欧洲社会主义工人阶级的国际援助，苏联的革命是不可能持久的，因为俄国经济落后，无产阶级同农民将要发生不可避免的利害冲突。他断言，社会主义是在一国开始的，但是不能在一国完成，在一国范围内维持无产阶级专政只能是暂时状态。托派认为这是列宁晚年的思想。

其次，托派主张限制和消灭私有经济。托洛茨基从不断革命论的立场出发，认定新经济政策是一种暂时退却，是无产阶级政权的权宜之计，是等待欧洲社会主义革命胜利而采取的临时性措施。他们时常谈论新经济政策的消极后果，认为要对新经济政策时期成长起来的私有经济进行限制，并对富农展开一场新的阶级斗争，进行所谓“第三次革命”。

再次，托派主张加速工业化，强调在社会主义建设中必须以工业为中心，严格服从国营工业的利益，实行所谓的“工业专政”。认为苏联之所以总是出现粮食收购危机，归根结底还是工业化实行得不够，因此，最终的解决办法不在农业本身，而是必须进一步加强工业化，在超过现在所做的一切的基础上加强工业化。要解决超工业化的资金来源，就要每年最大限度地把资金从农业抽调到工业，以保证整个工业的最大发展速度，并且提高工业品价格，对农民课以高额赋税。

最后，托派除了上述过左、过急的观点外，还提出了不少较为正确的主张。例如要对外开放，加强与“世界资本主义经济的合作”，要有计划地利用世界资本主义的技术成就来刺激苏联工业的发展；对内要增加对富农的税收，并不急于消灭富农，要大力提高工业提供农业机械化的能力，以促进农业集体化；要加快工业化，以消灭失业，改善工人生活，多吸收农村剩余劳动力，降低工业品价格，要协调经济发展，以适应市场，“主要是指农民市场”；尤其是要发展党内民主，反对官僚主义，防止党脱离广大人民群众。

11. 斯大林一国建成社会主义理论的主要内容。

斯大林提出的一国建成社会主义理论，是用来驳斥托洛茨基派有关农民和无产阶级必然发生冲突的论断。他认为苏联建设社会主义主要面临两种矛盾：一是内部矛盾，即无产阶级和农民之间的矛盾；二是外部矛盾，即社会主义国家和其他一切资本主义国家之间的矛盾。他指出：我们面前有两个主要阶级：无产阶级和私有者阶级即农民阶级。他们之间必然产生矛盾。全部问题在于：我们能不能用自身的力量克服无产阶级和农民之间所存在的这些矛盾。当人们说：能不能用自身的力量建成社会主义？他们的意思是说：我国无产阶级和农民之间的矛盾是可以克服还是不能克服？列宁主义对这个问题的回答是肯定的：是的，我们能够建成社会主义，而且我们将在工人阶级领导下和农民一起去建设。斯大林又用第二种矛盾解释了社会主义的最终胜利问题：能不能认为这种矛盾是一个国家完全可以克服的呢？不，不能。因为靠一个国家的努力，即使这个国家是无产阶级专政的国家，也不能完全保障自己免除武装干涉的危险。因此，只有在国际范围内，只有通过若干国家的无产者的共同努力，或者更好是在几个国家的无产者取得胜利以后，才能够有免除武装干涉的完全保障，也就是说，才能够取得社会主义的最终胜利。在斯大林看来，虽然一国可以解决工农之间的矛盾，成功建设社会主义，但是一国社会主义要取得最终胜利，仍然要实现世界革命。

12. 斯大林和布哈林在苏联社会主义建设根本方针上存在的基本分歧。

斯大林和布哈林在苏联社会主义建设的根本方针上的基本分歧有以下三个方面：

第一，斯大林主张优先发展重工业，实际上是把社会主义工业化理解为重工业化，并且把重工业化作为区分社会主义工业化和资本主义工业化两条工业化道路的根本标志之一。他还片面强调工业发展的高速度，强调要有“布尔什维克的速度”。布哈林认为，发展国民经济必须注意综合平衡，尊重客观经济规律，推动协调发展。他指出，社会主义经济是计划经济，但是如果经济计划制订得不好或者执行得不好，就会破坏平衡，出现危机。1928 年苏联出现的危机就是经济平衡的各种条件遭到破坏的结果。他反对“优先高速重工业化”的观点，主张重工业和轻工业要注意平衡发展，而且工业的发展要同农业的发展结合起来，不能片面加快重工业的发展。他坚决反对要求农民以缴纳“额外贡税”的办法来为工业化积累资金，认为这是对农民实行“军事封建剥削”。

第二，斯大林主张对农业实行全盘集体化，一步跨进社会主义，以保证国家所需要的商品粮。对富农阶级的政策也要求从限制和排挤富农剥削的政策立即转变为剥夺富农财产、消灭富农阶级的政策。布哈林认为，解决粮食问题固然是要通过日益增长的集体化把个体农业生产逐步改造为集体经济，实现农业生产社会化，但是这个问题必须在个体经济也同时增长的基础上得到解决。他根据列宁的合作制理论，反对用行政命令来改变农民的所有制，反对农业全盘集体化。

第三，斯大林提出“阶级斗争越来越尖锐”的论点，他认为社会主义建设中的一切成就都是阶级斗争的成果。实际上是把党内决策中的不同意见都上升为阶级斗争。布哈林反对“阶级斗争越来越尖锐”的观点，认为过渡时期的基本路线是阶级矛盾逐步缩小和最后消亡的路线，对资本主义成分应当用竞争的办法，逐步排挤、改造，最后消灭。他要求对富农阶级继续实行限制和排挤的政策，反对实行剥夺政策，反对进行托洛茨基曾经主张的、随后又被斯大林接过去的“第三次革命”。

13. 苏联模式社会主义的形成过程。

苏联模式社会主义是伴随着国家高速工业化、农业全盘集体化和党内干部大清洗三大运动而形成的。

（1）1925年，苏联国民经济恢复时期宣告结束，12月召开的联共（布）第十四次代表大会把国家工业化确定为党的总路线。到1928年，凸显出粮食供应量不能满足规模愈来愈大的工业化建设需要的问题。这时，必须重新考虑是坚持高速度地发展工业，还是根据实际条件把工业化速度降下来。在战胜党内反对派以后，斯大林从理论到实践愈来愈明确地转而采取了比托洛茨基曾经提出过的更"左"的方针。这场工业化运动的特点，一是高速度，二是优先发展重工业，三是采用行政手段。苏联从1928年10月开始实行第一个五年计划，由国家计划委员会编制详尽的各行各业的增长指标，作为指令性计划下达，各部门各地区必须当做法律一样严格执行，把国民经济统得很死。从1928—1937年，用两个五年计划的时间实现了国家工业化目标。工业化运动在短时间内就建立起比较完整的现代工业体系的基础，同时也形成了重工业过重、农业和轻工业过轻的畸形经济结构和过度集中的指令性计划管理体制。

（2）斯大林的农业全盘集体化运动主要是为配合国家工业化运动而实行的。1929年，斯大林为解决粮食问题而采取双管齐下的措施。第一，用非常措施强制收购粮食，以解燃眉之急。第二，实现农业全盘集体化，把"分散细小"的农民组织到集体农庄，借此一劳永逸地解决粮食供应问题。1929年11月，斯大林发表《大转变的一年》一文，标志着全盘集体化作为改造农业生产关系的一场政治运动在全国全面铺开。这篇文章的发表，使此前个别地区的全盘集体化发展成急风暴雨式的全国性政治运动。到1934年7月全国基本上完成了农业全盘集体化。全盘集体化运动的基本特点，一是时间短，二是行政命令开路，三是消灭富农。随着全盘集体化运动的基本完成，苏联建立起了一种新的直接为国家工业化服务的农业经济体制。从所有制结构看，有国营农场、机器拖拉机站、集体农庄，前两者是国家所有制，后者是集体所有制。从经济管理的形式看，主要是过度集中的计划经济体制。这种体制的主要功能是便于把农业纳入国家计划控制，而不是通过商品市场流通促进生产发展。

（3）工业化运动和农业集体化运动都是由国家采取行政命令手段推行的，这必然导致社会关系紧张、党群关系紧张，引起党内外有识之士的怀疑和不满。党内干部大清洗运动就是为了压制这种不满而展开的。早在1927年反对托洛茨基派和新反对派、1929年清除布哈林派，就已经开始了政治大清洗。从1934年年底到1938年秋的近4年时间，苏联先后出现两次更大规模清洗的高潮。大清洗运动表现出三个特点：它以阶级斗争越来越尖锐作为理论幌子；其运作过程脱离党的领导，完全由情报安全部门严密控制司法机关和司法程序，采取逼供、诱供办法；其主要打击对象是党政军高级干部和知识界精英。这场大清洗运动滥用权力，破坏法制，制造了大批冤假错案，在党内外造成一种可怕的恐怖气氛，严重破坏了社会主义民主、自由和法制，扼杀了干部和群众的主动性、积极性与创造性。与此同时，经过这场大清洗运动，斯大林个人的权力进一步加强，党的领导变成个人专权，这对斯大林个人集权制的形成也起了促进作用。

三大运动是相互配合、互相促进的，彼此有着紧密的内在联系。斯大林坚持高速度优先发展重工业，要求苏联在10年内跑完资本主义国家50年至100年所走的路。为了解决高速工业化所需的资金问题，斯大林发动了农业全盘集体化运动，把个体农民组织成为集体农庄，实行义务交售制，将农村纳入国家指令性计划的运行轨道。而为了镇压强制推行高速工业化和全盘集体化造成的不满情绪，斯大林又发动了大清洗运动，旨在为实现国家工业化和农业全盘集体化扫清政治障碍。三大运动相辅相成、紧密配合，最终催生了一个以过度集权为基本特征的苏联模式。

14. 苏联模式社会主义的历史成就。

（1）开创了社会主义现代化、工业化的新路，第一次显示了社会主义制度的优越性。

沙皇俄国自1861年废除农奴制度开始了资本主义现代化、工业化的进程。1914年参与第一次世界大战后，经济大受破坏。1917年十月革命胜利后，布尔什维克党领导国家继续完成被战争中断的现代化、工业化事业，重新开创社会主义现代化、工业化新路。这条新路新在以下八个方面：依靠无产阶级专政的苏维埃政权来实现；发动亿万工农群众和各民族人民参与现代化、工业化建设，开展群众性劳动竞赛；大力发展社会主义性质的国营经济和集体经济，消灭私有制；以五年计划形式实现国民经济计划化，排除商品市场经济；以电气化促进工业化，优先发展重工业；大力培养工农知识分子，利用、改造旧知识分子；发展社会主义新城市，改造旧城乡；使现代化、工业化成果造福广大民众。总体上看，苏联在这一时期基本上实现了现代化、工业化，消灭了城市工商业资产阶级和农村富农阶级，建立了全民所有制和集体农庄所有制的社会主义公有制经济基础，增强了工农联盟和各民族人民联盟，社会的阶级结构发生了重大变化。世界上第一个无产阶级专政的国家增强了实力，它同当时动荡不安的国际形势形成鲜明的对照。斯大林模式社会主义以建立美好幸福生活的远景为号召，激励着全体人民的建设热情，在极短时间内，使苏联在政治、经济、文化建设等各方面取得了相当大的成就。1940年苏联工业产值已超过英、法、德，跃居欧洲第一位、世界第二位。苏联只用了15年时间跑完了主要资本主义国家用50年到100年走过的历程。20世纪30年代苏联是世界上第一个也是唯一一个实行七小时工作制的国家。所有工人每年还有两周的带薪休假。公费医疗广为推行。义务教育卓有成效。孩子可免费入托儿所、幼儿园和参加少先队夏令营。国家为劳动人民兴建了大批住宅、学校、图书馆、博物馆、电影院、疗养院、医院。社会主义制度第一次显示了造福全体劳动人民的优越性。

(2) 取得了卫国战争的伟大胜利，促进了世界社会主义阵营的形成。

1941—1945年，苏联用四年时间和盟国一起共同打败了德、意、日法西斯国家，成为世界反法西斯战争的主要力量。不仅战前三个五年计划的实现、工业的快速发展使国家增强了实力，为打败法西斯奠定了物质技术基础，而且千百万苏联人民高昂的爱国主义、集体主义、英雄主义精神更是战胜法西斯势力取之不尽的力量源泉。苏军在欧洲战场四年间进行了五十多次集团军方式的大战役，使法西斯军队的损失超过它在西欧战场损失的三倍。东欧的波兰、匈牙利、捷克斯洛伐克、罗马尼亚和保加利亚五国以及德国东部都是苏军主力解放的。斯大林的领导是反法西斯战争胜利的重要原因。在国际上，苏联联合美、英、中等国结成广泛的国际统一战线；在国内，宣传动员并且组织军民采取正确的战略战术，对法西斯军队进行了切实有效的打击，终获全胜。苏联反法西斯战争实际上是一场决定人类走向进步还是倒退的殊死搏斗。作为战争的重要组成部分，苏联卫国战争的胜利为人类和平进步作出了巨大贡献。它的胜利使社会主义苏联的威望空前增长，使苏联作为世界两大强国之一出现在世界舞台上。随着红军在欧洲、亚洲的推进，在东欧、东亚出现了十多个新生的社会主义国家，这些国家随即组成了以苏联为首的社会主义阵营。这些都推动了战后世界民族解放运动的高涨和世界进步事业的发展。这些成就中都有苏联模式社会主义在当时条件下所起的积极作用。

15. 苏联共产党权力过度集中于中央的主要表现。

苏共权力过度集中于中央主要表现在三个方面：第一，党的代表大会和中央委员会的权力受到削弱，而中央政治局和书记处的权力则进一步扩大，以至于凌驾于全党全国之上；第二，限制党内民主和频繁清党；第三，中央监察委员会的职权被削弱。

16. 斯大林时期党内监督的特点。

斯大林时期的党内监督主要表现出以下几个特点：首先，监察机关的作用极其有限，列宁设计的那种有独立地位、有相应职权的监督机制没能实现；其次，只有自上而下的监督，没有自下而上的监督，监督工作成了单行道，只是监督党的决议、国家法令和工作的执行情况，而群众和党组织无法对领导人进行监督；最后，监察机关不仅没有对同级党委的决策进行有效的监督，相反却成了打击反对派的工具。结果，监察机关不仅没有在防止权力过分集中、维护党的集体领导原则方面发挥应有作用，相反却成了维护个人权威的机关。

17. 苏联模式社会主义的基本特征。

苏联模式社会主义的基本特征是过度集权，表现在政治、经济、思想文化和对外关系等诸多方面。

（1）政治方面的表现：

第一，过度集权的党政领导体制。国家的权力过度集中于党，党的权力过度集中于中央，中央的权力过度集中于个人。

第二，自上而下的干部任命规制。党对干部的集中统一管理，最基本的方式是实行等级授职的任命制。选举制一般都流于形式，其候选人主要由党组织内定，而且是等额选举，没有差额，没有竞选，实际上仍然是变相的任命制。

第三，软弱低效的监督机制。斯大林时期，党的监察委员会的地位受到削弱，权力受到限制，1934 年斯大林把中监委划归中央委员会领导、各级监委划归各级党委领导，用以监督下级是否执行中央的决定，监委根本不能发挥有效的监督作用。监察机关不仅没有在防止权力过分集中、维护党的集体领导原则方面发挥应有作用，相反却成了维护个人权威的机关。

第四，地位特殊的国家安全机关。国家安全机关由斯大林个人直接领导，甚至凌驾于党和国家机关之上，拥有特殊的地位。斯大林时期出现大批冤假错案，社会主义法制遭到破坏，造成极其严重的后果，与国家安全机关的特殊地位有直接关系。

（2）经济方面的表现：

第一，过度集中的全民所有制的国家所有制。苏联 1937 年第二个五年计划完成后，生产资料公有制（包括全民所有制和集体所有制）在国民经济中占据了统治地位。中央直接掌握着企业的人、财、物权和产供销活动；职工缺少参与民主管理的权利，企业的厂长或经理是由上级国家机关任命的。这种全民所有制带有浓重的官僚制色彩。

第二，过度集中的指令性计划经济体制。特点主要有：计划一经中央批准，即具有法律效力；计划具有无所不包的广泛性；计划具有过度集中的统一性，计划由中央统一编制，然后从上到下、按部门或地区把计划指标逐级下达；计划完全排斥市场调节。

第三，过度集中的部门管理体制。具体做法是：大批企业收归中央；中央经济管理部门直接控制企业的人财物大权和产供销活动；中央部门林立。

第四，过分强调行政手段的经济管理方法。国家主要依靠行政手段对国民经济实行统一领导和直接管理，通过层层行政机关，广泛采用具有强制性质的行政指令和决议，对全国的企业和经济活动进行集中统一的组织、指挥、调节和监督。

第五，过分强调优先发展重工业和军事工业。过分突出高速发展重工业和军事工业，长期轻视轻工业、民用工业和农业；追求数量增长的高速度，为完成指令性任务（特别是军事任务）而不计成本代价；国家集中一切资源，首先满足重工业和军事工业的需要；以行政手段实行农业集体化，对农业实行过度集中领导，通过种种方法把农业创造的大量收入转为发展重工业和军事工业的资金。

（3）思想文化方面的表现：

第一，文化团体国家化。从20世纪20年代末开始，苏联按照统一集中的原则，对各种科学技术学会、人文科学和艺术创作团体进行大规模改组，使这类组织的性质和职能逐渐发生变化。社会团体都加剧了国家化、行政化的倾向，变成准国家机关。

第二，领袖言论神圣化。斯大林作为党的最高领导人，对思想文化领域的问题拥有最终裁决权，他的思想和言论被绝对化、神圣化，以致成为判断真理和错误的绝对标准。斯大林亲自干预一些学术问题的讨论，并为其定性，还作出最后定论。

第三，公共舆论一律化。斯大林时期为了维护领袖和现行体制的权威而实行公共舆论一律化，思想文化领域完全依赖行政命令、高压手段来解决思想认识问题和学术争论问题。为了达到公共舆论的一律化，斯大林采用开展“批判运动”的方式来统一思想。

（4）对外关系方面的表现：

斯大林时期苏联对外关系从20世纪20年代新经济政策阶段的对外开放转向闭关锁国，从社会主义国家与资本主义国家和平共处转向冷战对峙，甚至准备并进行热战对抗。苏联还立足于领导世界革命，要作为国际共产主义运动的指挥中心、控制中心和统治中心。在20—30年代，第三国际在某种程度上成为苏联干涉别国共产党内部事务的工具。二战后，苏联从本国利益出发，与西方国家共同建立了雅尔塔体系，但并没有放弃以自己为中心的世界革命。苏联在热战中战胜德、日法西斯后，转向与以美国为首的世界资本主义阵营实行冷战对峙，同时大力加强以苏联为首的世界社会主义阵营，大力推广苏联模式社会主义，大力支持资本主义世界的各国共产党。

18. 苏联模式社会主义的重大弊病。

苏联模式社会主义的重大弊病主要表现在以下几个方面：

（1）政治上过度集权，缺少民主与法治。苏联模式的过度集权，突出表现在斯大林带头实行个人集权制（集党、政、军三大权于一身）、职务终身制和指定接班制。这“三制”从根本上背离了民主共和国的权力制约制、权力任期制和权力选举制。同时斯大林还实行消灭异己制、监控干群制、官僚特权制，并且加深了列宁遗留下来的一党专政制、以党代政制、控制选举制、干部任命制。这十种政治体制严重破坏了社会主义民主，使党内民主、苏维埃民主和社会生活民主大为缺失。在这种政治体制之下，领导集团或最高领导人就容易判断失误，独断专行，滥用权力，破坏法制。

（2）经济上管得过死，缺少效率与效益。中央主管部门采用指令性计划的办法，直接领导成千上万的企业，很难进行高效管理。企业缺少自主权，完全是上级主管部门的附属物。地方、企业和职工都缺少生产和经营积极性。由于从上到下把一切都管得很死，以致整个经济都缺少生机与活力，只能靠指令性计划和行政手段来推动经济发展，结果导致速度高而效率低，节奏快而效益少，数量多而质量差。

（3）思想文化上管得过严，缺少独立与自由。斯大林时期，对其愈演愈烈的个人崇拜已经成为思想文化领域的一条神圣原则。是否遵循这一原则成为界定公民是否犯法的一条不见诸明文法律的潜规则。个人崇拜变成了宗教狂热。在这种体制和气氛之中，各种教科书、社会科学论著、文艺作品和报刊舆论都充满对领袖的歌功颂德。文化工作者难以独立思考和自由创作。

（4）对外关系中输出革命，盛行大党主义和大国主义。斯大林体制的弊病反映在对外关系中，就是搞世界革命、大党主义、大国主义，这导致苏联最终走上霸权主义道路。20世纪30年代，为了说明世界革命的条件已经成熟，斯大林提出资本主义总危机理论，要求各国共产党起来推翻本国政府。二战结束后，苏联要当社会主义阵营的头，成为世界革命的中心，同美国进行势力范围的划分与争夺。随着苏联力量的增强，斯大林的后继者开始越来越明显地实行同美国争霸世界的战略。斯大林的大党主义、大国主义至少从1940年起就已使苏联走上霸权主义道路。

（5）斯大林模式还培植了一个党政军高薪官僚特权集团。大致在1921年转入和平建设时期以后，党政军官员的工资水平就不断上涨，实行兼职又兼薪的制度。党政军官僚集团还享有高薪之外的很多特权，如住房、别墅、汽车、游艇、特殊食堂、特供商店、特供商品等，严重脱离人民群众，后来党政军官僚集团发展为苏联社会主义的重要掘墓人。

19. 战后苏联错失的三次改革机遇。

（1）斯大林晚年压制改革，第一次错过改革的时机。苏联1948年经济基本上恢复到战前水平，进入一个新的发展时期。已经逐步具备在正常的、和平的条件下建设和完善社会主义的环境，改革的客观条件已经具备，党内外的改革呼声也愈来愈强烈。但斯大林晚年思想僵化，脱离群众，脱离实际，错估了国内外形势，压制了党内外出现的改革要求，错过了战后第一次改革的时机。

（2）赫鲁晓夫急躁冒进，第二次错过改革的机遇。赫鲁晓夫于1953年9月担任苏共中央第一书记后，对苏联模式进行了第一次大规模改革，范围很广，且具有一定深度，有些改革措施甚至触及斯大林模式的要害——过度集权，对斯大林模式形成了强大的冲击。但赫鲁晓夫的改革错综复杂，有些改革一时效果显著；有些改革既有成绩，又伴有错误；有些改革很不彻底，前后不能贯彻始终；有些改革则是心血来潮的蛮干，危害很大。改革还导致产生严重的地方主义和分散主义，阻碍了经济的发展。在整个国民经济中，国家所有制和集体所有制一统天下的局面没有丝毫改变，改革很不彻底。"左"的指导思想和路线基本上没有改变，相反，急躁冒进、急于过渡的思想又膨胀起来。由于其改革不是沿着扩大党内外民主、引进市场机制的方向前进，而是急躁冒进，在过度集权的框框里寻找出路，使苏联又一次失去改革时机。

（3）勃列日涅夫只搞"完善"，第三次错过改革开放的机遇。勃列日涅夫上台执政后，新的时代主题和新的国际形势对苏联产生了巨大压力，也为苏联改革提供了空前有利的时机。但他并没有利用当时的有利时机，看不到实行改革的必要性和紧迫性，继续固守传统模式，不思进取。在他执政的18年间，对苏联模式修修补补，只谈完善，不谈改革。他又一次错过了苏联历史上难得的最好的一次改革时机。这一时期，苏联政局和社会比较稳定，综合国力大为提高，人民生活也有了较大改善，实行改革的条件已相当成熟，但勃列日涅夫没有进行改革。

20. 战后初期苏联国内萌生的改革要求。

战后初期，苏联党内外的改革呼声愈来愈强烈，改革要求主要表现在：

第一，农村有些地方实行"包产到组"。1947年春，乌克兰库尔斯克地区被迫实行大面积包产到组。主管农业工作的苏共中央政治局委员、全苏集体农庄事务委员会主席安德烈也夫积极支持包产到组的改革，农业状况大为改善。然而，这种改革尝试同既存的社会主义农业观念发生了冲突，包产到组仅实行了一年就遭到严厉批判。不久，安德烈也夫被撤职，库尔斯克州委被改组，包产到组被废止，对农业体制的有限改革被压制下去。1950年还采取措施发展社会主义大农业，在全国开展集体农庄合并运动。

第二，要对现行经济管理体制和经济结构实行改革。苏共中央政治局委员、部长会议第一副主席和国家计委主席沃兹涅先斯基从实际情况出发，提出一些改革主张，强调重视价值规律作用，利用20世纪20年代新经济政策时期的一些措施来促进经济发展，扩大地方和企业的自主权，加强经济核算，注重物质利益等。但是，他的观点不仅没有被采纳，而且被当做资本主义复辟的代表受到严厉批判，他不仅被撤职，还被处决。

第三，在政治领域，提出政治改革的要求。1946年苏联新宪法草案和1947年苏联共产党新党纲领草案都没有公开发表，只是在党和国家干部的狭小范围内进行讨论，在讨论中提出了许多有关民主化的重要思想，但是这些意见都没有被采纳，而且还不许扩散。

第四，在司法领域，1947年5月26日，苏联最高苏维埃主席团颁布废除死刑的法令。该法令有预防20世纪30年代“大清洗”重演的意义，在一定程度上也是对斯大林“阶级斗争越来越尖锐”理论的一种纠偏。可是1949—1951年，斯大林根据诬告材料制造了所谓里通外国、与英国间谍有联系的“列宁格勒案件”，列宁格勒州委全体成员几乎全部被捕，成千上万无辜者被殃及，其中许多人在囚禁中含冤而死。

21. 赫鲁晓夫改革的主要措施。

赫鲁晓夫的改革主要有以下措施：第一，加强集体领导，把党中央总书记改称第一书记，改革党政领导体制，实行党政领导职务分开，党中央第一书记不兼政府首脑；第二，加强法制，整顿改组内务部机构；第三，调整农业政策，改革农业管理体制；第四，改组工业和建筑业管理体制；第五，建立干部更新制度，取消一些高级干部的特权，降低他们的一些工资待遇；第六，把党组织划分成工业党和农业党等。

22. 勃列日涅夫执政时期对苏联模式的修补和“完善”。

在勃列日涅夫执政的18年间，对苏联模式修修补补，只谈完善，不谈改革。主要表现在：

第一，在政治方面，过度集权、缺乏民主的传统政治体制没有得到应有改革，相反，个人迷信、个人专断、党政融合、以党代政、干部特权、领导职务终身制等弊病更加固定下来，并有所发展。勃列日涅夫于1966年又把第一书记改称为总书记，他虽然没有兼任部长会议主席，却从1977年6月起兼任最高苏维埃主席团主席，又兼任国防委员会主席，依然仿效斯大林，独揽党、政、军三大权。党的领导集团严重老化，思想保守，极不利于改革创新，难以开创新的局面。

第二，在经济方面，过度集权的计划经济体制没有多少改变。1965年虽然实行过部长会议主席柯西金领导的“新经济体制”改革，但没有突破原有的计划经济体制的束缚。还组织对所谓“市场社会主义”理论的批判，把计划经济等同于社会主义，把市场经济等同于资本主义，认为“市场社会主义”是资产阶级、修正主义思潮。面对世界科技革命的新浪潮，勃列日涅夫只是空谈科技革命和生产集约化，不采取实际的有效措施，仍然死守传统的经济结构，偏重发展传统的重工业和军事工业部门，使苏联的科学技术（除军事技术外）和经济水平越来越落后于西方。

第三，在对外政策方面，一方面闭关锁国，只同“经济互助委员会”国家发展“经济一体化”，自我孤立于国际经济体系之外；另一方面又进一步推行扩张主义，到处伸手，扩大势力范围，加紧军备竞赛，同美国争夺世界霸权，耗费了大量的资源，使得国家元气大伤，不仅经济上背上沉重包袱，而且在国际上处于孤立境地。

23. 苏联剧变的基本原因。

简而言之，苏联剧变大致有三个方面的基本原因：第一，原有苏联模式积弊太深，第二，戈尔巴乔夫错误的改革路线，第三，西方从外部推行和平演变战略。此外，20世纪八九十年代世界民族主义的新一轮浪潮也是推动苏联剧变的一个重要外部因素。

24. 苏联模式的弊端所表现出的社会长期存在的三大矛盾。

苏联模式的弊端总括起来说，主要有三个方面，表现为社会长期存在三大矛盾：

第一，过左的急于求成的路线使生产关系超前于生产力水平，过早建立的僵化的社会主义公有制难以持久地促进社会生产力的尽快发展。超前、僵化的生产关系同相对落后的生产力的矛盾，使人民群众的生活水平难以更快地提高。

第二，过度集权的政治、经济、文化、社会管理和对外关系的体制同社会主义要求尽快发展社会主义民主与自由的矛盾。这个矛盾极大地限制了广大人民的民主与自由，损害了人民的权益，越来越引起广大人民群众的不满。

第三，党政军官僚特权集团与人民大众的矛盾雪上加霜，更引起广大人民群众的不满。

这三大矛盾是执政的苏联共产党本身的错误制造出来的，再加上苏联还存在旧社会遗留下来的民族矛盾等，社会矛盾更加复杂多样。

25. 苏联模式社会主义失败的历史教训。

（1）要警惕右的，但主要是坚决彻底纠正“左”的错误。苏联模式社会主义的主要弊病，是“左”的教条主义与封建专制主义残余相结合所形成的保守僵化的理论观念、过度集权的具体体制和急于求成的基本路线。如果在社会主义建设和改革中长期不能克服“左”的错误（如过分强调阶级斗争与党内斗争，指令性计划经济，以党代政、党政不分，急于建成社会主义、共产主义等），很容易滋生右的东西，造成先"左"后右，合葬社会主义。

（2）改革必须坚持并发展科学社会主义。苏联东欧国家的一个惨痛教训就是它们的改革选择了错误的方向。它们的改革不是为了坚持和改善共产党的领导，而是取消、否定共产党的领导；它们的改革不是为了完善社会主义，而是放弃了社会主义，走上了资本主义道路。改革要把握正确的方向，最基本之点就是要在理论上坚持并发展科学社会主义，其中的关键是在总结历史经验的基础上认清不发达国家实现社会主义的特殊规律，进而按照这个特殊的基本规律来制定切实可行的基本纲领、基本路线、基本方针和基本政策。认清不发达国家实现社会主义的特殊规律，就是要明确不发达国家在相当长的时间内还只是处于社会主义的初级阶段，在这个阶段要发展多种经济成分，要对传统的社会主义公有制进行大力改革，要从传统的计划经济转变到社会主义市场经济；要对传统过度集权的政治体制进行大力改革，发展社会主义民主政治；要对传统的文化专制主义进行大力改革，发展社会主义先进文化；要从上而下废除各种官僚特权，真正贯彻 1871 年巴黎公社所开创的公职人员的普选制与限薪制，防止社会公仆变为社会主人；要以维护民族平等、尊重各民族权益、促进团结互助、反对大民族主义和民族分裂主义、坚持爱国主义与族际主义等原则，来妥善处理民族问题。只要以科学社会主义为指导，就必能使社会主义改革取得成功。

（3）要警惕世界资本主义的和平演变。苏联东欧发生剧变，世界资本主义的和平演变战略起了重要作用。这虽然不是导致剧变的决定性原因，但却是一个重要的外部因素。自世界上出现共产党领导的社会主义国家以来，西方资本主义国家就把颠覆社会主义国家作为自己的根本战略目标。当使用武力难以奏效时，它们就转而采用和平演变的办法。然而世界资本主义的和平演变能否得逞，关键在于社会主义国家对此持何种态度，采取什么对策。社会主义国家不能为了防止和平演变而倒退到对外封闭、与西方国家冷战对峙的旧格局中去，也不能对西方资本主义的和平演变漫不经心、满不在乎。在对外开放以及与西方和平共处、协作、竞争和斗争的过程中，一定要维护社会主义国家的主权、安全与利益，对西方腐朽、反动的思想与文化要坚决进行抵制和批判。更加重要的是，要加快内部体制的改革，避免给西方的和平演变找到可加利用的突破口。

26. 不发达国家实现社会主义的特殊规律。

不发达国家实现社会主义的特殊规律主要体现为：

第一，彻底铲除封建主义落后遗产，不仅限于消灭封建土地私有制和地主阶级，更艰巨的任务还在于改造自然经济和半自然经济，清除封建制度的影响（如个人集权制、职务终身制、指定接班制、官僚等级制、官僚特权制等），不搞个人崇拜，反对文化专制主义，等等。不清除这些渗透到社会主义体制中来的封建主义糟粕，社会主义模式就不可能更新和创新。

第二，要充分利用资本主义的文明成果，包括现代化大生产、企业经营管理机制、维护宪法权威途径、民主政治体制、政党活动规则、言论自由范式、依法治国轨迹、保障人权措施、科学技术与学术文化成果等，不能不分青红皂白地全盘否定资本主义文明成果，不能急于废除资本主义私有制。

第三，要经历更长的过渡时期，不能急于过渡到一大二公三高四纯的社会主义。

第四，更不能急于从社会主义过渡到更高级的共产主义。

苏联模式的失败正由于背离了不发达国家实现社会主义的特殊规律。

四、重要辨析题、论述题及答案要点

1. 战时共产主义政策毫无进步性。

2. 新经济政策是落后国家向社会主义过渡的必然选择。

3. 南斯拉夫自治社会主义彻底摆脱了斯大林模式的束缚。

4. 试论列宁关于社会主义革命可能在不发达国家首先胜利的理论。

5. 试述苏联模式社会主义的历史成就、基本特征和重大弊病。

6. 如何认识苏联模式社会主义失败的根本原因和历史教训。

答案要点

1. （1）战时共产主义政策又称军事共产主义政策，是苏维埃俄国在 1918 年至 1921 年国内战争时期为保卫和巩固十月社会主义革命政权成果而实行的一种特殊的经济政策和经济管理体制。在战争条件下，苏维埃政权采取了以下措施：实行余粮收集制；实行广泛的工业国有化；为动员全部工业为前线服务，工业管理实行集中制；实行私人商业国有化，限制市场流通和私人贸易；为对付物资奇缺和物价飞涨导致的货币急剧贬值，经济关系被迫迅速实物化；实行劳动义务制和劳动“军事化”。

（2）战时共产主义政策的局限性主要有：第一，战时共产主义脱离了落后国家的客观现实。在俄国这样文化落后、社会化生产程度很低的国家里，立即实行全面国有化，强调在组织生产、管理和分配方面建立整齐划一的统一措施，并不能真正持久促进社会生产力的发展。第二，脱离了农民的需求。战时共产主义采用余粮收集制，完全禁止集市贸易和私人买卖，由国家直接实行工农业之间的产品交换。这就脱离了农民的需求，对于他们来讲，是不能接受的。第三，实行无货币社会是脱离实际的空想。在战时共产主义开始时，否定社会主义条件下的货币商品市场关系只是一种理论主张和临时措施，当经济实物化已经普遍化的时候，把取消货币当做更加接近社会主义，这实际上是一种空想。

（3）战时共产主义政策是苏维埃政权迫于战争和经济严重困难而实行的政策，它不是社会主义革命发展的必经阶段，但在当时条件下也有一定的积极意义。它保证了军民的粮食和其他生活必需品的供应，对于击败外国武装干涉和国内白卫军起了巨大作用。它作为小农经济环境和传统社会主义观念的产物，在战争环境还可以勉强实行，一旦战争结束，其局限性就立即暴露出来。

2. （1）新经济政策是指苏俄在 1921 年 3 月开始实行的向社会主义过渡的、与战时共产主义政策相区别的经济政策。1920 年秋冬，苏俄反对外国武装干涉和国内战争结束，战时共产主义政策的弊端已十分严重，苏维埃共和国面临严重的经济危机和政治危机。1921 年 3 月 15 日，俄共（布）十大一致通过了《关于以实物税代替余粮收集制的决议》，标志着苏俄进入了探索落后国家如何建设社会主义的新时期，即实行新经济政策的时期。按照列宁的观点，新经济政策的真正实质在于：无产阶级国家准许小生产者有贸易自由；对于大资本的生产资料，无产阶级国家采用资本主义经济学中叫做“国家资本主义”的一系列原则。

（2）新经济政策的重要特征主要有：以市场为取向；多种经济成分共存；坚持并改善党的领导；改革过度集权的政治体制，加强对权力的有效监督与制约。新经济政策的实行，重新建立了工业与农业之间正常的经济联系，巩固了工人阶级同农民的联盟，促进了生产力的发展，受到广大人民特别是农民的欢迎，使 1921 年的危机迅速得到克服。根据列宁的社会主义建设思想，新经济政策是长期的社会发展战略。

（3）新经济政策是列宁鉴于战时共产主义政策的重大局限和消极后果而实行的适合落后俄国的具体国情的社会主义过渡政策，从经济文化落后国家的特殊国情和新经济政策的实践效果来看，它是落后国家向社会主义过渡的一种必然选择。

3. （1）南斯拉夫自治社会主义是在“苏南冲突”中和冲突后，南斯拉夫共产党重新审视苏联模式的一些做法，根据本国国情，根据自己对社会主义的理解，独立自主进行的颇具南斯拉夫特色的“自治社会主义”理论与实践的探索。南斯拉夫自治社会主义大体经历了三个阶段：第一阶段，从 1950—1963 年，是

"工人自治"阶段。企业自主权逐步扩大，自治主要局限于工矿企业内的简单再生产领域。第二阶段，从1963年到60年代末，是"社会自治"阶段。自治由工厂扩大到国家机关和社会事业单位，使工人自治发展为社会自治；企业不再上交投资基金税，只向国家缴纳供社会行政费用之用的税款，国家把扩大再生产资金的支配权下放到企业；实行市场经济。第三阶段是从70年代初开始实行的联合劳动和建立在联合劳动基础上的政治自治阶段。经济制度上，通过劳动组织的相互联合协调而加强社会经济的统一集中，但它是在不断削弱国家经济职能，扩大劳动者自治民主权利的基础上来实现的。这是一种以联合劳动为基础的自治社会经济体制。在政治制度上，根据1974年宪法，各级议会由代议制改为代表团制。

(2) 南斯拉夫自治社会主义在多数方面与苏联模式是相对的，其出发点也是力图突破斯大林模式。它使广大劳动群众直接参加管理生产和社会事务，有利于发扬社会主义民主和发挥劳动者的积极性，提高劳动生产率，发展生产。经过30多年的建设，南斯拉夫从一个落后农业国发展为具有中等水平的工业—农业国。其实践中的许多消极效果也与斯大林模式的消极影响相对，如过早削弱和取消国家管理经济的职能，过分削弱中央权力和计划指导作用，造成经济建设中的无政府主义、比例失调等问题。

(3) 南斯拉夫的自治社会主义最终未能完全摆脱苏联模式的影响和束缚。例如在政治上仍然是固守斯大林的政治体制，搞个人集权制和领导职务终身制，指定接班人未能成功（铁托内定的接班人卡德尔在1979年69岁时先于铁托去世）。在经济方面，用社会所有制代替国有制也不成功，因为按规定，社会所有制的生产资料不属于任何个人、集团或国家，而属于整个社会，属于全体劳动者，这是一种空泛虚幻的所有制，结果生产资料的最终决定权还是掌握在国家机关官员手中。南斯拉夫一直强调市场调节与计划调节相结合，实际上企业还是按照计划搞自治，而不是按照市场搞自治，结果还是没搞好。

4. (1) 列宁关于社会主义革命可能在不发达国家首先胜利的思想，最早表述见于1915年8月写成的《论欧洲联邦口号》一文："经济和政治发展的不平衡是资本主义的绝对规律。由此就应得出结论：社会主义可能首先在少数甚至在单独一个资本主义国家内获得胜利。"在1916年8月写成的《无产阶级革命的军事纲领》中，列宁进一步明确了他的一国革命论："资本主义的发展在各个国家是极不平衡的。而且在商品生产下也只能是这样。由此得出一个必然的结论：社会主义不能**在所有**国家**内**同时获得胜利。它将首先在一个或者几个国家内获得胜利，而其余的国家在一段时间内将仍然是资产阶级的或资产阶级以前的国家。"

(2) 列宁着重分析了社会主义可以在经济落后国家首先胜利的条件。这些条件主要是：第一，帝国主义时代资本主义发展的不平衡加剧了。各国在竞争中往往以军事冲突和战争的方式重新瓜分世界，帝国主义内部的冲突加深，从而造成资本主义统治链条中的薄弱环节。第二，帝国主义战争的严重破坏，使一些经济不发达国家的社会矛盾尖锐化，使这些国家的人民除了起来革命之外没有别的出路。第三，不发达国家由于资本主义发展不充分，封建势力存在，造成这些国家资产阶级的软弱性、动摇性甚至叛卖性，他们不可能举起民族民主革命的旗帜，把这些国家引上资本主义发展道路。第四，这些国家的无产阶级人数虽少，但革命性强，有农民做同盟军，有经过长期革命斗争锻炼的无产阶级政党的领导。如果这些条件汇合起来，就可以形成一种直接的革命形势。

（3）列宁关于社会主义革命可能在不发达国家首先胜利的理论的提出，在很大程度上是针对俄国的。当时俄国已经成为各种社会矛盾的集中点，革命形势日益具备。列宁关于由俄国带头的社会主义革命新理论就是在这一历史背景下提出来的。他认为：帝国主义世界大战已经使无产阶级世界革命的形势成熟，俄国无产阶级夺取政权、取得社会主义革命胜利后，将会引发欧洲发达资本主义国家的无产阶级革命，进而取得无产阶级世界革命的胜利，最终实现世界共产主义。

5. （1）苏联模式社会主义所取得的历史成就主要有：

第一，开创了社会主义现代化、工业化的新路，第一次显示了社会主义制度的优越性。沙皇俄国自1861年废除农奴制度，开始了资本主义现代化、工业化的进程。1914年参与第一次世界大战后，经济大受破坏。1917年十月革命胜利后，布尔什维克党领导国家继续完成被战争中断的现代化、工业化事业，重新开创社会主义现代化、工业化新路。这条新路新在：1）依靠无产阶级专政的苏维埃政权来实现；2）发动亿万工农群众和各民族人民参与现代化、工业化建设，开展群众性劳动竞赛；3）大力发展社会主义性质的国营经济和集体经济，消灭私有制；4）以五年计划形式实现国民经济计划化，排除商品市场经济；5）以电气化促进工业化，优先发展重工业；6）大力培养工农知识分子，利用、改造旧知识分子；7）发展社会主义新城市，改造旧城乡；8）使现代化、工业化成果造福广大民众。20世纪20—40年代的苏联，整个社会比较稳定，多民族组成的党和国家也始终保持着统一。总体上看，苏联在这一时期基本上实现了现代化、工业化，消灭了城市工商业资产阶级和农村富农阶级，建立了全民所有制和集体农庄所有制的社会主义公有制经济基础，增强了工农联盟和各民族人民联盟，社会的阶级结构发生了重大变化。世界上第一个无产阶级专政的国家增强了实力，它同当时动荡不安的国际形势形成鲜明的对照。斯大林模式社会主义以建立美好幸福生活的远景为号召，激励着全体人民的建设热情，在极短时间内，使苏联在政治、经济、文化建设等各方面取得了相当大的成就。1940年苏联工业产值已超过英、法、德，跃居欧洲第一位、世界第二位。苏联只用了15年时间跑完了主要资本主义国家用50年到100年走过的历程。20世纪30年代苏联是世界上第一个也是唯一一个实行七小时工作制的国家。所有工人每年还有两周的带薪休假。公费医疗广为推行，义务教育卓有成效。孩子可免费入托儿所、幼儿园和参加少先队夏令营。国家为劳动人民兴建了大批住宅、学校、图书馆、博物馆、电影院、疗养院、医院。社会主义制度第一次显示了造福全体劳动人民的优越性。

第二，取得了卫国战争的伟大胜利，促进了世界社会主义阵营的形成。1941—1945年，苏联用四年时间和盟国一起共同打败了德、意、日法西斯国家，成为世界反法西斯战争的主要力量。不仅战前三个五年计划的实现、工业的快速发展使国家增强了实力，为打败法西斯奠定了物质技术基础，而且千百万苏联人民高昂的爱国主义、集体主义、英雄主义精神更是战胜法西斯势力取之不尽的力量源泉。苏军在欧洲战场四年间进行了五十多次集团军方式的大战役，使法西斯军队的损失超过它在西欧战场损失的三倍。东欧的波兰、匈牙利、捷克斯洛伐克、罗马尼亚和保加利亚五国以及德国东部都是苏军主力解放的。在国际上，苏联联合美、英、中等国结成广泛的国际统一战线；在国内，宣传动员并且组织军民采取正确的战略战术，对法西斯军队进行了切实有效的打击，终获全胜。苏联反法西斯战争实际上是一场决定人类走向进步还是倒退的殊死搏斗。作为战争的重要组成部分，苏联卫国战争的胜利为人类和平进步作出了巨大贡献。它的胜利使社会主义苏联的威望空前增长，使苏联作为世界两大强国之一出现在世界舞台上。随着红军在欧洲、亚洲的推进，在东欧、东亚出现了十多个新生的社会主义国家，这些国家随即组成了以苏联为首的社会主义阵营。这些都推动了战后世界民族解放运动的高涨和世界进步事业的发展。

（2）社会主义苏联模式的基本特征是过度集权，具体表现在政治、经济、思想文化和对外关系等诸多方面。

1）政治方面的表现：第一，过度集权的党政领导体制。国家的权力过度集中于党，党的权力过度集中于中央，中央的权力过度集中于个人。第二，自上而下的干部任命规制。党对干部的集中统一管理，最基本的方式是实行等级授职的任命制。选举制一般都流于形式，其候选人主要由党组织内定，而且是等额选举，没有差额，没有竞选，实际上仍然是变相的任命制。第三，软弱低效的监督机制。斯大林时期，党的监察委员会的地位受到削弱，权力受到限制，1934年斯大林把中监委归中央委员会领导、各级监委划归各级党委领导，用以监督下级是否执行中央的决定，监委根本不能发挥有效的监督作用。监察机关不仅没有在防止权力过分集中、维护党的集体领导原则方面发挥应有作用，相反却成了维护个人权威的机关。第四，地位特殊的国家安全机关。国家安全机关由斯大林个人直接领导，甚至凌驾于党和国家机关之上，拥有特殊的地位。

2）经济方面的表现：第一，过度集中的全民所有制的国家所有制。在国家占有全社会的绝大部分生产资料的国家所有制下，中央直接掌握着企业的人、财、物权和产供销活动；职工缺少参与民主管理的权利，企业的厂长或经理是由上级国家机关任命的。这种全民所有制带有浓重的官僚制色彩。第二，过度集中的指令性计划经济体制。特点主要有：计划一经中央批准，即具有法律效力；计划具有无所不包的广泛性；计划具有过度集中的统一性，计划由中央统一编制，然后从上到下、按部门或地区把计划指标逐级下达；计划完全排斥市场调节。第三，过度集中的部门管理体制。具体做法是：大批企业收归中央；中央经济管理部门直接控制企业的人、财、物大权和产供销活动；中央部门林立。第四，过分强调行政手段的经济管理方法。国家主要依靠行政手段对国民经济实行统一领导和直接管理，通过层层行政机关，广泛采用具有强制性质的行政指令和决议，对全国的企业和经济活动进行集中统一的组织、指挥、调节和监督。第五，过分强调优先发展重工业和军事工业。过分突出高速发展重工业和军事工业，长期轻视轻工业、民用工业和农业；追求数量增长的高速度，为完成指令性任务（特别是军事任务）而不计成本代价；由国家集中一切资源，首先满足重工业和军事工业的需要；以行政手段实行农业集体化，对农业实行过度集中领导，通过种种方法把农业创造的大量收入转为发展重工业和军事工业的资金。

3）思想文化方面的表现：第一，文化团体国家化。从20世纪20年代末开始，苏联按照统一集中的原则，对各种科学技术学会、人文科学和艺术创作团体进行大规模改组。社会团体加剧了国家化、行政化的倾向，变成准国家机关。第二，领袖言论神圣化。斯大林作为党的最高领导人，对思想文化领域的问题拥有最终裁决权，他的思想和言论被绝对化、神圣化，以致成为判断真理和错误的绝对标准。第三，公共舆论一律化。斯大林时期为了维护领袖和现行体制的权威而实行公共舆论一律化，思想文化领域完全依赖行政命令、高压手段来解决思想认识问题和学术争论问题。

4）对外关系方面的表现：斯大林时期苏联对外关系从20世纪20年代新经济政策阶段的对外开放转向闭关锁国，从社会主义国家与资本主义国家和平共处转向冷战对峙，甚至准备并进行热战对抗。苏联还立足于领导世界革命，要作为国际共产主义运动的指挥中心、控制中心和统治中心。20—30年代，第三国际在某种程度上成为苏联干涉别国共产党内部事务的工具。二战后，苏联从本国利益出发，与西方国家共同建立了雅尔塔体系，但是它并没有放弃以自己为中心的世界革命。苏联在热战中战胜德、日法西斯后，转向与以美国为首的世界资本主义阵营实行冷战对峙，同时大力加强以苏联为首的世界社会主义阵营，大力推广苏联模式社会主义，大力支持资本主义世界的各国共产党。

（3）苏联模式社会主义的重大弊病主要表现在以下几个方面：

第一，政治上过度集权，缺少民主与法治。苏联模式的过度集权，突出表现在斯大林带头实行个人集权制（集党、政、军三大权于一身）、职务终身制和指定接班制。这“三制”根本背离民主共和国的权力制约制、权力任期制和权力选举制。同时斯大林还实行消灭异己制、监控干群制、官僚特权制，并且加深了列宁遗留下来的一党专政制、以党代政制、控制选举制、干部任命制。这十种政治体制严重破坏了社会主义民主，使党内民主、苏维埃民主和社会生活民主大为缺失。

第二，经济上管得过死，缺少效率与效益。中央主管部门采用指令性计划的办法，直接领导成千上万的企业，很难进行高效管理。企业缺少自主权，完全是上级主管部门的附属物。地方、企业和职工都少有生产和经营积极性。

第三，思想文化上管得过严，缺少独立与自由。斯大林时期，对其愈演愈烈的个人崇拜已经成为思想文化领域的一条神圣原则。是否遵循这一原则成为界定公民是否犯法的一条不见诸明文法律的潜规则。个人崇拜变成了宗教狂热。各种教科书、社会科学论著、文艺作品和报刊舆论都充满对领袖的歌功颂德。

第四，对外关系中输出革命，盛行大党主义和大国主义。斯大林体制的弊病反映在对外关系中，就是搞世界革命、大党主义、大国主义，这导致苏联最终走上霸权主义道路。20 世纪 30 年代，为了说明世界革命的条件已经成熟，斯大林提出资本主义总危机理论，要求各国共产党起来推翻本国政府。二战结束后，苏联要当社会主义阵营的头，成为世界革命的中心，同美国进行势力范围的划分与争夺。随着苏联力量的增强，斯大林的后继者开始越来越明显地实行同美国争霸世界的战略。斯大林的大党主义、大国主义至少从 1940 年起就已使苏联走上霸权主义道路。

第五，斯大林体制还培植了一个党政军高薪官僚特权集团。大致在 1921 年转入和平建设时期以后，党政军官员的工资水平就不断上涨，实行兼职又兼薪的制度。党政军官僚集团还享有高薪之外的很多特权，如住房、别墅、汽车、游艇、特殊食堂、特供商店、特供商品等，严重脱离人民群众。后来党政军官僚集团竟发展为苏联社会主义的重要掘墓人。

6.（1）社会主义苏联模式的弊端主要表现为社会长期存在三个矛盾。第一，过左的急于求成的路线使生产关系超前于生产力水平，过早建立的僵化的社会主义公有制难以持久地促进社会生产力的尽快发展。超前、僵化的生产关系同相对落后的生产力的矛盾，使人民群众的生活水平难以更快地提高。第二，过度集权的政治、经济、文化、社会管理和对外关系的体制同社会主义要求尽快发展社会主义民主与自由的矛盾。这个矛盾极大地限制了广大人民的民主与自由，损害了人民的权益，越来越引起广大人民群众的不满。第三，党政军官僚特权集团与人民大众的矛盾雪上加霜，更引起广大人民群众的不满。这三大矛盾是执政的苏联共产党本身的错误制造出来的，再加上苏联还存在旧社会遗留下来的民族矛盾等，社会矛盾更加复杂多样。从以上三大矛盾可以看出，苏联模式失败的根本原因在于苏联、东欧各国共产党主要领导人长期背离科学社会主义。先是斯大林、赫鲁晓夫、勃列日涅夫等人从"左"的方面背离科学社会主义，形成并维护过度集权的体制和官僚特权集团；后是戈尔巴乔夫、叶利钦等人从右的方面背离科学社会主义，转向搞民主社会主义或自由资本主义。这样"左"、右交混，先"左"后右，终于把社会主义的苏联模式彻底埋葬。苏联模式的掘墓人主要是苏联共产党和东欧各国共产党自己培植的官僚特权集团，它不代表先进生产力的发展要求，不代表先进民主政治的必然趋势，不代表先进文化的前进方向，因此不代表最广大人民群众经济、政治和文化的根本利益，结果终于被人民群众抛弃了。

(2) 要从如下几个方面认识苏联模式社会主义失败的历史教训：

第一，要警惕右的，但主要是坚决彻底纠正"左"的错误。苏联模式社会主义的主要弊病，是"左"的教条主义与封建专制主义残余相结合所形成的保守、僵化的理论观念，过度集权的具体体制和急于求成的基本路线。如果在社会主义建设和改革中长期不能克服"左"的错误（如过分强调阶级斗争与党内斗争，指令性计划经济，以党代政、党政不分，急于建成社会主义、共产主义，维护党政官员特权等），很容易滋生右的东西，造成先"左"后右，合葬社会主义。

第二，改革必须坚持并发展科学社会主义。苏联东欧国家的一个惨痛教训就是它们的改革选择了错误的方向。它们的改革不是为了坚持和改善共产党的领导，而是取消、否定共产党的领导；它们的改革不是为了完善社会主义，而是放弃了社会主义，走上了资本主义道路。改革要把握正确的方向，最基本之点就是要在理论上坚持并发展科学社会主义。其中首要的关键是在总结历史经验的基础上认清不发达国家实现社会主义的特殊规律，进而按照这个特殊的基本规律来制定切实可行的基本纲领、基本路线、基本方针和基本政策。认清不发达国家实现社会主义的特殊规律，就是要明确不发达国家在相当长的时间内还只是处于社会主义的初级阶段，在这个阶段要发展多种经济成分，要对传统的社会主义公有制进行大力改革，要从传统的计划经济转变到社会主义市场经济；要对传统过度集权的政治体制进行大力改革，发展社会主义民主政治；要对传统的文化专制主义进行大力改革，发展社会主义先进文化；要从上而下废除各种官僚特权，真正贯彻 1871 年巴黎公社所开创的公职人员的普选制与限薪制，防止社会公仆变为社会主人；要以维护民族平等、尊重各民族权益、促进团结互助、反对大民族主义和民族分裂主义、坚持爱国主义与族际主义等原则，来妥善处理民族问题。只要以科学社会主义为指导，就必能使社会主义改革取得成功。

第三，要警惕世界资本主义的和平演变。苏联东欧发生剧变，世界资本主义的和平演变战略起了重要作用。这虽然不是导致剧变的决定性原因，但却是一个重要的外部因素。自世界上出现共产党领导的社会主义国家以来，西方资本主义国家就把颠覆社会主义国家作为自己的根本战略目标。当使用武力难以奏效时，它们就转而采用和平演变的办法。然而世界资本主义的和平演变能否得逞，关键在于社会主义国家对此持何种态度，采取什么对策。社会主义国家不能为了防止和平演变而倒退到对外封闭、与西方国家冷战对峙的旧格局中去，也不能对西方资本主义的和平演变漫不经心、满不在乎。在对外开放以及与西方和平共处、协作、竞争和斗争的过程中，一定要维护社会主义国家的主权、安全与利益，不能过分迁就与退让，对西方腐朽、反动的思想与文化要进行抵制和批判。更加重要的是，要加快内部体制的改革，避免给西方的和平演变找到可加利用的突破口。

第三章 当今社会主义国家对各具本国特色社会主义的新探索

一、要点提示

本章主要论述当今社会主义国家对各具本国特色社会主义的新探索，要点如下：

1. 当今社会主义国家的改革。当今社会主义国家，即中国、越南、老挝、朝鲜和古巴，在社会主义改造和建设中均不同程度地照搬了苏联模式。随着各国社会主义建设的推进，苏联模式的弊端在各国逐渐暴露出来。从20世纪70年代末以来，这些社会主义国家先后根据本国国情推行不同进度的改革政策。特别是苏东剧变后，面对国际大环境的恶化，这些社会主义国家认真总结国内外的经验教训，积极应对国内外的挑战，逐步加大改革的步伐，并取得了不同程度的进展。改革是当今社会主义国家进一步巩固和发展社会主义制度的必要条件。

2. 中国特色社会主义的理论与实践。新民主主义革命时期，中国共产党人就提出了建设新中国的基本构想。社会主义制度确立后，中国社会主义建设既取得了巨大成就，也出现过一定挫折。中共十一届三中全会后，中国共产党人解放思想，创新理论，先后形成了邓小平理论、“三个代表”重要思想和科学发展观，形成了中国特色社会主义理论体系，促进了中国特色社会主义的新发展。

3. 越南、老挝、朝鲜、古巴的社会主义的理论与实践。越南于20世纪70年代末开始出现经济危机，国民经济处于崩溃的边缘。1986年越南正式推行革新开放政策，取得了较大的理论和实践成果，但也面临一些严重问题和挑战。老挝人民民主共和国建立之后，由于主观客观方面的失误，其社会主义建设一度陷入困境。1986年老挝制定革新开放政策，进入“有原则的全面革新开放”时期，取得了一系列成就，但也面临严峻的挑战。建立于1948年的朝鲜民主主义人民共和国的执政党是朝鲜劳动党，主体思想是朝鲜党和国家的指导思想，朝鲜的社会主义也被称为“主体社会主义”。在主体思想的指导下，朝鲜社会主义建设在曲折中不断发展，特别是1997年以来，朝鲜改革开放的步子有所加快。朝鲜社会主义建设的未来发展既有不少有利因素，也面临诸多制约因素。苏东剧变前，古巴社会主义建设取得了较大成就，但由于照搬苏联模式，也积累了诸多弊端。苏东剧变后，古巴实施稳步改革开放的政策，使古巴逐步走出困境，巩固和发展了社会主义制度，但仍存在不少问题。

二、基本概念

1. 毛泽东思想： 马克思主义中国化的第一个重大理论形态。是马克思列宁主义在中国的运用和发展，是被实践证明了的关于中国革命和建设的正确的理论原则与经验总结，是中国共产党人集体智慧的结晶。“毛泽东思想”的提法是王稼祥在1943年为纪念建党二十二周年而写的《中国共产党与中国民族解放的道路》一文中第一次提出的。1945年召开的中共七大正式把毛泽东思想确定为党的指导思想。毛泽东思想以其独创性的理论丰富和发展了马克思列宁主义。

2. 关于真理标准问题的讨论： 20世纪70年代末发生于中国的一场思想解放运动。1978年5月10日，中央党校内部刊物《理论动态》发表《实践是检验真理的唯一标准》一文，第二天《光明日报》即以其特约评论员的名义发表该文，新华社又于当天转发了该文。随后《人民日报》、《解放军报》同时予以转载，全国绝大多数省、市、自治区的报纸也陆续转载。这篇文章在全社会引起强烈反响，并引发了一场关系到党的思想路线的原则争论。经过讨论，“实践是检验真理的唯一标准”成为全党大部分人的共识。这次讨论，对于中国共产党完整、准确地理解和运用毛泽东思想，解放思想、实事求是地评价过去的工作，以及对全国各项工作的拨乱反正，起到了巨大的推动作用，为党的十一届三中全会重新确定马克思主义的正确路线奠定了理论基础，也为中国特色社会主义理论体系的形成创造了思想条件。

3. 邓小平理论： 科学社会主义中国化的重大理论形态之一，是马克思列宁主义的基本原理同当代中国实践和时代特征相结合的产物，是毛泽东思想在新的历史条件下的继承和发展，是全党集体智慧的结晶。邓小平理论坚持解放思想、实事求是，抓住“什么叫社会主义，怎样建设社会主义”这个根本问题，对当今时代特征和总体国际形势，对世界上其他社会主义国家的成败、发展中国家谋求发展的得失、发达国家发展的态势和矛盾，进行正确分析，作出新的科学判断，第一次比较系统地初步回答了中国社会主义的发展道路、发展阶段、根本任务、发展动力、外部条件、政治保证、战略步骤、党的领导和依靠力量等一系列基本问题，指导我们党制定了在社会主义初级阶段的基本路线。1997 年中共十五大上被确定为党的指导思想。

4. 中共十一届三中全会：1978 年 12 月在北京召开，标志着党的工作重新实现了历史性的伟大转折。十一届三中全会集中解决了如下几个重大问题：确定了解放思想、实事求是的思想路线，确定了马克思主义的政治路线，确定了党的正确组织路线，恢复了党的民主传统和优良作风，强调要健全社会主义民主、加强社会主义法制，指出了经济体制改革的必要性、迫切性和基本方向。十一届三中全会之后，中国共产党开始全面地、认真地纠正“文化大革命”中及以前的“左”的错误，有步骤地解决新中国成立以来的许多遗留问题和现实问题，使建设中国特色社会主义的理论和实践探索重新步入正轨。

5. “三个代表”重要思想：科学社会主义中国化的重大理论形态之一。世界进入 21 世纪之际，国际国内都出现了新形势，面临着新任务。新科技革命发展更加迅猛，世界多极化和经济全球化在曲折中前进，世界范围内民主化浪潮涌动，一批长期执政的政党丧失执政地位。“三个代表”重要思想正是根据国内外形势新变化，抓住“建设什么样的党，怎样建设党”这个重大理论和实践问题作出的新论断。“三个代表”重要思想的最主要内容是：中国共产党要始终代表中国先进生产力的发展要求，要始终代表中国先进文化的前进方向，要始终代表中国最广大人民的根本利益。“三个代表”重要思想是对马克思列宁主义、毛泽东思想和邓小平理论的继承和发展，是全党集体智慧的结晶。2002 年中共十六大上被确定为党的指导思想。

6. 科学发展观：科学社会主义中国化的重大理论形态之一。党的十六大以来，我国的发展呈现出新的阶段性特征，要求我们党必须全面认识新形势新任务，科学分析新机遇新挑战，深刻把握新课题新矛盾，更加自觉地走科学发展道路。科学发展观正是在这一背景下，立足社会主义初级阶段基本国情，抓住“实现什么样的发展，怎样发展”这个重大理论和实践问题，总结我国发展实践，借鉴国外发展经验，适应新的发展要求而提出来的。它是对党的三代中央领导集体关于发展的重要思想的继承和发展，是马克思主义关于发展的世界观和方法论的集中体现，是同马克思列宁主义、毛泽东思想、邓小平理论和“三个代表”重要思想既一脉相承又与时俱进的科学理论，是我国经济社会发展的重要指导方针，是发展中国特色社会主义必须坚持和贯彻的重大战略思想。科学发展观，第一要义是发展，核心是以人为本，基本要求是全面协调可持续发展，根本方法是统筹兼顾。科学发展观在 2007 年中共十七大上被写入党章。

7. 中国特色社会主义理论体系：是科学社会主义基本原理与当代中国实际相结合的产物。作为整体，是科学社会主义中国化的第二个重大理论形态。这个理论体系，从纵向来看，就是包括邓小平理论、“三个代表”重要思想以及科学发展观等重大战略思想在内的科学理论体系。从横向来看，包括解放思想论、改革开放论、初级阶段论、市场经济论、民主法治论、先进文化论、文明建设论、核心价值论、一国两制论、和平发展论、和谐社会论与和谐世界论等重要内容。这个理论体系，坚持和发展了马克思列宁主义、毛泽东思想，凝结了几代中国共产党人带领人民不懈探索实践的智慧和心血，是马克思主义中国化最新成果，是党最可宝贵的政治和精神财富，是全国各族人民团结奋斗的共同思想基础。中国特色社会主义理论体系是不断发展的开放的理论体系。在当代中国，坚持中国特色社会主义理论体系，就是真正坚持马克思主义。

8. 社会主义初级阶段：社会主义不是泛指任何国家进入社会主义都会经历的起始阶段，而是特指我国在生产力落后、商品经济不发达的条件下建设社会主义必然要经历的特定阶段，即从我国进入社会主义社会到基本实现社会主义现代化的整个历史阶段。这个阶段既不同于社会主义经济基础尚未奠定的过渡时期，也不同于已经实现社会主义现代化的阶段。我国正处于社会主义初级阶段的论断至少包括两层含义：第一，我国社会已经是社会主义社会；第二，我国的社会主义社会还处在初级阶段。我们党在社会主义初级阶段的基本路线是“一个中心，两个基本点”，即以经济建设为中心，坚持四项基本原则和坚持改革开放。

9. 越南共产党：越南共产党是越南的执政党，其前身是1930年2月由胡志明等人创建的越南共产党，同年10月改名为印度支那共产党。1951年2月，印度支那共产党二大上又更名为越南劳动党。1976年12月，越南劳动党四大重新更名为越南共产党。截止到2006年越共十大时，越共约有党员310多万人。自1991年越共七大以来，越共把马克思列宁主义同越南实践相结合的理论成果——胡志明思想确定为党的指导思想。

10. 胡志明思想：越南共产党的指导思想。胡志明是越南共产党的创始人和领袖，为越南的独立和解放作出了重大贡献。1991年召开的越共七大，在强调马克思列宁主义的同时，更加突出了胡志明思想，把它看成是越南具体条件下创造性地运用马克思列宁主义所取得的成果，是越南党和整个民族的宝贵精神财富。2001年召开的越共九大对胡志明思想作了系统阐述：胡志明思想是关于越南革命基本问题的一套全面、深刻的理论和政治观点体系，是在越南具体条件下创造性运用和发展马克思列宁主义，继承和发展优良民族传统价值观以及吸收人类文化精华的产物。

11. 越南的革新开放：1986年12月召开的越共六大，确定越南尚处于向社会主义过渡的初级阶段，强调只有革新才有出路，决定把工作重新转移到经济建设上来。自此，越南社会主义事业进入新的发展阶段，即革新开放时期。在经济上，越南大力推广和不断完善农村承包制，鼓励和支持农村庄园经济的发展，大力推进国有企业改革，积极扶持非公有制经济的发展，实行社会主义定向的市场经济，实行全方位对外开放，加快融入世界经济。在政治上，打破领导职务终身制，改革和完善选举制度，不断加大民主政治建设和法治建设的力度。在理论上，逐渐形成了对社会主义的新认识，取得了一系列新的理论成果。经过二十多年的探索，越南的革新开放事业取得了巨大成就，但也面临着一些严重的问题和严峻挑战。

12. 老挝人民革命党：老挝执政党和唯一政党。其前身是越南胡志明于20世纪30年代创建的印度支那共产党老挝地方委员会。1951年，印度支那共产党二大决定越南、老挝、柬埔寨三国分别建党。1955年3月，原老挝籍党员代表开会成立老挝人民党。1972年，党的二大时改称老挝人民革命党。老挝人民革命党领导老挝人民开展了解放斗争，直到1975年取得全国政权。截止到2006年老挝党八大的召开，该党共有近15万名党员。

13. 老挝的革新开放：1986年11月，老挝人民革命党召开具有历史转折意义的四大，提出革新开放的政策，以此为标志，老挝进入“有原则的全面革新开放”时期。实行革新开放之后，老挝不仅在经济上鼓励多种经济成分共同发展，改革国营企业管理体制，扩大对外经济合作，深化市场导向的改革，而且在政治领域也进行了谨慎的革新探索。老挝革新开放的长远目标是力争在2020年脱离世界最不发达国家行列，把老挝建成繁荣昌盛、人民富裕幸福、社会民主、公正与文明的国家。经过二十多年的探索，老挝的革新开放事业取得了较大成就，但也面临着严峻的挑战。

14. 朝鲜劳动党：朝鲜民主主义人民共和国的执政党。1946年8月，朝鲜半岛北部的共产党与新民党合并为北朝鲜劳动党。同年11月，南部的共产党、新民党与人民党合并为南朝鲜劳动党。1949年6月，北朝鲜劳动党与南朝鲜劳动党合并成单一的朝鲜劳动党。至2008年年底，朝鲜劳动党有党员400多万人，是目前世界上按人口比例计算最大的党。党的指导思想是主体思想。

15. 主体思想：朝鲜劳动党的指导思想，发端于抗日战争时期。1955年年底，金日成在朝鲜劳动党宣传工作会议上提出了“树立主体”的问题。1965年4月，金日成首次比较系统地阐述了主体思想的内涵。此后不久，主体思想成为朝鲜社会主义建设的指导思想。1970年11月召开的朝鲜劳动党五大上，主体思想被正式确定为党的指导思想。按照金日成的概括，所谓主体思想，就是“思想上树立主体，政治上自主，经济上自立，国防上自卫”。金正日继承并发展了主体思想。金日成是主体思想的提出者和主要阐释者，金正日则继承和发展了主体思想。在主体思想指导下，朝鲜劳动党领导人民开展了社会主义革命和建设。

16. 古巴共产党： 古巴唯一合法的政党。1961 年之前，古巴存在着三个革命政党。其一是 1925 年 8 月成立的古巴共产党，该党于 1940 年同革命联盟党合并成立共产主义革命联盟，1944 年改名人民社会党。人民社会党曾在巴蒂斯塔首任总统期间参政，主张以和平方式恢复宪政，反对搞武装斗争。该党 1957 年开始改变态度，支持卡斯特罗的武装斗争。其二是成立于 1955 年年底、代表学生的革命组织“三・一三革命指导委员会”。该组织原称革命指导委员会，后为纪念 1957 年 3 月 13 日攻打总统府的革命行动改名为“三・一三革命指导委员会”。其三是卡斯特罗领导的“七・二六运动”。该革命组织是菲德尔・卡斯特罗为纪念自己于 1953 年 7 月 26 日领导的武装起义而于 1956 年在墨西哥创建的。1961 年 7 月，“七・二六运动”、“人民社会党”和“三・一三革命指导委员会”三个组织合并成“古巴革命统一组织”，1963 年 5 月，更名为“古巴社会主义革命统一党”，1965 年 10 月，又改称“古巴共产党”。至 2008 年年底，古巴共产党有党员 85 万余人。党的指导思想是马列主义和何塞・马蒂思想。

17. 古巴的改革开放： 1993 年 7 月 26 日，在纪念攻打“蒙卡达”兵营 40 周年大会上，古巴领导人菲德尔・卡斯特罗宣布为了拯救革命、拯救社会主义，必须采取几项重大经济改革措施，标志着古巴正式开始改革开放的新历程，古巴进入“稳步改革开放”的新时期。古巴改革开放的主要措施包括：加强党的建设，提高执政能力；完善全国人民代表政权制度建设；调整经济结构，积极推动经济的恢复与发展；坚持以人为本，注重社会公正；推行全方位外交政策；等等。经过艰苦努力，古巴已经逐步摆脱苏东剧变造成的困境，经济建设取得了较为显著的成就，但古巴在改革和建设中仍存在不少问题和挑战。

三、重点问题和答题要点

1. 新中国成立后建立的政治体制的特点和优点。

新中国成立后建立的政治体制并没有全盘地照搬苏联模式，而是在借鉴中有创新。同苏联模式相比较，新中国的政治体制有如下三个突出的特点和优点：

（1）通过共产党领导的多党合作和政治协商的方式创建政治体制。

1949 年 9 月召开的中国人民政治协商会议第一届全体会议，代行全国人民代表大会职权，通过了起临时宪法作用的《共同纲领》和《中央人民政府组织法》，选举产生了中央人民政府委员会，建立了联合政府，实行共产党领导的多党合作和政治协商制度。这与苏联的一党制是不同的。

（2）确立了人民民主专政的国体和以人民代表大会制为特征的政治体制。

1954年的《中华人民共和国宪法》规定，全国人民代表大会为最高国家权力机关，国务院是其执行机关，即最高国家行政机关，从而创建了中国特色的政治制度和政体结构。

（3）坚持中央统一领导与民族区域自治相结合的制度。

1949年通过的《共同纲领》明确规定，我国将建成多民族的单一制人民共和国，在中央人民政府统一领导下，实行以少数民族聚居地区为基础的区域自治。

2. 中共十一届三中全会的贡献。

1978年12月召开的中国共产党十一届三中全会在中国党和国家的历史上具有重大意义，标志着党和国家的工作实现了历史性的伟大转折。它主要解决了如下几个重大问题：

（1）确定了解放思想、实事求是的思想路线。

全会坚决批判了“两个凡是”的错误方针，高度评价了关于真理标准问题的大讨论，要求全党必须完整地准确地掌握毛泽东思想的科学体系，确定了“解放思想，开动脑筋，实事求是，团结一致向前看”的指导方针。

（2）确定了马克思主义的政治路线。

全会果断地决定停止使用“以阶级斗争为纲”的错误口号，把全党全国工作的重点转移到社会主义现代化建设上来。

（3）确定了党的正确组织路线。

全会彻底否定了极左的组织路线，把一批卓越的老同志选入中央领导机关；相应调整了中央的组织机构，决定成立中央纪律检查委员会。这为保证三中全会路线的贯彻执行奠定了组织基础。

（4）恢复了党的民主传统和优良作风。

大家在马列主义、毛泽东思想的基础上，解放思想，畅所欲言，发扬党内民主以及党的实事求是、联系群众、批评和自我批评的优良作风，增强了团结。会议强调，一定要保障党员在党内对上级领导直至中央常委提出批评的权利。

（5）强调要健全社会主义民主、加强社会主义法制。

全会指出，在过去一个时期，民主集中制没有真正实行，离开民主讲集中，民主太少，当前要强调民主。全会认为，要保障人民民主，就必须加强社会主义法制，使民主制度化、法律化，做到有法可依，有法必依，执法必严，违法必究。

（6）指出了经济体制改革的必要性、迫切性和基本方向。

其主要内容是：大胆下放权力，让地方和工商企业有更多的经营管理自主权；大力精简各级经济行政机构；克服党政企不分、以党代政、以政代企的现象，实行分级分工分人负责，健全考核、奖惩、升降等制度；重新确定按劳分配的原则，允许一部分人先富起来。

3. “三个代表”重要思想的科学内涵。

中国共产党要始终代表中国先进生产力的发展要求，要始终代表中国先进文化的前进方向，要始终代表中国最广大人民的根本利益，这是“三个代表”重要思想的最主要内容和集中概括。具体而言，即：

（1）中国共产党要始终代表中国先进生产力的发展要求。

是指党的理论、路线、纲领、方针、政策和各项工作，都必须努力符合生产力发展的规律，体现不断推动社会生产力的解放和发展的要求，尤其要体现推动先进生产力发展的要求。这是因为：第一，生产力是最活跃最革命的社会动力，是社会发展的最终决定力量。只有大力发展先进生产力，才能增强社会主义国家的综合国力，不断改善人民的生活。为此，我们党必须坚持以经济建设为中心，调整和改革社会主义生产关系和上层建筑中不适应的部分，以进一步解放和发展生产力。第二，科学技术是第一生产力，这是先进生产力的集中体现和主要标志。为此必须大力推进科技进步和创新，努力实现我国生产力的跨越式发展。第三，人是生产力中最具决定性的力量。为此就要不断提高工人、农民、知识分子和全体人民的思想道德素质以及劳动技能和创造才能，充分发挥他们的积极性、主动性和创造性。第四，生产力与生产关系是不可分割的。为此要打破那种认为公有制程度越高，才越是先进生产关系的传统观念。在社会主义初级阶段，要发展能够促进先进生产力的以新形式公有制为主体的多种经济成分。

（2）中国共产党要始终代表中国先进文化的前进方向。

是指党的理论、路线、纲领、方针、政策和各项工作，必须努力体现发展面向现代化、面向世界、面向未来的，民族的科学的大众的社会主义文化的要求，努力促进全民族思想道德素质和科学文化素质的不断提高，以便为我国经济发展和社会进步提供强有力的精神动力和智力支持。第一，发展先进文化，就是建设中国特色社会主义精神文明，培养一代又一代有理想、有道德、有文化、有纪律的公民。为完成这一根本任务，就要坚持以发展着的马克思主义为指导，帮助越来越多的人树立正确的世界观、人生观和价值观，把依法治国与以德治国结合起来。第二，发展先进文化，必须继承和发扬中华民族优秀的文化传统，同时吸收世界文化的精华，做到古为今用、洋为中用。第三，大力发展健康有益文化，努力改造落后文化，坚决抵制腐朽文化，这是建设中国特色社会主义文化的基本方针。第四，为了发展和繁荣社会主义文化，应当坚决贯彻“百花齐放、百家争鸣”的方针，鼓励和保护不同学术观点的争论，鼓励和保护不同学术流派的发展。要努力掌握和发展各种现代传播手段，丰富文化形式，以提高社会主义文化的感召力和吸引力。

（3）中国共产党要始终代表中国最广大人民的根本利益。

是指党的理论、路线、纲领、方针、政策和各项工作，必须坚持把人民的根本利益作为出发点和归宿，充分发挥人民群众的积极性、主动性、创造性，使人民群众不断获得切实的经济、政治和文化利益。党是无产阶级先锋队，也是中国人民和中华民族的先锋队。共产党的根本宗旨就是全心全意为人民服务，立党为公，执政为民，绝不能口是心非、言行不一。任何时候都必须做到“三个坚持”，即坚持尊重社会发展规律与尊重人民历史主体地位的一致性，坚持为崇高理想奋斗与为最广大人民谋利益的一致性，坚持完成党的各项工作与实现人民利益的一致性。我们党要始终代表中国最广大人民的根本利益，还必须从严治党，不断健全党的各项民主制度，不断完善党的民主作风，不断加强党的先锋模范作用，坚决铲除损害人民群众利益的以权谋私、贪污腐败的现象和各种既得利益集团。

4. 科学发展观的科学内涵。

科学发展观，第一要义是发展，核心是以人为本，基本要求是全面协调可持续发展，根本方法是统筹兼顾。

（1）必须坚持把发展作为党执政兴国的第一要务。

只有坚持发展，才能加快社会主义现代化建设步伐，逐步实现全面建设小康社会的宏伟目标，从根本上做到富民强国。因此，我们必须要牢牢扭住经济建设这个中心，聚精会神搞建设、一心一意谋发展，不断解放和发展社会生产力。

（2）必须坚持以人为本。

我们要始终把实现好、维护好、发展好最广大人民的根本利益作为党和国家一切工作的出发点和落脚点，尊重人民主体地位，发挥人民首创精神，保障人民各项权益，走共同富裕道路，促进人的全面发展，做到发展为了人民、发展依靠人民、发展成果由人民共享。

（3）必须坚持全面协调可持续发展。

要本着生产关系与生产力、上层建筑和经济基础协调发展的原则，全面推进经济建设、政治建设、文化建设、社会建设，促进现代化建设各个环节、各个方面相协调，坚持生产发展、生活富裕、生态良好的文明发展道路，实现经济社会永续发展。

(4) 必须坚持统筹兼顾。

要统筹城乡发展、区域发展、经济社会发展、人与自然和谐发展、国内发展和对外开放，统筹中央和地方关系，统筹个人利益和集体利益、局部利益和整体利益、当前利益和长远利益，统筹国内国际两个大局。

5. 越南革新开放的主要决策措施。

(1) 经济革新的主要措施。

越南革新开放以来采取了一系列经济革新的政策与措施，主要体现在：

第一，大力推广和不断完善农村承包制，鼓励和支持农村庄园经济的发展。1988年4月，越共中央出台关于改进农业生产承包制的决议，把全部生产环节都承包给农民，承认农户是农村基本生产单位，拥有生产经营自主权，国家只收土地税。1989年3月，越共中央决定放开粮食市场，农户在完成合同任务后，剩余产品可在市场上自由出售。1993年7月，越南国会通过的《土地法》规定农民可以长期使用土地，而且土地可以转让、交换、租赁、继承和抵押。这样，农民不仅拥有对承包地的生产经营自主权，而且还拥有占有、收益和处置的权利。国家还削减土地税，实行农产品价格补贴制，大力发展创汇农业。随着农业的进一步发展，国营农场、林场、渔场等逐步瓦解或被承包制所代替。农村逐渐形成了包括农户经济、合作经济、庄园经济等多种经济模式。其中尤以庄园经济最具特色。

第二，大力推进国有企业改革，积极扶持非公有制经济的发展。作为国民经济支柱的国有企业，在过去计划经济体制下，企业统包统管，缺乏自主权，经营状况不佳，国营企业改革的核心是全面实行自主经营。1987年，越南强调企业有权根据实际情况制订计划、组织生产和出售产品。1989年，越南把企业推向市场，让企业彻底转变经营机制，适应市场的变化。1991年越共七大之后，只有一些特定部门和领域维持国家的垄断经营。2001年，越共九届三中全会后，越南着力推进国有企业的股份制改革，完善有关股份制改革的政策、条例和法规，同时通过修订《国有企业法》，明确了国有企业的权利和义务，对国有企业的重组、解散、破产等都做了明确规定。经过大规模的改组、合并及民营化，越南国有企业数目减少，经营状况有所改善。

越南还积极扶持非公有制经济的发展。越共六大之后，政府允许私有企业进入农业、养殖业、手工业、服务业和小型制造业。1992年宪法承认和保护私有财产，允许私有企业进入除军工生产以外的任何领域，可自由选择合伙人和职工，给予某些私有企业外贸经营权，较大幅度地提高私有企业使用其外汇收入的比例。越共九大进一步明确提出：国家将在法律不禁止的生产、经营部门鼓励私人资本主义经济广泛发展，在政策和法律上创造有利条件，让私人资本主义经济向国家优先的方向发展。随后进而提出要“将大力发展私营经济视为推动社会主义定向的多种成分经济发展的一项长期战略”。2001 年通过的宪法修正案则明确把私人资本主义经济、个体经济、外资经济与国有经济、集体经济一起视为社会主义定向的市场经济的重要组成部分。

第三，大力调整产业结构，积极推进重点经济区发展战略。革新开放以来，越南在优先发展优质农业、加强服务业的同时，也开始注重产业结构的调整，即大力加快工业化的实际进程。同时各产业内部结构也在逐步走向合理化。为了缩小地区间的发展差距，确立了重点经济区发展战略，以此推动整个国民经济的快速发展。

第四，实行全方位的对外开放，大力促进经贸合作，加快融入世界经济，提升越南经济的国际化水平。越南出台了一系列推行全方位的对外开放的政策。首先，出台吸引外资的相关法律法规。其次，革新对外贸体制。自 2001 年起，用稳定的进出口商品管理法规取代过去每年确定一次的做法，逐步减少进而完全取消限制贸易的进出口商品许可证制度。再次，大力促进双边经贸合作。越南和世界上 150 多个国家和地区已有贸易关系，主要贸易对象为中国、美国、欧盟、东盟和日本。又次，不断扩大对外开放区域。越南陆续建立了数十个工业园区、出口加工区、自由贸易区。最后，稳步融入国际经济，提升越南经济的国际化水平。

（2）政治革新的主要措施。

越南自革新开放以来，在民主政治建设方面进行了许多积极探索，并取得了一些颇具特色的成果。第一，自长征开始，越共就开始尝试打破领导职务终身制并取得了成功。1986 年越共党章规定总书记任期不能超过两届，但事实上差不多是一届一换。第二，对党的领导人的年龄做了明确限定。第三，党内实行差额选举。从党的总书记到党代会的代表均实行差额选举。第四，中央委员会享有决策权和质询权。中央委员会对重大事项享有决策权，重大政策主张、重大人事任免、大型工作计划都要在集体讨论基础上无记名投票表决。自 2002 年起，中央委员会建立了质询制度，每位委员都可以对包括总书记在内的其他委员提出质询，也可对政治局、书记处、中央纪律检查委员会集体进行质询，直到得到满意答复为止。第五，吸取黎笋时期个人集权的教训，国家权力配置有制约。越南最高权力体制一般被称为“四驾马车”，这是指总书记、国家主席、国会主席和政府总理分别由四个人担任。第六，自 1986 年越共六大开始，越共高层逐渐形成了公开道歉与容忍批评的传统。第七，国会的权力逐步得到强化。第八，实行信息公开化，注重提高全民的政治参与意识。第九，持续不断地开展反腐败斗争。1992 年 11 月，越南成立反贪污走私委员会，中央各部委、各行业和各级地方政府随即都成立了反贪污走私的常设机构，并制定了一系列规章制度。从实践上看，越南在查处腐败案件中也是重拳出击，绝不姑息和纵容。

（3）越南革新开放的理论成果。

越共在革新开放的实践探索中，逐渐形成了对社会主义的新认识：第一，越南处于向社会主义过渡时期的初级阶段。越共对过渡时期的认识经历了一个不断深化的过程。第二，社会主义不存在统一、固定的模式。革新开放以来，越南逐步摆脱了苏联模式社会主义的桎梏，开始探索自身发展道路。越南革新开放取得重大成果的一条重要经验就是从越南社会的实践和生活出发进行革新，既参考世界的好经验，又不照搬任何现有的模式。第三，确立胡志明思想作为越共的指导思想。越共认为胡志明思想是马克思列宁主义同越南实践相结合的理论成果。1991 年越共七大明确指出，越南共产党以马克思列宁主义和胡志明思想为基础和行动的指南。第四，发展社会主义定向的市场经济。2001 年九大政治报告指出，越南党和国有一贯主张和长期推行“按市场机制运行、有国家管理和坚持社会主义方向的市场经济”，简称“社会主义定向的市场经济”。社会主义定向的市场经济包括多种所有制形式，多种经济成分，实行按劳分配为主的多种分配方式。第五，确立越共奋斗目标与党的性质。1991 年越共七大把越南社会主义的理想目标概括为“民富国强”，1996 年八大政治报告进而表述为“民富国强，社会公平、文明”。2001 年九大政治报告概括为“民富国家，社会公平，民主文明”。2006 年十大又一次做出新的修正，表述为：“建设一个独立、民主、富裕和强大的越南，把越南建设成为一个没有剥削的公平、文明社会，最终目标是成功实现社会主义和共产主义”。革新开放之后的相当一个时期里，越共一直把越共定性为“越南工人阶级的先锋队”。但 2006 年越共十大新党章明确规定“越南共产党是越南工人阶级的先锋队，也是越南劳动人民和越南民族的先锋队，越南共产党是工人阶级、劳动人民和越南民族的忠实代表”。

6. 越南革新开放的成就与挑战。

（1）越南革新开放的成就。

总体而言，经过 20 多年的探索，越南的革新开放事业取得了巨大成就。第一，越南的经济呈持续高增长的态势。自 1986 年起，经过十年的调整和发展，到1996年越共八大时，越南宣布已“摆脱了经济社会危机”。虽然此后受1997年东南亚金融危机的冲击，越南的经济增长有所减缓，但到2002年经济增长速度便恢复到7%以上。越南的经济发展速度在亚洲仅次于中国，居东盟各国之首。第二，人民生活稳定改善。人均国内生产总值持续增长。全国贫困户和贫困地区的数量持续减少。城乡教育、医疗、卫生事业都有长足发展。通信设施发展迅速。第三，越南由大米进口国迅速转变为大米出口国。到2002年，越南已成为仅次于泰国的世界第二大米出口国。第四，越南的产业结构发生了重大变化。第一产业产值占国家国内生产总值比重下降，第二产业和第三产业比重上升。第五，越南融入世界经济体系的程度越来越深，步伐也越来越快。越南已于1995年、2006年先后成为东盟和世贸组织成员国。

(2) 越南革新开放面临的挑战。

在肯定越南革新开放事业巨大成就的同时，也应该清醒地看到它面临的一些严重问题与严峻挑战。第一，工业基础设施薄弱。最突出的问题，一是交通运输能力不强，仍然是制约经济发展的瓶颈；二是机械工业层次低且涉及领域狭小，主要集中在制造与农业、食品加工业相关的各种小型机器和工具上；三是国有企业设备陈旧，生产规模小，技术含量低，效率低下，竞争力不高，在国际经济融入环境下的管理能力低，革新速度缓慢。第二，人口增长的压力巨大。越南人口膨胀是从20世纪60年代开始的。虽然近年来越南加大了计划生育措施，规定每个家庭最多只能生两个孩子，但基数巨大的农村人口的增长率很难得到有效控制。人口数量的激增，使人地矛盾突出，也加大社会就业的压力。人口的高速增长导致失业率上升和资源的掠夺性开放，从而给经济的可持续发展带来极大问题。第三，贫富悬殊现象严重。随着以市场为导向的革新进程的深化，城乡、地区、行业、部门以及个人之间的贫富差距在逐步拉大。总体上看，城乡居民收入相差数倍，农村富裕户与贫困户之间的收入差距达十几倍，南方的收入普遍高于北方。第四，反腐败斗争任重道远。腐败现象仍有愈演愈烈之势，它已深入社会生活的各个角落。严重的腐败现象激化了社会矛盾，直接影响到社会的稳定与和谐。第五，市场经济发育不成熟。越南的市场经济总体上还处在起步阶段，市场经济体制还很不成熟，埋藏着巨大的经济隐患，处置稍有不慎，就可能引发经济危机。

7. 老挝革新开放的主要决策措施。

1986年11月，老挝人民革命党召开具有历史转折意义的四大，提出革新开放的政策，以此为标志，老挝进入“有原则的全面革新开放”时期。为此，老挝进行了多方面的探索：

（1）经济革新稳步推进。

第一，自 1986 年实行革新开放政策之后，老挝农村的不少农业合作社相继解散，家庭承包制迅速铺开。1993 年 5 月颁布的《土地法》，极大地调动了农民生产积极性。同时，实行优先发展农林业的方针。以农林业的发展作为工业发展的基础，强调经济的重心首先是发展农业，鼓励农业利用现有的自然资源进行生产，进而实现工业现代化。第二，在所有制方面，允许多种经济成分长期共存。1991 年 8 月通过的第一部宪法规定，国家保护和促进国内外所有投资者在老挝的投资方式，包括国家所有制、集体所有制、个体所有制和私人所有制。国家鼓励所有经营单位进行竞争和相互合作的经营活动，所有经营单位在法律上一律平等。第三，进行国营企业改革。建立新体制，使经济管理机制与生产经营机制分开，把生产经营权下放到企业，实行企业核算与自负盈亏。第四，扩大对外经济合作。老挝党四届五中全会提出要吸引外商投资，学习和借鉴外国先进的管理经验和技术，并在实践中不断完善相关法律，2002 年建立第一个经济特区——“沙湾一色诺特区”。老挝政府极力引导外资投向优势产业开发和重要基础设施建设。第五，深化市场化导向的改革。放宽对商品流通的限制，逐步取消商品流通的中间环节、价格双轨制和各种关卡，废除各省、市、县之间的关税壁垒和商品流通检查站，扩大商品流通渠道。

综观老挝的经济革新的举措，可以看出如下几个特点：第一，改革坚持逐步渐进原则，从农村到城市，从家庭承包制到城市工商业改革。第二，突破意识形态束缚，逐渐开放，大胆利用非社会主义经济成分，重视外资外援对老挝经济的拉动作用。第三，改革的目标是发展生产力，将自然经济、半自然经济转化为商品经济，不断提高人民生活水平。创造性地提出把家庭作为实施自然经济向商品经济转变的基本单位，允许党员干部在工作之余从事第二职业。第四，中央权力不断向地方、企业下放。未来几年，国家将向省区下放更大的财政自治权。第五，发展资源型经济，尤其是水电、林业、旅游资源。近几年，老挝对可持续发展特别关注。与中国、越南不同，老挝目前仍尚未明确提出要建立社会主义市场经济体制，但继续深化经济体制改革是其必然趋势。

（2）政治革新的谨慎探索。

老挝党认为，必须革新官僚集中的政治体制，不革新就没有出路。但同时也强调，改革政治体制，不是用其他制度来取而代之，而是在巩固人民民主政治体制和明确规定各部门的职责基础上，改革工作方法，维护和增强党的领导作用和能力。在这一原则指导下，老挝党进行了审慎的政治革新。第一，加强党建工作，提高党的领导水平和领导能力。1991 年五大强调要提高党对社会的责任心。

1996年六大强调提高党员素质，在党章修改案中特别增加了党员有“努力学习外语”的义务。2001年七大提出要从政治思想、组织建设、领导方法、监察管理、干部建设五个方面着手，巩固党的领导地位，建设一个思想政治成熟稳定的党。2006年八大突出“党要管党”的原则，提出把党建成一个纯洁、强大和稳健的执政党。第二，加强监督机制建设。老挝党在1992年党的五届五中全会上明确提出了反腐败问题，通过了《反贪污腐败条例》。设立党政监察委员会、反对和遏制贪污专门事务委员会，加强对党员干部的反腐倡廉教育和思想政治教育，加大反腐败力度，积极探索有效的反腐措施。2006年八大提出要加强党和人民团体的合作，加强监督。第三，加强基层政权建设。近几年来，老挝把基层党建与农村全方位开发创造性地结合起来，开展建设“坚强、善于全面领导的基层党支部”运动及配套的“基层第一把手工程”、“建设文明村工程”、“无犯罪村工程”。

总体而言，老挝政治革新的探索有如下几个特点：第一，弱化意识形态的宣传，对一些重要提法采取模糊手段。第二，重视理论与实践相结合，总结改革经验。1996年六大提出了“五条经验”：加强全党全民团结统一和发扬爱国主义、独立自主自强精神是革新事业成功的决定性因素；依靠人民，发挥人民的巨大力量，一切为了人民的利益是党在各革命阶段始终贯彻的一条重要经验；维护政局稳定和社会安宁是革新的必要条件；加强党对各个领域的领导和提高国家机关的管理效能，是革新事业沿着党的路线和目标前进的保证；本国的力量与时代的力量相结合，有原则地争取国际支持与援助是老挝经济建设和发展必不可少的国际条件。第三，注意领导干部队伍的革命性、知识性和年轻化相结合。第四，强调推进政治体制改革必须以经济改革为前提，只有经济发展，人民生活改善，社会保持稳定，才能为政治体制改革创造必要的条件。

（3）外交政策的重大变化。

革新开放后，老挝开始推行以谋求经济援助和经济发展为目标的全方位务实外交。1986年老挝党四大提出：随时准备扩大与各国正常的经济合作，在互利和相互尊重独立与主权的基础上首先考虑与泰国及东南亚各国人民发展经贸关系。在“多交友，少树敌”的方针指导下，老挝的外交工作取得根本性的突破：一是从最初只同少数几国交往发展到2006年已同122个国家建交。二是不受意识形态束缚，加强同资本主义国家的交往；三是积极融入国际社会，改善国际形象，提高国际影响力。具体体现在：第一，越南与老挝历史上关系密切，越南对老挝的政治、经济、外交各领域都具有强大的影响力。目前，由于历史和地缘政治因素，老挝把发展同越南的“特殊的团结传统和全面合作关系”置于其外交政策的首要位置。两党中央政治局每年定期会晤。第二，老挝和中国于1961年4月25日建立外交关系，但随着20世纪70年代末中越关系的恶化，老中关系也迅速恶化，革新开放后，老挝表达了改善对华关系的愿望，1988年6月，两国关系实现正常化。1991年3月，两党关系实现正常化。第三，革新开放以来，老挝不以意识形态、社会制度为标准画线，积极改善同资本主义国家的关系，以得到西方国家的经济援助和贷款。此外，老挝党日益加强同其他政党包括资本主义政党的党际交往。

（4）民族与宗教政策的大力调整。

老挝有68个部族，还有一些民族属于跨国民族。建国初期，老挝的民族政策和实践曾出现过失误。20世纪80年代后，老挝逐步改变工作方式，并取得了成功，主要体现在：第一，实行民族平等，更多关怀少数民族。第二，注重培养选拔少数民族干部。在少数民族地区的基层组织和地方行政机构中，少数民族干部占主导地位，第一把手基本上是少数民族干部。第三，促进少数民族地区的社会经济的发展。发展山区农、林和加工工业和商品经济，开展边境贸易，提高生活水平，缩小并逐渐消除各民族之间的差距。第四，加强基础设施投资，改造山区道路，增加对山区医疗、文化教育事业的投资，保护民族传统文化和习俗，发展民族教育，对山区少数民族子女一律免收学杂费。第五，继续开展民族迁移政策。对人口稀少的高山林区，政府派遣工作队去动员、帮助和组织少数民族搬迁到平原地区居住，政府除无偿提供用地外，还帮助购买生产工具和提供部分生活用品等。

老挝是一个有广泛宗教信仰的国家。建国初期，老挝党一度采取了过激的宗教政策。从20世纪80年代开始，老挝党开始大力调整宗教政策，其做法更加务实。第一，老挝党和政府强调，宗教是人民群众和社会团体的精神寄托，党和国家尊重人民信仰宗教和不信仰宗教的自由权利。第二，确立佛教的主流宗教地位。第三，重视佛教组织。全国有佛教协会，享有同妇联、工会等组织同等待遇。各级建国阵线和各级政府机构均有僧侣参加。第四，政府大力扶持佛教事业。兴建佛教学院，培养佛教人才，弘扬佛教文化。重视寺庙和其他设施的建设。第五，利用佛教进行爱国主义与公民道德教育。把佛教教义融合到党的政治路线和政策中，力图在宗教和社会主义制度之间寻找结合点，淡化宗教与党的意识形态的差异。第六，对基督教、原始宗教等，政府采取不提倡也不反对的政策。

8. 老挝革新开放的成就、有利因素与挑战。

（1）老挝革新开放的成就。

1986年全面革新开放以来，老挝在政治、经济、社会、文化领域均取得了令世人瞩目的成就。在经济领域，1986—2006年的经济年均增长率超过6%，人民的生活水平显著提高。在科教文卫领域，老挝人力资源发展指数已由1993年在全球173个国家中位居141位提高到2004年在177个国家中位居135位，普及公共卫生，完全消灭了小儿麻痹症。

（2）老挝革新开放深入发展的有利因素。

第一，丰富的水力、矿藏、森林资源。第二，旅游业成为老挝经济发展的新兴产业。近几年的旅游外汇收入都突破了上亿美元大关。第三，位于大湄公河次区域中心的地理优势。第四，基础设施的进一步改善。

（3）老挝革新开放深入发展的挑战。

第一，经济上，由于实施不力，制定的一些发展目标未能实现。第二，社会治安还存有隐患。第三，国民教育仍处于落后状况，尤其缺乏高素质人才。第四，贫富差距加大。第五，仍需大力改善落后的基础设施。

9. 朝鲜主体思想的提出及其含义。

朝鲜主体思想发端于抗日战争时期。1955年年底，金日成在劳动党宣传工作会议上明确提出了“树立主体”的问题。1965年4月，金日成在印度尼西亚共产党“阿里亚哈姆”社会科学院发表演说时首次比较系统地阐述了主体思想的内涵，即“思想上树立主体，政治上自主，经济上自立，国防上自卫”。“思想上树立主体”，就是要有自己是革命和建设的主人这样的自觉性，要有一切都以本国革命与建设为中心去思考和实践，用自己的智慧与力量去解决一切问题的观点和态度。“政治上自主”，就是要捍卫本国的民族独立和主权，依靠本国人民的力量，从本国革命和人民的利益以及本国的具体国情出发，独立自主地制定和实施政治路线和政策，在对外活动中行使完全的平等权和自主权，反对别国干涉，反对事大主义（侍奉大国）。“经济上自立”，就是要在经济建设中坚持自力更生原则，用现代技术“装备”经济，大量培养民族技术人才，牢固地建立自己的原料和燃料基地，避免对他国的经济依赖。“国防上自卫”，就是要用自己的力量建设强大的国防力量，来保卫朝鲜国家的独立自主，保证本国免遭敌人的侵犯。

10. 朝鲜社会主义建设的主要决策措施。

（1）经济建设的探索。

社会主义制度在朝鲜建立后，朝鲜逐步确立了“经济主体”思想，形成了生产资料全民所有制，建立了计划经济体制，基本上还是照搬苏联模式。20世纪80年代后，过度集中的公有化计划经济体制的弊端日渐显露出来，朝鲜经济面临不少困难，朝鲜开始逐步改革，主要是：在坚持计划经济的同时，在部分领域逐步引入一定规模的市场经济因素，逐步放松对经济要素的绝对统制，发展一定程度的私有经济，以促进整个经济的发展。这在农业、工业方面都有所表现。第一，农业上由“分组管理制”到“分组承包制”再到“家庭营农制”的转变。1962年年初，朝鲜把农业合作社改为合作农场，合作农场内实行“分组管理制”，即将一定数量的土地、耕牛、农机具和劳动力等固定给不同的“组”，按照国家计划来制订“组”的生产计划，并以“组”为单位确定分配份额。国家对粮食实行统购和配给。20世纪90年代初，为了提高农业生产能力，解决粮食问题，朝鲜开始对农业进行改革，实行“分组承包、合理计划、超产自留、余粮可卖”。2001年开始，朝鲜进而在一些农村推行以家庭为单位的“家庭营农制”，即把各“组”的成员减少到以家属、亲属为基本组成单位的5～8人，以更广泛地调动农民的生产积极性，提高生产效率。第二，工业领域谨慎地尝试突破计划经济体制。在工业管理模式方面，朝鲜于20世纪60年代建立了“大安工作体系”，即建立了集中统一的生产指导体系、原材料供应体系和后勤供应体系，使国营企业与集体企业成为国家的附属物，成为只是实现国家计划的生产单位，缺乏基本的自主权。这一体系的弊端随着朝鲜社会主义建设的深入不断暴露出来。自20世纪90年代起，朝鲜逐渐开始推行“双行线”的工业化战略，即：一方面使重工业部门合理化；另一方面扩大轻工业的生产基础，增加对轻工业的投资。同时，逐步实行企业独立核算制度，并改革了价格体制和工资制度。

(2) 科技文化领域的创新。

第一，冷战结束后，朝鲜对科学技术的重视突出地表现在重视信息技术的发展上。朝鲜建立了直属内阁的国家计算机中心，独立开发和建立了全国性的、覆盖面广、兼容性强、功能强大且使用方便的“光明科技网”，自主开发了英、法、德、日、中、俄、朝七国语言即时翻译系统，重视对学生的计算机能力教育，并与别国开展了良好的交流与合作。朝鲜的信息技术和信息产业整体上尚不发达，面临着很多困难，但只要政策得当，不懈努力，完全有可能实现跨越式发展。第二，朝鲜重视文化教育。经过50多年的发展，朝鲜的文化教育事业获得了快速的发展，培养了大量高素质的人才，就人才比例而言，朝鲜在世界范围内也是一流的。

(3) 军事和安全能力的强化。

强大的外部军事压力以及统一朝鲜半岛的不懈动力，促使朝鲜始终保持强大的军事力量，并推行“先军政治”、“先军思想”，把军队建设提高到最重要的位置，提出了“军队就是党、国家和人民”、“军事是国事中最大的国事”等思想，全力发展军事力量。1998年，朝鲜提出了以军事为中心的社会主义强盛大国战略。朝鲜目前仍然实行普遍义务兵制度，并保持较高的军费开支，并不断强化全民武装化、全国要塞化，大幅度增加预备役军事力量，加强战备物资的储备等。朝鲜还将开发核武器作为重要的安全筹码。

(4) 对外交往空间的拓展。

冷战时期，朝鲜外交的主要对象国是社会主义国家及发展中国家，20 世纪 50 年代即与苏联、中国等社会主义国家结成了同盟关系，而同美国、韩国、日本等国家基本处于“隔绝”甚至敌对状态。冷战结束后，朝鲜调整了对外政策，在继续发展同中国、越南、古巴、老挝等社会主义国家传统关系的同时，本着自主、和平、友谊的原则，奉行全方位外交政策，积极发展同西方发达国家及韩国、东盟等周边国家和发展中国家的关系。朝鲜的对外经济关系也不断拓展。冷战结束后，朝鲜积极发展对外贸易，提出“贸易第一主义”战略。目前，朝鲜的主要贸易伙伴是中国、韩国、日本及广大发展中国家。朝鲜还不断完善相关经济法律，并积极推进“自由经济贸易区”、“保税区”和“经济特区”建设。

11. 朝鲜社会主义建设的机遇与挑战。

(1) 朝鲜社会主义建设的机遇。

第一，朝鲜位于亚欧大陆的东北部，三面环海，与中国、韩国、日本、俄罗斯相邻。东北端有不冻港罗津港，西海岸的南浦港是朝鲜最大的国际贸易港。随着朝韩空中、海路、公路、铁路的开通，朝鲜的地理条件优势更明显。中国、俄罗斯的资源，韩国、日本的资金和技术，可以便捷地到达朝鲜。第二，联合国的图们江区域开发计划为朝鲜的进一步改革和发展提供了契机。第三，朝鲜具有一定优势的科学技术、整体上普及的基础教育和相对发达的高等教育。主体思想形成了统一的思想和意志。第四，相对稳定的政局可以为朝鲜社会主义建设与改革提供一定的保障。第五，中国社会主义建设与改革中的经验，特别是近 30 年改革开放的某些经验，可以为朝鲜提供一定的有益借鉴。近几年来，朝鲜对中国改革开放的评价趋于客观，并积极研究、学习、借鉴中国改革开放中的某些经验。

(2) 朝鲜社会主义建设的挑战。

第一，主体思想中的某些观念在一定程度上将朝鲜人民的思想禁锢在一个狭窄的范围内，朝鲜人民尚未对将来进一步的社会主义建设与改革作好足够的思想准备。第二，过度集权的政治经济文化体制对朝鲜社会主义建设与改革的消极影响不容低估。第三，个人集权制、职务终身制、指定接班制、以党代政制等都没有实质性的变革。第四，党内民主和人民民主有待进一步发展和完善。自 1980 年 10 月召开第六次全国代表大会以来，朝鲜劳动党迄今已近 30 年未召开第七次全国代表大会。朝鲜劳动党六大组建的中央政治局 3 名常委中，金日成和人民武装力量部原部长吴振宇相继去世后，没有进行补选，只剩下金正日一人。第五，以备战为第一目标的发展战略，在增强军事力量，提升国防能力的同时，将大量有限的国家财政收入投到国防上去，客观上造成了国家其他方面的投资不足。第六，目前朝鲜仍然面临复杂而严峻的外部环境。在与美国、韩国、日本等国家的关系没有取得根本性突破的形势下，朝鲜的社会主义建设必然会谨慎地前行，有时也难免会出现“进两步，退一步”的情况。

12. 苏东剧变前古巴探索社会主义道路的曲折历程。

20世纪60年代初，古巴急于改变过去落后的经济模式，过渡到共产主义。在经济结构方面，古巴提出迅速工业化和农业多样化的主张，但由于提出不切实际的生产高指标，结果造成国民经济比例严重失调，经济状况恶化。在经济体制方面，采用高度集中的计划经济，实行否定商品货币作用的簿记登记制。在社会领域实行高福利政策，免费和补贴政策几乎覆盖了社会生活的方方面面，而且力度较大，严重超出了古巴经济与财力的限度。政治领域推行直接民主模式，为广大工人和农民的参政提供了前所未有的机会，但因领导不得力而往往流于形式。总之，冒进和理想主义的模式给古巴当时的建设造成了严重危害。

从70年代开始，古巴逐渐实施经济、政治各方面改革，确立了“经济领导和计划体制”与“人民政权”政治体制。1976年，古巴正式提出“经济领导和计划体制”方案，实施第一个五年计划（1976—1980），要求国家通过各级的计划和规划进行财政控制，企业作为基本核算单位，可自筹资金，扩大经营自主权，发挥价值规律作用，利用市场手段来调节经济。此外，政府还加快了农业合作化进程，大力进行智力投资，开办经济管理学院培训干部。但是，由于各种因素的制约，新体制的执行情况并不理想。政治上，1970—1977年，古巴仿照苏联模式对政治体制进行改革，初步建立了“人民政权”政治体制。其主要措施有：完善党组织，召开古共代表大会；改革政治机构，成立部长会议执行委员会，增设副总理职位，制定新宪法，完善国家行政机构；对武装部队进行重大改组；恢复和加强工会、青年、妇女、学生、小农和保卫革命委员会等群众组织，使它们作用得到加强。

1980年12月古共召开二大，通过了第二个五年计划。80年代前半期，古巴执行了一系列“新经济政策”，全面推行经济领导和计划体制，并取得了一定成就。

总体来看，古巴独立后到苏东剧变前的30年间，国民政治经济体系逐步形成，公平分配原则基本实现，社会保障制度也不断完善。但是，由于这一时期的建设主要是效仿苏联模式，因此也存在弊端。另外，为适应与苏东经济一体化，古巴接受苏联的分工和对口合作，使古巴畸形的单一经济——蔗糖经济一直不能改变，农业也相对落后，对苏东国家依赖较为严重。这些都为苏联剧变后古巴陷入困境埋下了隐患。

13. 苏东剧变后古巴改革开放的主要决策措施。

苏东剧变后，古巴的国际环境恶化，在经济、政治、军事等方面均面临一定的困难。为此，古巴党和政府推行改革开放政策，其主要决策措施有：

（1）加强党的建设，提高执政能力。

第一，在组织建设方面，强调精简机构，吸收新鲜血液。首先，从1990年开始，古共大幅度精简中央和各省市委机构和人员。1991年，古共“四大”又取消了中央书记处和各级党组织候补委员编制，只保留中央委员会和政治局。1997年古共“五大”决定将中央委员会委员和中央政治局委员精减至150人和24人。其次，大力发展新党员。古共四大取消了党章中“有宗教信仰的革命者不能入党”的规定，吸收先进宗教人士入党，扩大了党的社会与组织基础。再次，注重培养和提拔德才兼备的年轻干部，形成老中青相结合的领导集体。第二，在思想建设方面，重视完善党的指导思想，发展党校教育。1991年古共四大创造性地把具有民族特色的何塞·马蒂思想融入党的指导思想，突出了古共的民族性和本土性。另外，古共每年积极组织各级党员干部到党校学习，使他们增强社会主义信念，提升认识水平，这有助于提高党的执政能力。同时，古共还针对美国意识形态渗透与“和平演变”战略，举办各种论坛，创办“圆桌会议”，通过电视节目进行思想战，广泛而深入地宣传社会主义思想。第三，在作风建设方面，加强党风廉政建设，进一步增强党的公信力。首先，1989年古巴在政府部门和军队中掀起了一场严厉的肃贪反腐运动，随后又在1998年、2001年、2004年开展了多次整肃。其次，从法律上约束党政干部行为。1996年7月，古共颁布的《国家干部道德法规》，对国家干部提出27条规定。再次，积极完善监督机制。2001年成立审计和监察部，并设立中央、省和市三级纪律监察委员会，分别由同级党的代表大会选举产生，受理对党员和党员干部违纪行为的举报、申诉和审理。同时发动群众进行监督，要求各级干部都与普通民众生活在一起，可随时受到群众监督。古共还在基层进一步加强“全国统一监护体系”，在各地设立保卫革命委员会，政治局委员和省、部级干部与普通居民一样，都要接受其管理和监督。古巴建立了各级群众信访办公室，还在每个社区、饭店、公园、汽车站等公共场所派有专人搜集各方面意见。古共还制定了领导干部定期下基层视察制度。

（2）完善全国人民代表政权制度建设。

古巴于20世纪90年代以来对政权制度进行了重大改革。第一，建立基层组织“人民委员会”。总结苏东国家政权机构与基层民众脱节的教训，古巴决定将政权建制延伸到基层选举区，在市（县）人代会和居民之间建立人民委员会，由基层选出的代表组成，对所在辖区的一切机关和事业单位进行领导和监督，这一机构的设置大大加强了政权机构同人民群众的联系。第二，实行各级人大代表直接选举。为了完善政治体制，扩大民主权利，1992 年 7 月，全国人代会采纳了古共“四大”提出的“全国和省级的人大代表均由基层选民直接选举产生”的建议，对宪法进行了相应修改。这一改革扩大了人民参政议政的权利，有利于人民对代表和政府的监督。1993 年 2 月，古巴举行了公民投票，民主选举了第四届全国人民政权代表大会和省级政权代表大会代表。这是古巴革命胜利后举行的第一次全国性的无记名直接民主选举。

（3）实行改革开放，推动经济恢复与发展。

苏东剧变后，为摆脱困境，古巴开始了艰难的经济体制改革和开放进程。第一，实行财税改革，整顿金融秩序。1994 年年初建立起统一的税收制度；1998 年加大了征税力度，加强了税收管理；1997 年对银行等国家金融体系进行整顿，建立起以中央银行为主导，国有专业银行为主体，多种金融机构分职并存的金融体系。对美元实行灵活政策，1993 年承认私人持有美元合法化，2004 年结束了实施长达 11 年的美元流通。这些政策充分体现了古巴改革的务实性和灵活性，最大程度地维护了古巴利益。第二，进行工业管理体制改革，完善经济成分。古巴在 1998 年开始减少政府对企业的直接干预，使企业拥有更多的自主权，建立准确反映企业经济运行情况的财税制度，实行按劳分配。国有企业经过“企业自我评估—提出改革方案—实行新管理体制”，使经济效益逐步提高，企业亏损面下降。古巴政府还出台条例设法安置下岗职工，规定各单位设立下岗人员安置机构，负责职业培训和再就业工作。古巴政府还积极支持非公有制经济的发展。第三，调整和优化农村经济结构。1993 年古巴允许把国营农场改建为规模较小的“合作生产基本单位”，实行自主经营。1994 年古巴在全国开放了农牧业市场，促进了农产品贸易的增长。2002 年古巴颁布《农牧业生产合作社、信贷和服务合作社法案》，进一步扩大了合作社自主经营权。目前小农产品已超过全国产量比重半数以上，活跃了经济，推动了经济发展。第四，形成新的经济和产业结构。古巴近年来根据国际市场需求和本国资源特点，对长期单一的产业结构进行了逐步调整，重点发展采镍、旅游和高新技术等出口创汇部门，减少长期依赖的初级产品产业。第五，积极扩大对外开放。为求生存和在国际经贸关系中重新赢得一席之地，古巴愈来愈认识到改革开放之路的重要。为此古巴调整了外资政策，扩大对外开放，努力吸引外资引进先进技术。

（4）坚持以人为本，注重社会公正。

古巴党政军高级干部不搞特权，保持艰苦朴素的生活作风，其最高工资比之工人最低工资不超过5倍。这是共产党执政的社会主义国家唯一长期坚持1871年巴黎公社原则的典范。20世纪90年代以来，古巴顶住经济大幅度下滑的压力，仍然在教育、医疗、社会保障等方面取得了为全世界所瞩目的成就。第一，努力提高教育水平。即使在最困难的年头，古巴教育经费仍占财政支出的10%左右，到2004年教育支出所占比重升到20%，远远超出了联合国建议的6%的水平。第二，积极发展医疗卫生事业。即使20世纪90年代的预算医疗支出减少，但全民免费医疗政策并未停止实施。人人都享有免费看病和免费治疗的权利。古巴已做到了使所有成员“病有所医”，真正达到了以每个人为本。第三，社会保障制度覆盖全国。古巴自1963年第一部《社会保障法》颁布以来，社会保障制度不断发展完善。近几年来，古巴政府加大了对社会弱势群体的救助力度，为社会稳定提供了保障。

（5）推行全方位外交政策。

苏东剧变、经互会解体使古巴失去了大部分对外经贸关系，美国的不断封锁成为古巴发展的最大障碍。为扩大生存空间，拓展经贸合作，打破封锁，摆脱困境，古巴及时调整外交战略，推行全方位外交政策。一方面以积极融入拉美为战略重点，另一方面又广泛谋求与亚非等国的交往与合作，努力发展同欧盟、加拿大、日本的关系，并不放弃与美国的工商业联系。经过多年的努力，古巴在外交领域已经取得了较大成果。

（6）理论认识的提高。

经过十多年的探索，古共在实践过程中逐渐形成了一些与以往不同的理论观点，对社会主义的认识在逐步提高、不断深化。第一，在总的方面，深刻认识到要坚持社会主义、实现社会主义一定不能照搬外国模式，要“寻找自己的道路、自己的办法”，坚决走建设有古巴特色的社会主义道路。第二，在生产资料所有制结构方面，古巴认为应始终坚持以公有制为主体，但允许非公有制经济发展。第三，在资源配置方面，古巴坚持不放弃计划经济体制。第四，在政治上，坚持共产党的领导，不搞多党制。第五，在国际问题上，主张世界多极化，并在此基础上建立稳定、公正、民主的国际关系体系。

14. 古巴改革开放的成就与挑战。

（1）古巴改革开放的成就。

由于古共采取及时正确的反危机战略和措施，在广大人民的共同努力下，古巴逐步摆脱了苏东剧变造成的困境，经济建设取得了较为显著的成就。自1994

年实现 90 年代首次增长后，古巴经济持续增长。国内食品、燃料、电力供应等有较大起色，财政趋稳，流通领域开始活跃。社会安定，社会保障体系为全世界所称道。此外，古巴政治稳定，顺利实现了领导人的更替，社会主义建设有条不紊。2008 年 3 月 10 日以来，劳尔·卡斯特罗在古巴围绕改善民生、引进外资、搞活经济等问题推行了一系列新政策，得到了古巴人民的认可。

(2) 古巴改革开放面临的挑战。

第一，在政治方面，古共自 1997 年召开五大以来，已有十多年没有召开党代会。作为一党制国家，党内民主还不够充分，权力过度集中的苏联模式的政治体制依然犹存。第二，在经济方面，经济改革仍处于起步阶段，长期以来形成的苏联经济模式和单一的经济结构还没有完全改变，仍然坚持以计划经济体制为主。经济尚未恢复到苏东剧变前水平，人民生活水平虽有改善，但仍然较低。劳尔上台以来实施的大部分民生变革举措还难以充分满足人民的要求，改革如何坚持下去有待努力。第三，国际环境仍然险恶，美国还在不断加强对古巴的封锁与制裁。

四、重要辨析题、论述题及答案要点

1. 新中国成立后，我国"倒向"苏联，学习苏联，全盘照搬了苏联模式的政治体制。

2. 邓小平理论是邓小平个人思想的总结，不属于科学社会主义中国化的理论成果。

3. 胡志明思想是越南共产党的指导思想，因此越南共产党的指导思想是多元化的。

4. 主体思想是朝鲜劳动党的唯一指导思想，朝鲜劳动党不以马克思主义为指导。

5. 朝鲜目前面临巨大困难，社会主义在朝鲜难以为继了。

6. 改革开放是当今社会主义国家能够不断巩固和发展社会主义制度的关键。

答案要点

1. 新中国成立后奉行"一边倒"的外交战略，倒向苏联为首的社会主义一边，并学习苏联在经济、政治、文化等方面的建设经验。在一些方面存在着照搬苏联模式的现象，但并不是所有领域、环节都照搬了苏联模式。在政治体制方面，我国就没有照搬苏联模式，而是借鉴中有创新。同苏联模式相比，我国的政治体制具有如下三个突出特点和优点：

（1）通过共产党领导的多党合作和政治协商的方式创建政治体制。1949 年 9 月召开的中国人民政治协商会议第一届全体会议，代行全国人民代表大会职权，通过了起临时宪法作用的《共同纲领》和《中央人民政府组织法》，选举产生了中央人民政府委员会，建立了联合政府，实行共产党领导的多党合作和政治协商制度。这与苏联的一党制是不同的。

（2）确立了人民民主专政的国体和以人民代表大会制为特征的政治体制。1954 年的《中华人民共和国宪法》规定，全国人民代表大会为最高国家权力机关，国务院是其执行机关，即最高国家行政机关，从而创建了中国特色的政治制度和政体结构。

（3）坚持中央统一领导与民族区域自治相结合的制度。1949 年通过的《共同纲领》明确规定，我国将建成多民族的单一制人民共和国，在中央人民政府统一领导下，实行以少数民族聚居地区为基础的区域自治。

2. 邓小平理论是马克思列宁主义的基本原理同当代中国实践和时代特征相结合的产物，是对毛泽东思想在新的历史条件下的继承和发展，是中国共产党集体智慧的结晶。邓小平个人是邓小平理论的主要创立者，但不是唯一的创立者。邓小平个人的思想是邓小平理论的主要组成部分，但不是唯一的组成部分。邓小平理论并不是邓小平个人思想的总结，而是以邓小平为核心的党的第二代中央领导集体集体智慧的结晶。邓小平理论是科学社会主义中国化的重大理论形态之一，这是因为：（1）邓小平理论坚持解放思想、实事求是，在新的实践基础上继承前人又突破陈规，开拓了马克思主义新境界。邓小平于 1978 年冲破“两个凡是”的禁锢，1992 年在南方谈话中提出判断方针政策正确与否的“三个有利于”标准，为中国共产党制定了一条正确的思想路线。（2）邓小平理论坚持科学社会主义理论和实践的基本成果，抓住“什么叫社会主义，怎样建设社会主义”这个根本问题，深刻揭示了社会主义本质，从“以阶级斗争为纲”转为以经济建设为中心，从封闭半封闭转为改革开放，从计划经济转为社会主义市场经济，使中国实现了历史性转变。（3）邓小平理论坚持用马克思主义的宽广眼界观察世界，对当今时代特征和总体国际形势，对世界上其他社会主义国家的成败，发展中国家谋求发展的得失，发达国家发展的态势和矛盾，进行正确分析，作出了新的科学判断。（4）邓小平理论形成了新的建设有中国特色社会主义理论的科学体系。它第一次比较系统地初步回答了中国社会主义的发展道路、发展阶段、根本任务、发展动力、外部条件、政治保证、战略步骤、党的领导和依靠力量以及祖国统一等一系列基本问题，指导中国共产党制定了在社会主义初级阶段的基本路线。

3. 1991年越共七大将胡志明思想确定为党的指导方针，认为越共“以马克思—列宁主义和胡志明思想为基础和行动的指南”，但这并不意味着越共指导思想是多元化的。按照越共九大的阐述，胡志明思想是关于越南革命基本问题的一套全面、深刻的理论和政治观点体系，是在越南具体条件下创造性运用和发展马克思列宁主义，继承和发展优良民族传统价值观，以及吸收人类文化精华的产物。胡志明思想同马克思主义在本质上是一致的，是以胡志明为代表的越南共产党人在越南革命和建设的实践中创造性地运用马克思列宁主义所取得的理论成果，是越南的马克思主义，是根据越南革命和建设的实践对马克思主义的丰富和发展。越南共产党将胡志明思想确定为党的指导思想，是对马克思主义的继承和发展，其本质仍然是坚持马克思主义的指导地位，而并非指导思想多元化的体现。

4. 朝鲜劳动党的党章规定，主体思想是朝鲜劳动党的唯一指导思想，但主体思想并不是凭空产生的，而是科学社会主义朝鲜化的理论成果，是朝鲜的马克思主义。主体思想的内涵可以概括为：思想上树立主体，政治上自主，经济上自立，国防上自卫。思想上树立主体，就是要有自己是革命和建设的主人这样的自觉性，要有一切都以本国革命和建设为中心去思考和实践，用自己的智慧和力量去解决一切问题的观点和态度。政治上自主，就是要捍卫本国的民族独立和主权，依靠本国人民的力量，从本国革命和人民的利益以及本国的具体国情出发，独立自主地制定和实施政治路线和政策，在对外活动中行使完全的平等权和自主权，反对别国干涉，反对事大主义。经济上自立，就是要在经济建设中坚持自力更生原则，用现代技术“装备”经济，大量培养民族技术人才，牢固地建立自己的原料和燃料基地，避免对他国的经济依赖。国防上自卫，就是要用自己的力量建设强大的国防力量，来保卫朝鲜国家的独立自主，保证本国免遭敌人的侵犯。主体思想是马克思主义与朝鲜社会主义建设的实践相结合的产物，在本质上与马克思主义是一致的。朝鲜坚持主体思想的指导地位，就是坚持马克思主义的指导地位。

5. 当前朝鲜的社会主义建设面临巨大困难，但这并不意味着朝鲜的社会主义已经难以为继了。

（1）朝鲜的社会主义建设面临不少挑战：主体思想中的某些观念在一定程度上将朝鲜人民的思想禁锢在一个狭窄的范围内，朝鲜人民尚未对将来进一步的社会主义建设与改革作好足够的思想准备。过度集权的政治经济文化体制对朝鲜社会主义建设与改革的消极影响不容低估。个人集权制、职务终身制、指定接班制、以党代政制等都没有变革。党内民主和人民民主有待进一步发展和完善。朝鲜劳动党党章规定，每隔五年召开一次党的全国代表大会。可是自 1980 年 10 月召开第六次全国代表大会以来，朝鲜劳动党迄今已相隔近 30 年未召开第七次全国代表大会。朝鲜劳动党六大组建的中央政治局 3 名常委中，金日成和人民武装力量部原部长吴振宇相继去世后，没有进行补选，只剩下金正日一人。同时，以备战为第一目标的发展战略，在增强军事力量，提升国防能力的同时，将大量有限的国家财政收入投到国防上去，客观上造成了国家其他方面的投资不足。

（2）但与此同时，朝鲜的社会主义建设面临一系列机遇：朝鲜位于亚欧大陆的东北部，三面环海，与中国、韩国、日本、俄罗斯相邻。东北端有不冻港罗津港，西海岸的南浦港是朝鲜最大的国际贸易港。随着朝韩空中、海路、公路、铁路的开通，朝鲜的地理条件优势更明显。中国、俄罗斯的资源，韩国、日本的资金和技术，可以便捷地到达朝鲜。联合国的图们江区域开发计划为朝鲜的进一步改革和发展提供了契机。朝鲜具有一定优势的科学技术、整体上普及的基础教育和相对发达的高等教育。主体思想形成了统一的思想和意志。相对稳定的政局可以为朝鲜社会主义建设与改革提供一定的保障。中国社会主义建设与改革中的经验，特别是近 30 年改革开放的经验，可以为朝鲜提供一定的有益借鉴。

总之，朝鲜的社会主义建设是机遇与挑战并存，我们不能因为它面临巨大困难，就忽视朝鲜社会主义发展的前景，甚至认为社会主义在朝鲜已经难以为继了，只要朝鲜能够利用好机遇，有效地应对面临的挑战，朝鲜的社会主义会进一步得到巩固和发展。

6. 当今社会主义国家（中国、越南、老挝、朝鲜和古巴）走上社会主义道路后均不同程度地照搬了苏联模式。随着社会主义建设进程的推进，苏联模式的弊端在各国日益显露出来，成为这些国家巩固和发展社会主义制度的重大障碍。从 20 世纪 70 年代末开始，这五国先后开始探索具有本国特色的社会主义，推行改革开放政策。中国自 1978 年年底开始改革开放后，经济体制逐步从单一公有制的计划经济体制转轨到社会主义公有制为主体、多种经济成分并存的市场经济体制，对外关系从闭关锁国转为面向全世界各国开放，政治体制、文化体制改革也大有进步。苏东剧变后，我国从 1992 年起更明确地以转轨到社会主义市场经济为目标，对外开放要达到全方位、宽领域、多层次。30 多年来中国改革开放取得了重大的新成就和新进展，巩固并不断推动着社会主义制度的发展与完善。

越南、老挝、朝鲜、古巴四国也先后推行了改革开放政策，在建设具有本国特色社会主义的道路上努力进行新探索。由于这四国国情、党情都有所不同，改革开放的方针和进度也有所不同，所以取得的成就也有所区别。其共同点是都在认真总结国内外的经验教训，积极应对国内外的挑战，逐步加大改革与开放的步伐，都取得了不同程度的新进展。越南大力推广和不断完善农村承包制，积极扶持非公有制经济的发展，大力调整产业结构，实行全方位的对外开放；党政最高领导人职务已经分开，党内实行差额选举，党中央总书记不在政权机关兼最高职务。老挝在农村推行家庭承包制，允许多种经济成分长期并存，扩大对外经济合作；注重提高党的领导水平和领导能力，不断推进党内民主建设。朝鲜在坚持计划经济的同时，在部分领域逐步引入一定规模的市场经济因素，逐步放松对经济要素的绝对统制，发展一定程度的私有经济，以促进整个经济的发展；重视科技文化领域的创新和对外政治、经济交流的拓展。古巴推动财税改革、工业管理体制改革，调整和优化农村经济结构，积极扩大对外开放；党政高级干部不搞特权，坚持巴黎公社原则。这四国的改革开放措施对巩固和发展本国的社会主义制度起到了重要的甚至是关键的作用。

对当今社会主义国家而言，为了避免重蹈苏联东欧各国覆辙，必须加快社会主义改革，这是进一步巩固和发展社会主义制度的关键。

第四章
全球化浪潮下资本主义世界各类社会主义政党的新变化与新探索

一、要点提示

本章对全球化浪潮与当代资本主义的新变化、当代资本主义世界的社会主义运动和原苏联东欧地区社会主义的新态势进行了阐述。主要要点如下：

1. 全球化浪潮与当代资本主义的新变化。主要内容包括：全球化及其基本特征；全球化时代资本主义的新变化；当代资本主义的种种矛盾和资本主义社会中的社会主义因素。

2. 当代资本主义世界的社会主义运动。主要内容包括：冷战后资本主义世界共产党的新变化；托派第四国际的演变；左派共产党的分化、僵化与进化；冷战后资本主义世界其他有较大影响的社会主义流派。

3. 原苏联东欧地区社会主义运动的新态势。主要内容包括：原苏联东欧地区左翼政党的重组与迭起；原苏联东欧地区左翼政党对社会主义的新探索。

二、基本概念

1. 全球化：是当今时代最重要的特征之一，是指自 15 世纪末以来人类冲破相互隔绝状态而进入相互联系、相互影响状态的过程，是把全球五大洲所有国家和地区的人群越来越紧密地联结成一体的进程。全球化包括两个方面的内容，一是空间和地域上的扩展，即全球化的广度；二是相互联系程度的加强，即全球化的深度。20 世纪 90 年代以来，全球化的步伐加速，全球化成为世界历史发展的一大趋势。在全球化的背景下，资本、技术、劳动力等生产要素的流动和配置在全球范围内展开，几乎所有国家的经济都被纳入一个统一的世界经济体系之中，与之相伴随的是，国家间政治、文化等各方面交往也越来越密切，彼此之间的依存关系不断加深。全球化正在改变着人们的经济生活、政治生活和文化生活，改变着人们传统的生活方式、价值观念和道德观念，改变着旧的世界格局和既定的秩序规范，也改变着人类历史的发展方向。

2. 现代化：指人类社会从工业革命以来所经历的一场急剧变革，这一变革以工业化为推动力，导致传统的农业社会向现代工业社会的全球性的大转变过程，它使工业主义渗透到经济、政治、文化、思想各个领域，引起深刻的相应变化。现代化的核心是工业化，但它绝不仅仅是工业化，它至少包括十个方面的内容：劳动社会化，国家工业化，生产机械化，经济商品化，政治民主化，社会法治化，文化多元化，乡村城市化，大众知识化和思想自由化。也就是说现代化是科技、经济、政治、文化、人际关系、国际关系等方面的全方位、多层次、宽领域的剧变。第二次世界大战后，各工业化国家逐渐医治战争创伤，经济迅速恢复和发展，实现了高度工业化。同时，新兴独立国家也陆续走上工业化道路，发展中国家的工业化也突飞猛进。这一时期，一些发达国家已经基本完成了现代化。

3. 民主社会主义：在当代，民主社会主义是世界各国社会党、社会民主党、工党所信奉的政治理论，它是企求在资产阶级民主共和国的框架内通过利用和改善议会制民主与政党政治，对资本主义制度实行逐步改良或“纠正”的改良主义政治思想体系。民主社会主义的基本理念和追求的基本价值是自由、平等、公正、合作、互助；它的目的是建设政治民主、社会民主、经济民主，并推进国际民主的“社会主义”；它实现这一目的的政治手段是民主。民主社会主义是一种改良主义思潮，它曾经作为欧洲各国工人政党的意识形态，在工人运动中发挥了重要作用。在经历了漫长的历史演进之后，西方发达资本主义国家的社会民主党大都放弃了马克思主义的指导思想，逐步形成了自由、民主、公正、平等、团结、互助等基本思想价值，并在政治上同共产党彻底分道扬镳，甚至势不两立。20世纪50年代，社会民主党人为了凸显社会民主主义的“民主”，将其思想体系的名称由“社会民主主义”颠倒成为“民主社会主义”。20世纪90年代以后，社会民主党人又把其思想体系的名称再次颠倒成“社会民主主义”，意在表明它并不是一种（民主）“社会主义”，而是一种（社会）“民主主义”。西欧各国的社会党和各种激进力量联合在一起，组成了比较稳定的左翼阵营。它们大多自称信奉社会主义，但是反对暴力革命，主张用温和的、渐进的方式去对资本主义社会进行修补。

4. 民族社会主义：是对发展中国家所主张和实行的社会主义的泛称，代表着亚非拉广大地区民族主义政党对社会主义的理解和追求。第二次世界大战结束后，广大亚非拉地区掀起了民族解放运动的浪潮，有100多个国家先后摆脱殖民主义统治获得独立。许多国家的民族主义政党提出了社会主义的目标和纲领，但就其本质而言，实行的是民族社会主义的措施。主张社会主义的政党可分为三种类型：第一类是受苏联或中国的影响，主张以科学社会主义为指导，如贝宁人民革命党、刚果劳动党、安哥拉人民解放运动等，它们以马列主义为指导思想，实行一党制和计划经济体制；第二类是受民主社会主义和社会党国际的影响，如新加坡人民行动党、埃及民族民主党等，主张通过对资本主义的改良渐进地实现社会主义，实行多党制和国家调节的有限制的市场经济；第三类是将社会主义与本民族文化传统相结合，在非洲有“非洲社会主义”、“乌贾马社会主义”等村社社会主义，在亚洲有印度甘地和尼赫鲁的社会主义、印度尼西亚苏加诺的社会主义等，它们的共同特征是在民族传统文化的基础上实行某些社会主义性质的措施。最典型的如非洲的村社社会主义，就是以遗留下来的古老的村社为基础，实行共同生活、共同劳动、共同的平均分配。除以上三种类型的社会主义外，还有拉丁美洲的军事社会主义、阿拉伯国家的宗教社会主义等形形色色的民族社会主义。

5. 生态社会主义：是20世纪80年代以来从西方发达国家绿色运动中崛起的一种独树一帜的思潮。这种思潮从人类生存环境面临严重危机的现实出发，重新思考资本主义和社会主义问题，反思危机的根源和探寻摆脱危机的出路，由此形成了一套独特的社会主义理论。20世纪90年代以来，在对资本主义的批判、对社会变革的主体力量和途径的思考以及对未来社会的构想等方面，提出了一套比较系统的理论，成为世界社会主义运动中一支引人注目的思潮和流派。生态社会主义对人类面临的生态危机的危害、根源和解决途径进行了思考，主张把生态运动与工人运动、社会主义运动结合起来，通过社会改革，消灭资本主义制度，最终消除生态危机的制度性根源，产生了很大的社会影响并引起了广泛的关注。从政治实践方面看，20世纪90年代以来的生态社会主义运动形成了新的政治分野。一方面，冷战的结束为绿色生态运动提供了更大的政治空间，形成了更广泛的社会基础，展示了新的发展前景；另一方面，苏东剧变后，西方的马克思主义者、社会主义者和左翼人士面临重新探讨社会主义命运的艰巨任务，于是他们纷纷把目光投向“新社会运动”的主流——绿色生态运动。由此，生态运动的制度批判进入更深入的政治和文化层面，内部进一步分化和组合，呈现出复杂的格局。20世纪90年代以来西方生态运动的特点，是从20世纪80年代的“红绿交融”，尤其是所谓“红色”政党（前共产党、社会民主党、左翼）的“绿化”，发展到今天红绿两派的重新分化，即分化为“红色绿党”和“绿色绿党”两大阵营。

6. 托派社会主义：是马克思主义革命传统的延续，源于俄国十月革命的主要领导人托洛茨基。托洛茨基称自己为布尔什维克一列宁主义者，是正统马克思主义的倡导者。托派社会主义是主张工人阶级先锋的马克思主义理论，反对斯大林主义和社会民主主义。苏东剧变后，托派社会主义无论组织上还是理论上都有比较大的发展。托派第四国际自建立以来的发展经历了一个十分艰难曲折的过程。苏东剧变后，托派进入了一个总结历史经验，反对资本主义的新的历史时期，托派组织有了一定程度的壮大。当今第四国际的组织遍及世界约 50 个国家和地区，成员增至约 5 万人。当前，托派在各国的组织大多不止一个，名称也是各种各样。例如，在法国有革命共产主义阵线、国际共产主义阵线、工人斗争、马克思主义革命同盟，在英国有社会主义工人党、工人革命党、国际马克思主义小组，在美国有社会主义工人党、斯巴达克同盟，在德国有国际马克思主义小组、国际共产主义小组，在意大利有共产主义革命小组、红旗小组，在比利时有劳动者革命同盟、革命工人党，在加拿大有革命工人同盟、劳动者社会主义小组，在日本有革命共产主义者同盟，在斯里兰卡有平等社会党。在拉丁美洲有 40 多个托派组织分布在十几个国家，在大洋洲的澳大利亚和新西兰也有好几个托派组织。20 世纪 90 年代以来，各国托派组织更加活跃，托派社会主义理论也有一定的创新和发展，其中尤以曼德尔的贡献最为突出。曼德尔是国际知名的社会主义理论家、革命家和马克思主义经济学者。苏东剧变后，他先后出版了《权力与货币：马克思主义的官僚理论》、《从资本主义到社会主义》、《马克思主义与第四国际》等著作，影响十分巨大。在这些著作中，曼德尔批判了官僚化工人国家的官僚层，剖析了资本主义的弊端，阐释了马克思主义的理论主张，探讨了当前社会主义运动的战略和未来社会主义的前景。

7. 市场社会主义：是一种探讨将生产资料公有制与市场经济体制结合起来，从而实现社会主义的理论。市场社会主义理论产生于 20 世纪 30 年代，由旅美波兰经济学家奥斯卡·兰格首次系统加以阐述。此后，市场社会主义的影响不断扩大，研究也不断深入。20 世纪 80 年代末 90 年代初，苏东剧变后，西方左翼学者在深刻反思苏联和东欧社会主义失败教训的过程中，掀起了一股研究市场社会主义理论的热潮，重新建构或发展了多种市场社会主义的模式，进一步完善和发展了市场社会主义理论。在各种市场社会主义模式中，当前影响较大的有：詹姆斯·扬克的“实用的市场社会主义”模式、戴维·米勒的“合作制市场社会主义”模式、约翰·罗默的“银行中心的市场社会主义”模式和戴维·施威卡特的“经济民主的市场社会主义”模式。这些模式的倡导者对现实社会主义制度的崩溃进行了反思，对当代资本主义制度的弊端进行了揭露，主张全面地、辩证地总结当代世界经济发展的经验教训，按照效率与公平相结合的原则，重新构建未来社会主义的蓝图。

三、重点问题和答题要点

1. 全球化的基本特征。

当前，经济全球化的发展表现出发展的不平衡性、受益的非均衡性和影响的不确定性等几个方面的特征。

第一，发展的不平衡性。在全球化背景下，几乎所有国家都被纳入一个统一的世界体系之中，国家与国家间的依存关系不断加深。但是，各个地区全球化进程并不一致，各个国家卷入全球化的程度也各不相同，全球化的发展呈现明显的不平衡性。

第二，受益的非均衡性。全球化似乎可以导致全球财富的增加，并普遍提高公民的福利水平。但是，全球化在很大程度上是市场经济在全球的扩展，并且当前全球化是由发达国家主导的，发达国家处于明显有利的地位。这样，在经济全球化过程中，财富越来越向少数发达国家集中，发达国家成为经济全球化的主要受益者。在全球化进程中存在着明显的受益的不均衡性。

第三，影响的不确定性。对于发展中国家来说，全球化进程的后果具有十分明显的不确定性。在融入全球化的过程中，如果政策选择得当、时机有利、国内基础较好，可能就会从经济全球化中获益；而如果政策选择失当、时机不利、国内基础薄弱，则可能在全球化过程中受损。

2. 全球化具有双重效应。

全球化是一个客观的历史进程，是社会生产力和科技发展的客观要求与必然结果。对于发展中国家来说，全球化是一柄“双刃剑”，既有正面效应，也有负面效应。针对全球化带来的机遇和挑战，发展中国家只有采取正确的应对措施，才能趋利避害，使本国在全球化的背景下获得迅速的发展。

以经济全球化为例，经济全球化的正面效应主要有以下几个方面：

第一，经济全球化为资源在全球范围内的合理配置提供了条件。随着经济全球化的发展，国际市场不断成为一个统一的整体，国家之间经济交流的障碍和壁垒逐渐消失，在国际经济交往中国家之间实现优势互补的可能性增加了。

第二，经济全球化使得国际市场上的竞争更加激烈。激烈的国际市场竞争会促使企业不断改善生产经营活动，并增加研发投入，从而促进科技进步。

第三，经济全球化会加速世界范围内的产业结构大调整。在这一过程中，发展中国家可以通过引进发达国家的资金和先进技术，借鉴发达国家的先进管理经验，加快国内产业结构的调整和升级换代，加速实现工业化和现代化的进程。可见，经济全球化为发展中国家经济迅速发展提供了重要机遇。

但是，经济全球化也存在着不可忽视的负面效应，主要表现在以下几个方面：

第一，经济全球化可能加大世界经济发展的不平衡性。由于发达资本主义国家存在强大的经济与科技优势以及在世界政治经济体系中的优势，它们在经济全球化的进程中获取的利益也就极有可能大大超过发展中国家，因而南北差距存在进一步扩大的趋势。

第二，经济全球化推动国际企业进一步合并和兼并，因此可能导致出现新的国际垄断。少数发达资本主义国家的大企业，为了提高在国际市场的竞争力，通过企业合并和兼并扩大规模优势，并形成合并和兼并风潮，有的国家甚至把它自己制定的反托拉斯法抛在一边，支持企业合并和兼并。近年来又出现大企业联盟的形式，这都可能形成新的国际垄断，并加剧国际竞争。

第三，经济全球化的发展也带来了许多全球性的问题。随着经济全球化的发展，各国之间的联系越来越密切，一个国家或者一个地区的问题会迅速蔓延到其他国家和地区，如环境问题、传染病的传播、地区冲突或战争、恐怖主义袭击等。这样，全球性的安全问题更加突出。

3. 当代资本主义内部社会主义因素的增长。

当代资本主义在对生产关系的实现形式和体制模式进行相应调整的过程中，产生了国有经济、合作社、股份制、经济计划、社会福利等促使旧的生产方式解体的各种要素，创造了扬弃资本主义的新的经济制度因素，为社会主义的最终胜利准备了条件。

第一，资本主义国家的资本占有形式出现了社会化。当代资本主义调整了资本主义生产关系的实现形式和体制模式，在坚持私有制不变的前提下，对财产所有形式进行调整，突破了那种单一的、纯粹的资本主义私有制经济，国有经济、合作经济、股份经济不断发展，混合经济的特征逐步显现，资本占有形式日益社会化。资本主义生产关系中出现的这些新的实现形式和新的资本组织形式，如股份公司、跨国公司、垄断资本组织、国家垄断资本主义等的新发展，是对资本主义进行"消极扬弃"的经济因素，是通向社会主义的有利阶梯，是向社会主义的过渡形式。

第二，资本主义国家产业结构、就业结构、阶级结构的新变化将为社会主义革命和建设造就一支高素质的工人阶级队伍。20 世纪下半叶，由于新科技革命的推动、产业结构与就业结构的变化以及生产力水平与人们生活水平的提高，西方发达资本主义国家的阶级结构与阶级关系都发生了很多新的变化。一是产业工人大量减少了，服务业的工人大量增加了。二是蓝领工人减少了，而白领工人增加了。三是在低工资部门工作的工人工作状况和生活状况有恶化的趋势。在阶级关系方面，发达资本主义国家通过实施“人民资本主义”、“混合经济”和“福利国家”等措施和手段，使阶级矛盾得到缓和、阶级利益得到调整，在阶级利益与阶级意识方面的所谓“一体化”和“趋同化”在加强。

第三，推行宏观调控和社会福利政策。第二次世界大战后，发达资本主义国家的市场经济大都实行的是国家宏观经济调控与市场调节相结合的运行模式。当前，西方发达资本主义国家基本上不再具有社会生产无政府状态的特征，它们在总结以往经验的基础上，充分重视经济计划的作用，加强国家干预，加大宏观调控力度，对国民经济的计划调节和宏观调控已贯穿于社会再生产的全过程，这样就在一定程度上减缓了市场经济的波动性、盲目性和破坏性，从而促进和推动了经济发展。

4. 当代世界社会主义的主要流派。

当代世界社会主义依其实力和影响，可分为三大家、三中家、三小家。三大家即共产党的科学社会主义、社会党的民主社会主义和各民族主义政党的民族社会主义；三中家即绿党的生态社会主义、现代托派的社会主义和极左派共产党的社会主义；三小家即无政府主义、西方学者的社会主义（如市场社会主义和西方马克思主义的社会主义等）和当代空想社会主义。以往由于受“左”的思想影响，我们认为只有共产党的科学社会主义才是真社会主义，其他各派社会主义都是假社会主义、冒牌的社会主义。自 20 世纪 30 年代共产党这一家分化出托洛茨基派后，托派被当作反革命派；从 20 世纪 60 年代中苏两党论战起又出现了一批马列主义共产党，认为大部分老共产党都变成修正主义党了。改革开放以来，我们党纠正了极左路线，但是世界上还有一批极左派共产党还奉行极左路线。所以当今世界奉行科学社会主义的共产党就有三家（一大家、两中家）。当今各家各派都是要维护工人阶级和人民大众权益，反对资本主义，向往社会主义，所以应该立足现实，求同存异，减少争议，加强协作，平等竞争，共创未来。

5. 冷战后世界共产党新变化的主要特点。

苏东剧变对世界各国共产党造成了巨大冲击，但也提供了宝贵的经验教训。继续存留下来的各国共产党在总结经验教训的基础上，进行理论创新，调整政策措施，加强自身建设，出现了一些明显的变化。

第一，各党独立自主发展，各党独立自主探索。自 20 世纪 80 年代中国实行改革开放、1991 年苏共解散之后，国际共运已经没有统一领导的中心。在当今世界，可分为四类地区，即发达国家、发展中国家、原苏东国家和共产党长期执政的社会主义国家。各地区共产党的任务和道路各不相同，各国党都在独立探索。

第二，共产党的多元化、多党化。各国共产党都信奉科学社会主义，但是各党对科学社会主义的理解和运用大有区别，而且在资本主义世界的很多国家都不只有一个共产党，而是有两三个、五六个甚至更多的共产党。允许不同观点的共产党存在，求同存异，平等竞争，可能通过合作而走向联合，也可能只合作不联合。这种状况可能预示着未来走上社会主义道路的国家会实行几个共产党联合执政，或者轮流执政。这将更有利于共产党科学执政、民主执政、依法执政。

第三，各国共产党的国际联系加强。在独立自主基础上，各国共产党的党际高层交往越来越频繁，地区性的共产党会议经常召开。

6. 原苏联东欧地区左翼力量的重组与迭起的表现。

第一，许多国家右翼政党和领袖人物的影响明显下降，纷纷退出政坛。在东欧地区，波兰原团结工会领导人瓦文萨当了几年总统之后，退出政坛；其他东欧国家有些右翼势力也陆续下台，改由前共产党人接替。

第二，由前共产党演变而来或以前共产党人为主建立的各种名称的左翼政党，在许多国家继续活动或重新执政。在原苏联东欧地区的28个国家中，先后有十多个国家的左翼政党曾经执政。在东欧各国，波兰左翼力量是最早重新崛起并上台执政的。

第三，坚持共产党名称、主张以社会主义为方向的政党，在原苏联东欧国家普遍恢复和发展。这些党多数难以进入政府，但不少进入了议会。在乌克兰、白俄罗斯、摩尔多瓦、亚美尼亚、阿塞拜疆、哈萨克斯坦、吉尔吉斯斯坦、捷克、斯洛伐克、波兰、塞尔维亚、匈牙利和保加利亚等国都有合法的共产党存在。其中最为突出的是摩尔多瓦共产党，多次通过议会选举上台执政。苏联剧变后，俄罗斯出现将近十个以共产主义为奋斗目标的政党，其中真正具有重大影响的共产主义政党是俄罗斯联邦共产党。苏联解体后，前共产党人先后还建立了十多个具有民主社会主义性质的政党，但这些政党都比较弱小。

7. 原东欧地区左翼政党对社会主义的新探索。

东欧各国新兴左翼政党大致包括两类：一类是上台执政的社会民主党人；另一类是重组的共产党人。前者影响比较大，后者影响很有限。

那些上台执政的社会民主党人，虽然曾经是共产党人，但是已经转变为民主社会主义者，放弃共产党的纲领主张，而以民主社会主义为目标。他们的纲领主张同西欧、北欧的社会民主党人没有多大区别。其中有些党甚至不再坚持民主社会主义的目标，更多地强调民主、自由、平等、社会公正和团结互助等价值观念，这些党大都加入社会党国际，有的表现得更右。它们推行的政策，同前右翼政府大同小异。它们在政治上主张多党议会制、三权分立；在经济上主张私有化、建立混合所有制基础上的社会市场经济，至多是主张放慢私有化的速度和较多地强调社会保障与政府调节；在对外政策方面，同样主张回归西方，积极要求加入欧盟和北约；在国家发展方向上，它们同右翼政党的不同之处，主要表现在施政重点、转轨速度、宏观调控和社会福利等主张方面。

东欧剧变后，一部分共产党人严厉谴责党的原领导人的背叛行为，在极其困难的条件下，坚持科学社会主义，致力于恢复和重建共产党。他们内部时常发生分裂，外部受到社会民主党的压力，而且对未来社会主义的设想比较含糊，因而在东欧政治生活中的作用十分有限。这些重新建立的共产党，在政治上主张政治多元化、实行多党议会民主制；在经济上主张以社会所有制为主体的多种所有制并存，强调市场经济应该与国家干预相结合，建立社会市场经济；在对外政策方面，总的趋势也是"回归欧洲"。这些主张实际上很难与民主社会主义的纲领主张划清界限。

8. 原苏联地区左翼政党对社会主义的新探索。

随着苏联剧变，苏联共产党不仅失去执政地位，而且彻底垮台。可是一些坚持社会主义信念的人，逐渐恢复和建立了自己的政党。这些政党尽管名称不一，但是仍然以社会主义为奋斗目标。它们对苏联过去的社会主义进行了反思，并对未来的社会主义进行理论探讨，提出了一些新的见解。

第一，如何看待苏联剧变。俄共认为，苏联解体和苏共覆灭不是马克思列宁主义与社会主义本身的失败，而是几十年来执政党内部危机引起的。苏共的内部危机是什么呢？就是执政的共产党内部混进了不少假革命者与投机钻营者。以安德烈耶娃为代表的全联盟布尔什维克共产党则强调，苏共垮台和苏联解体完全是戈尔巴乔夫背叛工人运动和共产主义运动造成的。

第二，对待马克思列宁主义的态度。原苏联地区的共产党人，没有放弃马克思列宁主义，仍然坚持以马克思列宁主义为党的指导思想。但是它们强调：马克思列宁主义是不断发展的，不能用教条主义态度和僵化的态度来对待。

第三，对未来社会主义的新认识。原苏联地区的共产党大都没有放弃社会主义的目标，但它们所讲的社会主义已经不同于传统意义的社会主义。有些政党和组织对未来社会主义有比较明确的看法，有的对未来社会主义讲得较为含糊。

第四，否定暴力革命和无产阶级专政，强调合法斗争。原苏联地区共产党仍然以社会主义为目标，但它们主张依靠合法斗争，反对采取暴力革命夺取政权，也反对自己执政后实行无产阶级专政。当然，也有一些政党和组织反对现存政治秩序，如全联盟布尔什维克共产党主张通过革命的途径推翻现政权，恢复苏维埃政权，但认为革命也可能会通过和平的、劳动人民总罢工的方式实现。

第五，承认多党制、议会民主和自由选举。在原苏联地区，当前政治体制的基本原则是多党竞争的议会民主制、自由选举和三权分立。多数共产党人承认这种现状，并且表示要参与到这种政治进程之中。

第六，对计划经济和市场经济的新认识。对于未来社会主义的经济体制，原苏联地区的共产党，大多数表示可以接受市场机制，但主张要把计划和市场结合起来。

第七，对党的群众基础的认识。原苏联地区的共产党大都不再讲是工人阶级政党，而是自称“劳动人民的政党”。俄共纲领宣称，党“忠实地捍卫工人阶级、劳动农民、人民知识分子的利益”，是“真正劳动人民的党”。在公正俄罗斯党的成员当中，党员的受教育程度很高，57%的人受过普通中等教育或中等专业教育，41%的人受过高等教育。

9. 冷战后世界各国共产党的国际联系加强。

冷战后时代，在独立自主基础上，各国共产党的党际高层交往越来越频繁，地区性的共产党会议经常召开。例如，西欧几个国家的共产党自1992年起召开“西欧左翼论坛”，相互交流经验，探讨和研究问题。在南亚，有南亚毛主义政党协调委员会。各国共产党的交流与合作形式还有国际学术会议等多种多样的形式，其中影响较大的有“马克思园地协会”、“世界马克思大会”、“社会主义者国际大会”。相互参加党代会、党报节等也加强了各国共产党之间的交往和联系，如2003年有11个外国政党和组织派代表参加了法国共产党《人道报》报节活动。更值得关注的是1998年以来持续召开的世界性的各国共产党工人党国际代表会议。1998年5月，为庆祝《共产党宣言》发表150周年和希腊共产党建党80周年，在希腊共产党的倡议下，来自50个国家的57个共产党和工人党在雅典召开了冷战结束后的第一次各国共产党工人党代表会议。此后，该会议几乎每年召开一次。该会议不是重建国际组织，也不以哪个国家为领导国或中心，而是秉从交流经验、加强联系的宗旨，对国际形势、资本主义和社会主义的各自状况、加强共产党与工人党团结、加强与支持人民运动等问题进行了探讨。

四、重要论述题及答案要点

1. 如何认识全球化对当代国际关系的影响？

2. 如何认识全球化时代资本主义的新变化？

3. 如何理解社会主义运动至今仍是推动资本主义变革的重要力量?

4. 试析原苏联东欧地区左翼力量迭起的原因。

答案要点

1. 全球化的一个重要后果就是各国在经济上的联系空前密切，相互依存关系大大加强。在全球化背景下，各国经济利益相互交织，彼此间利害与共，休戚相关的程度不断加深，并由此对国际关系产生着重大影响。

第一，全球化的加速发展，使国际政治经济化的趋势日益增强。在全球化背景下，各个国家在处理国际关系的过程中都把经济问题置于十分重要的地位。冷战时期，相当一些国家在处理国际关系时，往往把政治关系、意识形态因素放在考虑的关键位置。随着经济全球化的加速发展，20 世纪 90 年代初以来，各国纷纷调整其国际战略，在国际关系中把经济问题放在中心位置，外交工作、对外交流都为经济发展服务。同时，大国凭借其强大的经济实力及其在世界经济中的主导地位，越来越多地采用经济手段实现其政治目的。随着经济全球化的发展，在国际关系主导内容上，实现经济利益成为各国对外政策的主要着眼点，用经济手段解决政治问题越来越普遍，经济活动成为国家推行其外交战略、实现国际政治目的的重要手段和方式。在全球化背景下，经济、政治、文化关系相互交织，经济风险全球性传播的便捷使经济因素对国际关系的影响大大提升了。控制和化解经济风险，处理国际市场上出现的经济波动和经济危机，都会对国际政治关系产生极大的影响。

第二，全球化使国际关系行为主体及其行为方式正在发生变化。在过去相当长的时间里，国际关系就是国家与国家之间的关系，主权国家是国际关系的唯一行为主体。随着国际组织的大量建立，特别是第二次世界大战以后，联合国和其他国际组织的纷纷建立，各种国际组织在国际关系中的影响和作用不断增强，诸如联合国一类的国际组织实际上被赋予了国际关系行为主体的地位。同时，国际关系行为主体的行为方式也在发生变化。全球化通过在深层次上整合世界市场而加强了国际政治体系中各行为者之间的相互依存。全球化客观上导致了对民族国家管理功能的侵蚀和削弱，使其不可能在不受外来压力的情况下保护本国经济。在全球化背景下，国际政治领域的相互依存不再简单地表现为甲国对乙国的政策会引起乙国对甲国的政策发生变化，也表现为在国际政治中，多边的相互依存取代了双边的相互依存，即国际政治越来越多地依赖于多边的协商加以处理，而不仅仅依赖于双边的交流。由于全球化导致国际政治关系相互依存的趋势加强，使得国家处理国际事务更多地采取合作与协调的方式。

第三，全球化对国家主权产生着不断的侵蚀作用。一是国际组织对主权的侵蚀。全球化促成国际社会形成了诸多的共同利益，要维护这些共同利益，就需要各个国家超越民族国家界限，让渡部分主权，以利于进行合作。进行国际合作，可能会要求将属于国家主权范畴的部分宏观政策决策权、关税决策权、资源管理权、对外经济政策、产业政策制定权等权力让渡给国际组织。这样一来，各国就不能像经典主权理论诠释的那样绝对地、至高无上地享有自己在内政、外交甚至军事上的主权。二是来自跨国公司的冲击。随着经济全球化的发展，作为其主要载体的跨国公司数量激增，规模日益扩大。跨国公司凭借强大的经济实力和庞大的跨国网络，可以摆脱东道国和母国的控制，并通过直接施加压力或寻求培植代理人，影响东道国和母国的决策，这都对传统国家主权形成了挑战。三是发达国家对发展中国家主权的挑战。全球化是以美国为首的发达国家主导的，发达国家往往利用在经济全球化中的强势地位，以种种理由干涉、控制发展中国家的内政外交，甚至对发展中国家进行武力干涉。发达国家利用客观上全球化对国家主权的侵蚀，还极力鼓吹国家主权"过时"、"弱化"，从全球化角度否定或批判国家主权。

第四，全球化在当代的迅速发展增进了世界和平。全球化带来的人类共同利益的扩大，国家之间相互依赖的日益加深，有利于维护世界和平与安全。全球公民社会处于形成过程之中，全球公民社会的发展和形成有助于世界的和平与稳定。全球化的推进使发达国家获得了极大的利益，更重要的是发达国家可以通过经济手段而不必通过政治手段或者战争手段来掠夺世界。全球化的发展使世界体系中处于霸权国地位的国家的战略环境发生了很大的变化，从而降低了其发动世界大战的冲动。

2. 资本主义在全球的扩张直接推动着全球化的发展，而全球化反过来又推动着资本主义自身发生了一系列新变化。在全球化进程中，资本主义内部新的社会因素不断增多和积累，这种走向社会主义的趋势将会为新社会的产生创造出必要的条件。当代资本主义的新发展使人类社会的未来趋近于社会主义，为社会主义的实现创造了条件。

第一，资本主义国家社会生产力获得较快发展。20 世纪 40 年代开始，第三次科技革命开始出现，以原子能的利用和电子计算机的发明为标志。20 世纪 70 年代后，微电子技术得到迅速发展，并被广泛应用到生产实践中，由此科技革命再次掀起新的高潮。这次科技革命既是 20 世纪上半叶自然科学革命发展的产物，同时又是生产技术在机械化、电气化、自动化基础上的进一步信息化，并向智能化迈进。这次科技革命不仅是科学技术的创新和发展，在社会领域也产生了巨大的影响，它极大地促进了资本主义国家经济的发展、产业结构的升级和社会生产力的发展，并使发达资本主义国家发生了深刻的变化。

第二，阶级对立、贫富悬殊由国内向全球扩展。西方发达国家内部由于宏观调控和福利政策的推行，阶级对立、贫富悬殊有所缓和，但这并不表明这些国家就消除了阶级对立、贫富悬殊。从20世纪90年代以来的情况看，阶级对立、贫富悬殊有加重的趋势。20世纪90年代，美国出现了所谓的“新经济”奇迹，美国经济获得了很大的发展，经济竞争力明显提升，但普通劳动者并没有从“新经济”中受益。同时，当代资本主义世界的阶级对立、贫富悬殊呈现出由国内向全球扩展的新特点。全球化进程中受益的不均衡性使南北差距呈现不断扩大的趋势，特别是表现出发达国家与穷国、弱国之间富者愈富、穷者愈穷的“马太效应”。事实表明，随着经济全球化进程的不断发展，南北发展差距越来越大，一边是北方发达国家财富的急剧膨胀，一边却是南方发展中国家贫困的日益加剧。

第三，资本主义基本矛盾的深化。在全球化时代，资本主义基本矛盾不仅依然存在，而且在深化，并以新的形式表现出来。在国内，当前资本主义基本矛盾的深化表现为经济的结构性失衡。资本主义的基本矛盾不是以严重的社会危机的形式表现出来的，但是它绝没有消失，而是继续为资本主义社会制造着麻烦，继续积累着资本主义生产方式自我否定的因素。同时，更应该看到，当代资本主义面临的各种问题不单单是资本主义基本矛盾在表现形态上的变化与数量意义上的积累，而且是这一基本矛盾由于国家垄断资本主义的实行而进一步向结构性矛盾或危机的方向发展，是基本矛盾的对抗性质的继续深化。在国际上，则表现为资本主义基本矛盾随着全球化的发展向全球的扩展。全球化将资本主义的文明成果扩展到全球范围，也不可避免地把资本主义的固有矛盾扩展到全球范围，在全世界范围内重现资本主义的各种矛盾和痼疾。全球化在不断扩展资本主义生产方式的同时，也把其基本矛盾扩展到世界各地，并由此引发了整个资本主义体系的世界性危机。

当代资本主义在生产力和生产关系、经济基础和上层建筑各方面发生的巨大变化，不仅改变了东西方政治力量的对比，而且对社会主义的发展进程产生着重大的影响。资本主义国家科学技术和生产力的大发展，市场经济体制的完善以及合作经济、社会保障、职工参与管理、福利制度的完善等“新社会因素”，为人类走向社会主义和共产主义准备着日益雄厚的物质技术基础与充分的社会历史条件。

3. 当前，世界社会主义运动处于低潮时期，但是社会主义运动并没有消失，社会主义思想也还有着很大的影响，社会主义国家也没有被全部和平演变，社会主义作为资本主义的一支对立的或者批评的力量对资本主义仍将起重要的作用。

第一，世界社会主义运动仍然存在，并会对资本主义产生影响。苏东剧变后，地区性的共产党或左派政党的国际会议相继召开。召开地区性的共产党或左派政党的国际会议是各国共产党进行国际联系、交流经验和相互支持的一种重要形式，影响较大的有共产党、工人党雅典会议和圣保罗论坛会议。日益频繁、形式多样的社会主义国际交往与合作起到了交流经验、促进团结、扩大影响的作用。当前，在发达国家蓬勃兴起的新和平运动、生态运动、环保运动同世界上其他地区的反全球化运动、反战运动一起，成为除共产党之外的批判资本主义的另一类政治力量，也极大地丰富和充实了世界社会主义运动。当前，社会主义作为资本主义的一支批评力量，对资本主义的变革仍有着重要的影响。一些发达国家的共产党以批判精神探讨资本主义和社会主义的历史地位，认为社会主义作为发达国家的重要社会运动，将伴随着对资本主义的批判而始终存在下去，社会主义理想将仍然会成为西方国家不少有志者的奋斗目标。各种社会主义力量将继续以变革和批判资本主义制度为使命，深入揭露资本主义制度的种种弊端，反对资本主义社会的一切剥削和压迫制度。在当前及今后较长一段时期里，由于全球化所带来的严重弊端可能会加剧资本主义的基本矛盾，一些国家已经出现了冷战时期所未有的诸多新矛盾、新问题。这些新矛盾、新问题在给统治阶级造成新挑战的同时，也给社会主义运动带来了某些新机遇，形成了反对和批判资本主义的新动力。

第二，资本主义国家里各种流派的社会主义思想仍然有着重要影响。苏东剧变后，世界社会主义进入了一个深刻反思和积极探索的阶段。各种流派的社会主义理论对苏东剧变的历史教训进行了认真总结，对当前资本主义的现实问题进行了深入思考，对社会主义和资本主义的前途进行了重新认识。其中，民主社会主义、市场社会主义理论、西方马克思主义理论、托派社会主义、生态社会主义、新社会主义还获得了较大的发展，扩大了社会主义的影响，坚定了人们对社会主义的信心，产生了相当大的积极影响。同时，苏东剧变以后，由于广大左翼学者对社会主义前途命运的关注，先后召开了多次社会主义学者国际学术会议。社会主义学者国际学术会议的意义大大超过了会议本身，它起到了交流社会主义理论和思想，加强全世界马克思主义者之间的联系和合作，鼓舞社会主义者的斗志和扩大社会主义影响的积极作用。

第三，当前社会主义国家的成就仍然是资本主义变革的重要外部压力。社会主义作为资本主义的对立物、创新物和取代物，只要社会主义存在，就会对资本主义产生重大的压力，并促使其不断变革。苏东剧变后，原来在这一地区的9个社会主义国家，变成了27个非社会主义国家，世界上的社会主义国家由16个减少到5个，社会主义遭受重大挫折。但是，近年来社会主义国家的改革取得了很大成就，社会主义各国始终坚持马克思主义基本理论与本国实际相结合，努力探索和建设具有本国特色的社会主义，从而增强了社会主义的声誉和影响力。社会主义国家所取得的成就充分说明，世界社会主义事业在向前发展，20世纪开始的社会主义伟大实践仍在继续，社会主义仍然是资本主义变革的一种重要压力。

4. 原苏东地区左翼力量崛起，有其深刻的社会原因。这既是该地区剧变之后社会政治和经济状况恶化的必然结果，也是这些国家人民的心态和政治取向发生了变化的产物。

第一，这些国家剧变之后出现的政局不稳、经济恶化和社会动荡，引起群众不满，左翼力量的主张比较适合人们的心态。从政治上看，剧变之初，右翼打着“民主”、“反极权”的口号，主张多党制和社会民主，迎合了人们要求改变过去那种权力过分集中和特权、“人治”等状况的期望。而右翼势力上台后，在政治体制转型的过程中，不仅大权独揽，而且打击排斥反对派，包括过去与自己合作过的政党，因此党派斗争、权力斗争无休无止，社会陷入动荡不安，国家处在无秩序状态。人们对此非常不满。从经济上看，剧变之后，原有的经济体制和经济秩序被彻底打破，而新体制迟迟难以建立，经济处于无序状态，陷入严重危机。经济下滑直接导致人们生活水平下降，失业率增高，有的国家30%以上的人口生活在贫困线以下。私有化改变了原有的利益格局，产权关系混乱不堪，右翼势力乘机浑水摸鱼，侵吞国家财产，几代人创造的国有财产落入私人腰包。在人们心目中，经济转轨并没有创建起现代经济体制，而是倒退到19世纪的资本主义。人们开始意识到，过去那种认为只要改换制度，就能很快过上西欧发达国家水平的生活只是幻想。社会心态和政治情绪的变化，为左翼力量的崛起提供了土壤。

第二，社会主义在这个地区存在和发展了几十年，有广泛、深远的影响。苏东剧变之初，当时右翼势力煽动人们的过激情绪，不负责任地向人们开空头支票，乘机上台执政。右翼势力企图全盘西化。这并不是这些国家多数人的意愿和初衷。苏联模式的失败，并不等于社会主义过时。同眼前这种状况相比，许多人产生了怀旧情绪。

但是，需要说明的是：第一，原苏联东欧地区原来的共产党，在剧变之后大都改变了名称和纲领，成为社会民主主义性质的政党，因此，所谓这个地区的“左翼复兴”，主要表现为社会民主党人的崛起，由社会民主主义者当政掌权。这种社会现象说明，社会民主主义思潮在这个地区的影响在大大加强。第二，这个地区左翼力量迭起，并不意味着这些国家科学社会主义的复兴。东欧各国上台执政的社会民主党人，虽然曾经是共产党人，但是今天已经转变成为社会民主主义者，他们早就放弃共产党的纲领和主张，而是以民主社会主义为目标。他们的纲领主张同西欧、北欧的社会民主党人没有多大区别。因此，把这些党上台执政说成是“共产党东山再起”，显然是不符合事实的。第三，这些地区各国新建的共产党，大都力量弱小，曾经最有势力的俄共近几年也逐步衰弱，即便重新执政的摩尔多瓦共产党，其理念与政策也与社会民主党接近。

第五章
科学社会主义在当代世界的命运

一、要点提示

本章在分析和把握当今世界所处的新时代的基础上，全面审视科学社会主义在当代世界的命运。针对科学社会主义在当代世界正面临的两个严峻挑战，认清科学社会主义发展的新形势，提出世界社会主义在此新的形势下需要采取的新战略。该章所关注的主要内容有：

1. 人类社会发展的新时代的主要特征。人类社会正面临着新科技革命全方位、加速度大发展的新时代以及社会主义与资本主义两种社会制度和平共处、合作、竞争和斗争的新时代。

2. 当代发达资本主义对科学社会主义提出的严峻挑战及科学社会主义必须作出的回应。善于自身调整、转型的资本主义带头掀起了第三次科技革命；当代世界资本主义已经发展到了社会资本主义的新阶段；苏东社会主义国家主要由于自身权力过度集中的体制在与当代发达资本主义国家的竞争中落败；应正确对待当代世界资本主义。

3. 当代民主社会主义对科学社会主义提出的严峻挑战及科学社会主义必须作出的回应。战后民主社会主义在波浪式地逐步进展，其影响越来越超过科学社会主义；科学社会主义要善于借鉴民主社会主义并与之结成左翼联盟；苏东剧变后，该地区各国共产党大都社会民主党化，并从科学社会主义转向民主社会主义；对待民主社会主义要有正确的态度。

4. 科学社会主义在当代世界的新战略。应充分认识到社会主义是一个独立的社会形态，社会主义在各类国家的实现是一个长期的渐进过程。必须对世界社会主义的战略做出相应的调整。

二、基本概念

1. 人类社会发展的时代：是指人类活动较长的一个历史时期。马克思主义认为，应当遵循唯物史观来确定划分时代的标准。这样的标准主要有两个：一个是科技和生产力的发展水平；另一个是生产关系的性质和阶级力量的对比。依照第一个标准，人类社会正面临新科技革命全方位、加速度大发展的时代；依照第二个标准，人类社会正面临资本主义和社会主义两种制度和平共处、合作、竞争和斗争的新时代。

2. 全方位科技革命：是指较以往的科技革命主要限于某一学科领域，当今时代新的科技革命则遍及自然科学六大领域：如数学领域的革命出现了计算机；物理学领域的革命出现了原子能、电子、光子、超导、纳米；化学领域的革命出现了许多人工合成的新材料，如薄膜、人造橡胶、人造纤维等；天文学领域的革命出现了人造卫星、航天飞机、宇宙火箭；地理学领域的革命出现了地热能、海洋技术；生物学领域的革命出现了生物技术工程。数学、物理、化学、天文、地学、生物学这自然科学六大领域都出现了新的科技革命。

3. 和平与发展是当今时代主题：和平与发展是当今时代主题，这是中国共产党在对当今国际形势发生的重大变化进行全面而深刻分析基础上得出的重要结论。首先，和平与发展反映了世界发展的基本趋势和各国人民的共同愿望，是当今时代的主旋律。虽然霸权主义和强权政治依然存在，领土争端、民族矛盾、宗教纷争等因素引发的冲突乃至局部战争此伏彼起，但是，和平与发展取代战争与革命，成为时代主题，是世界大势，历史潮流，人心所向。世界和平力量的增长超过了战争力量的增长，国际形势总体上是缓和的。其次，和平与发展两大问题集中体现了当代世界的主要矛盾。在当今世界错综复杂、纷然杂乱的国际矛盾中，和平与发展是制约和影响其他矛盾的主要矛盾，是事关全人类的全球性战略问题。和平与发展是当今时代主题的判断，概括了当今时代的特征，是改革开放以来我们党制定社会主义现代化建设的路线、方针和政策的基本依据。

4. 和平共处五项原则：和平共处五项原则即互相尊重主权和领土完整、互不侵犯、互不干涉内政、平等互利、和平共处。和平共处五项原则是中国在20世纪50年代最早提出和倡导的，并得到了国际社会的广泛承认。和平共处五项原则是当今国际公认的处理国家之间关系的基本准则。

三、重点问题和答题要点

1. 人类社会发展的新时代特点。

(1) 就科技与生产力的发展水平而言，当今时代是新科技革命全方位、加速度大发展的新时代。

(2) 就生产关系和社会国家制度的性质变化而言，当今时代是社会主义在多国胜利并且同世界资本主义和平共处、合作、竞争和斗争的新时代。和平与发展是当今时代的主题。

2. 唯物史观关于划分时代的标准。

遵循唯物史观来确定划分时代的标准主要有两个：一个是科技和生产力的发展水平；另一个是生产关系的性质和阶级力量的对比。

3. 由当代资本主义掀起的新科技革命中蕴涵和预示的未来社会主义、共产主义因素。

第一，生产力的高度发展为扬弃私有制、消除阶级对立和阶级差别创造了更可靠、更充分的物质条件。阶级的出现和存在是人类社会生产发展到一定程度的产物，即生产力发展到能够产生一定的剩余产品，但还没有发展到能够消除阶级和实现按需分配的地步，这样就必然会存在阶级和阶级差别。所以新科技革命只有促进了生产力高度发展，才能真正达到消灭剥削和消除阶级对立、阶级差别的目标。

第二，生产力的高度发展为实现“各尽所能，按需分配”的原则奠定了雄厚、充实的物质基础。近代机器工业出现后，人们越来越广泛地使用机器加工自然物，对农作物和矿产品进行工艺加工。随着机器工业的发展，工业产值在国民经济中所占的比重越来越大，农业产值在国民经济中退居次要地位，人类由农业社会发展到工业社会，由农业文明提升到工业文明。近现代资本主义社会和社会主义社会大体上属于这个阶段。未来生物工程的大发展将使人类由加工自然物发展到创造自然物，即按照人们的需要创造新的生命形态、新的动植物品种，使生产几十倍、几百倍地提高。生物工程的充分发展，将使人类社会从工业文明再提升到生态文明，为今后共产主义的按需分配奠定坚实的物质基础。

第三，未来科技和生产力的高度发展，为人的素质的提高和人的全面自由发展准备了前提。人类至今仍被各种先天性的疾病所困扰，后天很难挽救和弥补。未来生命工程的大发展，可以大大提高人的先天素质。优生学的发展还会大大提高人的素质，使将来的人个个都体魄健全、聪明睿智。生产力的大发展还为人的全面自由发展准备了条件。机器人和电脑的使用大大缩短了人们的劳动时间，增加了休闲时间，为人们学习到更多的科学知识、提高素养、得到全面的发展创造了有利条件。

第四，生产力的发展和社会的进步就会使人人受到良好的思想教育，得到良好的社会训练，从而极大地提高人的思想觉悟和思想境界，扬善抑恶，使集体主义、人道主义、博爱主义、国际主义等大放异彩，使损公肥私、损人利己、嫉妒心、报复心等人性之恶大为减少。这样就会为未来共产主义的"自由人联合体"准备好思想条件。

4. 对十月革命以来从资本主义向社会主义过渡的大时代的划分。

可以划分为如下三个阶段：

第一阶段，从 1917 年十月革命到第二次世界大战结束，是苏联一国坚持社会主义与世界资本主义抗争的时代。

第二阶段，从二战结束到 20 世纪 80 年代末 90 年代初苏东剧变，是世界社会主义阵营与世界资本主义阵营冷战对峙的时代。

第三阶段，冷战结束后至今，是世界社会主义与资本主义两种制度和平共处、合作、竞争和斗争的时代。

5. 科学社会主义在当代世界面临的挑战。

在当今新时代，科学社会主义正面临两大时代性、全球性的挑战：其一，是当代发达资本主义对科学社会主义的挑战；其二，是民主社会主义对科学社会主义的挑战。这两大挑战也是科学社会主义能否获得新发展和大发展的重要机遇。

6. 科学社会主义必须对当代世界发达资本主义提出的挑战作出的回应。

科学社会主义必须在以下四个重要问题上对此作出回应：

第一，为什么被科学社会主义断定为腐朽、垂死的资本主义，还能带头掀起以信息化为先导的全方位、加速度大发展的第三次科技革命，从而使资本主义更加发达？

第二，当代发达资本主义是否仍然处于列宁所说的腐朽、垂死的垄断资本主义即帝国主义阶段？或者已经发展到什么样的新阶段？

第三，为什么奉行科学社会主义的苏联东欧等的十几个国家都竞争不过发达资本主义国家而发生剧变，并且倒退去发展资本主义？

第四，应当怎样正确对待当代世界资本主义？

7. 科学技术大发展所需要的主客观条件。

（1）主观条件是：科技人员的主观努力，即需要依靠科技人员呕心沥血的发明创造。

（2）客观社会条件有如下八个方面：市场经济、民主政治、法治管理、多元文化、素质教育、思想自由、社会需求和对外开放。

8. 世界资本主义发展所经历的四个阶段。

(1) 第一阶段，从16世纪初到18世纪末，资本主义在封建社会内部孕育成长，可称之为封建资本主义阶段。

(2) 第二阶段，蒸汽化产业革命和英、法、美等国资产阶级革命胜利后，从18世纪末到19世纪末，资本主义得到全面自由发展，可称之为自由资本主义阶段。

(3) 第三阶段，电气化产业革命和垄断组织获得很大发展后，从19世纪末到20世纪70年代，可称之为垄断资本主义阶段。

(4) 第四阶段，信息化产业革命和社会化程度极大提高后，从20世纪80年代以来，可称之为社会资本主义阶段。

9. 当代社会资本主义的新特征。

第一，社会生产力的社会化程度更高了，范围更广了，层次更多了。

第二，资本主义生产关系社会化的程度也更高了，范围也更广了，层次也更多了，如社会资本股份化，股份资本职工化、大众化、分散化、全球化。

第三，资本主义社会的结构发生大变化，在经济、政治、文化和社会生活各个方面都有明显表现，工人阶级出现新的趋势，即白领化、多领化（即除白领、蓝领外，还有金领、灰领、绿领、粉领工人）、知识化、有产化。

第四，国家政府的社会职能、社会化程度大为提高，国家政府在一定程度上已成为社会全面发展的推进器、全民利益的协调器、各种社会矛盾的磨合器。

第五，全球各国之间的竞争与协作大为增强，国际关系更加社会化。

第六，社会主义因素在逐步增长，除了工农集资自办的企业与合作社在增长外，还有职工参与企业管理，政府加强对经济和社会发展的计划调控、采取各种福利措施等。

10. 科学社会主义必须对民主社会主义提出的挑战作出的回应。

科学社会主义必须在以下四个重要问题上对此作出回应：

第一，在资本主义世界，为什么民主社会主义的影响越来越超过科学社会主义？

第二，应当怎样看待民主社会主义的理论与实践及其走势？

第三，原苏联东欧各国的共产党为何大都社会民主党化，并从科学社会主义转向民主社会主义？

第四，应当怎样正确对待民主社会主义？

11. 19世纪末20世纪初社会民主党内左右两派分流为共产党与社会党的过程。

(1) 19世纪第一国际、第二国际时期建立的工人阶级政党通称社会民主党，党内形成“左”、右两派。当时社会民主党奉行的社会民主主义即科学社会主义。德、奥等国工人阶级因面临社会主义与民主主义双重任务，故名为社会民主党；在法国，民主革命任务已经完成，故称社会党（Socialist Party，即社会主义党，中译文省略“主义”二字）。

（2）1895年恩格斯逝世后，党内“左”、右两派分野日益明显，左派坚持革命路线，右派转向改良路线。20世纪初党内还出现过中派，力主调和“左”、右两派，最终也与右派合流。

（3）1914年第一次世界大战爆发后，右派站在狭隘爱国主义、沙文主义立场上，支持本国帝国主义政府的战争政策，从而完全背离了无产阶级国际主义立场和科学社会主义理论；左派则坚持科学社会主义，坚决反对帝国主义战争，号召无产阶级起来革命，推翻帝国主义政府。这时以列宁为首的左派主张退出社会民主党，以马克思恩格斯1847年建立的共产主义者同盟为榜样，另建共产党。

（4）1918年3月俄国社会民主工党（布尔什维克）带头改名为俄共（布），随后西欧大批社会党或社会民主党的左派也纷纷退出该党，另建共产党。1919年3月，来自欧、亚、美洲的三十多个共产主义政党聚首莫斯科，成立了共产国际。这样，从1919年起，在国际工人运动中，共产党与社会党、科学社会主义与社会民主主义，两派分道扬镳，俨然对立。

12. 苏联东欧各国共产党社会民主党化的原因。

苏东各国出现共产党社会民主党化这种政治奇观既有外因又有内因，外因通过内因起作用。

（1）外因主要是：

第一，西欧（含北欧、南欧）各国社会党近几十年来陆续执政，有上有下，政策不断调整，领导逐步更新。它们执政期间科技与经济发展较快，人民生活有显著改善，民主自由权利有保障。社会党国际和西欧各国社会党不断宣传民主社会主义的成就，这对苏联东欧既有吸引力又形成压力。在苏东剧变前后，社会党国际和西欧各国社会党曾经尽量施加它们的影响。

第二，西欧的法国共产党、意大利共产党、西班牙共产党等在20世纪七八十年代提出“欧洲共产主义”思想，力求摆脱苏联模式，从欧洲发达国家具有民主自由传统的实际出发，主张以议会民主作为实现社会主义的道路和模式，即共产党要通过群众运动与议会民主选举相结合争取上台执政，掌握政权后要实行混合经济并维护议会民主政治，切实改善人民生活，保障人民权益。“欧洲共产主义”曾经遭到苏联官方反对，并且被扣上“修正主义”的帽子，但是却对东欧很多共产党颇有影响，促使它们考虑如何摆脱过度集权的苏联模式，探索社会主义新路。

(2) 内因主要有:

第一，苏联东欧各国（阿尔巴尼亚除外）历史上都有社会民主党。俄国十月革命胜利后，孟什维克曾多年参加全俄苏维埃代表大会，还曾经在格鲁吉亚建立过地方性政权，但是后来都被俄共（布）强力镇压下去了。许多孟什维克分子及其后代长期在国外活动，力图对国内施加影响。东欧各国于20世纪40年代末走上社会主义道路后，本来可以继续保留社会民主党，在共产党领导下实行多党合作，然而苏联把一党制的模式强加给东欧各国共产党，所以1946—1948年东欧六国的社会民主党都共产党化了，即都合并到共产党中来了，虽然两党合并后党的名称不再用共产党，但这些社会民主党都失去了自身的特点。东欧各个社会党内不愿合并、逃到西方的人士还继续保留该党，加入社会党国际，长期开展活动，对国内施加各种影响。在苏东剧变过程中，他们的影响就更大了。

第二，最根本的原因在于苏联东欧各国执政的共产党长期背离科学社会主义，坚持斯大林于20世纪30—50年代奠定的过度集权的体制和急于求成的过左路线，科技与经济发展较慢，又多方限制人民的民主自由。在西方发达国家掀起的以信息化为龙头的新科技革命浪潮冲击之下，广大党员群众和人民群众感到亟须变革，然而改革却屡受挫折，难以有重大突破，遂使他们对苏联模式社会主义深感失望。然而党内外广大群众仍然向往社会主义，不愿意完全回到资本主义。在这种情况下，许多人很自然地只有从西方民主社会主义所取得的成就中去另求社会主义的新路。

13. 对待社会党及其民主社会主义的正确态度。

应运用马克思主义唯物辩证法，从以下八个方面对社会党及其民主社会主义进行具体分析，区别对待。

第一，在理论上要区分社会党指导思想中的庞杂体系与其中的某些正确思想成分。社会党的指导思想是多元主义的，自认为古典哲学、基督教伦理观、人道主义、现代西方哲学社会科学等都构成其思想体系。但是它并没有完全否定马克思主义，而是把马克思主义的社会分析方法、把马克思主义对资本主义的批判视为自己的指导思想之一。

第二，在纲领上要区分社会党背离科学社会主义之处与其正确成分。社会党的纲领一般是节节后退。社会党在19世纪末建党之初都主张实现生产资料社会化和建立没有阶级的社会，后来在执政之中受挫后就取消了废除私有制的纲领，改变为发展混合经济、实行福利政策、改善人民生活、达到充分就业等；在纲领中仍然有要建立自由、平等、民主、团结、劳动的“民主社会主义”社会以取代资本主义阶级社会等说法。不能简单地说这些都是抽象的说教，其中包含了它几十年来执政之中已经有些实效的具体经验。

第三，在路线上要区分社会党放弃社会主义革命的改良主义本质与其在当前实践中的某些合理之处。社会党否定无产阶级社会主义革命，热衷于渐进改良，把改良主义绝对化、普遍化，这在根本上是不符合社会发展实际的。它主张通过议会民主竞选，多党平等竞争，争取得到多数选民支持，占领议会多数席位，然后上台执政；在执政期间实行多种改良政策，扩大人民大众权益，增进人民大众福利，不废除私有制，而只限制剥削。这些通过合法斗争、采取改良主义性质的措施，在不具备革命形势的条件下，应该说是有其合理性的，不能简单加以否定。

第四，在政策上要区分社会党维护资本主义制度和资产阶级统治的本质与其不同于资产阶级右翼政党、有利于广大人民群众的积极方面。社会党执政后，其基本政策是不触动资本家阶级的生产资料私有制，不改变议会民主竞选、多党平等竞争、三权互相制约的政治体制。但是它在税收政策、就业政策、投资政策、福利政策、教育政策、外贸政策、移民政策、外交政策等方面还是与资产阶级右翼政党有所不同，比之较为进步。一般说来，社会党的内外政策能够促进社会进步与繁荣，维护世界和平与发展，这是应该予以肯定的。

第五，在派别划分上要区别对待社会党领导层中的“左”、中、右三派，不要把他们看成是铁板一块、清一色的右派。一般说来，各国社会党内对资本主义和社会主义的认识都存在激进、中间、保守三种态度，反映在领导层中，往往出现“左”、中、右三派。在对重大问题进行决策时，“左”、右两派时常发生激烈争论，最后由中间派来调和折中。在党的领导层中占主流地位的多半是中间派或中间偏右派，但是左派的客观存在是不容忽视的，而且左派在防止社会党向右转方面能够起一定的作用。所以共产党人要善于联合左派，争取中派，分化右派。

第六，在干群关系上要区分社会党的领导层与基层广大党员以及党外支持社会党的广大群众。一般说来，社会党的领导干部是较为保守的，在决策和执行过程中处处都要看有权势的垄断资本家的眼色行事，不敢轻举妄动、越出雷池一步。然而基层广大党员和党外支持社会党的广大群众却是真诚向往消灭阶级对立和贫富两极分化的社会主义的。党内外群众往往会对社会党领导层的路线、方针、政策提出不同意见，甚至强烈反抗。要善于联合、争取、影响这些党内外群众。

第七，对不同地区的社会党要加以区分。一般说来，亚、非、拉地区的社会党要比欧洲的社会党更进步一些。因为亚、非、拉地区各国资本主义发展较晚，社会化程度较低，社会党成立的时间也较短，面临的社会矛盾更多，人民群众反对资本主义、殖民主义、霸权主义的思想情绪更高，所以这些国家新兴社会党从理论、纲领到路线、政策也都更进步一些。苏联东欧国家发生剧变后，由共产党演化而来的或者新建立的社会党也比西欧各国的老社会党更进步一些。

第八，在与共产党的关系上要区分社会党的反共本质与联共可能性。各国社会党从根本上说是反对共产主义、反对共产党的，但是在捍卫广大工人和人民群众的利益，反对资本主义剥削压迫，向往自由、平等、公正的社会主义，推进世界和平、发展、合作这四个方面，它们与共产党是有共同认识、共同目标的。只要纠正传统极左思想、关门主义与宗派主义，完全可能与社会党在很多方面结成统一战线。

总之，真正的科学社会主义者要善于从敌人营垒中寻求朋友，化敌为友，以扩大对敌阵线；而不能从朋友营垒中乱挖敌人，化友为敌，以削弱对敌阵线。要清醒地看到，长期以来，共产党所犯的重大错误都是由于教条式照搬或者背离科学社会主义、缺少社会主义民主所造成的，社会党所取得的显著成就恰好包含有科学和民主的成分，非常值得借鉴。

14. 19 世纪马克思恩格斯针对自由资本主义时代提出的世界社会主义战略要点。

（1）全世界无产者联合起来，组成民族性和国际性的无产阶级政党，领导广大人民群众开展合法或非法的政治斗争、经济斗争和思想战线的斗争。

（2）利用经济危机或国与国之间的战争造成的有利形势，组织无产阶级去夺取政权。

（3）当合法斗争遭到破坏时，无产阶级就必须通过暴力革命、城市武装起义去打碎反动的资产阶级国家机器，建立无产阶级专政的政权。

（4）社会主义革命将首先在西欧资本主义较发达的英、法、德三国几乎同时取得胜利，然后带动北美和俄罗斯进行社会主义革命，同时大力支援亚洲、非洲和拉丁美洲的民族民主革命取得胜利，并且帮助这些落后国家和地区逐步发展到社会主义。

15. 20 世纪初尤其第一次世界大战前后列宁提出的世界社会主义新战略要点。

（1）全世界无产者同被压迫民族联合起来，组成民族性和国际性的无产阶级新型政党，即共产党和共产国际，领导广大人民群众、西方无产者和东方被压迫民族开展以武装斗争为中心的各种形式的斗争，利用资本主义“最严重的历史性的危机”、“一切危机”和帝国主义世界大战造成的有利形势，精心组织无产阶级，用武装夺取政权。

（2）暴力革命是无产阶级革命的一般规律，打碎资产阶级国家机器是无产阶级革命的重要步骤，无产阶级专政是马克思主义与机会主义的分水岭。

（3）社会主义革命将在帝国主义的薄弱环节突破，俄国作为帝国主义各种矛盾的集中点能够首先取得社会主义革命的胜利。

（4）社会主义的苏联同帝国主义国家只能短时期和平共处，最终要在世界范围内解决谁战胜谁的问题。

（5）以社会主义的苏联作为世界革命的策源地，把革命火焰燃烧到欧洲和亚洲去，进而在全世界五大洲取得社会主义胜利，建立世界苏维埃联邦社会主义共和国。

16. 斯大林的世界社会主义战略思想及其实践意义。

（1）斯大林的世界社会主义战略思想主要有：

第一，斯大林提出了“世界资本主义体系的总危机”的新概念，认为这是既包括经济、也包括政治的全面危机。他提出：世界资本主义体系的总危机，是在第一次世界大战时期，特别是在苏联脱离资本主义体系之后开始的。这是总危机的第一阶段。在第二次世界大战时期，特别是在欧洲和亚洲的各人民民主国家脱离资本主义体系之后，展开了总危机的第二阶段。

第二，他还认为自己在第二次世界大战以前所提出的关于资本主义总危机时期市场相对稳定的论点和列宁在 1916 年所提出的关于资本主义虽然腐朽，但“整个说来，资本主义的发展比从前要快得多”的论点，都“已经失效了”。他深信联邦德国、日本与英、法终究都会起来同美国对抗，“由此可见，资本主义国家之间战争的不可避免性是仍然存在的”。

第三，他在 1952 年再次强调，西方资产阶级已经抛弃了民主自由的旗帜和民族独立、民族主权的旗帜，已经变得更加反动，已经失去同人民的联系，因而把自己削弱了，这无疑更便于各国共产党进行工作。斯大林依然深信资本主义世界体系总危机必然导致战争，战争必然引起西方无产阶级革命。因此，世界社会主义各国要以苏联为中心，联合各国人民组成反帝国主义阵营，同以美国为中心的帝国主义阵营对峙、对抗；同时苏联和其他社会主义国家大力支持资本主义各国共产党，伺机推翻世界资本主义。

（2）实践意义：斯大林的世界社会主义战略在 20 世纪 30 年代至 50 年代初对于巩固苏联、建立并保卫社会主义阵营起过积极的作用，但是也助长了苏联的大国主义、大党主义，给各国社会主义独立自主的发展造成较大障碍和危害。而且斯大林对第二次世界大战后世界资本主义发展的估计已经被后来的实践证明是不符合实际的。正是在战后，由美国带头掀起了以电子信息技术为先导的新科技革命，迎来了资本主义大发展的“黄金时代”。同时，核武器的大发展，使世界面临核战争的威胁。两个阵营，尤其是美苏之间剑拔弩张的紧张局势威胁着世界和平。

17. 赫鲁晓夫对斯大林世界社会主义战略思想的调整。

1956年赫鲁晓夫在苏联共产党第二十次代表大会上提出的和平共处、和平竞赛、和平过渡的观点，标志着他对斯大林的世界社会主义战略作了重大改变。他把列宁当年提出的“和平共处”作为苏联对外政策的总路线，认为现代世界战争并不是注定不可避免的，社会主义国家要同资本主义国家展开和平竞赛，资本主义各国有可能通过议会斗争和平地过渡到社会主义。但是，以苏联为中心来推进世界社会主义的战略思想依然没有改变，改变的只是实现世界社会主义的策略，即某些方式、方法。

18. 毛泽东的世界社会主义战略思想及其实践结果。

第一，从总体上看，直到20世纪70年代，毛泽东始终认为，关于世界大战问题，无非是两种可能：一种是战争引起革命，一种是革命制止战争。有时他认为战争的可能性大，要极力做好战争的准备；而且他认为如果战争不可避免的话，那么迟打不如早打，小打不如大打，以便早日打出一个红彤彤的社会主义新世界。当然，我们是不愿意发生战争而且要尽力防止战争的，这只有通过世界革命来制止战争。

第二，他认为亚、非、拉的广大地区是当代各种矛盾的集中点，是帝国主义统治最薄弱的地区，是直接打击帝国主义的世界革命风暴的主要地区，欧洲、美洲、大洋洲的发达资本主义国家一般也要走暴力革命取得政权的道路。提出：全世界无产者同被压迫人民被压迫民族联合起来！打倒帝国主义、修正主义和各国反动派。

第三，20世纪60年代中期，他明确主张世界革命以中国为中心，因为苏联和大多数社会主义国家、大多数共产党都已经变成修正主义的国家和党了。

实践证明：在这种世界战略中固然有合理的内容，如支持亚、非、拉民族解放斗争，反对苏联扩张主义、霸权主义，但是整个说来，对于世界形势的估计和世界社会主义战略的设想，大部分是不符合实际的，因而未能取得预期的效果。

19. 科学社会主义在当代世界应采取的新战略的要点。

第一，经过全世界人民持久不懈的斗争，新的世界战争并非不可避免，难以再依靠战争引起革命去实现社会主义。自从西方带头掀起新科技革命第三次浪潮以来，世界局势和世界面貌已经发生了新的重大变化，世界战争有可能通过和平力量来防止，应改变“战争引起革命”或者“革命制止战争”的传统战略观念，要大力支持并推进世界和平运动，探索在世界和平的国际条件下如何去发展世界社会主义。

第二，和平与发展是当代世界的主题，要在新的历史条件下通过和平与发展去推进世界社会主义。在和平与发展成为世界主题的情况下，社会主义国家要善于团结、联合广大亚、非、拉发展中国家以及发达资本主义国家的广大人民群众，善于利用各个发达国家之间的矛盾，扩大合作、加强合作，为维护和平与促进发展而开展有理、有利、有节的斗争。维护和平与促进发展，本身就是世界社会主义继续向前发展的前提条件。要改变以往由世界战争引起暴力革命或者以暴力革命制止世界战争的传统战略，重新探索资本主义世界各国如何在和平与发展的国际条件下走向社会主义。今后发达资本主义国家爆发暴力革命的可能性较小。无论发达国家还是发展中国家，都要结合时代与国情的特点，独立探索本国如何在和平与发展成为时代主题的条件下通往社会主义之路。

第三，社会主义在全世界的实现是一个长期的、渐进的过程，难以短期突进，短促突发。世界资本主义的发展表明，它仍然还有相当强的生命力，世界无产阶级难以一举推翻它。由于新科技革命的实现，资本主义国家广大人民生活有所改善，资本主义国家的自我调节能力在增强。无产阶级及其政党有待总结经验，从产业结构、阶级结构新变动的实际出发，重新探索走向社会主义的道路，逐步积累社会主义的因素。同时，现有社会主义国家进行体制改革，并在发展科技和生产力方面赶上发达资本主义国家也需要相当长的时间。世界社会主义完全取代世界资本主义，还需要经历一个较长的、渐进的过程。这种渐进的过程主要是和平发展的，难以爆发暴力革命，只有某些矛盾激化的国家才有可能爆发革命，因此不能再把战略立足点放在暴力革命上。

第四，现今共产党执政的社会主义国家的根本任务是大力发展社会生产力，搞好本国建设，大力克服苏联模式过度集权的弊病，发展社会主义民主与自由，健全社会主义法制，切实尊重人权，不断增强社会主义制度的影响力和吸引力。不能再以某一个社会主义国家为中心来领导世界革命，各国通往社会主义之路应由各国党和人民独立自主探索。

第五，世界社会主义与世界资本主义两种不同社会制度的国家，在新的世界历史条件下要调整关系，由对峙、对抗转向长期和平共处、对话、交流、合作、竞争，社会主义国家要善于在对外开放中增强自己的综合国力和国际竞争力。

20. 西方带头掀起新科技革命第三次浪潮以来世界战争形势所发生的重大变化。

第一，发达资本主义国家之间竞争的重点已经转向发展高新技术。越来越多的资本主义国家的政府首脑认识到：在核武器时代如果再用拉帮结盟、使用武力、发动战争的传统做法来重新划分势力范围、争夺世界霸权，将要付出惨重代价。资产阶级不断总结历史经验：以往两次通过世界大战来重新瓜分世界，结果出现了十几个社会主义国家；如果再发动世界战争，可能还会给世界社会主义的新发展造成更有利的机会。因此，彼此之间越来越转向在发展高新技术方面进行激烈的竞争。发达资本主义国家之间的竞争手段改变了，由战争转向高技术的竞争。资本主义列强准备发动新的世界大战的可能性已经不大。

第二，战后核武器的出现，加剧了美、苏两个超级大国之间的核军备竞赛，而且这种核军备竞赛不断升级，直至发展到美、苏两国各自拥有的核武器可以把世界毁灭几次。在储备大量核武器的情况下，如果世界局势紧张，很容易促使某些丧失理智的决策者冒险使用核武器，力图先发制人取胜。而在核战争中将很难有侥幸的胜利者，其结果可能是人类的浩劫。世界性的核战争不会是某些国家政治通过另一种手段的继续，而将是任何政治的终结。在核武器时代，世界战争是可能避免的，也是必须避免的。

第三，明智、清醒的政府首脑大多已经认识到，应该通过谈判，达成协议，来逐步裁减军备，特别是裁减核武器，以减少发生世界战争的可能性。

第四，20 世纪 80 年代以来，世界保卫和平运动有很大的发展。战后和平运动有过四次高潮，第一次在 50 年代至 60 年代中期，第二次在 60 年代中期至 70 年代。80 年代至 90 年代的第三次浪潮，声势空前浩大，参加人数众多，斗争形式多样，集中反对核战争和核军备竞赛，而且与生态运动、女权运动等相结合。21 世纪以来的第四次浪潮主要是反对全球化给劳动人民造成的灾难，反对美军入侵伊拉克，反对恐怖袭击和战争威胁。日益强大的和平运动显示了全世界人民反对世界战争、保卫世界和平的决心和力量，这是世界战争可能避免的决定性因素。

21. 当代社会主义国家发展世界社会主义的主要任务。

(1) 重视发展生产力，增加生产力总量，以经济建设、物质文明建设为中心。

(2) 也要重视精神文明建设，发展科学文化教育，重视政治文明建设，发展民主自由，重视生态文明建设，改善生态环境。

(3) 逐步提高广大人民的物质和文化生活水平以及民主自由的享有程度，逐步提高整个社会的法治和管理水平。

(4) 切实有效地惩治官员腐败，建立廉价廉洁政府，确保官员成为社会公仆。

(5) 逐步提高劳动者的素质，培养出新型的全面发展的人。

(6) 改善人与人的关系，根除剥削阶级遗留下来的追逐私利、尔虞我诈、互相倾轧、弱肉强食等恶习。

(7) 确立大公无私、互相帮助、友爱合作、共同提高等风尚。

22. 社会主义国家与资本主义国家关系的三种状态。

社会主义国家与资本主义国家两类不同社会制度国家的关系大体形成过三种状态，即热战对抗、冷战对峙与和平共处。

首先，历史经验证明，资本主义国家反对社会主义国家的最尖锐、最凶残的手段是武装入侵，用反革命暴力摧毁社会主义制度。历史上帝国主义曾经四次武装入侵社会主义国家，即1918—1920年英、法、美、日等帝国主义纠合14国军队对苏俄进行的武装干涉，1941—1945年德国法西斯背信弃义、大规模入侵苏联，1950—1953年的朝鲜战争，1945—1975年法、美先后入侵印度支那的战争。

其次，历史经验证明，帝国主义在常规战争未能取胜之后，甚至妄图用核战争来摧毁社会主义国家，即由“热战”进而升级为“核战”。

最后，历史经验表明，在资本主义国家热战和核战的战略均未能得逞的情况下，资本主义国家可能被迫同社会主义国家和平共处，甚至进行某些合作；但是由于它们颠覆和摧毁社会主义国家的野心不死，因此时常制造事端，不断发生摩擦，伺机挑起热战甚至核战。

23. 和平共处五项原则对列宁和平共处原则的新发展。

第一，和平共处五项原则是在总结长期国际关系新的实践经验的基础上提出的，它所包含的内容比列宁时期更加丰富、更加明确。国家主权原则是国际法、国际关系的最基本原则，领土是国家主权的物质体现。互相尊重主权和领土完整是处理国际关系的首要前提，互不侵犯、互不干涉内政、平等互利是正确处理国际关系的基本条件，和平共处这一项原则是正确处理国际争端的基本方法，又是指导国际关系的法律原则所要达到的目的。有了以和平共处为中心的五项原则，两种不同社会制度的国家以及同一社会制度的各个国家之间的关系就有了较为具体而完整的准则可以遵循，这样世界和平就有可能实现。

第二，列宁提出和平共处只是为了解决社会主义国家同资本主义国家之间一时的关系，可以说当时和平共处只是一种策略。在当今世界社会主义的力量和世界人民保卫和平的力量不断壮大以及新科技革命正在蓬勃发展的新形势下，社会主义国家同资本主义国家的和平共处完全可能是长期的，完全可能不必用战争手段来解决不同社会制度国家之间的矛盾，因而当今的和平共处就不是一时权宜之计的策略，而是长期持续有效的战略。

第三，列宁提出和平共处只是为了解决社会主义国家同资本主义国家之间的矛盾，当今和平共处五项原则进而还用以解决社会主义国家之间以及各类国家之间的矛盾，成为处理国际关系的普遍原则。

24. 科学社会主义在当代世界的新战略的实际依据和理论依据。

(1) 实际依据是：在当今世界各类国家，社会主义的实现都不可能在短期内一蹴而就，而是一个长期的曲折过程。

(2) 理论依据是：应该更新传统观念，认识到社会主义是一个独立的社会形态。马克思主义认为，取代资本主义的共产主义社会分为第一阶段和高级阶段。卢森堡、列宁进而把共产主义社会第一阶段称为社会主义。传统观念总是把社会主义看做是无产阶级夺取政权后经过过渡时期就进入共产主义社会的第一阶段。这样就容易产生急于求成、急于消灭资本主义私有制、急于建成社会主义并且急于过渡到共产主义的错误。实践证明，不发达国家走上社会主义道路后需要更长的过渡时期、更长的社会主义发展阶段。总之，从生产力水平、生产关系结构、分配方式、劳动性质、上层建筑架构等方面，都可以看出社会主义与共产主义是有原则区别的两种社会形态。社会主义是以社会化劳动为基础、由劳动人民掌权的社会形态；共产主义是以愉快劳动为基础、由自由人社区自治的社会形态。

四、重要论述题及答案要点

1. 论社会主义苏联在与西方发达资本主义国家的竞争中落败的原因。

2. 怎样看待民主社会主义的理论与实践及其未来走势。

3. 简论社会主义是一个独立的社会形态。

答案要点

1. 社会主义苏联在竞争中被西方发达资本主义国家打败，有多方面的原因，主要是外因与内因两个方面。

(1) 在外因方面，西方资本主义国家在武装入侵苏联遭到挫败之后，转向推进和平演变战略。美国国务卿杜勒斯从 1953 年起就向国会提出用战争以外的手法达到“解放”的更为有利或更为主动的政策，来对付社会主义国家。西方的和平演变战略主要不是只靠广播和书刊等发起宣传攻势，而是充分利用市场经济、民主政治、法治管理、多元文化、素质教育、思想自由、社会需求和对外开放等方面的有利社会条件，加强国家计划调控，促进市场经济竞争，加大科技与教育投资，鼓励科技发明创造，以其掀起的信息化科技革命的成果作为物质基础，向社会主义国家显示发达资本主义制度的优越性：它进行新的产业革命和生产力革命，促进微电子技术、激光技术、新材料技术、机器人、航天工程、海洋工程、生物工程等自20世纪60年代以来全方位蓬勃发展，从而使工人劳动时间能够进一步减少。美国和西欧率先实行每周五天工作制。那里的工人工资几乎年年微调，失业救济和各种社会福利、社会保障逐步完善，各种社会矛盾得以缓解，民主、自由、人权、法治、市场供应、社区建设、文化教育与医疗设施等均有所改善。在这些社会背景和物质基础上，西方针对社会主义国家的弱点，着重运用三大“武器”：经济上以市场经济攻计划经济，政治上以多党民主攻一党专政，文化上以自由文化攻文化专制。

（2）在内因方面，内因之中既有远因，又有近因。最根本的原因是斯大林从20世纪30年代以来形成的以党代政、党政不分的权力过度集中的经济、政治、文化和对外关系体制，使得劳动人民不能充分掌握国家和社会大权，社会主义公有制的优越性难以充分发挥出来，全社会又缺乏市场经济、民主政治、思想自由等方面的有利条件，因此苏联长期既无力在电气化之后带头掀起信息化的新科技革命，又无法应对西方发达资本主义国家新科技革命的挑战，终于被这场史无前例的新科技革命的大浪潮淹没。苏联权力过度集中的体制的形成主要表现在以下三个方面：

首先，从斯大林起，苏联几任领导人长期教条式地对待马克思主义、科学社会主义，死守指令性的计划经济体制不放，排斥商品经济、市场经济，误认为计划经济是社会主义的本质特征，把商品经济、市场经济等同于资本主义。这样就使得苏联经济长期统得过死，体制僵化，运转不灵，缺少竞争与效率，缺乏生机与活力。苏联的经济结构是军事性的，为了备战和对外扩张、争霸的需要，苏联长期优先发展重工业尤其是军事工业，轻视轻工业和农业，以致物资供应短缺，人民生活难以大幅提高，社会需求难以充分满足。

其次，从斯大林起，苏联几任领导人长期背离马克思主义、科学社会主义，误把权力有制约的多党民主政治看成是资本主义的货色，硬把一党专政、以党代政、党政不分当做社会主义的正宗。苏共领导人深受沙皇俄国君主专制传统影响，在政治体制上搞个人集权制、领导职务终身制、指定接班人制、等级授职制、官僚特权制，破坏党内民主和苏维埃民主；在文化体制上搞个人崇拜，科学艺术定于一尊，排斥异己，批判异见，不许百家争鸣、百花齐放，只能一家垄断、一枝独秀，扼杀党内自由与人民自由。苏联是重视素质教育的，但是在缺少市场竞争、民主政治和思想自由的社会环境里，知识分子的独立思考与独立见解备受钳制。这就使得科学技术尤其是哲学社会科学难以创新。自然科学与技术的创新也偏重于军事工业，长期忽视了民用经济的创新。

最后，从斯大林起，苏联几任领导人长期既教条式地照搬又背离马克思主义、科学社会主义，在对外关系体制上对资本主义国家封闭、对抗，以苏联为中心，要领导并推行无产阶级世界革命，实际上搞大国主义、大党主义、扩张主义、霸权主义，与超级大国美国搞军备竞赛，争夺世界霸权。苏联不仅不善于学习西方科技的新成就，而且还对之乱加批判。

2.（1）“民主社会主义”的流变：“民主社会主义”源远流长，几经嬗变，不能简单化地把它看成一成不变的敌对思潮。早在19世纪40年代初，欧洲就出现民主社会主义者，主要代表小资产阶级。在1848—1849年法国革命中曾经出现民主社会主义政党，这就是以赖德律－洛兰为首的小资产阶级民主派与以路易·勃朗为首的无产阶级社会主义者结合而成的新山岳党。当民主社会主义者刚出现在政治舞台时，科学社会主义创始人马克思恩格斯就把他们定位为可以结成联盟的朋友，而不是把他们看做是敌人。1869年，刚建立的德国社会民主工党领导人威廉·李卜克内西曾把民主社会主义用作科学社会主义的同义语，精辟说明了民主与社会主义互为基础、紧密联系。从那时起，民主社会主义与随后建立的欧洲各国社会民主党信奉的社会民主主义或科学社会主义都是同义语。1899年社会民主党的右翼首领伯恩施坦又赋予民主社会主义改良主义含义，企图把德国社会民主党变成“民主社会主义的改良政党”。1914年8月第一次世界大战爆发、第二国际大多数社会民主党发生变化后，民主社会主义已经与社会民主主义一样，都成为改良主义、机会主义的同义语。1923年社会主义工人国际建立后，更多地使用社会民主主义。1951年建立社会党国际时，才又改用民主社会主义，并且把它提高到理论和纲领的高度。

（2）民主社会主义的基本纲领主张及其实践效果：1951年《法兰克福宣言》提出政治民主、经济民主、社会民主、国际民主的主张之后，通过半个多世纪的实践检验，不能说社会党所鼓吹的民主都是一般抽象的民主或资本主义的民主。它争取实现议会民主，利用资本主义社会所提供的议会民主，力争通过议会民主竞选成为执政党，但是它并不垄断政权，承认多党平等竞争和彼此反对的权利；它把维护政治民主作为实现经济民主与社会民主的前提条件。不能说民主社会主义所主张的经济民主都是要维护资本主义私有制，它也要在一定范围内逐步限制资本主义私有制，做到充分就业，增加生产，提高广大人民群众生活水平，实行社会保险与收入、财富的公平分配。民主社会主义所主张的社会民主是要保障公民的工作权利，休息权利，医药与生产福利的权利，老年人、残疾人与失业者的权利，适当住房的权利，受教育和提高科学文化水平的权利，妇女与儿童的权利，等等。民主社会主义所主张的国际民主是要求反对各种形式的帝国主义，维护和平与集体安全，要求严格履行联合国宪章，认为联合国是走向国际共同体的重要步骤，要求广大落后地区发展经济、社会与文化。社会党国际和40多个执政的社会党把以上这些理论观点和纲领主张付诸实践，取得了一些成效，因此，民主社会主义才能在工人和广大人民群众中逐步扩大了影响。特别是执政时间最长的瑞典社会民主工人党，为世人提供了一个被称为“瑞典模式”的改良主义样板。民主社会主义尽管在理论上有种种漏洞和缺失，但是在实践中能使广大人民群众受益，所以颇得民心。

(3) 基本走势：只要各国资本主义的固有矛盾没有激化到出现革命形势的地步，只要各国共产党还未能彻底摆脱苏联模式过度集权体制和过左路线的弊端，那么奉行民主社会主义的社会党就还有其继续发展的余地和拓展的空间，即便还没有建立社会党的国家也还会出现社会党，而社会党及其民主社会主义也还会随着新科技革命以及世界资本主义与社会主义形势的发展变化而与时俱进，不断转型。

3. (1) 社会主义从思想理论变为社会制度现实并在经济文化落后国家实践的情况证明，不发达国家走上社会主义道路后需要更长的过渡时期、更长的社会主义发展阶段。

(2) 从生产力水平、生产关系结构、分配方式、劳动性质、上层建筑架构等方面，都可以看出社会主义与共产主义是有原则区别的两种社会形态。社会主义是以社会化劳动为基础、由劳动人民掌权的社会形态。共产主义是以愉快劳动为基础、由自由人社区自治的社会形态，这也就是马克思恩格斯当年所设想的共产主义社会：生产力已经“充分涌流”，生产资料完全是社会所有制，实行各尽所能、按需分配，劳动由谋生手段变为自觉、愉快活动，国家政党已让位给“自由人联合体”，人人都得到全面自由的发展，过着美满幸福的生活。

(3) 当前把社会主义看做是独立的社会形态有重大的深远的现实意义。它有利于我国集中全力在社会主义阶段建设中国特色社会主义，有利于在当代世界推行和平外交政策，促进构建和谐世界。

终　论

一、要点提示

本章旨在深入总结科学社会主义理论从19世纪40年代创立以来在实践中的基本经验和主要教训，论述科学社会主义理论与实践对人类社会的重要历史贡献，阐明科学社会主义发展道路的曲折性及光明前景。该章的知识点主要有：科学社会主义理论与实践的重要历史贡献；科学社会主义理论在实践中的基本经验和主要教训；科学社会主义发展道路的曲折性及其光明前景；抓住机遇，迎接挑战，开创科学社会主义发展的新局面。

二、重点问题和答题要点

1. 科学社会主义理论与实践的历史贡献。

第一，科学社会主义作为一种思想、理论、理想和信念，对人类产生了前所未有的、巨大而深远的影响。马克思恩格斯坚持科学理论与实际的结合，深入实际，成功地解决了空想社会主义者们未能解决的重大理论问题和实践问题，实现了社会主义从空想到科学的飞跃。科学社会主义理论为工人阶级的觉醒、国际共产主义运动的兴起和人类解放事业的发展提供了科学的思想指南，极大地改变了人类历史的命运，强烈地影响了世界历史的进程。社会主义至今仍然是人类最美好的理想，不仅共产党人为之奋斗，而且广大劳动人民和一切进步人士也都把它当作消灭剥削制度及各种不合理现象的唯一选择。

第二，科学社会主义为人类社会开辟了崭新的发展道路，展现了美好的前景。当资本主义登上历史舞台的时候，社会生产力有了很大的发展，社会物质财富进一步丰富，然而它也给人类带来了血与火的灾难、残酷的剥削与压迫、贫富两极分化以及对殖民地、半殖民地的血腥统治。社会主义的出现指明了社会发展的方向，使人们看到了人类社会的美好前景，极大地鼓舞了被压迫阶级。它所开辟的崭新发展道路，尽管曲折坎坷，但毕竟前途光明，给世界各国人民带来了福音与希望。在经济全球化和新科技革命的新的历史条件下，发达资本主义国家和发展中国家，以及每个国家走向社会主义的具体道路有所不同，可能出现多样化的选择，但社会主义的道路依然是人类解放的根本之路。

第三，共产党和多种社会主义政党不断发展壮大，成为世界政治舞台和许多国家政治生活中的一支重要力量。共产党以其科学的理论、切实的纲领、远大的奋斗目标、广泛的群众基础、严密的组织、严格的纪律、先锋模范作用、英勇献身精神，在当今政党世界卓然挺立。尽管苏东剧变，苏联模式社会主义垮台，世界共产党的力量受到削弱，但其整体力量和广泛影响仍然是十分强大的。

第四，由俄国十月革命和苏联带头开创的社会主义制度显示了根本的优越性。社会主义作为一种崭新的社会制度和社会形态，首先在不发达国家建立，实现了工人阶级和广大劳动人民当家作主，使各国在本国历史上创造了最先进的生产力和最强大的综合国力。社会主义的不少制度创新受到世人的高度重视，乃至发达资本主义国家也不得不学习和借鉴。东欧剧变、苏联解体，暴露了社会主义制度还存在诸多弊病。目前社会主义各国正在进行的改革，就是为了实现社会主义制度的自我更新、发展和完善。社会主义改革显示了社会主义制度强大的生命力。尽管迂回曲折，然而能够一浪接一浪地推进社会主义改革本身就说明，社会主义代表着广大人民的根本利益，代表着人类社会的发展方向，具有旺盛的活力。中国社会主义改革的伟大成就，生动地证明了社会主义制度具有强大的自我革新能力和内在发展潜力。

第五，社会主义推动了民族解放运动的发展和殖民地、半殖民地国家的独立，改变了世界政治格局。十月革命既推动了西方国家社会主义运动的发展，也促进了东方民族民主革命高潮迭起。社会主义革命与民族解放运动相互支持，共同反对帝国主义、殖民主义的统治。二战后，欧亚一系列人民民主国家的建立、社会主义阵营的形成，极大地削弱了帝国主义阵营的力量，打击了帝国主义的殖民统治，进一步促进了民族解放运动的发展和殖民地、半殖民地国家的独立，最终导致了殖民主义体系的瓦解，推动了人类社会的进步。亚洲、非洲和拉丁美洲先后有一百多个国家成为新兴的民族独立国家，在资本主义世界与社会主义世界之外形成了第三世界，根本改变了世界政治格局。

第六，社会主义国家的建立和发展，在很大程度上遏制了帝国主义的对外扩张，不断挫败帝国主义的战争阴谋和霸权行径，有利于建立公正合理的国际政治经济新秩序。十月革命之前，国际社会是帝国主义一统天下。社会主义苏联的出现及其对各国革命和人类进步事业的大力支持阻滞了帝国主义的扩张。世界反法西斯战争的胜利，充分显示了社会主义制度的优越性和强大威力，也极大地推动了世界社会主义运动、民族解放运动的发展以及欧亚一系列人民民主国家的建立。世界两极格局形成，结束了西方列强独霸全球事务的历史。冷战结束以后，世界格局从两极转向多极。社会主义中国成为多极化格局中的重要一极，成为反对霸权主义和强权政治的中坚力量。

2. 世界社会主义的光明前景。

第一，从人类历史的发展进程来看，资本主义发展到社会主义仍然是不可改变的社会发展的客观规律。辩证唯物主义历史观认为，人类社会的历史，就是生产方式不断更替的历史。资本主义之所以会被社会主义所取代，根本原因在于其生产关系与生产力发展的矛盾。尽管资本主义在当代有了新的发展变化，尽管人们的物质生活水平普遍提高，但广大雇佣劳动者被剥削的地位并未发生根本改变，广大雇佣劳动者同广大垄断资产阶级的矛盾依然是资本主义社会的主要矛盾。资本主义所固有的、决定其必然发展到社会主义的各种阶级矛盾，并没有随着当代资本主义的新变化而自行消失，只不过表现形式有所变化。从整体上看，这些矛盾在资本主义和平发展时期有所缓和。但我们不能只看到矛盾表现形式的变化及其缓和的趋势而忽略矛盾本身的存在。应当透过现象看本质，看到事物变化发展的规律。这些阶级矛盾的根本解决，只有靠资本主义逐步发展到社会主义，这是不以人的意志为转移的社会发展规律。

第二，以中国为代表的社会主义国家在改革开放中不断发展壮大，成为科学社会主义理论与实践重新振兴的先锋和中坚。苏东剧变后，社会主义各国认真总结教训，提高思想和理论认识，调整方针政策，克服困难，坚持和深化改革，继续前进。与剧变前相比，最大变化是更加注意把科学社会主义的基本原则同本国具体情况结合起来，建设具有本国特色的社会主义。中国在中国特色社会主义理论的指导下，坚持改革开放，取得了巨大成就，国际地位不断提高，在国际事务中发挥的作用越来越大，社会主义的生命力和优越性正在中国进一步体现出来。社会主义中国作为世界社会主义运动振兴的中坚力量繁荣昌盛，证明了科学社会主义的前景光明。尤为重要的是，社会主义中国已经克服或正在逐步克服那些曾经导致苏东剧变的弊端，找到了继续前进的正确道路。作为社会主义大国，中国的社会主义改革对推进世界社会主义会起着重大的示范作用。

第三，世界共产主义政党和各派社会主义政党率领广大人民群众在困难中坚持斗争，在调整中继续发展。发达资本主义国家的共产党受到了苏东剧变的严重影响。但法国共产党、西班牙共产党、希腊共产党、葡萄牙共产党、德国共产党以及意大利重建共产党等西欧共产党仍高举共产主义大旗坚持斗争，认真总结苏东的教训，探索从发达资本主义走向社会主义的道路。原苏东地区的共产主义政党也有程度不同的发展，摩尔多瓦共产党还通过竞争连续上台执政。发展中国家共产党受苏东剧变的冲击相对较小，印度共产党（马克思主义）和印度共产党、尼泊尔共产党（联合马列）和尼泊尔共产党（毛主义）、南非共产党、巴西共产党、委内瑞拉共产党等亚非拉国家的共产党吸取苏东的教训，更加注意把马克思主义同本国实际和时代特征结合起来，不仅顶住了苏东剧变带来的冲击和压力，而且在斗争中有所前进，在三南地区（即南亚、南非和南美）取得了新的成就。除了世界共产主义政党外，当代世界还有诸多不满资本主义，要改变资本主义，追求社会公平、公正的各类社会主义政党在率领广大人民群众为实现社会主义而坚持不懈地奋斗，例如民主社会主义、民族社会主义、生态社会主义等，并已取得了不同程度的成效。

3. 科学社会主义理论在实践中的基本经验。

第一，坚持共产党的领导，搞好党的建设。历史经验表明，只有坚持共产党的领导，各国革命事业才会兴旺发达，世界社会主义运动才会蓬勃发展。共产党要正确领导革命和建设，首要之点在于必须坚持不懈地搞好党的理论、政治、组织、思想和作风建设。在这方面，马克思恩格斯在建党之初就开创了良好的风范。他们在创建世界上第一个共产主义政党组织——共产主义者同盟的时候，就起到了先锋模范作用。在他们的带动下，共产主义政党从一开始便形成了优良的党风。列宁在党的民主建设方面也树立了良好典范。

第二，坚定社会主义、共产主义信念。科学社会主义理论与实践的发展总会遇到各种艰难曲折，它之所以能够闯过一道道难关，不断发展壮大，其中一个重要原因，即一条重要经验，就是作为革命核心力量的共产党人始终如一地坚信社会主义必胜和共产主义必然实现。

第三，坚持并在实践中不断丰富和发展马克思主义。马克思主义是工人阶级和全人类解放的科学，是人的解放学，是建设社会主义、实现共产主义的行动指南。坚持马克思主义，是坚持它的基本原则，坚持它的世界观、方法论，即坚持富有生命力和时代气息的科学理论，实践在发展，马克思主义无疑也应随之丰富和发展。实践中会出现许多前人未曾遇到过的新情况、新问题、新挑战，需要后人运用马克思主义的基本原理分析新情况、解决新问题、迎接新挑战，从而在新的历史条件下发展马克思主义，提出前人未曾提过的新观点、新看法和新理论。

第四，努力探索反映时代特点，适合本国国情和具体历史条件的革命、建设和改革道路。马克思主义的重要原则就是理论联系实际。科学社会主义理论在实践中的一条主要经验就是各国共产党人必须运用马克思主义的基本原理，努力探索反映时代特点、适合本国国情和具体历史条件的革命、建设和改革的道路。

第五，善于把握时机，勇于在历史转折关头把社会主义事业推向新的阶段。科学社会主义理论与实践的发展都是由主客观两方面的因素决定的。客观因素是不以人们的主观意志为转移的。然而，共产党人的主观能动性往往会发挥相当大的作用，特别是在历史转折关头很可能发挥决定性作用。科学社会主义理论在实践中的一条重要历史经验就是：在时机不成熟的时候，不顾阶级力量对比的悬殊和种种不利条件，急躁冒进，盲目行动，会给革命事业带来不必要的失败与损失；而当时机成熟，不善于把握时机，不敢大胆推动革命的发展，就会坐失良机，造成历史性的遗憾。

4. 科学社会主义理论与实践的发展必须坚持共产党领导的原因。

(1) 共产党有明确的奋斗目标和前进方向，即推翻资本主义、实现社会主义和共产主义，这样，世界社会主义运动始终不会迷失方向，丧失斗志。

(2) 共产党有马克思主义科学理论的指导，能够根据形势的发展和各国具体情况，选择正确的道路，制定符合实际的方针政策。

(3) 共产党按照民主集中制组织起来，拥有健全、严密的组织体系，具有很强的组织力量，能够把革命先进分子和广大人民群众组织起来为反抗资本主义的剥削与压迫、争取社会主义的胜利而斗争。

(4) 共产党由无产阶级先进分子组成，他们具有远大的革命理想，富于献身精神，为了实现社会主义和共产主义而进行不屈不挠的斗争。

(5) 共产党能集中地体现和代表无产阶级和广大人民群众的利益，密切联系群众，倾听他们的呼声，反映他们的要求，解决他们的困难。

5. 科学社会主义理论在实践中的主要教训。

第一，必须防止和反对“左”、右两种错误思想倾向。科学社会主义在实践的历史上，不止一次出现“左”或右的错误思潮。对错误思潮的抵制、批判和斗争不够坚决有效，就会造成极其严重的后果，给各国革命事业和世界社会主义运动带来极大危害。事实证明，无论“左”还是右的错误都有极大的危害，最终都会造成亡党亡国的极端后果。还要认识到，“左”的倾向不仅根深蒂固、难以克服，而且长期的“左”必然会助长后期的右，最终都将导致严重后果。

第二，必须善于把理想和现实、人民群众的长远利益和近期切身利益有机结合起来。科学社会主义实践、世界共产主义运动最大的失误和教训之一恰恰是没有很好地处理这两方面的关系，把二者有机结合起来，存在理想脱离现实、只考虑长远利益而忽略人民群众近期切身利益的倾向，有些人甚至用自己的主观意志代替人民群众的思想，随意地发指示、下命令。这种错误倾向不顾时机是否成熟，盲目发动暴力革命，急于夺取政权。导致党逐渐脱离群众，在选举中的得票率、在社会政治生活中的支持率每况愈下，乃至游离出群众的视野变成政治小团体。在社会主义建设时期表现为超越阶段、脱离现实、急躁冒进、急于求成，从根本上讲就是没有把人民群众的切身利益摆在应有的位置。

第三，必须高度重视生产力的发展和科技革命，抓住机遇，迎接挑战。科学社会主义理论在实践中的教训之一是只重视生产关系的变革，而忽视生产力的发展，即“穷过渡”和“急过渡”。导致的后果是，社会主义改造已经完成，国有化、集体化实现了，宣布要向共产主义迈进了，而生产力发展水平依然很低，广大人民群众的生活依然不富裕，甚至仍有不少人处于贫穷落后的状态。这既败坏了社会主义的声誉，也挫伤了广大人民群众建设社会主义的积极性。科学技术是第一生产力，是促进经济发展的首要因素。苏联的剧变从某种意义上说也是被西方的新科技革命打败的。21 世纪是知识经济时代，信息技术和生命工程等技术成为带动世界经济发展的火车头。发达国家乃至新兴工业国家都在调整战略，加大科技投入，展开激烈竞争。现实社会主义国家正面临严峻挑战，同时也面临着有利的发展机遇。

第四，必须积极稳妥地推进社会主义改革。因循守旧，公开拒绝或延缓改革，或者口头上改革，行动上原地踏步，都将葬送社会主义，这是科学社会主义实践的重大教训之一。改革必须坚持社会主义根本制度，必须坚持正确的方向，必须在共产党的领导下积极稳妥地推进。当今社会主义改革面临的首要问题是改革与生产力发展不相适应的经济体制。在社会主义改革进程中必须坚决进行反腐败斗争，建立有效的防范机制，杜绝腐败现象的滋生、蔓延。这是关系到社会主义兴衰存亡的大事。还要加强民主与法制建设，进一步发扬党内民主和人民民主。民主是纠错的良药和良制。

第五，必须坚持独立自主，防止和反对大党大国主义。大党大国主义给国际共产主义运动造成过很大危害。历史经验说明：无产阶级革命、社会主义建设和改革都不应该有领导中心与固定统一的、各国都必须遵循的模式，强加和照搬某种模式的做法只能阻碍世界社会主义运动和各国社会主义事业的发展。各国党不分大小、强弱，都一律平等，各国党都应坚持独立自主的原则，大胆探索，开创符合本国特点的革命、建设和改革道路。只有如此，各国社会主义事业和世界社会主义运动才能健康发展。

6. 当代世界社会主义替代或超越资本主义的总体态势。

当代世界社会主义对资本主义的替代或超越是一个长期的历史过程，是一个社会主义势力与资本主义势力激烈竞争、反复较量，社会主义在各个领域逐渐替代或超越资本主义的过程，是一个以和平方式为主导、多种斗争方式交错、反复探索、艰苦奋斗的进程。其关键是，使有利于社会主义发展的各种举措规范化、制度化、法律化，使得任何政府和政党，包括暂时取代共产党上台执政的政党，也无法轻易改变或废止这种制度和法律。

三、重要辨析题、论述题及答案要点

1. 如何认识科学社会主义理论与实践发展的曲折性及其前景。

2. 苏东剧变后，社会主义国家由15个减少到5个，全世界共产党的数量和党员人数锐减，证明社会主义的实践已经失败。

3. 试论怎样开创科学社会主义理论与实践的新局面。

答案要点

1. （1）科学社会主义理论与实践发展的曲折性：

第一，道路的曲折性是人类社会发展的一般规律。任何事物的发展都是矛盾相互运动的结果，没有矛盾就没有运动，没有运动任何事物就不会发展，人类社会也将停滞不前。事物发展和社会前进的道路总是曲折的。历史上封建社会取代奴隶社会经历过反复，资本主义社会取代封建社会更是充满了曲折。从1688年直到1789年的法国大革命爆发，这整整一百年的时间里，只有英国“一国建设资本主义”，整个欧洲都处在封建专制统治下，而世界上还有不少国家和地区处在前封建社会。资产阶级战胜封建阶级，资本主义制度取代封建专制制度，差不多用了三百年的时间，走过一个漫长而又曲折的历程，中间充满了复辟与反复辟的斗争。社会主义代替资本主义的过程也必然是一个充满曲折、反复的艰难过程。

第二，社会主义革命的实现、社会主义制度的创立是人类历史上的崭新事业，前进的道路必然更加曲折。社会主义革命不仅要推翻资产阶级统治，而且要彻底废除私有制，消灭人剥削人、人压迫人的现象，实现全人类的解放和每个人的解放。它所完成的使命更艰巨、更复杂，它所遇到的困难和阻力也更大。从一定意义上说，资产阶级革命不过是为资本主义的私有制及建立在私有制基础上的

“市民社会”的进一步发展扫除障碍，创造更有利的条件。而无产阶级则不同，无产阶级政治革命的成功只是历史演进中一个新阶段的开始。资本主义社会代替封建主义社会，只是以少数人的统治代替另一少数人的统治，并没有触动整个社会根基。社会主义社会代替资本主义社会，则是以多数人的统治代替少数人的统治，科学社会主义的理论与实践和历史上的革命运动一样，从来就是波浪式向前发展，而非直线上升。

第三，人们对社会主义革命和社会主义建设规律的认识有一个曲折的发展过程。社会主义社会是从资本主义社会中“开创”出来的，即它是无产阶级在马克思主义的指导下，在本阶级革命政党领导下经过长期浴血奋战后，在打碎旧的国家机器、废除私有制的基础上开创出来的一个崭新的社会。作为创造新社会的理论指导的科学社会主义有一个从实践中来到实践中去，并在实践中不断丰富和发展的过程。由于实践的复杂性，人们不可能一下子就完全掌握它的规律并在此基础上制定出完全正确的科学理论，所以科学社会主义在实践中的丰富和发展也必定是曲折的，从而导致创造新社会的实践过程的曲折性。

（2）社会主义的光明前景：

第一，从人类历史的发展进程来看，资本主义发展到社会主义仍然是不可改变的社会发展的客观规律。辩证唯物主义历史观认为，人类社会的历史，就是生产方式不断更替的历史。资本主义之所以会被社会主义所取代，根本原因在于其生产关系与生产力发展的矛盾。尽管资本主义在当代有了新的发展变化，尽管人们的物质生活水平普遍提高，但广大雇佣劳动者被剥削的地位并未发生根本改变，广大雇佣劳动者同广大垄断资产阶级的矛盾依然是资本主义社会的主要矛盾。资本主义所固有的、决定其必然发展到社会主义的各种阶级矛盾，并没有随着当代资本主义的新变化而自行消失，只不过表现形式有所变化。从整体上看，这些矛盾在资本主义和平发展时期有所缓和。但我们不能只看到矛盾表现形式的变化及其缓和的趋势而忽略矛盾本身的存在。应当透过现象看本质，看到事物变化发展的规律。这些阶级矛盾的根本解决，只有靠资本主义逐步发展到社会主义，这是不以人的意志为转移的社会发展规律。

第二，以中国为代表的社会主义国家在改革开放中不断发展壮大，成为科学社会主义理论与实践重新振兴的先锋和中坚。苏东剧变后，社会主义各国认真总结教训，提高思想和理论认识，调整方针政策，克服困难，坚持和深化改革，继续前进。与剧变前相比，最大的变化是更加注意把科学社会主义的基本原理同本国具体情况结合起来，建设具有本国特色的社会主义。中国在中国特色社会主义理论的指导下，坚持改革开放，取得了巨大成就。社会主义中国作为世界社会主义运动振兴的中坚繁荣昌盛，证明了科学社会主义的前景光明。中国已经克服或正在逐步克服那些曾经导致苏东剧变的弊端，找到了继续前进的正确道路。作为社会主义大国，中国的社会主义改革如果能够取得成功，对推进世界社会主义必然会起到重大的示范作用。

第三，世界共产主义政党和各派社会主义政党率领广大人民群众在困难中坚持斗争，在调整中继续发展。发达资本主义国家的共产党受到了苏东剧变的严重影响。但法国共产党、西班牙共产党、希腊共产党、葡萄牙共产党、德国共产党以及意大利重建共产党等西欧共产党仍高举共产主义大旗坚持斗争，认真总结苏东的教训，探索发达资本主义走向社会主义的道路。原苏东地区的共产主义政党也有程度不同的发展，摩尔多瓦共产党还通过竞争连续上台执政。发展中国家共产党受苏东剧变的冲击相对较小，印度共产党（马克思主义）和印度共产党、尼泊尔共产党（联合马列）和尼泊尔共产党（毛主义）、南非共产党、巴西共产党、委内瑞拉共产党等亚非拉国家的共产党吸取苏东的教训，更加注意把马克思主义同本国实际和时代特征结合起来，不仅顶住了苏东剧变带来的冲击和压力，而且在斗争中有所前进，在三南地区（即南亚、南非和南美）取得了新的成就。除了世界共产主义政党外，当代世界还有诸多不满资本主义，要改变资本主义，追求社会公平、公正的各类社会主义政党在率领广大人民群众为实现社会主义而坚持不懈地奋斗，例如民主社会主义、民族社会主义、生态社会主义等，并已取得了不同程度的成效。这也充分说明了社会主义的光明前景。

2.（1）苏东剧变虽然使世界社会主义事业遭受严重挫折，但并不能因此证明社会主义的失败，它只是宣告了背离科学社会主义基本原则的苏联模式的失败。

（2）从人类历史的发展进程来看，资本主义发展到社会主义仍然是不可改变的社会发展的客观规律。因为从根本上说，社会主义是资本主义内在矛盾发展的必然结果。只要世界上还存在着资本主义制度，资本主义的内在矛盾无法根本解决，资本主义必然灭亡的历史命运就不会改变。

（3）道路的曲折性是人类社会发展的一般规律。历史上封建社会取代奴隶社会经历过反复，资本主义社会取代封建社会也充满了曲折。社会主义代替资本主义的过程也必然是一个充满曲折、反复的艰难过程。

（4）中国坚持改革开放，坚持走中国特色社会主义道路。只要我们认真总结经验教训，科学把握社会主义建设规律和执政党建设规律，积极应对挑战，中国特色社会主义道路就会越走越宽广，社会主义事业就会有无限光明的未来。

3.（1）解放思想，实事求是，努力实现科学社会主义理论的创新。当今社会主义国家建设与改革仍有不少困难，发达资本主义国家经济发展、阶级结构、政治关系与社会环境的变化，统治方式与手段的调整，发展中国家面对经济全球化和民主化浪潮的冲击以及冷战结束后的新困难，使科学社会主义面临严峻挑战。对不少马克思主义基本理论产生的困惑是社会主义难以蓬勃发展首要的主观因素。要振兴世界社会主义事业，必须对涉及社会主义国家建设与改革、当代资本主义新变化、发展中国家新困难的重大问题作出符合实际的、令人信服的理论说明，以确立振兴社会主义事业的正确战略和方针政策。为此，固守传统理论是不行的，必须努力实现理论的创新。要做到这一点，既需要创新的理论勇气，又需要科学精神。具体来说，就是要坚持解放思想，实事求是，与时俱进，开拓创新。

(2) 加强共产党的自身建设。世界社会主义事业特别是社会主义国家兴衰存亡的关键是共产党的领导。共产党自身状况如何，直接关系到世界社会主义的未来。过去社会主义各国都在不同程度上存在着权力过度集中、党政不分、以党代政的弊病。今后应进一步探索处理党政关系的新思路、新机制。总的来说，既要保证党的领导核心作用，又要充分发挥政府的职能作用，通过科学化、规范化、制度化的机制来实现和加强这种领导。要真正实现党政分开，把本来属于立法、执法、司法等部门的职能分离出去，真正由这些部门来独立地行使。要进一步发扬党内民主，完善民主制度，包括党内的民主选举、民主监督和全面贯彻民主集中制原则。民主选举是党员行使自己的民主权利的重要方式，应该坚持并不断扩大直接选举、差额选举党代表和各级党委领导人；应该实行党代表大会年会制和党任制，使各级党代表大会成为党的权力中心；应该落实党员对党的干部监督的具体操作程序和措施，从而真正把干部的选拔、任用、工作、遵纪守法情况置于广大党员监督之下。同时，还要完善党外监督，包括人民群众的监督、民主党派的监督、法律监督、舆论监督等。民主集中制是共产党的根本组织制度，也是社会主义国家执政党的领导制度。现在的关键，是要大力加强集体领导、民主决策，建立和完善民主的议事和决策机制，这是防止党和国家领导决策失误、防止重蹈苏东剧变覆辙导致灾难性后果的重要保障。对资本主义世界各国共产党来说，需要改革传统的组织形式和活动方式，以适应客观环境的发展变化。由于各国共产党都是以苏联共产党为模式建立起来的，深受苏共权力过度集中、缺乏民主自由传统的影响，不仅极大地扼杀了党的生机与活力，也削弱了共产党的社会竞争力和吸引力。这也是各国共产党迫切需要解决的一个大问题。

(3) 努力探索具有本国特色的社会主义道路。世界各国文明和社会制度具有多样性，各国发展程度和具体国情更是千差万别，走向社会主义和建设社会主义的道路不可能完全一样。经验证明，力图制定大家共同遵循的国际共运总路线和把某一种模式当作唯一正确模式的做法，不仅不能促进社会主义事业的发展，反而会阻碍乃至破坏各国的社会主义进程。总结历史教训，各国共产党人应该坚持马克思主义与本国具体国情的结合，努力探索具有本国特色的社会主义道路。只有各国的社会主义革命或社会主义建设搞好了，整个世界社会主义事业才能兴旺发达。社会主义各国在改革与建设中全面克服苏联模式社会主义的弊端，成功探索具有本国特色、符合时代要求的社会主义新模式，关键是要坚持以经济建设为中心，把发展社会生产力和提高人民群众的物质文化生活水平放在第一位，为此必须改革生产资料所有制结构和经济管理体制，建立和健全与生产力发展及经济全球化相适应的社会主义市场经济体制。与此同时，必须积极稳妥地推进政治体制改革，加强民主与法制建设，完善民主选举、民主决策、民主管理、民主监督、民主参政议政的各项具体制度和具体程序，使民主规范化、制度化、法律化，不因领导人的更换而变化，真正体现人民群众当家作主的权利和社会主义制度的优越性，从根本上提高社会主义制度的竞争力。在资本主义国家，传统的革命方式显然已不适应或不完全适应时代的发展和各国具体国情的变化。暴力革命不仅在发达国家已经难成气候，而且在发展中国家也面临不少难题。实现社会主义替代或超越资本主义是一个长期的历史过程，是一个社会主义势力与资本主义势力激烈竞争、反复较量，社会主义在各个领域逐渐替代或超越资本主义的过程，是一个以和平方式为主导、多种斗争方式交错、反复探索、艰苦奋斗的进程。其关键是，使有利于社会主义发展的各种举措规范化、制度化、法律化，使得任何政府和政党，包括暂时取代共产党上台执政的政党，也无法轻易改变或废止这种制度和法律。

图书在版编目（CIP）数据

“科学社会主义的理论与实践”同步辅导/蒲国良主编．
北京：中国人民大学出版社，2010
ISBN 978-7-300-12585-5

Ⅰ．①科…
Ⅱ．①蒲…
Ⅲ．①科学社会主义理论－研究生－教学参考资料
Ⅳ．①D0-0

中国版本图书馆 CIP 数据核字（2010）第 151897 号

“科学社会主义的理论与实践”同步辅导
主 编 蒲国良
Kexueshehuizhuyi de Lilun yu Shijian Tongbufudao

出版发行 中国人民大学出版社
社 址 北京中关村大街 31 号 邮政编码 100080
电 话 010－62511242（总编室） 010－62511770（质管部）
010－82501766（邮购部） 010－62514148（门市部）
010－62515195（发行公司） 010－62515275（盗版举报）
网 址 http://www.crup.com.cn
经 销 新华书店
印 刷 固安县铭成印刷有限公司
开 本 720 mm×1000 mm 1/16 版 次 2010 年 9 月第 1 版
印 张 9 印 次 2024 年 7 月第 4 次印刷
字 数 163 000 定 价 26.00 元

腾讯基金会
TENCENT FOUNDATION
公益资助系列

北京读懂中国
经济与社会发展基金会

读懂青少年成长
与发展系列丛书

总主编　陈如平

体验式教育实践

中小学健康教育教师手册

主　编　马　欢　张凤茹
编　者　缪易珍　任佩娟　谈继红
白燕宁　纪学平　彭丽珊
孔丽颖　程　剑　李江波
郭　颖　严丽萍　陈自奎
郑瑞芳　周晓天

中国人民大学出版社
·北京·

本系列丛书由腾讯公益慈善基金会资助
不代表腾讯公益慈善基金会立场

腾讯
基金会
TENCENT
FOUNDATION

总序　一

生命不保，何谈教育？生命安全对于教育的重要性不言而喻。对人类来说，生命安全与健康是生存、发展的基本需求和永恒的追求。就教育而言，生命安全与健康既是青少年健康成长、全面发展的前提条件和基本内容，也是基础教育高质量发展的重要保障和核心标志，更是高质量基础教育赋能经济社会可持续发展的有力支撑和应有之义。“孩子们成长得更好，是我们最大的心愿。”教育部门特别是基础教育学校应该以“时时放心不下”的责任感，时刻关注青少年的生命安全与健康问题，为他们提供一个安全、健康、和谐的学习生活环境，全力呵护他们安全健康成长，直至他们成为担当民族复兴大任的时代新人。这正是教育的主要目的和意义所在。

党的十八大以来，以习近平同志为核心的党中央站在党和国家事业发展薪火相传、后继有人的战略高度，高度重视青少年学生的生命安全和健康成长，大力推动健康教育。2016 年 10 月，中共中央、国务院印发的《“健康中国 2030”规划纲要》明确提出：“将健康教育纳入国民教育体系，把健康教育作为所有教育阶段素质教育的重要内容。”2021 年，教育部制定的《生命安全与健康教育进中小学课程教材指南》（以下简称《指南》）则强调：“良好的学校生命安全与健康教育有助于学生树立正确生命观、健康观、安全观，养成健康文明行为习惯和生活方式，自觉采纳和保持健康行为，为终身健康奠定坚实基础。”《指南》旨在将生命安全与健康教育全面融入中小学课程教材，实现生命安全与健康教育系列化、常态化、长效化。这一重要举措无疑对落实立德树人根本任务、实施素质教育、培养高素质时代新人具有现实意义。

《指南》规定，中小学生命安全与健康教育包括健康行为与生活方式、生长发育与青春期保健、心理健康、传染病预防与突发公共卫生事件应对、安全应急与避险等 5 大领域以及相应的 30 个核心要点。不仅如此，不同学段体现不同要求：小学阶段侧重基本知识介绍、具体技能训练和个人卫生习惯培养；初中阶段注重讲解原理和机制，深化学生认识，强化健康行为养成的主动性和自觉性；高中阶段主要强调学生的生命责任感和意义，以及发现问题和积极解决问题的能力。在具体实施时，生命安全与健康教育要“进教材、进课堂、进学生头脑”，注重趣味性、互动性、体验性、生成性，提升教育实效性。这些规定不仅构成了生命安全与健康教育的整体性框架，也给生命安全与健康教育的实施提供了系统性目标。

受以上政策指引，北京盈德未来教育测评研究院从2014年起启动实施中小学生命健康教育工程项目，邀请相关高校和研究机构专家组成项目组，连续十年开展生命健康素养测评，覆盖全国29个地市、52个区县。2022年，受北京读懂中国经济与社会发展基金会和腾讯基金会的资助，以“读懂新时代青少年成长与发展——青少年生命健康素养提升计划”为主题，项目组以公益方式将项目推广到四川、广东、山西、江西等省13个区县366所学校。整个项目始终抱持“用爱与尊重读懂学生，用责任与担当办好教育”的理念，通过开展健康素养测评、编写学生读本、提供数字化教学资源、组织校长教师研修、开设家长讲座等方式，促进师生身体健康、心理健康、关系健康，提升生命安全意识和技能，取得了良好的实践效果，产生了较为广泛的社会影响。

出人意料的是，生命健康教育项目在推广中产生了大量的区域案例、教育故事、优秀课例。它们都来自实际的教育教学活动过程，本身具有典型性、代表性，是具有较高价值的立德树人载体。每项内容主题鲜明、特色突出，且呈现的问题带有一定的普遍性，解决问题的经验和技巧方法便具有可推广交流的价值。项目组经过全盘慎重考虑，作出大胆设想：收集优秀案例，邀请专家编写，出版“读懂青少年成长与发展系列丛书”。

这一设想今天终于得以实现。系列丛书全套5册，分别是:《唤醒成长：合作对话的艺术》《重塑课堂：合作对话的艺术》《校长之问：如何读懂教师》《体验式教育实践：中小学健康教育教师手册》《中小学健康素养评估与洞察》。

“合作对话”是“读懂青少年成长与发展”的重要途径。“合作对话”教育教学理念打破学校、家庭和社会的传统教育思维，以新的人性观为基础，形成教育哲学理论体系。《唤醒成长：合作对话的艺术》筛选48篇实践探索文章，以爱、尊重、责任、担当为主题分为四章，内容涵盖“合作对话”在习惯养成、班级建设、家校合作、心理健康、思维发展等方面的应用。《重塑课堂：合作对话的艺术》筛选57篇实践探索文章，聚焦课堂教学，促进教师及管理者从唤醒成长、尊重成长、责任为先、勇于担当四个维度践行合作对话理论。

在“合作对话”教学范式下，教师着眼于学生精神内化需求，实现学生行为外化。学生呈现出放松、真诚、自信、包容、理解，专注于倾听、思考与合作的精神状态，形成由内而外的成长动力，增强可持续发展的内驱力，逐渐掌握独立、追求、养控、审美的生长方法论。教师带着学生走向知识，与学生建立“成长共同体”的新型师生关系，建立或完善共同体成员认知体系和价值体系，教师的角色类似编导、导游、记者与合伙人。这两本书汇集了一线教师的优秀案例故事，弘扬了“爱、尊重、责任、担当”的教育理念。

《校长之问：如何读懂教师》是一本实操型校长管理手册。以“读懂教师，赋能发展”为主线，项目组通过问卷和访谈，收集一线校长的困惑和挑战。针对一线校长的实际问题，邀请全国“名校长”支招，通过72个案例故事，萃取解决方案，讲解校长应该如何应对学校管理中遇到的各种难题。该书针对校长在学校建设、教师管理、教学指导、家校共育四个方面遇到的难题，逐一回答“校长之问”，提升校长在这四个方面的能力。每一“校长之问”均包含挑战描述、案例分享、方法萃取、读懂教师四部分。

《体验式教育实践：中小学健康教育教师手册》以“读懂学生，赋能成长”为主线，以“体验式教育”为特色，以生命健康教育为内容主体，分设七大主题：情绪管理与行为调控、有效沟通、自我认知、生命教育、生涯教育、拓展活动、校园活动。每一章包含4～8个体验式教育活动设计方案，对标义务教育阶段相关课本话题。

《中小学健康素养评估与洞察》旨在通过介绍中小学健康素养测评，揭示当前国内中小学生生命健康素养现状，指出青少年健康素养测评与心理健康筛查的本质区别。通过分析生命健康教育的本质与内涵，该书探讨了生命健康教育与社会情感教育、学校道德教育和素质教育的关联，强调中小学生命健康教育在推动基础教育高质量发展中的基石作用。

丛书汇聚各方智慧，以更高远的历史站位、更宽广的国际视野、更生动的教育故事，重塑对青少年成长与发展规律的认知，读懂青少年成长与发展。我们充分相信，该系列丛书的出版将有利于促进全社会打造青少年健康成长的良好环境，有助于推动社会各界高度关注和重视新时代青少年健康成长与发展，有益于唤醒广大教师和家长深入地了解孩子的成长规律和发展需求，并扮演好自己应有的角色，积极践行“爱、尊重、责任、担当”的青少年教育理念，共同赋能基础教育高质量发展。

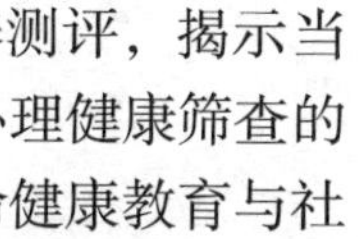

中国教育科学研究院副院长、研究员

2024年9月10日，中国第40个教师节

总序　二

用爱、尊重、责任、担当
照亮下一代的成长道路

我们所需要的很多东西都可以等待，但孩子需要的东西不能等待。他的骨骼正在成形，他的血液正在生成，他的心灵正在发展。我们不能对他说明天，他的名字叫今天。

——加夫列拉·米斯特拉尔

首先感谢北京读懂中国经济与社会发展基金会和腾讯公益慈善基金会，没有它们的爱心支持和资金支持，就没有读懂新时代青少年成长与发展项目！

发起读懂新时代青少年成长与发展这一公益项目，有三重目的。

一是呼吁家、校、社、政联手打造富有爱、尊重、责任、担当，让孩子们可以自由呼吸、自主探索的成长环境：父母有正确的育儿观，爱有边界，既不“生而不养”“养而不育”，又不溺爱；学校践行科学的育人宗旨，坚持科学育人，德育、智育不分家；社会塑造尊师重教的风气，不对学校和老师妄加非议；政府不被社会舆论所绑架，管教育的人懂教育，遵循学生的成长规律。

二是呼吁基础教育工作者俯下身，满怀爱与尊重、责任与担当，认真研究当今青少年的成长规律与发展需要，这是我们制定教育政策、落实学校发展计划、研究中小学课程标准的基础，是必须完成的功课！教育界同人已深刻意识到，我们不能继续用过去的传统方法教育未来的一代，具体该如何做，还须认真思考，深入探究。特别是处在多元社会中的学校道德教育，应向何处去？刘慧和朱小蔓先生指出：“多元社会的特征和品质与一元社会相比有着根本性的不同，如由封闭走向开放，由绝对性趋于相对性，由追求共性转向个性的共在、单一性与多样性并存等。在多元社会中，与一元社会相适应的道德原则、规范和道德教育范式，可以说从根基上逐渐失去它存在的条件。面对这样的社会转型，学校道

德教育可能会怎样和应该是怎样的呢?”[1] 这是每一位教育理论与实践工作者必须直面的问题。

三是提升中小学生的健康素养，首先要读懂新时代青少年成长与发展。读懂新时代青少年成长与发展，就是读懂青少年的成长环境，就是读懂青少年的心智发展与情感成长历程，就是读懂青少年的发展需要，走进孩子的内心世界，这样才能辩证地看待当代中小学生成长中出现的问题。只有这样，教育管理者才能制定可执行、可见效的教育政策，教育工作者才能有针对性地适时顺势做好铺垫和引领工作，让中小学生在适宜的环境中健康成长。

当代青少年的成长环境与二三十年前相比，发生了巨大变化。信息技术、人工智能迅猛发展和国际环境的多变与不可预测，让人们进入易变、不确定、复杂且模糊的乌卡时代。孩子们一出生，接触到的信息量和认知世界的方式与前人相比就有质的不同。现在大多数孩子从小见多识广、衣食无忧，部分孩子沉迷于动漫和网络游戏，生活在虚拟世界。步入学校，特别是步入中学后，课堂教学活动多以提升学业成绩为目标。提升学业成绩本无可厚非，但是，如果初高中课堂充斥着频繁的做题讲题，教师不能引导学生感受学科学习的乐趣与意义，一切教与学都是为了分数与排名，这样的教育只能“生产”出人情上冷漠、对现实社会没兴趣、找不到人生目标的下一代，非常危险！

青少年的心智发展与情感成长，需要家、校、社、政共同呵护。朱小蔓先生 20 世纪末指出：情感是人类精神生命中的主体力量，因为情感真正属于个体，是人类真实意向的表达；关注人的情感发展是教育中的本源性、根基性的问题。她特别强调：

> 21 世纪的教育只有一个选择，即促使人们学会生存、学会学习、学会选择、学会合作、学会发展。这样的教育必然是主体性的和情感化的，即必然要使受教育者有强烈的学习欲望、探求动机和合作共事的愿望。积极的感受和体验是“生命的维生素”，消极的情绪是“生命的癌细胞”。创造完美的人生，必须从情感发展入手，素质教育的实施需要从情感发展契入。[2]

朱小蔓先生在探究情感与人才的关系时，提出以情绪、情感作为衡量人的发展的一种维度[3]，这是因为现代认知科学研究发现，感情系统处于认知系统和行为

1 刘慧，朱小蔓 . 多元社会中学校道德教育：关注学生个体的生命世界 . 教育研究，2001（9）.

2 朱小蔓 . 朱小蔓文集：第 2 卷 . 北京：北京师范大学出版社，2023：16.

3 朱小蔓 . 关注心灵成长的教育 . 北京：北京师范大学出版社，2012.

控制系统的中间领域，认知系统从上一个层次支配人类行为，感情系统从下一个层次支配人类行为。要使行为控制系统呈现有效的活动状态，必须以有感情的唤起为前提。当前教育中较多强调逻辑－认知的作用，忽视了感情唤起。

此外，朱小蔓先生在《人的情感发展与教育》一文的开头，引用苏联教育家阿扎罗夫的观点："在情感世界里，任何东西都不会自然地产生，因为这是与学习或者其他工作一样复杂和费力的心、脑、精神工作。人的情感发展过程绝不是自然成熟的过程，而是教育促其发展、成熟的过程。"[4]

所以，无论是为人师，还是为人父母，对青少年情感发展的关注、了解与正确培育都是第一位的。积极的情感体验对于青少年的身体与心智发展都会起到良好的促进作用。要引导孩子勇敢地面对充满不确定性的未来，教育工作者须在读懂孩子的前提下，以恰当的方式引导孩子认识和体验生活中的美好、学习的意义与乐趣，关注和尊重孩子的个体差异，唤醒孩子的社会责任感，帮助他们从自我认知过渡到自我发现、自我体验，最终实现自我成就。

我们说，读懂新时代青少年成长与发展这一公益项目意义深远。这是因为，当前出现各种心理健康问题的青少年的占比已经达到两位数，读懂青少年的成长规律与发展需要，是解决他们身心健康与社交健康问题的前提；如果我们不能用心用时走进青少年的内心世界，我们就不可能提供适合的教育解决方案。读懂青少年成长与发展，就是呼吁家庭与学校关注学生个体，承认并尊重个体差异，不可急功近利。

读懂青少年成长与发展，就是关注青少年的社会性成长，鼓励他们在家、校、社环境中学习处理好各种关系，包括但不限于对社会关系的认知、择友、成长方式等（社会交往，social interactions）。

读懂青少年成长与发展，就是在信息技术与人工智能快速更新迭代的环境下，引导青少年学会自律、学会适应、学会憧憬与创造，而不是躲闪或沉迷、难以自拔（技术适应，technology embracing）。

读懂青少年成长与发展，就是引导青少年认知和理解自己的情感历程，学会悦纳自己、包容他人，以积极的情感面对学习和生活中出现的问题（情绪管理，emotion management）。

读懂青少年成长与发展，才能更加有效地引导学生认识学习和生活的目的与意义，激发其成长的内在动力以及对人生未来发展方向的感知（内驱力，motivation）。

---

4 朱小蔓 . 朱小蔓文集：第 2 卷 . 北京：北京师范大学出版社，2023：17.

上述对青少年社会交往（S）、技术适应（T）和情绪管理（E）的关注与落实，就是为了实现教育的终极目标——激发其成长内驱力（M）。STEM 育人工程是育人之根本，是培养创新人才之前提。只要教育界同人能够齐心协力地用爱与尊重、责任与担当去浇灌，敢于纠正教育和教育管理过程中不科学、违背教育规律的做法，我们相信，在不久的将来我们必将看到创新人才辈出的景象。

心远而立长志，久而弥坚；达人厚重知命，负重行远。期待我们的下一代心怀远大志向，期待他们在成长与发展的路上更加坚强。豁达的人能够承担沉重的使命，即便困难重重，依然可以坚强地走下去。乔布斯留给大家这样一段话，与教育界同人共享：“你必须去找你热爱的东西，对工作如此，对你的爱人也是这样的。工作会占据你生命中很大的一部分，你只有相信自己做的是伟大的工作，你才能怡然自得。如果你还没有找到，那么就继续找，不要停。全心全意地找，当你找到时，你会知道的。就像任何真诚的关系，随着时间的流逝，只会越来越紧密。所以继续找，不要停。”是的，我们要尽心尽力，助力青少年找到他们生命中的热爱，支持他们，鼓励他们，成就他们。这就是读懂新时代青少年成长与发展的真实意义！

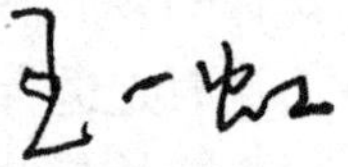

中国国家创新与发展战略研究会 教育发展与评价研究院执行院长

前　言

“读懂新时代青少年成长与发展”公益项目，通过生命健康主题教学，结合学科育人，让学生更好地读懂自己、读懂生活。生命健康教育的课堂是开放的，很多道理，靠说教无法入心，不仅需要学生动脑思考，还需要学生动心体验、动情感受、动手参与，而实现生命健康教育的最好方式就是体验式教育。

对生命健康教育相关主题的学习，不同于学科学习。与学科学习的考试不同，生命健康学习的考场在“生活”中——如何进行情绪管理、如何应对压力、如何活出生命的意义、每个人的人生使命和职责是什么……这些问题没有选项，更没有标准答案，然而却是每个学生都应思考、学习的。体验式教育的实施为教师提出了新的课题，就是转变教师角色。教师不再是单向的知识传授者，而是更复合的角色，是观察员、引导者、组织者、倾听者……在这众多角色的背后，教师除了需要具备教授能力，还需要具备倾听、引导、发问和鼓励的能力。

为了更好地帮助教师在课堂上实施生命健康主题教学，本书根据体验式教育的原则，设计了相关的教学活动。全书精选了 38 篇教学设计案例和 5 篇校园活动实施案例，撰写者是来自北京、浙江、广东、陕西、辽宁的 16 位教师和校长，他们围绕生命健康教育教学主题和自己的教学经历，从不同的角度展开内容，辅助教师开展生命健康主题教学活动。

荀子说：“不闻不若闻之，闻之不若见之，见之不若知之，知之不若行之。学至于行之而止矣。”在西方，也有一句名言：告诉我，我会忘记；教我，我会记住；让我参与，我会理解。本书中的教学活动根据库伯“体验学习圈”理论的四个阶段——具体体验、反思观察、抽象概括和行动应用进行设计。四个阶段将“学习”与生活相关联，是一个连续的过程。伴随着体验活动，学生带着自己的课题和体验进入学习情境，“教育”也随之展开。学生与教师、同学等的互动，使教学不再是学习者被动接受知识的过程，而是积极建构学习的过程，整个过程以学习者为中心，以发挥学习者的主动性。

每节课的活动后，都有一个重要的环节，就是教师总结——带领学生进行复盘和反思，对活动的重点进行深入讲解，对思想进行引申和提升，这有助于学生更好地总结、体验、感受，将学习与生活相连接。教育家杜威曾说："经验加反思等于学习。"建议先让学生总结自己的觉察、感悟和发现，教师再进行总结。你会惊讶于学生的思考和输出，而这一过程正是学生进行自我探索、将所学迁移到所用的过程，这就是我们期待的"教育"。

本书根据主题分为七章，分别是：情绪管理与行为调控、有效沟通、自我认知、生命教育、生涯教育、拓展活动和校园活动。前六章，每章包含 4～8 个活动；第七章选用四位智慧校长的小故事，展示如何通过校园活动，运用智慧，帮助学生面对挑战，在潜移默化、润物无声中进行教育。具体活动详见下表。

	活动名称
一、情绪管理与行为调控	1. 好习惯伴我成长
	2. 遵守规则我能行
	3. 情绪王国之旅
	4. 情绪按钮
	5. 合理表达情绪
	6. 做情绪的小主人
	7. 我的生气小怪兽
	8. 乐观魔法帽
二、有效沟通	1. 我有同理心，沟通更高效
	2. "我信息"助力有效沟通
	3. 优点大爆炸
	4. 有温度的沟通
	5. 学会倾听
	6. 人气指数升升升
三、自我认知	1. 悦纳自我
	2. 多彩的我们
	3. 换位思考的力量
	4. 带着希望向未来

续表

	活动名称
三、自我认知	5. 提升自我效能感
	6. 拥抱成长型思维
四、生命教育	1. 写给自己的情书
	2. 绘制我的生命树
	3. 我的能量“曲奇罐”
	4. 解忧诊所
	5. 探寻生命的意义
	6. 生命中的“火花”
	7. 探索我的社会支持系统
	8. 人际关系之双赢
五、生涯教育	1. 绘制我的生命彩虹图
	2. 遇见未来的自己
	3. 兴趣岛之旅
	4. 找到你的内驱力
六、拓展活动	1. 达·芬奇密码
	2. 棉花糖挑战
	3. 齐眉棍
	4. 无敌风火轮
	5. 齐心合力
	6. 气球大作战
七、校园活动	1. 如何让学生爱上阅读
	2. 如何让学生爱上运动
	3. 如何让学生成为“文明人”
	4. 如何让学生勇于发言
	5. 如何进行美育教育

目录

绪 论

项目背景

2016 年 10 月，为推进健康中国建设，提高人民健康水平，中共中央、国务院印发《“健康中国 2030”规划纲要》，指出要提高全民健康素养，“建立健全健康促进与教育体系”，并特别强调要加大学校的健康教育力度，“将健康教育纳入国民教育体系，把健康教育作为所有教育阶段素质教育的重要内容。以中小学为重点，建立学校健康教育推进机制。构建相关学科教学与教育活动相结合、课堂教育与课外实践相结合、经常性宣传教育与集中式宣传教育相结合的健康教育模式。培养健康教育师资，将健康教育纳入体育教师职前教育和职后培训内容”。

为落实《“健康中国 2030”规划纲要》，充分发挥中小学课程教材在生命安全与健康教育中的重要作用，2021 年教育部制定了《生命安全与健康教育进中小学课程教材指南》（以下简称《指南》）。在教学实践方面，《指南》明确提出，“以实践体验为主，组织开展实验探究、情境体验、虚拟仿真、现场教学、演练等活动，确保有效落实”。可以看到，《指南》多次提到“体验”一词，并强调与生命安全与健康教育相关的教学要“以实践体验为主”。这是因为生命安全与健康教育的特点决定了“体验”在教学中的重要地位。体验式教育是生命安全与健康教育有效实施的内在要求。

《指南》指出：“生命安全与健康是人类生存、发展的基本需求和永恒追求。生命权、身体权和健康权是每一位公民的权利。”“良好的学校生命安全与健康教育有助于学生树立正确生命观、健康观、安全观，养成健康文明行为习惯和生活方式，自觉采纳和保持健康行为，为终身健康奠定坚实基础。”生命安全与健康教育的内容主要涉及五大领域：健康行为与生活方式、生长发育与青春期保健、心理健康、传染病预防与突发公共卫生事件应对、安全应急与避险（见图 1）。五大领域之间的关系，如图 2 所示。

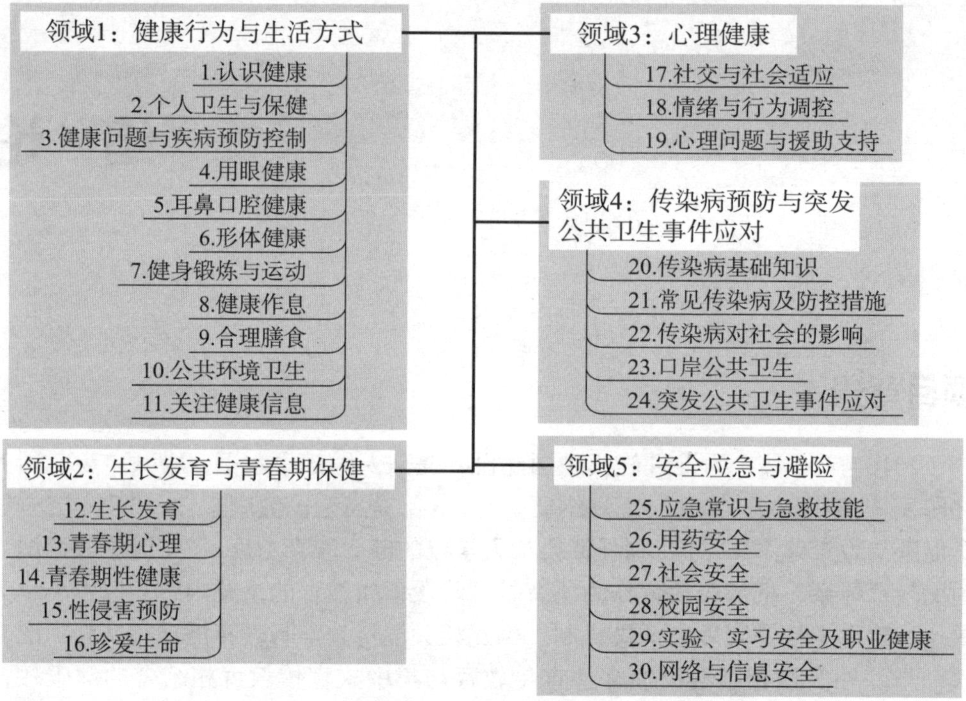

图 1　生命安全与健康教育领域及核心要点

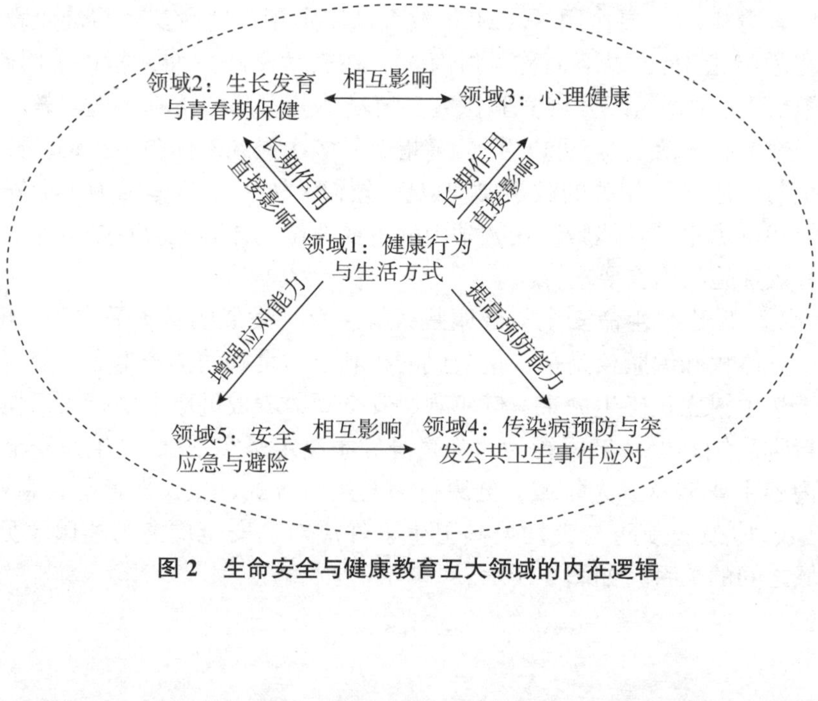

图 2　生命安全与健康教育五大领域的内在逻辑

《指南》还对不同学段提出了不同要求：小学阶段侧重“基本知识介绍、具体技能训练和个人卫生习惯培养”；初中阶段注重“讲解原理和机制，深化学生认识，强化健康行为养成的主动性和自觉性”；高中阶段主要强调“学生的生命责任感和意义，以及发现问题和积极解决问题的能力”。根据《指南》要求，生命安全与健康教育的目标包括“进教材、进课堂、进学生头脑”。在学科融入方面，要“注重趣味性、互动性、体验性、生成性，提升教育实效性”。**体验式教育是生命安全与健康教育实施的内在要求。**

什么是体验式教育？

体验式教育协会（Association for Experiential Education，AEE）认为，体验式教育是教育者通过多种方法，有意识地与学习者投身于直接经验和集中反思，以增加知识、发展技能、澄清价值观，以及培养人们为社会作出贡献的能力的教育模式。AEE 指出体验式教育的部分实践原则包括：

- 通过反思、批判性分析和综合分析筛选经验。
- 学习者主动采取行动、作出决定并对结果负责；积极提出问题、参与调查、进行试验、产生好奇、解决问题并承担责任，从而提升自身的创造性并建构意义；在智力、情感、社交、精神和 / 或身体方面都有参与，这种参与产生了学习任务的真实感。
- 教育者的主要角色包括分享适当的经验、确定问题、设定边界、支持学习者、确保学习者身体安全和情感安全，并促进学习过程。

体验式教育理论的国际研究

教育改革家约翰 · 杜威（John Dewey）为体验式教育理论的发展作出了启发式的贡献。在《经验与教育》一书中，他批判传统教育方式，“传统学校的拘泥形式和固定性似乎是压迫人和束缚人的”，提出“从做中学（learning by doing）”的实用主义教育理论。“从做中学”是学生从自己的活动和“经验”中学习，把获取的学校知识和生活中的活动联系起来。最好的教育就是“从生活中学习、从经验中学习”。在学习过程中，学习者需要把新的经验和已有的知识联系起来，修正认知。另外，学习者还要主动与自己所处的环境互动，检验自己从环境中得到的新经验。

针对教育的本质，杜威提出“教育即生活，学校即社会”的观点。他认为

“教育不是为将来的生活做准备，而是生活本身”。他强调学校“应该成为一个小型的社会，一个雏形的社会”，因为教育是一种社会生活过程，学校是社会生活的一种形式。

1984 年，教育家大卫 · 库伯（David Kolb）在《体验学习：让体验成为学习和发展的源泉》一书中提出了完整的体验式学习理论，即“体验学习圈”理论。他把体验式学习分解成四个阶段：具体体验、反思观察、抽象概括、行动应用，之后再回到“具体体验”阶段，如此循环往复（见图 3）。

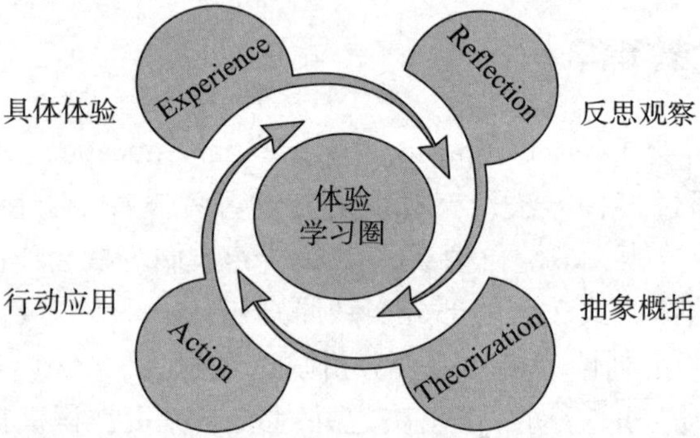

图 3　体验学习圈

第一阶段为“具体体验”，是指在活动中使学习者进行沉浸的体验。

第二阶段为“反思观察”，是指学习者结束体验后，对经历过的体验加以反思，联系过去已经掌握的知识和经验，发展出新的认知。

第三阶段为“抽象概括”，是指学习者对反思的结果加以归纳总结，得到合乎逻辑的概念。

第四阶段为“行动应用”，是指学习者把新得到的概念应用到适当的情景，巩固学习成果。

可以看到，在库伯的体验式学习理论中，体验既是学习的过程之一，也是学习资料的直接来源。库伯的理论成为体验式教育理论的主流。

体验式教育理论在中国的传播、发展和改造

中国传统文化里的教育思想就特别强调体验和实践。比如《论语》开篇：子曰：“学而时习之，不亦说乎？”

今人常把“学而时习之”解释为学习新知识后要经常复习。然而，纵观

《论语》，通篇在讲“学”，却不是以传授知识为主，而是讲做人的道理、成为君子的方法。学习这些道理和方法，不是为了考试，而是要在生活实践中去运用体会，再将其内化成自己生命的一部分，使自己的生命境界达到一定的高度。因此，这里的“习”是实践、实习的意思。“学而时习之”，说的是学了做人的道理、成为君子的方法，要在生活实践中坚持运用和体会，逐渐充实生命，使内心生发喜悦。正因为学习的目的是完满生命、自我成长，孔子才感叹颜回“在陋巷，人不堪其忧，回也不改其乐”。

杜威被认为是对中国教育影响最大的外国教育家：一方面是杜威到中国访问和讲学长达两年多；另一方面是他培养了一批中国学生，其中有很多人成为著名的思想家和教育家，例如蒋梦麟、胡适、陶行知、张伯苓等。他们积极宣传杜威的思想，客观上推动了体验式教育思想在中国的传播和发展。

其中，陶行知被著名汉学家费正清评价为“杜威博士的最有创造力的学生”“超越了杜威”。陶行知的名字来源于王阳明的知行观：“知者行之始，行者知之成。”陶行知继承了中国传统文化中的优秀教育思想，并且结合当时的国情，对杜威的体验式教育进行了“中国化改造”，提出了生活教育理论：生活即教育，社会即学校，教学做合一。

“生活即教育”是指教育来源于生活，教育要依靠生活、改造生活。生活含有教育的意义，教育随着生活而变化。生活和教育在本质上同属于一个过程，强调生活与教育结合，生活就是教育的一种形式。“社会即学校”是指“要拆除学校的围墙，在社会大环境中来创办学校”。强调社会要营造学校的氛围，使学生接触社会，在大环境中得到锻炼、获得成长。“教学做合一”认为在生活中教法、学法、做法是不可分割的。教法和学法都来源于做法，统一于做法。陶行知提出教育要解放儿童的头脑、双手、嘴、眼睛、时间和空间，还儿童以自由，从而解放儿童的创造力。

国内关于教育的本质的讨论有多种观点，当代著名教育家顾明远先生认为种种说法几乎都没有打破工具论的藩篱。20 世纪 80 年代，“教育价值观发生了巨大转变，但仍然强调教育的社会功能，而忽视人的发展的功能”。在工具论的影响下，填鸭式的灌输教育大行其道，体验式教育式微。

党的十六大之后，“以人为本”逐渐成为教育界的共识。顾先生强调教育的本质是“传承文化，培养人才”“为了人的发展”。顾先生认为“学生既是教育的客体，又是教育的主体”。学生的成长不是靠教师的说教，而是靠学生的活动，在活动中主动学习，在此过程中体验与他人、与社会的关系，锻炼思想品格，培养责任感、沟通能力、合作精神和诚信品格。随着育人的教育初心的回归，体验式教育逐渐复兴。

体验式教育是未来教育发展的方向

美国心理学教授劳伦斯·W. 巴斯劳（Lawrence W. Barsalou）提出具身认知（embodied cognition）的概念，即个体的生理体验和心理状态之间存在着密不可分的联系。传统的认知主义认为身体只是刺激的感受器和行为的效应器。具身认知理论认为，认知是身体的认知，身体是认知的主体。因此人在看到“熊猫”两个字的时候，不仅会想到熊猫是国宝，还会想到熊猫憨态可掬的样子。

大量心理学实验发现，知识是和身心体验联系在一起的。比如点头会让人更容易认为是答应；摆手让人更倾向于认为是拒绝；等等。清华大学彭凯平教授指出，知识并不是完全以抽象概念的形式存在于人的大脑皮层中，知识存储于人的身心体验中，在人的身体、思想、情绪和行为中。

因此，教育的本质不是背诵和记忆，而是积极的身心体验。一旦认识到**知识就是体验，知识就是生活**，求知就不再是枯燥乏味的过程，而是去体验生活，并且是幸福地体验生活。

第一章

情绪管理与行为调控

任何人都会生气，生气没有什么难的，但在适当的时间、适当的地点，以适当的方式，对适当的对象，恰如其分地生气，可就难上加难了。

——亚里士多德

本章导读

情绪管理能力越来越被人们重视。每个人都不能脱离情绪而存在。著名心理学家丹尼尔·戈尔曼在《情商》中提到，当情绪占支配地位的时候，我们的智商有多高其实是毫无意义的。学生们如果能在小学阶段掌握情绪管理的相关方法，将受益终身。

《指南》第三大领域“心理健康”中的要点“情绪与行为调控”，涵盖了“树立纪律意识与规则意识”“能够正确对待学习中的问题，培养处理厌学等负面情绪的能力”“识别积极与消极情绪”等多个一级学习目标。本章共有八个活动。活动1“好习惯伴我成长”和活动2“遵守规则我能行”适合小学低年龄段，引导学生适应小学生活，养成好习惯，遵守班级和学校规则。活动3～8以情绪管理能力培养为主线，通过开展活动，引导学生学习情绪管理：第一步，认识与接纳情绪；第二步，觉察与表达情绪；第三步，情绪管理有技巧。活动适合小学中高年龄段及初中生，教师可根据学情进行调整。活动3“情绪王国之旅”、活动4“情绪按钮”引导学生认识情绪，了解情绪分为积极情绪和消极情绪，但是，二者并没有好坏之分，而且无论是积极情绪还是消极情绪，都有其正向的意义和作用；活动5“合理表达情绪”、活动6“做情绪的小主人”引导学生觉察情绪，并能进行合理表达；活动7“我的生气小怪兽”、活动8“乐观魔法帽”教给学生管理情绪的方法和技巧。

活动 1

好习惯伴我成长

活动关键词

行为习惯

教学目标

1. 初步养成关注日常生活中的一些小细节的意识，在学习中体会到快乐。
2. 在活动中发现自己的好习惯和坏习惯，能在日常行动中不断完善自己。
3. 初步认识习惯对生活的不同影响，并对自己的行为习惯进行自我分析。

活动的长远意义

儿童成长是社会化的过程，进入学校是儿童由自然人转变为社会人的开始。巴金说："孩子的成功教育，从培养好习惯开始。"习惯是一种巨大的力量，让孩子们从小养成良好的习惯，可以使他们终生受益。整洁、讲卫生、惜时、细心等好习惯，是学生在个体社会化发展过程中需要养成的基本行为习惯，也是一个人完满人生应该具备的最基础又最重要的行为习惯。小学阶段是个体习惯养成的关键时期。小学生在生命成长过程中，一个主要任务就是养成好习惯。好的习惯有利于激发学生的学习积极性和主动性，提高学习效率，培养自主学习能力等。

活动用品

动物头饰（猴子、狐狸、兔子样的头饰）

适用年级

小学一、二年级

活动流程

一、热身活动

教师：请大家将手掌张开，然后十指交叉。看一看，你的左手大拇指在上，还是你的右手大拇指在上？

现在请大家刻意反过来交叉，即刚才在上的拇指改在下，看看是什么感觉。很别扭，对，这与我们一直以来的习惯不同，很不舒服。但是，这种不习惯是可以改变的，我们继续来试试。

教师：再来一次，做刻意改过来的交叉动作，这次用力重复一次。接下来，一起重复这个动作 21 次。我们一起来数数。现在是什么感觉？习惯了一点，是吗？

教师总结：当我们掌握了改变坏习惯的方法——不断重复正确的习惯，我们就能收获好习惯了。

二、体验活动：故事会

（一）阅读绘本故事

呈现绘本故事《养成好习惯》首页，引导学生边看边思考：故事中的小动物的行为习惯怎么样？你有什么想对它们说的呢？

播放绘本故事，请同学们认真观看。（故事简介：调皮的小猴乱扔香蕉皮，让兔妹妹摔跤，还嘲笑兔妹妹，之后小猴自己也踩到乱扔的果皮，滑倒并摔破腿，最后小狐狸跟狐狸妈妈教导、帮助他们养成好习惯。）

（二）分享绘本故事

听完绘本故事，请同学们分享：

- 故事中小猴的习惯怎么样？你想对它说什么呢？
- 邀请学生说一说将小猴的坏习惯调整为正确的做法，并将改编后的故事表演出来。
- 同学们，你在生活中有哪些好习惯呢？

教师总结：从绘本故事以及同学们的分享和表演中，我们发现坏习惯不仅会给自己带来不好的影响，而且会伤害到别人，而好习惯则可以帮助我们变得更加优秀和自觉，让我们收获更多美好。那么，对于一些不好的习惯，我们该怎么改正呢？我们又该如何养成更多好习惯呢？接下来让我们进入“好习惯小达人”闯关活动！

三、演练

欢迎大家来到“好习惯小达人”闯关活动，希望大家在闯关活动中了解和收获更多好习惯！

活动规则：仔细观察图片呈现出的小动物们在学校的不同情景，请大家指出这些情景中有哪些好习惯或者有哪些行为需要改正。请快速思考判断，举手回答的即可获得小组积分，最终得分最高的小组成员将获得今天的“好习惯小达人”荣誉。

呈现方式：通过图文并茂的方式逐一呈现不同情景。

- 情景一：早上上学路上，欢欢将装早餐的塑料袋随手扔进了路边花坛里。
- 情景二：上楼梯时，龙龙一直蹦跳着，不小心绊到台阶摔倒在地，小林看到立刻将他扶了起来。
- 情景三：小红在课堂上经常分心，玩手中的文具或者望向窗外，不能集中精力听讲，当教师提问时，她往往答非所问，影响课堂学习效果。
- 情景四：玲玲上小学后，父母给她买了许多漂亮的文具，玲玲的书桌上和书包里放满了没用完的铅笔、作业本。每支铅笔用过两次后就扔到一边，要换新的，每本作业本用了不到三分之一，就破损不堪。
- 情景五：龙龙爱看电视，放学回家后，把书包往沙发上一扔，就打开电视，看得入迷，吃饭、做作业、玩耍都要开着电视。

…………

四、反思和行动计划

邀请学生回顾今天的学习内容，分享自己的感受和收获。

发现榜样，树立目标：你认为在咱们班级中或者我们身边，谁的好习惯最值得你学习？（请学生分享）

引导学生结合自身实际和身边的榜样，思考在未来的学习生活中可以从哪些方面、用什么方法帮助自己养成更多好习惯。

五、活动延伸

布置课后小任务："好习惯养成记"。要求学生和爸爸妈妈一起讨论，将自己目前最希望养成的一个好习惯记录在"习惯养成记录卡"中，每天提醒自己并让爸爸妈妈协助监督自己，如果做到了就在卡片上画上☆。

我的目标好习惯：	
日期	完成情况（☆）
…………	

小故事

好习惯成就美好人生

荀子曰："不积跬步，无以至千里；不积小流，无以成江海。"生活中，一些细小的习惯，看似不经意，实则力量无穷，好的习惯方能成就一个人。

1978 年，75 位诺贝尔奖获得者相聚巴黎。有人问其中的一位："你在哪里学到了你认为最重要的东西？"这位白发苍苍的学者出人意料地回答："在幼儿园。"又问："在幼儿园，你学到了什么？"学者回答："比如，把自己的东西分一半给小伙伴们，不是自己的东西不要拿，东西要放整齐，饭前要洗手，午饭后要休息，做了错事要表示歉意，自己的事情自己做，学习要多思考，要仔细观察大自然。我认为，我学到的全部东西就是这些。"学者们普遍认为在学校养成良好的习惯让他们终生受益。

毛泽东青少年求学时常常拿着书到闹市上去读，培养自己专心学习的意志力；列宁连坐在理发店等候理发时都要阅读一会儿报纸；雷锋在汽车启动前都要读一会儿名人著作，并且坚持每天写日记。

著名作家托尔斯泰从六七岁开始，就养成了写日记的好习惯，把每天有趣的事记下来。九岁的时候，他专门写了一本《外祖父的故事》，里面记满了外祖父打仗时的非凡经历和有趣故事。他还喜欢收集能激励自己的名言警句，记了满满一本子，而收集名言警句也成了他一生的习惯。后来逐渐发展到把自己关在书屋里，终日与书为伴，专心读书，最终开始自己创作。丰富而深厚的积淀使他的文学作品传到各地，感动了一代又一代人。因此，好习惯成就美好人生。

教育故事

真正的教育是自我教育

真正的教育是自我教育，真正的控制是自我控制。冰冻三尺，非一日之寒，任何一种习惯的养成都在于日常生活中的点点滴滴。

一位家长在家教沙龙中分享育儿经验时说到，自己曾经因为儿子做作业不专心、小动作多，设计了习惯训练方案——好习惯养成五步法。

第一步是观察。先观察清楚原因，了解孩子到底是怎么坐不住的。孩子写作业，这位妈妈就坐在能看到孩子的地方，注意看。孩子写一小时作业站起来 7 回，一会儿打开冰箱看看，一会儿打开电视看有没有动画片。不到十分钟就站起来，半天不坐下去，学习肯定搞不成。

第二步是引导。“我刚才数了一下，你一个小时站起来 7 回，是不是有一点多？”儿子有些不好意思。妈妈说：“儿子，你写一个小时作业站起来 3 回，还差不多吧？”儿子心想，妈妈挺不错，还让我站起来 3 回，就说：“3 回就 3 回。”

第三步是双方约定。妈妈说：“军中无戏言，如果你写一个小时作业站起来不超过 3 回，当天晚上 6 点的动画片随便看，妈妈绝不干涉。但如果你一小时站起来超过 3 回，当天晚上什么电视都不能看，动画片也不能看。”母子达成了协议。第一个星期儿子有三天做到了，到了晚上 6 点大摇大摆地看动画片，很自豪。但是有两天忘了，一到晚上 6 点就条件反射，心里痒痒，于是，就求妈妈让他看动画片。妈妈坚持说不行。第二个星期开始了，儿子写作业刚坐一会儿就想站起来，但是他马上意识到这不行——“我只有 3 次站起来的机会，我得省着点儿用”，就忍了下来。

第四步是逐步递增/减。经过一个月的训练，儿子能做到一个小时站起来不超过3回。妈妈说："不错啊，我看你很有潜力，那一小时站起来不超过2回，能够做到吗？" 儿子说："2回就2回。" 随后，第二个月一个小时站起来2回，第三个月一个小时站起来1回。

第五步是强化巩固。三个月后，儿子写一个小时作业基本上不站起来了。妈妈及时向儿子伸出了大拇指："儿子，你真棒！！你真的做到了，妈妈为你骄傲！" 妈妈成功了——儿子养成了专心写作业的习惯，改掉了坐不住的习惯。

总之，我们需要给孩子多一份耐心与爱心，用心、用情、用智慧才能更好地助力孩子养成良好习惯，继而受益终生！

（广东省佛山市南海区大沥镇泌冲小学　缪易珍）

活动 2

遵守规则我能行

活动关键词

遵守规则　规则意识

教学目标

1. 初步形成规则意识，认识规则的普遍性——规则与我们的生活密不可分。

2. 提高自我约束力，养成遵守生活规则的好习惯。

3. 体会规则的重要性、必要性，树立正确的规则意识，增强责任感和自律性。

活动的长远意义

小学生正处于身心发展的重要阶段，对规则和行为规范的理解和遵守意识还不够强，因此，在教育过程中，需要对他们加强规则意识的培养。低年级儿童处于皮亚杰所说的道德发展的权威阶段，他们认为教师的话无可置疑，这种绝对服从心理有助于他们很快适应学校生活基本的规范要求。本活动旨在帮助学生了解规则的重要性，培养他们的规则意识和自我管理能力，促进他们良好行为习惯的养成。同时，通过实际操作和体验，让学生更好地理解和遵守生活中的各种规则。

活动用品

情景模拟道具（小红旗、小汽车、“守纪星”贴纸）

适用年级

小学一二年级

活动流程

一、热身活动

聆听绘本故事《图书馆狮子》

（一）激发阅读兴趣

教师：同学们，今天我给大家介绍一只特别的狮子。为什么说它特别呢？你们知道狮子生活在哪里吗？森林？动物园？但是这只狮子却生活在图书馆里，真够特别的。那人们在图书馆里看见它会不会害怕呢？他们之间会发生什么故事呢？我们一起来看看吧。

（二）分享故事内容

（1）麦小姐为什么不让狮子听故事？

（2）它又是怎样继续留在图书馆里听故事的呢？

（3）学生交流听完故事后的想法。

教师总结：图书馆有图书馆的规定，必须遵守，这样大家才能在一起看书、听故事，友好相处。学校里有校规、课堂规则，在玩游戏的时候有游戏规则。让我们一起走进今天的“遵守规则我能行”活动课堂。

二、体验活动

（一）分组进行场景模拟

1. 交通规则场景模拟

在讲台前模拟一个交通路口的场景，让学生扮演行人和车辆。通过模拟过马路、等红绿灯等场景，让学生了解并遵守交通规则，如“红灯停，绿灯行”“走斑马线”等。教师可以借助道具如小红旗、小汽车等来增强模拟的真实感，并讲解遵守交通规则的重要性。

2. 室内课堂场景模拟

邀请不同的学生轮流上台扮演教师角色，让他们依次发出课堂常规口令，具体如下：

教师说“小小手”，大家喊“放桌面”，然后坐端正。

教师说“小嘴巴”，大家喊“不说话”，然后闭上嘴巴，保持安静。

教师说“要发言”，大家喊“先举手”，然后举起右手坐端正。

（备注：对于表现好的孩子，应及时鼓励，可给予“守纪星”奖励。）

3. 图书馆借阅场景模拟

在教室模拟图书馆的场景，让学生扮演图书管理员和借阅者。通过模拟借书、还书等场景，让学生了解并遵守图书馆的规则，如保持安静、按序排队、爱护图书等。教师可以引导学生讨论图书馆的规则和借阅流程，并强调遵守规则的意义。

（二）总结

1. 组织讨论

开展小组讨论，探讨如何克服不遵守规则的行为习惯。邀请学生分享自己在遵守规则方面遇到的困难和问题，讨论并提出改变不良行为习惯的方法和建议。

2. 教师总结

强调遵守规则对学生个人成长和社会的意义，归纳小学生在不同场景下需要遵守的规则。

三、演练

“我是规则守护员”活动

请学生观察图片呈现的内容，并判断图中人物是否遵守规则——如果遵守了就用双手比出大拇指的手势，如果没有遵守就双手交叉比出“×”的手势，并举手说明原因。

通过课件呈现不同场景的图片，例如：

- 乐乐打扫卫生时趁人不注意把垃圾倒在隔壁班的卫生区内。
- 公交车来了，小强看到排队的人行动有点慢，就插到队伍前面上了车。
- 在公园玩耍时，小红要到前面的假山上看风景，妈妈让她踩踏花圃抄近路。
- 学校组织春游，明明想在景区的石壁上刻字留念。

四、反思和行动计划

思考除了在学校和在公共场合要遵守的规则，我们还需要好好遵守哪些规则，具体应该怎么做。

教师：自律是一个文明人的最高境界。如果大家都能做到遵规守法，整个社会就会变得井然有序、文明进步，我们的国家就会成为名副其实的礼仪之邦。

五、活动延伸

“守规则童谣”记心间：

过马路，走横道；乘车船，要买票；

玩游戏，按顺序；看电影，不吵闹；

上楼梯，靠右走；看完书，要放好；

大半夜，不喧闹；守规则，都说好！

（备注：邀请学生齐读并熟记，鼓励学生在生活中实践。）

小故事

规则，让我别无选择

在一次世乒赛上，瑞典选手瓦尔德内尔与我国选手进行了一场精彩的比赛。那是一场极为重要的比赛，关系着两位运动员能否闯入决赛，所以双方打得特别激烈。这场比赛中，选手的连贯对接、锐利扣杀并没有给我留下太深刻的印象，但是那位瑞典选手，渴望登上世界乒坛宝座的职业队员，在关键时刻绽放的人性光辉，使我看到过的任何比赛都黯然失色。

在比赛的收尾阶段，双方依然打得难解难分、各不相让，对方每一次失误都会给自己带来一分胜算，自己的每一次成功扣杀都会给胜利增加砝码。在最后的关键时刻，我国选手在一次回防中将球匆忙打向对面，球落在桌沿外，因为球速太快了，在短暂的寂静之后，赛场上爆发出雷鸣般的掌声。那位瑞典选手因我国选手的失误而赢得了比赛。然而，在喧闹沸腾的赛场上，大家看到了一个孤零零但执着的手势，原来是瑞典选手在向裁判和观众示意：我国选手打的是擦边球，这一分应该判给我国选手。大家在明了事情的真相后，不禁为这位瑞典选手没有赢得比赛而感到惋惜，但以热烈的掌声回报他的坦荡和率真。

赛后，当记者问他为什么要举起那个手势的时候，他说：“规则，让我别无选择！”

教育故事

首先，在小学教育过程中，制定规则时需要充分考虑小学生的年龄特点和身心发展规律，确保规则内容的适宜性和科学性。过于复杂或严格的规则可能会给孩子带来压力，甚至导致其产生逆反心理，因此，规则应当简单明了，易于理解，并且符合孩子的身心发展规律。同时，还应当注重与孩子的沟通交流，倾听他们的想法和意见，引导他们自觉遵守规则，例如，可以利用主题班会与学生共同制定班规，让孩子有当家作主的感觉，重要的是要发挥孩子的主观能动性，进而才能更加有效地增强其自律性。其次，培养孩子的规则意识不仅需要理论教育，更需要实践锻炼。在日常教育中，要引导孩子在各种场合中遵守规则，如课堂、户外等。通过实践锻炼，让孩子真正理解规则的重要性，自觉遵守规则，形成良好的行为习惯。例如，我在一年级班级中，为了加强孩子的规则意识，组织了一场“我是小小管理员”的实践活动，让每个孩子轮流担任管理员，负责班级日常纪律、卫生等方面的管理和监督工作。通过这次活动，孩子们不仅了解了管理员的工作内容和职责，而且深刻体会到了遵守规则的重要性。在管理员的带领下，班级整体的纪律和卫生状况得到了明显改善。同时，孩子们学会了尊重他人、团结协作等良好品质。这表明，通过实践体验的方式进行规则教育，能更好地激发孩子的学习兴趣和积极性，培养其良好的行为习惯和社会责任感。

总之，对小学生进行规则教育是培养其良好行为习惯、提高其自我约束力、促进其身心健康成长的重要途径。在未来的教育工作中，我们应当进一步加强对小学生规则教育的重视，加大投入力度。同时，在实施过程中要及时总结经验教训，不断改进和完善相关制度措施，加强与家庭和社会等各方面的合作，形成教育合力，从而为小学生的健康成长提供有力保障。

（广东省佛山市南海区大沥镇泌冲小学　缪易珍）

活动 3

情绪王国之旅

活动关键词

认识情绪　识别情绪

教学目标

1. 认识到每个人都有各种各样的情绪，了解不同情绪词的含义。
2. 掌握常用的情绪词，丰富自己的情绪词汇库。
3. 体验不同的情绪，感受情绪的丰富多彩。

活动的长远意义

通过掌握情绪词，帮助学生认识各种各样的情绪，了解自己的情绪，学会体验和初步表达情绪，为后续学会及时调节消极情绪、主动培养积极情绪、培养开朗向上的积极心理品质作铺垫。在班级中，学生掌握各种情绪词有助于学会识别自己和他人的情绪，从而减少人际矛盾，让班级氛围更加融洽。

活动用品

写有情绪词的卡纸若干、布袋一个、画有情绪小瓶子的记录单、玩偶

适用年级

小学五六年级

活动流程

一、热身活动：情绪猜猜猜

情绪猜猜猜：学生上台从布袋中抽取情绪词，通过表情、肢体动作表演对应的情绪，台下同学猜他们表演的是哪种情绪。

教师板书学生表演的情绪词(快乐、伤心、生气、害怕等)，总结人的四种基本情绪，包括喜、怒、哀、惧。

二、体验活动：击鼓传花

全班做击鼓传花游戏，蛇形传递玩偶，玩偶停到谁那儿，谁就要模仿卡纸上的图，做出对应的动作和表情，做完可获得小礼物一份。

学生回想和体会自己在游戏过程中出现的各种情绪，并在学案中写下合适的情绪词，将其填入喜、怒、哀、惧四个“瓶子”中。

同桌两人分享自己的情绪瓶子，观察对方所用的情绪词与自己的有哪些相同或不同，可将对方写的更贴合自己的情绪词补充进自己的“情绪瓶子”。

三、总结和归纳

第一步：全班以接龙的形式说出自己的情绪，尽量与前面同学的不同，教师在黑板上画有四个基本情绪瓶子的学习单中进行板书。

引导学生分享：同学们在同一个游戏中为什么会有不同的情绪？

教师总结：情绪是人对外来事件的态度、体验以及相应的行为反应。一般认为，每个人的愿望和需要是否实现会影响情绪的产生。

引导学生分享：听到他人说出他们的情绪词，你有什么感受？

教师总结：情绪可以用不同的词进行表达，清晰地用词语表达情绪会让自己变轻松。

第二步：引导学生总结四种基本情绪的词汇库。

➢ 喜

- 高兴：愉快而兴奋。
- 好受：感到身心愉快、舒服。

· 开心：心情快乐舒畅。
· 快活：快乐。
· 快乐：感到幸福或满意。
· 庆幸：为事情意外地得到好的结局而感到高兴。
· 舒畅：开朗愉快、舒服痛快。
· 舒服、舒坦：精神上感到轻松愉快。
· 爽快：舒适痛快。
· 喜悦：愉快、高兴。

➢ 怒

· 愤慨：气愤不平。
· 愤怒：生气（激动到极点）。
· 恼火：生气。
· 气愤：生气；愤恨。
· 不快：心情不愉快。
· 不爽：心情不爽快。
· 烦闷：心情不畅快。
· 难受：心里不痛快。
· 窝火：有委屈或烦恼而不能发泄。
· 窝囊：因受委屈而烦闷。

➢ 哀

· 悲哀：伤心。
· 悲伤：伤心难过。
· 伤感：因有所感触而悲伤。
· 伤心：由于遭受不幸或不如意的事而心里痛苦。
· 痛苦：身体或精神感到非常难受。
· 担忧：发愁、忧虑。
· 发愁：因为没有主意或办法而感到愁闷。
· 忧虑：忧愁、担心。
· 压抑：对情感、力量等加以控制，使不能充分流露或发挥。
· 郁闷：烦闷、不舒畅。

➢ 惧

· 胆怯：胆小、畏缩。

· 胆战心惊：形容非常害怕。
· 发怵：胆怯、畏缩。
· 害怕：因遇到困难、危险等心中不安或发慌。
· 惊吓：因意外的刺激而害怕。
· 恐怖：由于生命受到威胁而引起恐惧。
· 恐惧：惧怕。
· 受惊：因受到突然的刺激或威胁而害怕。
· 心有余悸：危险的事情虽然过去了，但回想起来还是感到害怕。

四、演练

请学生回想本周自己印象最深刻的三件事，感受在每件事情中自己的情绪，并从基本情绪小瓶子中选择合适的情绪词进行表达。

四人一组，邀请学生轮流分享——每人选择一件事的情绪词，分享当时的事情以及自己的情绪。

五、反思和行动计划

请学生回顾今天的学习内容，分享自己的感受和收获，课后完成一周情绪小瓶子记录单。

你可以在下面的小瓶子上把一周的情绪画下来哦，并主动和家人说一说！

六、活动延伸

亲子情绪图：邀请学生与家长一起在表格中用画表情图的方式，记录彼此一周的情绪。每天用 10 分钟，彼此说一说，以促进亲子关系。

班级情绪图：在班级中放置情绪图板，旁边放置各种各样的表情贴纸，学生和教师进入教室后，把代表自己当天心情的表情贴纸贴在图板上，班主任利用早读时间，邀请部分学生分享自己的情绪，进而将认识和表达情绪落实到每日的行动中，并使大家养成习惯。

小故事

《我的情绪小怪兽》

《我的情绪小怪兽》绘本围绕一只由红色、黄色、蓝色、绿色和黑色混合的小怪兽展开。小怪兽感到非常糟糕和混乱时，就去向朋友求助。朋友告诉它应该先把各种颜色的情绪分开，于是它就变成了不同颜色的小怪兽——黄色代表快乐，蓝色代表忧伤，红色代表愤怒，绿色代表平静，黑色代表害怕，每种情绪都带给它不同的身心感受。慢慢地，它学会整理自己的情绪了。故事的结尾，小怪兽变成了粉红色，成了一只充满爱和幸福的小怪兽。

基本情绪

人类是一种具有丰富情感的动物，人类的感情或心态通常可以通过面部表情观察到。美国著名心理学家保罗·埃克曼博士经过多年研究提出，不同文化的面部表情具有共通性，而人类共有六种基本情绪：快乐、悲伤、恐惧、愤怒、惊讶和厌恶。后来，英国格拉斯哥大学的研究人员对这一观点提出了挑战，他们认为，人类的基本情绪只有快乐、悲伤、恐惧和愤怒四种，而且这四种情绪具有普遍性，不论语言或文化有无差异，都可以通过特定的面部表情进行识别，并能为世界各国的人们所共有和熟知。另外，研究者还指出，这些面部表情信号是人类在面临生理和社会的进化压力下产生的，对人类进化具有重要作用。

教育故事

班级里的心情板

作为低年级的班主任，我总是为孩子们无缘无故在课间发脾气或者哭泣而烦恼，后来我想到了一个好办法，就是在班级里放置一块心情板。孩子们在进入教室时就把跟自己对应的情绪表情贴纸贴到自己名字下面，我每次一进入教室，就能看到孩子们当天整体的情绪状态了。

周一的早上，我进入教室，就看到小东贴了一个大大的哭脸在心情板上，我看看小东，他的小嘴噘得高高的，眼泪正在眼眶里打转呢！我主动过去，抱了抱小东，轻声问他发生了什么事。原来是早上他和妈妈急着出门，忘记带饭盒了，不知道怎么办才好。我温柔地安慰了他，并告诉他可以在吃饭前找我，我会带他去找食堂阿姨拿一次性饭盒。很快，小东有了笑容，还主动把心情板上的表情换成了笑脸，最后，他带着愉悦的心情投入到课堂学习中。

小小的一个心情板，把教室里师生的距离拉近了，也把同学之间的距离拉近了，孩子们会主动地分享快乐、安慰别人，整个班级变得其乐融融。

老师生气了

叮铃铃，上课铃响了。我迈着欢快的步伐进入了602班的教室，想着今天和同学们度过一节快乐的心理课。谁知一进门，看到的是整个班级嬉嬉闹闹，他们见到我后也没有停下来——说话的说话，追跑的追跑。

见此情景，我的怒气升腾起来，差点拍桌子，后来理智战胜了冲动，我转念一想，何不趁这个机会让他们观察生气这一情绪呢。我就静静地站在讲台上，眉头紧皱，眼睛里充满怒气，嘴唇紧抿，双手交叉在胸前，一言不发。这时，孩子们渐渐感觉到不对劲，慢慢地坐回座位，大家都安静了下来。

当班级恢复平静后，我才问大家："你们刚才发现老师出现了什么情绪吗？你们是怎么发现的？"

"你感到很生气，我看到你的双手交叉在胸前。"

"你内心很愤怒，你的眉头皱着都没有松下来过。"

"你肯定是因为我们班太吵了觉得气愤，一声都不吭，眼睛像要喷火一样。"

大家发言后，我首先表扬了同学们观察得非常仔细，肯定他们用了不同的词语"生气""愤怒""气愤"来形容我出现的情绪。

然后，我跟学生们说："情绪是在一定情境下产生的，刚刚我是出现了生气的情绪，你们准确地识别出来了。我看到你们在打铃后还没能安静下来，心里很生气，真希望你们能珍惜我们每两周一次仅有40分钟的课。这次你们识别出老师的情绪，并及时调整自己的行为，是值得肯定的。而我更希望的是，下次我不出现生气的情绪，你们也能够主动做好课前准备。你们能做到吗？”

“能做到！”孩子们异口同声地说。

作为老师，要及时识别自己的情绪，可以利用情绪出现的契机让学生更近距离地观察情绪，学会用恰当的方式表达情绪。

（广东省佛山市南海区西樵镇中心小学　任佩娟）

活动 4

情绪按钮

活动关键词

情绪管理　ABC 理论

教学目标

1. 了解情绪的特点及分类，学习情绪 ABC 理论。

2. 学会接纳自己的情绪，学会辨识自身的不合理信念，提升学习与生活中对它们的察觉。

3. 帮助学生感受不同事件带来的情绪变化，将情绪 ABC 理论运用于实际生活中，用积极乐观的心态调节、排解自己的不良情绪，形成对自己情绪负责的意识。

活动的长远意义

通过认识情绪产生的过程与原理，发现自身存在的不合理信念，学会构建积极信念并转变观念，掌握调节情绪的方法，调节自身不良情绪，这对学生的学习与生活具有实际指导意义。

活动用品

学习任务单

适用年级

小学高年级、初中

活动流程

一、热身活动

情绪词接龙：请同学们按顺序尽快说出一个与情绪有关的词语，可以提高难度，例如说出四字词语。（要求：必须是与情绪相关的词语；不能出现重复的词语。）

活动后展示喜、怒、哀、惧四类情绪词，帮助学生了解对这四种情绪的不同形容方式，引导学生学会在情绪发生时用更准确的词语对情绪进行描述。

二、体验活动：我的情绪按钮

教师：如果把情绪的发生比喻成按钮，当情绪按钮被按下的时候，某种情绪就会被触发。请大家思考以下问题并写在学案中。

在所有的情绪中：

- 你最容易被按下的情绪按钮是什么？
- 你最难控制的情绪按钮是什么？
- 你最难理解的情绪按钮是什么？

小组讨论：

- 看看其他同学与自己的相同和不同之处。
- 每次某种情绪按钮被按下后，你的反应都是一样的吗？

比如愤怒，有时候我们是暴跳如雷，有时候是不满。情绪有不同的强烈程度，可以把按钮变成带调节功能的，对于情绪反应的强烈程度我们自己可以决定。当遇到消极情绪时，尝试让自己从“一键愤怒按钮”转变为“旋转按钮”，这样情绪就变得可调节了。

三、总结和归纳

教师：我们的情绪按钮总是被触发，我们也会触发别人的情绪按钮。情绪作为一种信号，我们要了解其产生的过程。

通常，我们认为情绪是因为事件的发生而产生的。

但为什么有时候同样一件事，不同的人会有不同的情绪呢？

其实，我们忽略了情绪产生之前的一个环节。心理学家埃利斯提出了情绪 ABC 理论，该理论认为情绪的产生不完全是由事件引发的，而是由对事件的认知和解释引发的。同时他指出，消极情绪和消极的行为结果，是由错误的认知产生的信念引起的。

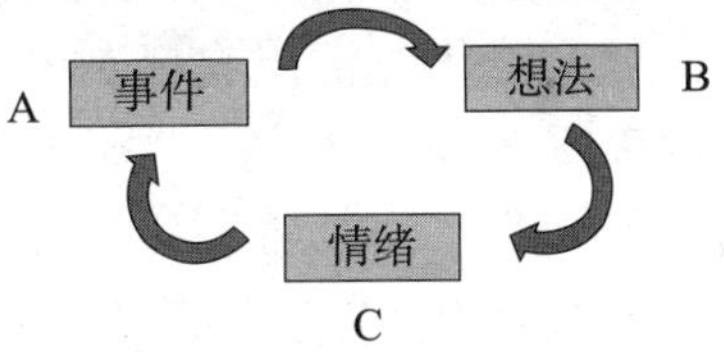

因此，我们对于“想法”的解释就非常重要，例如，诗人眼中的秋天。秋天是不变的，但是不同的诗人寄托的感情是不同的——有的秋天是明媚的、美丽的，有的秋天是冷落的、萧瑟的。

再举个生活中的例子。比如跑完步回到家，发现冰箱里有半瓶水，这时会出现两种不同的想法：一种想法是只剩下半瓶水了，这会导致出现遗憾的情绪；另一种想法是居然还有半瓶水，这会引发开心的积极情绪。因此，当事件发生后，如果从积极的角度去解释，会产生积极的情绪和行为结果；如果从消极的角度去解释，就会产生消极的情绪和行为结果。

下面，请学生观察这些情景，然后区分一下这里的 ABC：事件、想法、情绪，并填在表格里。

情景 1：今天老师批评我了，我非常沮丧、难过。

情景 2：复习了很长时间，但考试成绩还是不理想，我很沮丧，并且这种情绪持续了很久。

情景 3：给好朋友发微信，但是他没有回复我，我很生气、难过。

情景 4：我没考上大学，从此没有前途了。

请学生先自己填写表格，然后小组讨论后回答问题。

A 事件	B 想法	C 情绪
1. 今天老师批评我了。	老师不喜欢我，对我有看法（概括化）。	沮丧、难过。
2. 复习了很长时间，但考试成绩还是不理想。	我努力了就应该有好成绩（绝对化）。	沮丧，并且这种情绪持续了很久。
3. 给好朋友发微信，但是他没有回复我。	他对我有意见（概括化）。	生气、难过。
4. 我没考上大学，从此没有前途了。	没考上大学就等于没有任何出路了（灾难化）。	自我怀疑、焦虑、害怕。

我们产生的负面情绪，是由于一些非理性信念导致的。心理学家埃利斯总结了非理性信念的三个特点：绝对化、概括化、灾难化。

绝对化：常以自己的意愿为出发点，存在某事必定发生或不发生的想法，常表现为将“希望”“想要”等绝对化为“必须”“应该”或“一定要”等，例如“我必须成功”“别人必须对我好”等。

概括化：以偏概全、以一概十，常把“有时”“某些”过分概括化为“总是”“所有”等，看问题容易走极端，往往导致对自身或他人的不合理评价。

灾难化：常表现为遇到不好的事情时容易把负面影响过分夸大、过分灾难化，认为“一切都完了”“没有希望了”等。

因此，我们要学会转变非理性信念，转变对事情的看法，从而将负面情绪转化为正面情绪。

请学生回顾最近发生在自己身上的一次矛盾事件，反思和觉察一下自己当时的情绪，用情绪 ABC 理论去分析这一事件，然后换个想法，重新体验一下可以如何化解这个情绪。

事件	当时的想法	当时的情绪	换个想法	换了想法后的情绪

四、演练：情绪调节“三子棋”

游戏规则：两名同学一组，A、B 方交替，说出一个情绪调节方法即可下一个棋子（双方的方法不重复），率先将自己的三个棋子连成一条线，即为胜利。

A 方：○　　　　B 方：×

采用游戏的方式，让同学们分享情绪调节方法，鼓励同学们在日常生活中也能积极运用这些方法调节情绪，同时接纳消极情绪，不压抑自己的情绪，合力疏解情绪。

五、反思和行动计划

邀请学生进行反思，并针对如何使用今日所学作出行动方案。

（1）今天学到了什么？对自己有哪些帮助？

（2）在本节课中哪个环节让你印象最深刻？

（3）在生活中你如何运用 ABC 理论帮助自己调节情绪？

六、活动延伸：快乐源泉小瓶子

请同学们记录周一至周五让自己感到快乐的行为，并写在瓶子的下方，之后用不同颜色的笔在瓶子上涂色，颜色越满代表这个行为给你带来的快乐越多。

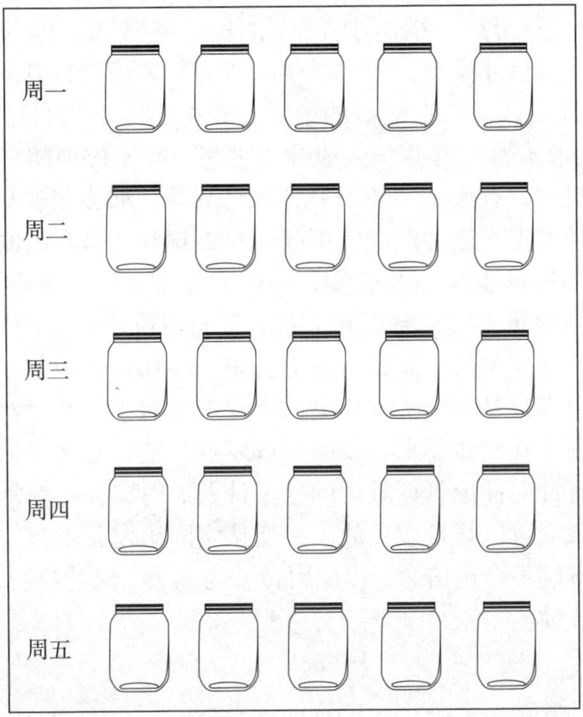

小故事

踢猫效应

一名老板在被交警开了罚单之后，心情极差，回公司后愤怒地训斥了自己的员工。员工回家看到妻子，心中的怨气无处发泄，于是找由头将妻子大骂一顿。妻子认为自己每天操持家务、照顾孩子，已经很辛苦，对这样的训斥感到无法接受，于是，又责骂了正在玩耍的孩子。孩子委屈不已，看到身边正打滚儿的小猫，狠狠地踹了它。猫跑到街上，正好一辆卡车开过来，司机赶紧避让，却把路边的孩子撞伤了。这就是一种典型的坏情绪传染所导致的恶性循环，也就是心理学上著名的踢猫效应。

教育故事

改变不合理认知，让压力变动力

距离中考还有三个月，我陆续接到班主任和一些学生的咨询，都是咨询如何缓解压力。深入了解后才发现，很多学生的压力都来源于自身的不合理认知。初三学生经历了多次考试，临近最后的中考，很多学生看到自己的成绩后，心态有点“崩”，节奏有点乱。有些学生成绩不理想，会不停地胡思乱想：有人想到的是父母失望的眼神；有人想到的是只有自己倒霉，那么刻苦却颗粒无收；有人想到的是某某同学不怎么用功但成绩挺好；有人想到的是自己的学习方法还是有问题，但这么短的时间也来不及改变，中考肯定完了……这些不合理的想法让学生深陷其中，越想越沮丧，越想越迷茫，甚至打乱了日常的学习和生活节奏。

在冲刺阶段的紧要关头，调整自己的心态、稳住自己的节奏至关重要。模拟考试虽然重要，但它只是一个检验机会，考好考坏对中考其实都是有利的。成绩不理想，恰恰有助于我们在还来得及的时候发现问题，综合评估自己的实际水平和位置，从而更有针对性地制订最后的复习计划。对家长、教师、同学等周围人的感受和状态，我们可以暂且放一放，一切从实际出发，不让这些不合理的信念影响自己。学会辨别不合理信念，让压力转变为动力，保持积极心态，轻松上阵，才能取得满意的成绩。

转换认知 转变情绪

在上完“情绪按钮”课后，小 A 同学找到我，向我倾诉了她的困惑。据她描述，某天她在教室里看到同学在聊天，于是想要加入她们的谈话，没想到本来正在开心聊天的两位同学立刻停止了交谈。还有一次，课后任务要求学生们合作完成一个项目，但是没有人找小 A 合作。经历了这两件事后，小 A 的情绪很低落。但经过这次心理课后，她对这两件事有了新的认识。以同学聊天时见到她就停止交谈的事情为例，小 A 说，她最开始的想法是“同学们不喜欢我，所以都不说话了”。后来调整认知后，她思考出了另外两个可能的原因：“也许她们是在谈比较私密的话题，不想让别人听见。”“也许因为我平日里和她们关注的话题不太一样，所以看到我就没有继续谈了。”同样，在没有人与她合作的事件上，小 A 也进行了相应的原因分析：“她们在活动之前可能就私下里确定了要一起合作的伙伴，而我没有。”“我自己也比较被动，等着别人来找我，如果我主动一点，她们也是愿意和我合作的。”小 A 调整认知后，想法就不一样了，心情也变得舒畅了，没有那么大的负面情绪了。

（北京市前门外国语学校　孔丽颖）

活动 5

合理表达情绪

活动关键词

情绪认知　表达

教学目标

1. 认识到合理表达情绪的重要性，了解基本的情绪表达技巧。

2. 学会运用合理的情绪表达方法，学会调节情绪。

3. 运用合理的情绪表达方法，有效地将自身的情绪表达给他人，促进问题解决。

活动的长远意义

正值青春期的学生的生理和心理飞速发展，情绪比较敏感脆弱、变化迅速、不稳定，因此在情绪的表达上容易出问题。有时与同学发生小矛盾时，情绪难以控制，容易产生冲突；有时与父母意见不一致时，存在逆反心理，不能心平气和地表达自己的需求和想法，容易发生争执。希望通过此类活动，逐步引导学生学会以恰当的方式表达自己的情绪，学会运用正确的沟通交流与处理问题的方法合理地调节情绪，做情绪的主人。

活动用品

学习任务单、葡萄干

适用年级

小学高年级、初中

活动流程

一、热身活动：觉察体验——美美地品尝葡萄干

教师：对于日常生活中最常见、最不起眼的食物，你是否真正发现过它的美妙之处？让我们带着好奇、开放的态度来体悟，通过看、触、嗅、品，仔细体会自己的眼、鼻、口、舌与美食打交道时的感觉。

教师邀请学生分享：请调用“五感”，分享你在美美地吃葡萄干时的感受。

- 你观察到的葡萄干是什么样子的？具体描述你看到的葡萄干的样子。
- 你闻到的葡萄干是什么味道的？
- 你触摸到葡萄干时是什么感觉？
- 你品尝到的葡萄干是什么味道的？

用眼睛去观察、用耳朵去倾听、用鼻子去探索、用嘴巴去尝试、用手去触碰。当调动身体的“五感”参与其中的时候，我们会有更丰富的体验和感觉，这一过程称为觉察。

二、体验活动：情绪表达

情绪表达是指个体将其情绪体验经由行为活动或言语表露于外，从而显现其心理感受，以达到与外界沟通的目的。但是受到一些社会因素的影响，很多人在情绪的表达上比较含蓄和隐忍，情绪压抑水平较高，这在一定程度上不利于人际交往与身心健康。

情绪表达具有沟通作用，只有将自己的情绪合理地表达出来，才能让别人理解自己，减少不必要的误解和矛盾。

在情绪表达中我们也需要运用类似“五感”的方式，具体分为四步：

第一步，观察：我此刻观察到了什么，不带情感地描述实际发生的事情。

我看到 / 我听到 ____________________。

第二步，感受：表达由事实引发的感受，强调当时的真实体会。

我感到 ____________________________。

第三步，需求或观点：说出自己的需求或观点。

因为我需要 / 因为这会让我认为 __________________。

第四步，表达期待、请求：用商量的语气清楚地告诉对方你希望他做什么。

所以，我希望 __________________________。

三、演练

以小组为单位，每组抽取一个情景，讨论如何使用上述表达四步法进行回应。

情景 1：隔壁邻居家的电视声音太大了，影响你学习，你感到特别烦，终于忍不住敲响了隔壁邻居家的房门。邻居开了门，你对他们说……

情景 2：回家之后，你想自己安静一会儿，于是关上了卧室的门，但妈妈执意要求你把门打开，说家里没有秘密。在妈妈第三次打开你的卧室门之后，你有点烦躁，对妈妈说……

情景 3：作为纪律委员，你非常负责地维护课堂纪律。但有一个同学上课特别爱随便说话，你提醒了该同学好几次，他仍然毫无改进。你有些气愤，下课后，你对他说……

教师总结：在自己情绪不好的时候，请试着找到产生不良情绪的原因——是否因为某些需求或期待没有得到满足，之后，请使用表达四步法将自己的需求表达清楚。当他人情绪激动时，请你先控制好自己的情绪，尝试从不同的角度去思考，理解他人的需求或期待，并合理表达自己的观点。

四、总结和归纳

（1）这节课有哪些让你印象深刻或者对你的内心有所触动的内容？

（2）你还有什么困惑吗？

（3）学习本节课的内容后，你的想法有了哪些改变？

（4）你会做出哪些积极的行动，以实现更积极的情绪表达？

五、活动延伸

1. 写情绪日志

为了更好地了解自己的情绪、调节自己的情绪，可以写情绪日志，有助于更好地觉察自己的情绪变化。

2. “身边的小确幸”心理九宫格绘画

回顾和收集生活中令你感到幸福的“小确幸”，并用绘画的方式表现出来，从而积累积极的情绪，用积极的态度看待生活。

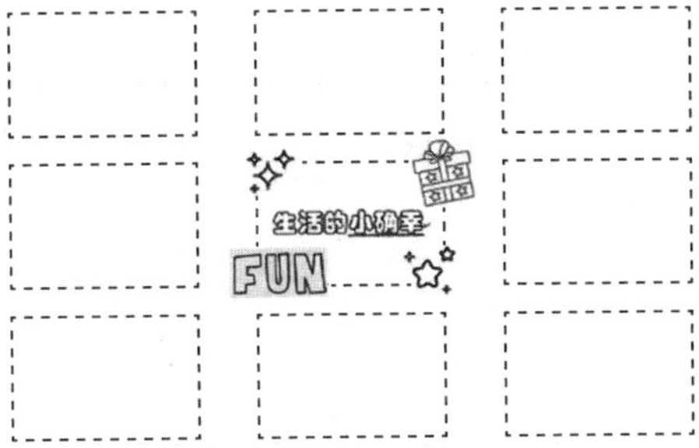

3. 可以“盐”说的情绪

准备粉笔和白纸，将不同颜色的粉笔研磨成“盐”。在白纸上以情绪为主题进行创作，用彩色的“盐”进行构图，“绘制”出自己认为的情绪的样子。完成作品后写上名字和关键词，思考并描述它是一个怎样的故事，释放情绪压力。

小故事

钉钉子的男孩

有一个男孩经常发脾气，于是父亲给了他一袋钉子，并且告诉他，每当他发脾气的时候，就在后院的围栏上钉一个钉子。第一天，这个男孩钉下了 37 个钉子。慢慢地，每天钉下的钉子数量减少了，他发现控制自己的脾气要比钉下那些钉子容易。终于，有一天，这个男孩不再乱发脾气。父亲说：“从现在开始，每当你能控制自己脾气的时候，就拔出一个钉子。”一天天过去了，最后男孩告诉父亲，他终于把所有钉子都拔出来了。

父亲拉着他的手，来到后院说：“你做得很好，我的孩子，但是看看那些围栏上的洞。这些围栏将永远不能恢复到从前的样子。你生气的时候说的话就像这些钉子一样留下了疤痕。如果你拿刀子捅别人一刀，不管你说了多少句对不起，那个伤口将永远存在。话语的伤痛就像真实的伤痛一样令人无法承受。”

故事给我们的启示是，要努力学会掌控不良情绪，时时处处尊重、宽容他人。为人处世时，难免不尽如人意，遇到气愤事时千万不能只图一时之快，出言不逊，出口伤人。有时不经意间的伤害，将带来心里的伤痕，且永远无法弥补，有可能断送友情甚至亲情。

教育故事

有话好好说

“合理表达情绪”这一课的设计源于学生参加学校篮球比赛后发生的一系列冲突事件——男生因为赛场上的肢体碰撞，在赛后发生争吵并引发矛盾，女生群体作为啦啦队，因为输赢与对手班级发生争吵。这些事件的发生说明学生在面对冲突时可能不能合理沟通，导致他们解决问题的方式很单一且消极。

在课前调查中，初一年级 87% 的学生表示自己曾与人发生过争吵。对于争吵，许多学生表示：“有理就要说”“对方指责我，我也想骂回去”“不骂回去就显得自己错了”。根据这一情况，我进行了深入思考，我认为学生在相处中意见不一致、出现矛盾在所难免，但如果不进行正面引导，发生冲突后很可能导致暴力行为。近年来，校园暴力、校园欺凌事件时有发生。发生冲突时，有话不能好好说严重影响了学生的同伴关系及班集体的友善氛围。所以，本节课以“合理表达情绪”为题，让学生反思自己的情绪表达方式，帮助他们学会运用合理的情绪表达方式，营造和谐的人际关系，体验积极情绪的意义。

（北京市前门外国语学校　孔丽颖）

活动 6

做情绪的小主人

活动关键词

接纳情绪　积极情绪　消极情绪

教学目标

1. 了解情绪没有好坏之分，意识到每种情绪都有其存在的意义，明白接纳情绪的重要性。

2. 能分别说出积极情绪和消极情绪对生活的影响，初步学会接纳不同的情绪。

3. 悦纳不同的情绪，认识到每个人都是自己情绪的主人。

活动的长远意义

情绪没有好坏之分，无论是消极情绪还是积极情绪，都有其存在的意义，帮助学生学会接纳不同的情绪，让他们以稳定的心态去面对不同的情绪，从容地尝试不同的调节情绪方法，继而与情绪和谐相处，提高情绪智力。

活动用品

玩偶（邀请学生每人带一个小型毛绒玩具或玩偶）

适用年级

小学五六年级

活动流程

一、热身活动：情绪变变变

情绪变变变：当教师说“情绪变”时，学生问“变什么？”，教师回答“快乐、悲伤、愉快、幸福、害怕、郁闷、激动”等词，学生做出对应的表情或动作并体会内心感受。

教师请学生将词语分成两类，并说说不同情绪下自己的感受。

教师总结：根据情绪对人的不同影响，情绪可以分为积极情绪和消极情绪。（当外界事物或情境符合个体的愿望和需求时，个体会产生积极情绪；当外界事物或情境不符合个体的愿望和需求时，个体会产生消极情绪。）

二、体验活动：超级辩论赛

辩题：假如你身上有一个按钮，按下去可以让你在生活中只体验到快乐、幸福等积极情绪，而不会感受到悲伤、难过等消极情绪，你会选择按下去吗？

全班分为两个辩论小组：正方——不按下按钮，保留消极情绪；反方——按下按钮，去除消极情绪。选择一名同学为记分员。

要求正、反方学生代表分别进行发言，根据发言次数计分。

辩论结束后，记分员统计得分，宣布获胜小组。

三、总结和归纳

针对刚才的活动，教师引导学生分享和总结。

第一步，引导学生分享：结合辩论赛和日常经验，你认为积极情绪和消极情绪对生活有什么影响？

教师总结：积极情绪能够让人更有活力，做事更有干劲，能促进身心健康，给生活带来积极影响；消极情绪会让人感到难受，不利于人继续完成任务或影响思考，长期处于消极状态会影响身心健康，但消极情绪也有积极意义。

引导学生分享：消极情绪有什么积极意义呢？

教师总结：愤怒，让我们追求公平；伤心，包含治愈与安慰的力量；焦虑，促使你进一步采取行动，等等。

第二步，引导学生总结：我们应该以什么态度面对积极情绪和消极情绪？

教师总结：两种情绪都是我们生活中的一部分，我们可以以小主人的身份把出现的情绪当作客人，平静地接受它们的出现或消失，接纳各种情绪。

第三步，教师讲授：当情绪出现时，不妨对它说“我允许我出现……情绪，这种情绪是我生活的一部分，我允许它存在”。

教师总结：平静下来，等待合适的时机进行调整。

四、演练

（1）在教师引导环节中，请学生回想近期自己出现的消极情绪，要求学生从桌面选择一个玩偶来代表这种情绪，并将玩偶抱在怀中，心里默念“我允许我出现……情绪，这种情绪是我生活的一部分，我允许它存在”。

（2）在四人小组中，学生对自己的感受进行分享。

五、反思和行动计划

请学生回顾今天的学习内容，分享自己的感受和收获；课后为自己的积极情绪和消极情绪制作一本关爱小册子。

六、活动延伸

1. 班级抱抱玩偶活动

在班级里设置抱抱玩偶箱，当班里有同学出现消极情绪时，可以主动去抱抱玩偶，其他同学也可以向教师申请将玩偶带出放置箱，给有需要的同学抱抱，让他感受到自己的情绪被接纳。

2. 情绪接龙

跟家庭成员围坐在一起，按顺时针顺序邀请每人分享一件让自己本周印象深刻的事和对应的情绪，然后，下一位家庭成员说“你出现……情绪是可以的，每个人都会有，无论何时我都会一直陪着你”。接着下一位成员分享。

小故事

《头脑特工队》

《头脑特工队》是由华特迪士尼公司、皮克斯动画工作室联合出品的3D动画电影。该片讲述了小女孩莱莉因为爸爸的工作变动而搬到旧金山，她的生活被五种情绪（害怕、忧伤、讨厌、快乐、愤怒）所掌控，她的脑内情绪宛如缤纷世界的故事。电影传达了“每一种情绪，不管是快乐还是忧伤，都没有好坏之分，每种情绪背后都有一种力量，都在帮助和支持我们”的信念。

《当情绪来敲门》

绘本《当情绪来敲门》旨在引导孩子运用内在感知力充分体验当下的时刻，不给特定的情绪或感受贴标签或下定义，而是帮助孩子以接纳和平等的心态去感受、探索他们的情绪，并与所有的情绪成为好朋友。情绪和感受既不好也不坏，都是可接受的，而不是该拒绝的。它们只是当下这一时刻我们的体验。正是这种客观性，让孩子们可以认识他们的情绪，进而更好地认识自己。

教育故事

我可以哭吗？

每种情绪都值得被看见，每种情绪都需要被接纳。

上完一节以情绪为主题的心理课后，小东怯怯地向我走来，小声地问我：“老师，刚才你上课说伤心也是有意义的，是真的吗？可是每次我感到伤心想哭的时候，爸爸总是说我‘这么件小事，有什么值得伤心的，不要哭了！’。你说，我可以哭吗？”

看着小东怯怯的样子，我既心疼又觉得有些心酸，拍拍他的肩膀，尝试接纳他现在的情绪，并安慰道：“伤心的时候当然可以哭，每个人都有这样的权利。听到你爸爸这么说，我想你心里是委屈、伤心的，如果我遇到这样的情况，我也会觉得难过。”

“是啊，我真希望爸爸能够理解我的心情。不过平时我感到伤心时很少和他具体说是什么原因导致的，可能他也不大了解吧。”小东说道。

“是这样呀，或许下次伤心的时候，你可以试试主动说是什么事情让你伤心，让他多明白你一些。”我顺势引导道。

“嗯，我试试！”小东似乎有了一些信心。

“伤心是可以的，哭也是可以的，希望你什么时候都记住。需要的时候老师也可以陪着你。”我和小东说。

后来，我通过班主任联系了小东的爸爸，向他了解情况，并跟他探讨了情绪需要被接纳的话题，小东的爸爸也认识到了每个孩子都有自己的心事，他们的情绪需要被倾听和理解以及被接纳。慢慢地，小东的爸爸会耐心倾听小东的烦恼，小东伤心的次数神奇地变得越来越少了，虽然还是会哭，但是次数越来越少。

“老师，我现在知道哭是可以的，伤心也是可以的，而且，我也有能力去面对它们！”期末最后一节心理课后，小东开心地和我分享，我从心里为他感到高兴。

（广东省佛山市南海区西樵镇中心小学 任佩娟）

活动 7

我的生气小怪兽

活动关键词

情绪调节　愤怒

教学目标

1. 认识到每个人都有生气的情绪，了解生气情绪的发生与发展过程，意识到生气情绪需要及时进行调节。

2. 掌握恰当调节生气情绪的方法。

3. 体会从生气到平静的良好感觉，树立自己能够恰当调节生气情绪的信心。

活动的长远意义

学生通过学习恰当的调节生气情绪的方法，可以减少用打人、吵架和破坏物品等不合理的方式表达情绪，减少班级和家庭矛盾，同时，学会及时调节生气情绪，有助于让日常情绪平和，与人相处更融洽，从而促进身心健康。

活动用品

若干气球、学习单、带有彩色亮片的水瓶

适用年级

小学五六年级

活动流程

一、热身活动：情绪气球

邀请两个学生上台，面对面站立，间隔一臂，一人负责吹气球，一人感受，当感到受不了了，可以提出停止。班级同学接龙，每人说出一件让自己生气的事，每说出一件，台上学生就往气球中吹一口气，直至他面前的同学表示需要停止。

请学生谈一谈，在气球不断涨大的过程中，他的内心感受。

教师总结：每个人都有生气的时候，如果生气情绪累积起来没有及时排解，就会对自己和他人造成不良影响，不利于身心健康，因此需要及时调节。

二、体验活动：画画我的生气小怪兽

- 在学习单上画下你的生气小怪兽的样子。
- 请给它起一个名字。
- 写写“生气的时候”它会做什么。
- 全班分享和介绍自己的生气小怪兽。
- 小组讨论和分享，在生气小怪兽出现时，可以用什么方法让它由混乱恢复到平静，把答案写在自己的学习单上。

三、总结和归纳

小组代表发言，说出让生气小怪兽调节生气情绪并平静下来的方法。

教师总结：

- 深呼吸。
- 找一个安静的地方一个人待一会儿。
- 转移注意力，做自己喜欢的事。
- 写日记。
- 和朋友、家人说。
- 散散步。
- 积极“暂停”，暂时离开让人生气的人或事，到能让人平静的地方。

…………

四、演练：情景剧

（一）教师呈现三个日常生活情境

- 美术课刚下课，你新画的作品就被旁边的同学不小心用水弄湿了。
- 排队吃饭的时候，有人踩到你的鞋子。
- 在家里，弟弟把你喜欢的乐高玩具弄倒了。

（二）情景表演

根据前面所学，在四人小组中，表演其中一种方法，让自己的生气小怪兽平静下来，之后再处理问题。

五、反思和行动计划

邀请学生回顾今天的学习内容，分享自己的感受和收获。课后制作一个自己的生气选择轮，上面画有你可以选择的让生气小怪兽平静下来的 8 个方法。当自己再有生气情绪的时候，你可以在其中选择一种，让自己平静下来。

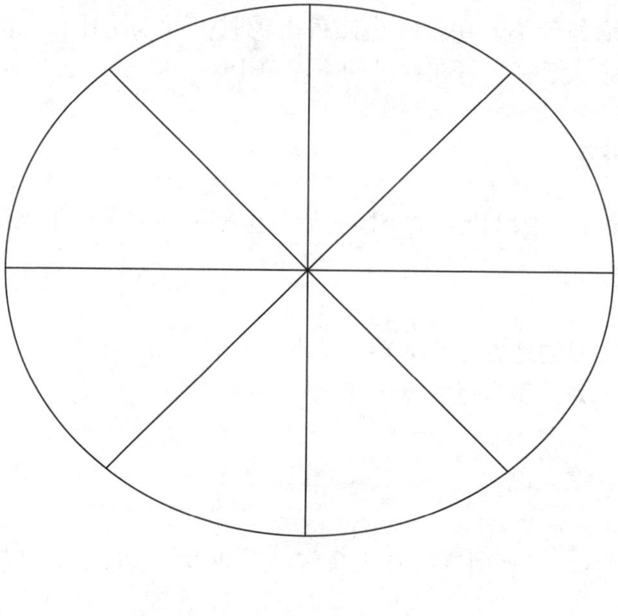

六、活动延伸

1. 家中的冷静空间

在家里挑选一个地方，为自己布置一个冷静空间，可自主进行布置，放置趣味图书、益智玩具、图画本等。当生气时，可以主动到此冷静空间进行冷静，其他家庭成员不得打扰。

2. 班级生气选择轮

在班级中放置生气选择轮，可以看到生气时能采取的恰当的调节方式。当有同学生气时，教师或同学可以带他来选择，找到合适自己的调节方式。

➢ 小贴士

注意：生气情绪和其他情绪有些不同，具有爆发性，在生气之初，可以积极暂停，先离开让人生气的人或事，后面再用其他方式进行调节。

小故事

《杰瑞的冷静太空》

绘本故事《杰瑞的冷静太空》讲述了小男孩杰瑞因为摔了一跤，打碎了为爸爸生日做的陶碗，回到家后大发脾气。在妈妈的引导下，他建立了自己的“冷静太空”，学会了调整自己发脾气的方法。每个人都有生气的时候，但是你可以建立自己的冷静太空，成为自己情绪的主人。

教育故事

“东南西北”冷静仪

“生气情绪是每个人都有的，当它出现时，我们要用智慧的方式表达，也要及时调节！”我在心理课上和孩子们说道。

我想，他们不仅需要明白以上道理，还需要一些实质的帮助，用什么形式能让他们乐于接受呢？我突然想到了最近他们在课间经常玩的纸质小物品——东南西北，这个小物品有趣味也有选择，如果孩子们把自己生气时候可以用到的调节方法写在里面，适时拿出来使用，那可真不错。

于是，我在第二节心理课上就带领孩子们一起制作了“东南西北”冷静仪，并教他们日常如何使用，例如在发现他人生气的时候，就可以到安静的一角，问他要选择什么方位多少下，用趣味的方式帮助他。我们在课上演练了一番，孩子们都表示非常喜欢，他们也乐意在日常生活中使用。

（广东省佛山市南海区西樵镇中心小学　任佩娟）

活动 8

乐观魔法帽

活动关键词

乐观　暂时性思考　永久性思考

教学目标

1. 认识到永久性思考和暂时性思考对人的情绪和行为反应的不同影响，能分辨出永久性思考和暂时性思考的不同，相信不如意的事总有一天会过去。

2. 掌握暂时性思考所用句型，并能运用暂时性思考去面对生活中的不如意事件。

3. 学生能感受到不同思考方式带来的不同情绪，在使用暂时性思考时能产生愉悦感，相信自己能乐观面对生活中的不如意事件。

活动的长远意义

帮助学生调节生活中的消极认知，建立积极认知，练习积极的内在对话，提高积极认知能力。帮助学生增强承受挫折的能力，塑造乐观向上的积极心理品质。

活动用品

魔法帽、哭脸 / 笑脸牌子、四格漫画剧本、学习单、视频

适用年级

小学五六年级

活动流程

一、热身活动：趣味双歧图

请学生逐一观察课件上的双歧图（老奶奶 & 公主、青蛙 & 骏马、裂开表情 & 微笑月亮）。

教师总结：同一个事物，从不同角度可以看到不同的风景，当我们从乐观积极的角度看，会收获更多的快乐。

二、体验活动：乐观悲观我来说

请学生观看视频《大雄的烦恼》。

请六名学生上台抽取不同的话语条子，扮演哆啦 A 梦与大雄，台下学生观察大雄的表情，体会话语中的用词，并举牌表示是悲观话语还是乐观话语（悲观话语举哭脸牌子，乐观话语举笑脸牌子。可以让学生自行绘制哭脸牌子和笑脸牌子）。

具体话语如下：

- 你只是这次没打好，努力后下次会有进步的！
- 你永远都打不中球，你没救了。
- 虽然你暂时比其他人打得差，但是你可以向他人学习。
- 你永远比其他选手打得差。
- 你这次没成功，以后也不会成功。
- 你现在不够厉害，但只要肯坚持练习，你的技术会越来越好。

教师揭示答案：话语 1、3、6 是乐观话语，话语 2、4、5 是悲观话语。

三、总结和归纳

引导学生思考：这几句悲观话语和乐观话语分别有什么共同点？

教师总结：

悲观话语：（永久性思考）经常包含“永远”“一直”等词语。

乐观话语：（暂时性思考）经常包含“暂时”“这次”“现在”等词语。

引导学生分享：听到两种不同的话语后，你觉得大雄有什么感受？接下来会有哪些行动？

邀请大雄的扮演者分享感受和可能采取的行动。

教师总结：当我们持有永久性的悲观想法，认为不如意的事会一直持续时，就会感到沮丧，这会给人带来无助感，对未来失去希望；当我们持有暂时性的乐观想法时，会认为不如意的事只是暂时的，情绪就会是平静的，从而对未来充满希望，积极面对，尝试用不同方法改善现状。

请学生在乐观魔法帽上记录暂时性思考的关键词语——“暂时”“这次”“现在”。

四、演练

展示三幅大家日常生活中遇到不如意事件的漫画（考试不如意、和弟弟妹妹发生矛盾、作业做不完）。

学生四人为一个小组，划出原来的永久性思考，同时延续漫画内容，鼓励学生在第四格漫画中写上“暂时性思考”的对话，并进行角色扮演。

教师邀请小组上台展示和表演所续画的漫画。

五、反思和行动计划

邀请同学们回顾今天的学习内容，分享自己的感受和收获，并强调乐观思维的训练需要时间，但首先要识别出习惯性的悲观思维，并进行转换，请大家课后完成“乐观魔法帽——想法转换学习单”。

乐观魔法帽——想法转换学习单

班级：______ 姓名：______

序号	事件	本来的想法	乐观的想法（使用“这次”“现在”“暂时”等词）	现在我的心情是	接下来我会这样做

六、活动延伸

1. 乐观想法对对碰

在班级生活中，当有不如意的事情发生时，如班级运动会成绩不尽如人意等，让学生说出不同的乐观想法，以培养学生的乐观思维，营造积极向上的班级氛围。

2. 乐观想法记录本

在家中，家庭成员可以记录自己在不如意事件发生时，如何看到事情积极的一面，发现乐观的想法，从而相互影响，共同培养乐观的心态。

小故事

《教出乐观的孩子》

《教出乐观的孩子》是积极心理学之父马丁·塞利格曼集30年、千百个成人及儿童研究之精华著成的教育经典。大量研究表明，比起成功，乐观对孩子来说更具有意义、更具有价值。乐观的孩子，更容易成功，更有创造力，更容易有幸福的生活。我们传统上追求的财富成功，都可以通过乐观获得。

泥土和星星

塞尔玛·拉格洛夫是第一位荣获诺贝尔文学奖的女作家。她的《尼尔斯骑鹅旅行记》是世界文学史上唯一一部获得诺贝尔文学奖的童话作品，它不仅是一部极富教育意义的优秀儿童读物，而且也是成年人喜爱的世界文学名著，许多大人都曾经读过。

相传她在成名前，曾陪伴丈夫驻扎在一个沙漠里的陆军基地。丈夫奉命到沙漠去演习，她一个人留在基地的小铁皮房子里。沙漠的天气热得让人受不了，就是仙人掌的阴影下也有华氏 125 度（约为 51.7 摄氏度）。而且她远离亲人，身边只有不会说英语的墨西哥人和印第安人，没有人和她说话、聊天。她非常难过，于是就写信给父母，说受不了这里的生活，要不顾一切回家去。她父亲的回信只有短短两行字，但它们却永远留在了她的心中，也完全改变了她的生活。信中说：两个人从牢中的铁窗望出去，一个看到了泥土，一个却看到了星星！

塞尔玛反复读这封信，觉得非常惭愧。于是她决定要在沙漠中找到星星。她开始和当地人交朋友，而他们的反应也使她非常惊讶。当她表示对他们的纺织、陶器感兴趣时，他们就把自己最喜欢但舍不得卖给观光客人的纺织品和陶器送给她。塞尔玛研究各种令人入迷的沙漠植物，还学习了大量有关土拨鼠的知识。她欣赏沙漠日落，还寻找海螺壳，发现这些海螺壳竟是沙漠还是一片海洋时留下来的……原来令人难以忍受的环境竟变成了令人兴奋、流连忘返的奇景。

沙漠并没有改变，墨西哥人、印第安人也没有改变，那么，是什么使塞尔玛的内心发生了这么大的转变呢？是她的思维改变了。一念之差，使她原先认为恶劣的生活环境变为一生中最有意义的冒险。她为发现新世界而兴奋不已，并为此写下了《快乐的城堡》。终于，她从自己造的牢房里看出去，看到了星星。

教育故事

沮丧女孩

“小雨，什么事让你不开心了？可以和我说说吗？”作为班主任，接手这个班的第一周周五，我忍不住把小雨拉到身旁，想了解她的内心世界，希望能驱散她的哀愁。

这一周，每次我看到小雨，无论班级是开心、平静还是躁动的气氛，她总是耷拉着头，眉头皱得紧紧的。她身边的同学告诉我，她从上学期开始就是这样子，经常感到不开心。

当我靠近她，一点一点地听她说她的想法时，我发现她对身边发生的事情有不少悲观的想法。例如，当她有一次找好朋友玩，好朋友有事拒绝了她，她便觉得好朋友永远都不喜欢和她玩了，就悄悄地远离对方；又例如，她觉得自己考试永远都考不好，自己没有任何优点，家人和老师也不会相信她了。这时，我意识到悲观的想法对她的心情和行为造成了很大的影响，于是我就慢慢地引导她，让她认识到这些事情的暂时性，看到这些不如意事件是偶尔发生的，渐渐地她的眉头舒展开了一些。

为了让小雨能够更乐观，我和小雨约定每周五中午是我们的秘密谈心时间，我带她发现身边的开心事，和她一起用乐观的思维来看待事情。经过一个多月，小雨脸上的笑容多起来了，她有了自己的好朋友，还主动报名为班级出黑板报。带着乐观的思维，小雨从沮丧女孩变成了活泼的小精灵！

（广东省佛山市南海区西樵镇中心小学　任佩娟）

第二章

有效沟通

语言是窗户或者是墙。它们审判我们，或者让我们自由。在我说与听的时候，请让爱的光芒照耀我。

——鲁斯·贝本梅尔

本章导读

人是社会性动物，沟通是人类社会生活中不可缺少的活动，在社会生活中扮演着举足轻重的角色。学会说话，学会倾听，具备同理心，能换位思考，能与人进行有效沟通，是学生在成长阶段需要学习的一个重要技能。

《指南》中的第三大领域“心理健康”覆盖了多个与沟通技能学习相关的要点，涵盖了“掌握良好的人际交往技能，养成合群且独立的健康人格”“提高沟通协商能力，防范健康危险行为”等多个二级学习目标。本章共有六个活动，旨在教会学生有效沟通的方法并教会学生运用所学的有效沟通的方法，正确处理和应对人际交往中出现的情况，建立积极的同伴关系，提升人际交往能力。活动 1“我有同理心，沟通更高效”引导学生进行换位思考，培养同理心，这是进行有效沟通的基础；活动 2“‘我信息’助力有效沟通”、活动 3“优点大爆炸”、活动 4“有温度的沟通”引导学生学习如何说、如何合理表达自己的想法和感受；活动 5“学会倾听”引导学生学习如何听；活动 6“人气指数升升升”引导学生认识友谊，了解对待友谊的态度。

活动 1

我有同理心，沟通更高效

活动关键词

同理心　沟通　积极回应

教学目标

1. 理解同理心的概念和四个特质。
2. 体验运用同理心沟通带来的良好效果。
3. 学会运用有同理心的表达方式与人沟通。

活动的长远意义

在实际生活中，有同理心的人更容易交到朋友，拥有良好的人际关系。因为拥有同理心，很多时候可以有效化解误会，避免矛盾冲突；同时，有同理心的人也会让人产生信任感、联结感。而这份好的人际关系不仅会让人心情愉悦，倍感幸福，而且会成为个人与众不同的能力。同理心是可以通过学习锻炼而具备的，因此，学生如果能够从小知道同理他人的重要性，从小有意识地培养同理心，将受益终身。

活动用品

试卷、关键字词卡片、黑板贴、白板纸若干

适用年级

初中

活动流程

一、热身活动

请同桌两人一组，面对面站立，相互描述自己看到的画面。

请同学们分享：刚才看到的画面一样吗？有什么不同感受？有什么想法？要想跟对方看到一样的画面，我们需要怎样做？

教师：这就是我们今天要体验的主题：换位思考，同理他人。

二、体验活动：角色扮演

教师：老师这里有个小剧本，描写的是两位同学拿到考试成绩之后的谈话，现在请两位同学分别扮演一下。

试卷发下来，琪琪考了 95 分，离自己理想的成绩 100 分差了几分，于是有点不开心。然然问她怎么了。琪琪说："分数不理想，回去我妈又该说我了。"然然大叫起来："这都 95 分了，还不理想，你这是在炫耀吧！我要是能考 90 分，我妈要高兴坏了。"只见琪琪狠狠地瞪了她一眼："你这人怎么这样？我哪里炫耀了！"于是，拿着试卷气冲冲地走了，留下然然一脸愕然。

教师：琪琪和然然的想法分别是什么？为什么两个人有不同的感受？如果我们在沟通中只是站在自己的角度去表达，结果往往不会理想。我们需要借助同理心使沟通更有效。

三、总结和归纳

教师：同理心一般指能够及时体察别人的情绪和想法，并作出积极回应的品质。心理学家怀斯曼认为，有同理心的人通常具备四个特质：一是接受观点，即接受或理解他人陈述的观点；二是不加评论，可以理解为即使他人的观点不被自己认同，也不妄加揣测、贬低他人；三是能够看出他人的情绪；四是尝试与他人进行交流。

运用同理心来沟通，关键点在哪呢？

- 不预设：接受观点。
- 不加评论。
- 听出情绪。

➢ 积极回应。

教师：我们一起来学习同理心沟通 FFMB 表达法。

1. 反映事实：我看到（听到、发现）……（事实，fact）

2. 反映情感：你感到……（情绪，feeling）

3. 如果换作是我，我也会……（me too）

4. 积极关注的身体语言（body language）：全神贯注倾听，身体微微前倾，回应恰当的身体语言，等等。

四、演练

（一）情景重现

教师：对于刚才的角色扮演，请同学们试一试用 FFMB 表达法，想一想然然该如何回应呢？请同学们自己先写一写。

邀请刚才扮演琪琪的同学起立，站在台前，邀请三位同学扮演然然，请他们面对琪琪说出自己的回应。

例如，然然："哦，原来是这样啊，你有点伤心，也有点担心，担心没达到理想的目标分数妈妈责怪你。如果是我，我也会。"

（二）情景剧练习

请同学们两两组队，确定一个情景，分别进行同理心对话练习：一个人说，另一个人听，并运用同理心沟通的 FFMB 表达法进行回应，2 分钟后角色互换。

（备注：教师可以出示之前调查到的常见情景供学生选择。）

情景一：宿舍有人说话被扣分，我也连带被罚。

情景二：期末复习明明很认真，但还是考得不理想。

教师及时点评引导。

五、反思和行动计划

教师：沟通是一门艺术，我们每个人都需要不断学习和实践，而运用同理心沟通会让沟通更高效。大家一起不断实践吧！

邀请学生写下行动安排和奖励机制。比如，每做到一次运用同理心沟通就奖励自己一个印章，集满七个印章就奖励自己一个心仪的小礼物或是自主安排一小时。

小故事

大师的鞋带

一位表演大师上场前，他的弟子告诉他他的鞋带松了。大师点头致谢，并蹲下来仔细系好。等到弟子转身后，大师又蹲下来将鞋带松开。旁观者看到这一切，不解地问："大师，您为什么又要将鞋带松开呢？"大师回答道："因为我饰演的是一位劳累的旅者，长途跋涉让他的鞋带松开，我想通过这个细节表现他的劳累与憔悴。""那您为什么不直接告诉您的弟子呢？""他能细心地发现我的鞋带松了，并且热心地告诉我，我一定要保护他的这种热情和积极性，及时地给他鼓励，至于为什么要将鞋带解开，将来会有更多的机会教他。"

小公主的愿望

一位小公主病了，她娇憨地告诉国王，如果她能拥有月亮，病就会好。国王立刻召集全国的聪明智士，要他们想办法拿到月亮。

总理大臣说："它远在三万五千里外，比公主的房间还大，而且是由熔化的铜做成的。"

魔法师说："它有十五万里远，是用绿奶酪做的，而且是皇宫的整整两倍大。"

数学家说："月亮远在三万里外，又圆又平，像个钱币，有半个王国大，还被粘在天上，不可能有人能拿下它。"

国王又烦又气，只好叫宫廷艺人来弹琴给公主解闷。艺人问明一切后，得出了一个结论：如果这些有学问的人说得都对，那么月亮一定和每个人想得一样大，离得一样远。所以，当务之急便是要弄清楚小公主心中的月亮到底有多大、离多远。于是，艺人到公主房里探望公主，并顺口问公主："月亮有多大？""大概比我拇指的指甲小一点吧！因为我只要把拇指的指甲对着月亮就可以把它遮住了。"公主说。"那么有多远呢？""不会比窗外的那棵树高！因为有时候它会卡在树梢上。""用什么做的呢？""当然是金子！"公主斩钉截铁地回答。

比拇指指甲还要小、比树还要矮、用金子做的月亮当然容易找啦！艺人立刻找金匠打了个小月亮并给它配上金链子，给公主当项链。公主好高兴，第二天病就好了。

这个故事告诉我们，每个人都有自己的想法，我们不能总用自己的想法去解读别人的想法。多问、多听，可以让我们更好地从别人的角度考虑问题。

教育故事

同理心的力量

有一次，我和10岁的儿子谈话，话还没说完，儿子就气冲冲地夺门而出，这让我感到非常生气。

这时，妻子走上前，说道："你看起来很生气，你希望他在生气时能够把想法说出来，而不是一走了之，对吗？"

我赶紧点头。妻子继续说："是啊，如果是我，可能也会很生气。不过，想一想，他还是个孩子。"

我惊讶地发现，听了妻子的话后我的气竟消了。儿子回来后，我也更能体谅他了。我主动表示想和他探讨刚刚的事情，他竟然同意了。

我思考后发现：或许这就是因为我在妻子那里获得了同理心。我的气消了，我自然就可以冷静地接纳孩子，和孩子继续探讨，而不是冷战或是把事情变得更糟。

（山东省济南市　曾爸爸）

老师，我不是骂您

都上课了，教室里还是叽叽喳喳一片，我顿时火冒三丈："安静，安静！上课了，都没听见吗？吵什么吵！"

这时，大多数同学相继安静下来，但还有两个男生站在那里，其中一个男生还骂骂咧咧。我正想说："坐下来，上课了。"还没等我说出来，只听其中一个男生口无遮拦地爆粗口。这时候，作为老师，或许第一反应就是："反了是吧，大庭广众之下公然骂老师，这还得了！"但多年的经验告诉我，这不是该愤怒的时候。我尝试着运用同理心沟通："孩子，我感受到你现在很生气，但我想你也不想说出这样的话，只是太生气了才让大脑失去理智，是吗？"只见他情绪有些缓和，自己坐下来了。其他同学也松了一口气。

课后，他自己跑过来和我说："老师，我不是骂您。"我告诉他："我相信你。"

同时，也和他分析了生气时有很多种表达方式，但应尽量用不伤人且不伤己的方式来表达。

此后，在我的课堂上，他表现得越来越好，而我也再一次领悟到运用同理心去沟通是可以化解很多矛盾和冲突的。

（广东省佛山市　唐老师）

活动 2

“我信息”助力有效沟通

活动关键词

沟通技能　主动表达

教学目标

1. 认识良好沟通的重要性。
2. 学习“我信息”回应三步法。
3. 掌握积极回应他人、与他人建立良好的人际关系的技能。

活动的长远意义

通过学习“我信息”的回应方式，学生能够正确表达自己，与他人进行良好的沟通，减少与他人的冲突，与他人建立良好的关系，营造积极和谐的氛围；能够传递目标和愿景，增进理解，寻找解决问题的方法；同时能够增强有效沟通，提高做事效率。

活动用品

便签纸、A4 纸

适用年级

初中

活动流程

一、热身活动

邀请学生各自写下 10 句以“我”开头的句子，并在四人小组内朗读分享。

二、体验活动

（一）角色扮演

邀请三组同学，每组两人到讲台前，分别给他们发场景台词纸条，让他们进行角色扮演，没有台词的同学只倾听，不做任何回应。

第一组场景：看到家长收拾自己的书桌。

台词小纸条 1：你怎么又动我的东西，你都给我碰乱了，我自己的东西我会收拾，你以后不要管了！

第二组场景：与好朋友约好了一块看电影，朋友迟到了。

台词小纸条 2：你怎么又迟到了？说了一定要准时到，你总是记不住，电影都开始了。

第三组场景：一名同学踩到了另一名同学。

台词小纸条 3：你怎么走路的啊，踩着我了！

（二）分享讨论

先邀请第一组的两位同学进行分享：在刚才的扮演中，你的感受如何？你有什么想法？你想怎么做？

同学分享感受：例如，表达者感觉很生气、很愤怒；倾听者很不开心、很愤怒，拒绝沟通，或者很想发泄自己的不满，想用难听的语言“怼”回去。

（三）原景重现

我们以第一个场景为例一起分析一下，从表达者的视角来看：

- 具体发生了什么事？
- 感觉如何？
- 自己的希望和期待是什么？或者这个事情对我造成的实际而具体的影响有哪些？

例如，我看到您动了我的东西，我有点儿不开心，我希望您不要帮我收拾东西（这样会让我找不到东西），我已经长大了，自己可以收拾。

引导学生依次对第二、三组场景进行分析。

（四）观察反思

邀请同学们对刚才的分析进行分享：

➢ 大家发现了什么？
➢ 对比两种表达方式，它们有什么区别？
➢ 大家的感受是什么？

教师总结：“你信息”是以“你”开头，语言更多的是一种发泄，带有指责色彩，会让表达者和倾听者更加生气和愤怒，会激起倾听者的反抗或者是沉默，倾听者感受到的是不友好。

三、总结和归纳

（一）学习“我信息”表达句型

“我信息”以“我”开头，描述事实以及自己的感受和期待，语言更加中性，不带有批判色彩，能够促进有效沟通。“我信息”回应的步骤如下：

➢ 第一步：描述事实（不评判）。
➢ 第二步：表达自己的感受。
➢ 第三步：提出自己的希望、要求或者期待。

句型如下：

➢ 事实：我看到、听到……
➢ 感受：我的感受是……
➢ 希望、要求或者期待：我的希望是……

（二）练一练

针对刚才的三个场景，请同学们试试用“我信息”进行回应：我们可以怎么说？请学生先自己写下回应的话，邀请 2 ～ 3 人读出来，然后引导全班同学尝试修改。

场景一：

我看到我的东西被整理了有点儿不开心。我希望我能自己收拾我的东西，这样会让我更容易找到东西，我已经长大了，自己可以收拾。

场景二：

我看到你迟到了，有点儿生气，也有点儿担心，希望你下次能准时，你有事情可以提前跟我说一声。

场景三：

我被你踩到了，我感觉有点儿疼。

四、演练

两人一组，练习用“我信息”回应：

- 当看到课代表发作业的时候把本扔到了桌子上……
- 当自习课有人说话影响了课堂纪律……
- 在操场上被篮球砸到了……
- 父母接你迟到了……

五、反思和行动计划

对于“我信息”的回应方式，相信大家已经感受到了它的实用性。良好的沟通能让彼此心平气和地进行交谈，增进彼此的了解，从而进一步思考解决问题的方法。当然，改变自己的说话方式不是一朝一夕就能做到的，今后希望大家能够多应用这种回应方式，并熟练掌握，提升自己的沟通能力。

小故事

非暴力沟通方法

非暴力沟通是一种沟通方式，它强调诚实、同理心和尊重。这种沟通方式基于四个基本要素：观察、感受、需要和请求。以下是非暴力沟通的步骤。

观察：首先，要诚实地描述观察到的事实，而不是进行评价或判断。例如，不要说“他总是迟到”，而要说“他通常九点十五分到达”。

感受：表达自己的感受，而不是想法或判断。感受是主观的，包括愤怒、悲伤、喜悦等。例如，不要说“你真讨厌”，而要说“我感到很失望”。

需要：探索自己感受背后的深层需要。需要是内在的，如爱、尊重、理解等。例如，不要说“你让我失望”，而要说“我需要你的支持和理解”。

请求：明确地表达自己的请求，而不是命令或要求。请求应该是具体的、明确的，并且是出于关心和爱护，而不是出于恐惧、内疚或其他负面情绪。例如，不要说“你不要再迟到了”，而要说“我希望你能准时到达”。

非暴力沟通还强调区分观察和评论。评论通常带有主观色彩，可能会被误解为批评，而观察是客观的，不会触发对方的防御机制。此外，非暴力沟通也鼓励表达愤怒，而不是压抑情绪。愤怒是一种正常的情绪反应，通过正确的方式表达愤怒，有助于解决问题和满足需要。

归因理论

在日常的社会交往中，人们为了有效地控制和适应环境，往往有意识或无意识地对发生于周围环境中的各种社会行为作出一定的解释，即认知主体在认知过程中，根据他人某种特定的人格特征或某种行为特点推论出其他未知的特点，以寻求各种特点之间的因果关系。

归因理论由社会心理学家海德于 1958 年提出。归因是指人们对自己或他人的行为进行分析，推论出产生这些行为的原因的过程。归因方式影响到个体以后的行为方式和动机的强弱。

自我归因是指将自己的行为归因于自身的因素，而他人归因则是将自己的行为归因于他人的因素。例如，当一个人在考试中表现优异时，自我归因可能包括个人的努力和才华，而他人归因则可能包括考题容易或者运气好。当我们能够进行自我归因时，我们就可以从自我出发，更加清晰地表达自己，找到自己的问题所在并进一步改进。

教育故事

“我信息”助力学生拥有安全感

自从接触并学习了“我信息”的回应方式，在平时的教育教学过程中，我会有意识地改变自己的说话方式。比如在上课过程中，之前讲完知识点或者习题后，我会习惯地问：都听懂了吗？都会了吗？还有不会的吗？有学生可能存在有疑问或者没听懂的地方，但是我这样问，学生比较有压力，担心自己提出疑问会被老师批评或者被别的同学质疑，就保持沉默。现在我转变了自己的表达方式，讲完内容后我会问一句：我说清楚了吗？我讲明白了吗？这样学生就会觉得自己如果有疑问就不全是自己的问题，也有可能是老师没讲清楚，学生就有勇气说出自己的问题，这样就能及时解决疑问，提高课堂效率，师生关系也更加和谐。

面对学生的问题，我也能比较心平气和地与学生进行沟通，比如，学生出现打架的情况，我利用“我信息”的方式这样沟通：我看到你们打架，我很担心，担心你们在冲突中受伤。解决问题的方法有很多种，我希望下次有问题时我们可以采取别的方法解决，因为动手不但无法解决问题，还可能让事态向更坏的方向发展。这样的沟通不仅让双方更加心平气和，也能更好地解决问题，还避免了师生冲突。

我在家长会上也会与家长进行分享，比如，家长看到孩子玩手机，第一反应就是：你怎么又玩手机？你作业写完了吗？你总是这样，成绩怎么能提高？这样的表达方式只会让双方的情绪变得更加激动，使矛盾升级，对于解决问题毫无帮助。如果运用“我信息”的回应方式，建议这样跟孩子沟通：我看到你在玩手机，我很生气，我希望你能写完作业再玩儿。这样说能够避免亲子冲突。家长感觉用这样的方式表达，自己更加平和，孩子也能够跟自己表达需求。

（北京市前门外国语学校　程剑）

活动 3

优点大爆炸

活动关键词

沟通技能　积极心态

教学目标

1. 感受赞美带给自己和他人的愉悦情绪。
2. 掌握赞美的四个要点。
3. 学习对他人进行赞美的句式。

活动的长远意义

通过学习赞美，拥有一双“美好”的眼睛——善于发现自己的优点、他人的优点，以及生活中的美好，养成积极看待自己、看待他人的阳光心态。通过练习赞美他人、赞美自己，让积极的情绪流淌，营造良好的班级氛围。

活动用品

便签纸若干、白板纸若干、小毛绒玩具两个

适用年级

小学、初中

活动流程

一、热身活动

击鼓传球：将班级同学从中间分为两部分，同时传递两个小毛绒玩具，可以播放音乐。音乐停止时，拿到小毛绒玩具的两位同学相互说出对方的一个优点。

二、体验活动：优点大爆炸

请学生每人拿出一张白纸，迅速写出自己的 20 个优点，时间 5 分钟（小学低年级可以用画画、写拼音的方式）。

学生两人一组，交换“优点”清单，并挑选清单中的 5 个相互赞美和夸奖。

三、总结和归纳

1. 引导学生进行分享

➢ 听到他人的赞美，你会有什么感受？

教师总结：对他人表达赞美和收到赞美，都会让人产生愉悦的感受。

➢ 如何更好地表达我们的赞美呢？

- 真诚的态度。
- 善于发现别人的闪光点、优点。
- 赞美要具体、翔实。
- 要及时给予赞美。

2. 引导学生进行总结：采用赞美句式

如何表达赞美呢？我们可以用这样的句式：具体行为 + 赞美。

例如：× × 同学，我看到（听到、发现）……我特别佩服你。

四、演练

请同学们四人一组，每人对小组内的其他三个人用赞美句式进行“点赞”，轮流进行。

➢ 备选活动：采用“点赞”句式，给班里的三位同学写“点赞便签”，用具体语言写下对他的赞美。邀请同学起立读一读，然后将便签交给被赞美的同学。

五、反思和行动计划

邀请同学们回顾今天的学习内容，分享自己的感受和学习收获。

邀请同学们分享接下来的行动计划，计划在哪里使用赞美技能。

六、活动延伸

点赞树：邀请同学们以组为单位绘制一棵大树，然后请同学们将“点赞便签”张贴到各个小组的大树上。将大树图张贴到教室的墙上，长期保留。定期带领同学们从树上摘下“点赞便签”读一读。

邀请学生给父母写一张点赞卡：对父母表达感谢和感恩，并与父母分享。（小贴士：点赞要基于具体行动，避免浮于表面。）

小故事

赞美的力量

罗森塔尔效应讲的是美国心理学家罗森塔尔带领研究人员来到一所小学，他们从这所小学一至六年级的每个年级中挑选了三个班级，并对这随机挑选出来的十八个班级的学生进行了一次被称为“未来发展趋势测验”的测试。测试结束后，罗森塔尔以赞许的口吻将一份称为“最有发展前途者”的名单交给了校长和相关老师，并叮嘱他们务必要对名单上的学生的姓名保密，以免影响测试的准确性。其实，罗森塔尔撒了一个“权威性谎言”，因为那份名单上的学生都是他们随机挑选出来后写上去的。

八个月后，罗森塔尔和研究人员又来到这所学校，对上次挑选出来的那十八个班级的学生进行了一次复试。结果奇迹出现了——凡是上了“最有发展前途者”名单的学生，每个人的成绩都有很大的进步，而且老师们发现，这些学生性格活泼开朗、求知欲旺盛，还乐于与别人打交道。

这是怎么回事呢？罗森塔尔发现，当老师们看到学生名单后，即便没有公布，老师们也会对这些学生充满期望和赞美，而这样的期望会传递给被期望的学生，并产生鼓励效应，使其朝着老师期望的方向变化。这就是心理学中著名的罗森塔尔效应。

研究人员发现，当我们赞美他人时，就如同有一道光束打到了这个人的身上，让他被看到、被关注到。生活中的一句“今天的丝巾很搭你的衣服呀”、课堂上老师的一句“你今天的发言很有内容，对大家启发很大”都会带给人积极的能量。被看见，被认可，就会让对方感受到被接纳，人与人之间自然就更近了一步。心理学家认为人穷尽一生就在追求被看到。赞美他人，就是他被看到的一种方式。对于学生，老师的一句赞美更是具有积极意义。因此，对于老师，赞美学生是必备技能。

陶行知与四块糖

有一天，陶行知校长在校园里看到有个男生正在用泥巴扔同学，他立即上前制止了这个学生，并告诉他放学后到校长室找自己。放学后，这个学生早早地就来到了陶行知的办公室门口。陶行知赶到办公室的门口，看到这个孩子恭敬地站在那里。陶行知从兜里掏出四块糖，一块一块地递给这个男孩。“这是奖给你的。第一块糖呢，是因为你按时来了，我却迟到了。这第二块糖也给你，因为当我让你不再打人的时候，你立刻就住手了，说明你很尊重我。第三块糖是因为我已经调查过了，你用泥巴扔那个同学，是因为他不遵守游戏规则，欺负女同学。你用泥巴扔他，说明你正直善良，并且有跟坏人做斗争的勇气，所以这块糖也应该奖励给你。”说到这里，这个男生低下了头，说：“校长，您惩罚我吧，我拿泥巴扔人是不对的！”陶行知接着说：“第四块糖呢，因为你能正确认识错误，并且承认错误，这块糖也应该奖励给你。”

人最强烈的渴望之一就是收到赞美。四块糖是对男孩的“看见”，通过赞美完成了对男孩的教育。没有一句责备，没有一句说教和批评。赞美、信任和期待都具有能量，能改变人的行为。当一个人获得另一个人的信任、赞美时，他便感觉获得了支持，从而增强了自我价值，获得了一种积极向上的动力，变得更加自尊，并会尽力达到对方的要求。

教育故事

赞美的力量

作为小学老师，我们常常会使用“胡萝卜加大棒”的方式来管理学生：表现好了，给积分，给奖励；表现差了，就扣分，就惩罚。但是，细想起来，这样的方式其实只是一开始有用，用久了就不好使了。我也常常在想，是否有更好的方式呢？我总感觉这样做，有哪里不好。通过学习，我意识到通过这样的方式把学生训练成了要依靠外部奖励和惩罚来约束自己，而不是真心想去做。后来，我发现了“点赞”的巨大力量，而这正是我想要的。

现在每天在上课的时候，我会跟孩子们说：“今天老师要发现三位表现好的同学，在放学的时候，老师要给他们点赞。”在接下来的一天的课堂上，我发现每个孩子都仰着小脸，积极举手发言，像一朵朵小向日葵。他们会很自觉地遵守纪律，班级氛围也很好。

但是，总用一种方法难免没有新鲜感。于是，我换了方法：抓阄。我把全班人的名字都写在便签上，放到一个抽奖箱子里。那天，我把抽奖箱带到了教室，孩子们都很惊讶。我告诉他们，我要抽三位同学，邀请大家来给他们点赞。有时候，这个环节会被安排在课程开始的时候，同学们相互点赞，大家在温暖的赞美声中愉悦地上课。每天抽取三位同学，一个月基本全班都被抽到了。接下来，我又调整了一下方法：让同学自己抽，然后说出自己的“点赞”。被抽到的同学，再抽取下一位同学。还有的时候，我会自己抽，这个时候，我会偷偷地换一下名字，对班级中的一些小淘气进行特别点赞。在这样的潜移默化下，全班的孩子们都学会了观察同学的优点。

（辽宁省沈阳市心理健康教师　郭颖）

表扬信的故事

记得我上学的时候，还是用书信沟通。我对自己收到信时的感觉，至今记忆尤深。那时候盼望着收到信，写信，封上信封，贴上邮票，投寄出去，然后等着回信，现在想一想，这也是一种幸福的感受。现在的孩子们，可能都不知道写信和信封是什么了，所以我就想用这种最原始的方式给孩子们一个惊喜。

班级里有几个同学特别耗神，属于屡教不改的那一类。每天，我都会跟他们几个单独沟通，可是收效不大。

于是，我想要不给他们每人写一封信吧，把他们的"优点"一一找出来进行描述和肯定，以表达老师的谢意。我在彩色的纸上写了几行字，算作一封表扬信，然后用彩纸叠成信封，把信装进去后用胶棒粘贴好，写上"某某亲启"。第二天，我把信一一交给他们。我看到了孩子们惊讶的表情，看到了其他孩子羡慕的眼神，当然，还有这几个淘气包脸上不好意思的表情。我感觉一封信似乎一下子把他们变成了大孩子，他们变得懂事了很多。

其实想一想，这些孩子就是贪玩了些，发展得比别的孩子慢一些、晚一些。我对他们也确实不能像对别的孩子那样，太严格了，他们即便努力做也做不到。但是，其实他们也有闪光点，也希望被看到。当收到感谢信的时候，他们就像被追光灯打在了身上，整个人都亮了起来。

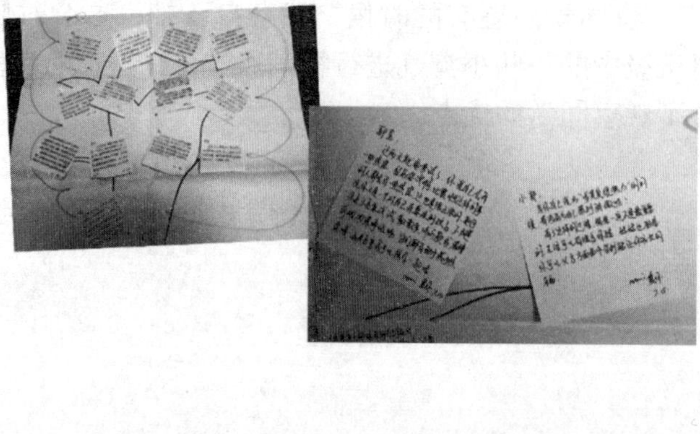

后来，我就经常给孩子们写一些感谢便签，孩子们也都很期待收到。看着他们打开便签后小脸上满是笑容，我也感觉很开心。

（北京市西城区　魏老师）

活动 4

有温度的沟通

活动关键词

积极沟通　感受　需求

教学目标

1. 认识到积极沟通的重要性，能觉察到彼此内心的感受和需求。

2. 体验积极沟通和暴力沟通带来的不同感受，体验积极沟通给自己带来的愉悦感和成就感。

3. 学会用积极沟通的方式合情、合理地表达感受和需求。

活动的长远意义

通过积极沟通，引导孩子们在与人相处中能逐渐不再条件反射式地反应，而是去明了自己的观察、感受和愿望，有意识地使用语言，既诚实、清晰地表达自己的感受，又尊重与倾听他人。学会使用积极沟通的方式，合情、合理地表达感受和需求，有助于应对生活中常见的人际沟通中的矛盾和冲突，让自己拥有良好的关系，感受来自他人的关爱，并与同学、师长、家人互敬互爱。

活动用品

长颈鹿头箍、狐狸头箍、便利贴若干、白板笔等

适用年级

初中

活动流程

一、热身活动：猜猜猜

教师出示问题，同学们猜答案。

什么动物最没有方向感？——麋鹿（迷路）

什么动物最容易摔倒？——狡猾的狐狸（脚滑）

陆地上最大的动物是什么？——非洲象

陆地上心脏最大的动物是什么？——长颈鹿

教师：同学们都很棒。这节课我们邀请了长颈鹿和狐狸两位动物嘉宾加盟我们的课堂。据说，戴上长颈鹿的耳朵，我们就可以和他人充满爱地积极沟通。我们一起来看看吧。

二、体验活动：情景剧表演

➢ 情景剧表演一：《狐狸》

随机挑选两位有表演力的同学，上台分别饰演狐狸和爸爸，以下是台词：

狐狸：大家好，我是狐狸。我的特点是关注眼前，十分计较对错输赢。当你戴上我的耳朵时，你就会关注问题、聚焦对错：耳朵向外戴，代表指责对方；耳朵向内戴，代表责备自己。下面举个例子（表演狐狸的同学做出玩手机状）：

爸爸：作业做完了吗，就玩手机？就知道整天玩手机！

狐狸（耳朵朝外戴，"怼"回去）：我才玩了一会儿，你就来啰唆了！

爸爸：嫌我啰唆是吧，那你倒是管好你自己啊！

矛盾升级……

狐狸（耳朵朝内戴，责备自己）：是啊，我怎么这么差劲，自己都管不住自己。

狐狸：如果你长期戴着我的耳朵，会怎样？哈哈哈……要么乌烟瘴气，战火不断，要么死气沉沉，自卑难过。

➢ 情景剧表演二：《长颈鹿》

随机挑选两位喜欢表演的同学，请他们上台饰演长颈鹿和妈妈，以下是台词：

长颈鹿：大家好，我是长颈鹿。我的脖子很长，这让我看得很长远，我还有一颗强大而包容的心。当你戴上我的耳朵时，你就会关注感受、聚焦需要：耳朵向外戴，代表体会对方的感受和需求；耳朵向内戴，代表体会自己的感受和需求。经常戴上我的耳朵，保证能让你沟通顺畅，有爱又温暖。下面举个例子（表演长颈鹿的同学做出玩手机状）：

妈妈：作业做完了吗，就玩手机？就知道整天玩手机！

长颈鹿（耳朵朝外戴，体会妈妈的感受和需求）：妈妈，我知道您担心我玩手机太久会耽误写作业，您别生气，我才刚玩，我已经写完数学和语文了。

妈妈：真的？你没骗我吧？

长颈鹿：没有，请放心，我就玩15分钟，15分钟后手机就交给您保管，可以吧？

听后，妈妈去做自己的事情了。

三、总结和归纳

（一）教师引导觉察

（1）同学们希望自己和父母都戴上谁的耳朵？

（2）在和父母相处时，同学们觉得自己平时戴的谁的耳朵？

教师：请闭上眼睛，趴在桌子上。请戴狐狸的耳朵，指责他人的同学举手；请戴狐狸的耳朵，指责自己的同学举手；请戴长颈鹿的耳朵，理解他人的同学举手；请戴长颈鹿的耳朵，理解自己的同学举手。

教师过渡：看来有不少同学习惯性地戴狐狸的耳朵，要么指责他人，要么指责自己。要想拥有和谐的关系，让家充满爱和温暖，我们每个人需要学会戴上长颈鹿的耳朵。接下来，我们一起来看看长颈鹿的耳朵怎么戴？

（二）教师引导辨析：长颈鹿的耳朵

教师：我想问问大家，爸妈一回家就看到你在玩手机，他们有什么感受？生气？愤怒？

- 为什么会生气？（认为我们没有好好学习，一直在玩手机）
- 他们期望什么？（我们能认真学习，抵挡诱惑，提高效率）
- 如果我们能做到这一点，对谁有好处？（当然是我们自己）

教师：总而言之，戴上长颈鹿的耳朵，你也就能逐渐明白爸爸妈妈的良苦用心，听得出言外之意，同时，也能顾及自己的感受和需求。

教师：当父母说你“怎么又在玩手机，作业做完了吗？”，这时候你有什么情绪感受？委屈？难过？

你有什么期待和需求？（希望爸爸妈妈能理解你、信任你和鼓励你）

当你能顾及父母的情绪和感受，也能顾及自己的情绪和感受时，你会怎么表达？

（“妈妈，您先别生气。我知道您是为我好，但是我刚刚已经做了一会儿作业，您这样说让我觉得委屈，我也需要您更多的信任和肯定。五分钟后我就放下手机，继续学习。”）

如果这样表达，会怎样？（学生答）

教师：你是不是会想，在气头上这样理智的话很难说出口，那该怎么办？老师有一个小方法，叫“吹蜡烛”——先畅吸一口气，像吹蜡烛一样吹出去——5—4—3—2—1，五秒之后我们再尝试表达。如果还不行，再来一次5—4—3—2—1。

接下来，就让我们一起戴上长颈鹿的耳朵，练习运用积极沟通的方式传递爱和温暖吧！

四、演练

请同学们两两组队，确定一个情景，分别扮演家长和孩子，进行表达练习。（教师可以出示之前调查到的常见情景，供学生选择）

教师及时点评引导。

五、反思和行动计划

教师引导：“要想让关系更和谐，让沟通更顺畅，我们需要运用积极沟通的方式。请同学们总结一下进行积极沟通需要注意什么？”

- 听到自己的感受和需求。
- 听到他人的感受和需求。
- 真诚；态度友好；说到做到。
- …………

请学生写下行动安排和奖励机制，比如每戴上1次长颈鹿的耳朵，运用积极沟通的方式就奖励自己一个印章，集满7个印章就奖励自己一个小时的自由安排时间。

小故事

大呼小叫

一头猪、一只绵羊和一头奶牛，被牧人关在同一个畜栏里。

有一天，牧人将猪从畜栏里捉了出去，只听猪大声号叫，强烈地反抗。

绵羊和奶牛讨厌它的号叫声，于是抱怨道："我们经常被牧人捉去，都没像你这样大呼小叫的。"

猪听了回应道："捉你们和捉我完全是两回事，他捉你们，只是取你们的毛和乳汁，但是捉我却是要我的命啊！"

每个人都有自己的立场，都只能看到自己面临的处境。我们总以为我们看到的世界是所有人都正面临的处境。

在人际交往中，如果只是站在自己的角度思考和理解问题，往往会错误解读对方原本的意思。

沟通锦囊

（1）两个人的沟通中，70%是情绪，30%是内容。情绪不对，内容就会被扭曲，没有良好的情绪，说得再多也只是发泄。

（2）很多时候，糟糕的并不是事情本身，而是看待问题的心态以及处理方式。沟通前努力让自己平静下来，控制好情绪。

（3）我们要用最好的自己去对待最爱的人，而不是用最坏的自己去考验对方是否爱你。

（4）在听对方说话的时候，放下心中衡量别人的尺子。当人与人之间能够相互倾听、理解、连接时，心中的"敌人"自会消失。

（5）我们通过感知对方此刻的感受和需要，与他们建立联系，进而聆听他们的请求，找到让他们的生命变得更丰富的方式。

（6）也许我们并不认为自己的谈话方式是"暴力"的，但我们的语言确实常常会引发自己和他人的痛苦。

（7）对他人的评价实际上反映了我们的需要和价值观。

（8）暴力的根源在于人们忽视彼此的感受与需要，而将冲突归咎于对方——至少大部分暴力的根源都是如此，不论是语言、精神或身体的暴力，还是家庭、部落以及国家的暴力。

（9）人们越是习惯于评定是非，也就越倾向于通过追随权威来获得标准。

（10）不带评论的观察是人类智力的最高形式。

教育故事

看见的力量

他今年初三，开学前几天一切如常，可第二个星期后我发现他不再像以往那样开朗，话变少了，作业也迟交了。他怎么了？

我需要和他聊一聊。正值大课间，我以请他帮我拿电脑为由邀他和我一起回办公室。请他坐下后，我温和地看着他："这几天我观察到你比之前话少了，怎么了？"

他刚开始有点吃惊，欲言又止，后来只吐出了三个字："没什么。"

"你好像想说点什么又不知道该不该说，是吗？"他微微点了点头。

"没关系，在这里，你是安全的。有老师在，老师能帮你的一定会全力帮你，不能帮你也会理解你、支持你。"

"老师，你能帮我保密吗？"

"放心，只要不涉及安全隐患，我都会帮你保密。"

后来，他告诉我他家里发生的变故，他很无力、很难过，但无处诉说，也无人理解……

后来的一天，门卫送给我一封信，拆开一看，是一张明信片，上面写道："谢谢您的看见，如果您当时没有看出我内心的感受，或许我永远都不会说出来。谢谢您！"

（广东省佛山市南海区桂城街道灯湖初级中学　谈继红）

我也可以做到

心理课上，老师向我们讲解了如何戴上长颈鹿的耳朵来倾听自己内心的感受和需求，也倾听父母内心的感受和需求。对此，我深有感触。很多时候妈妈并不是不爱我，只是我往往带着情绪去解读，一气之下似乎就成了权力之争、面子之争。长此以往，会怎样？越走越远。这是我想要的吗？不，我不想要。

我尝试打电话给妈妈，妈妈果然又是之前的样子："考试成绩出来了没？这次考得怎么样？"我的第一反应是："烦不烦，又来了。"可我反应过来后就尝试着用老师的方法"吹蜡烛"——畅吸一口气，像吹蜡烛一样吹出去——5—4—3—2—1。"妈妈，我知道您关心我的成绩，也知道学习很重要。可是当我听到您这么问的时候，我会有压力，也会觉得您只关心那一纸成绩。如果您能问我这几天怎么样，开不开心，我或许更能感受到您对我的爱和关心。"没想到，这些在课堂练习时写下来的话真的说出来了，更没想到的是，妈妈也不像往日那样说一堆，她平静地说了一句："哦，知道了。"自此以后，妈妈真的开始关注我的情绪而不是那个冷冰冰的成绩了。

（广东省佛山市　曾同学）

活动 5

学会倾听

活动关键词

沟通技能　倾听

教学目标

1. 认识倾听的重要性，了解倾听在学习和人际沟通中的作用。

2. 掌握基本的倾听技巧，提高人际交往能力。

3. 感受不同的倾听态度和习惯带给别人的不同感受，养成良好的倾听态度和习惯。

活动的长远意义

现在的学生能够很好地表达自己，却不善于倾听他人，存在“说得多、听得少”的现象，例如，听讲效率低，在课堂上经常说话，别人回答问题时不认真听，在与同学交谈时没听明白别人的意思就开始反驳……这在一定程度上影响了听课效果和同学间的交往。通过让学生了解倾听的意义、掌握倾听的方法和技巧，学生明白了倾听的重要作用，掌握了积极倾听的技巧，从而提升了课堂注意力以及人际交往能力。

活动用品

学习任务单、传声筒、游戏纸条

适用年级

小学、初中

活动流程

一、热身活动：倾听的小故事

一天，一位手中捧着一摞厚厚的纸的教授给学生们上课，他对学生说："这堂课你们不要忙着记笔记，凡是认真听讲的人，课后我都会发一份笔记给他，这堂课很有价值！"学生们听到这番话，立刻放下手中的笔，专心听讲。

但没过多久就有人自作聪明——反正课后老师要发笔记，又何必浪费时间去听讲呢，于是开起了小差。临近下课时，这些学生觉得这不过是一堂普通的课，老师为什么说它很有价值呢？

课讲完了，教授将那摞纸一一发给每位学生。领到纸张后，学生们都惊叫起来："怎么是白纸呀！"

教授笑着说："是的，我的确说过要发笔记，但我还说过请大家一定要认真听讲。如果你们刚才认真听讲了，那么请将在课堂上所听到的内容全部写在纸上，这不就等于我送你们笔记了吗？至于那些没有认真听讲的人，我并没有答应要送他们笔记，所以只能送白纸！"

学生们无言以对。有人懊悔刚才听讲心不在焉，面对白纸不知道写什么；也有人快速地将所记住的内容写在白纸上。

请学生们思考，听见和听懂之间差了什么，并体会倾听的重要性。

同学们通过讨论，总结出：倾听代表了专注和理解。

那么，怎样做才能更好地倾听？有什么方法呢？

二、体验活动

（一）游戏：抓逃手指

请所有学生站立，每个人伸出自己的右手食指，食指朝上，再伸出左手，呈巴掌状，手掌朝下，然后让大家把左手搭在左边的人的右手食指上，把自己的右手食指放在右边的人的左手手掌下。

老师讲一个故事，当大家听到数字 6 的时候，右手食指要跑掉，不能让旁边人抓住，左手还要去抓住旁边人的食指。

故事：秋天来了，玉米成熟了，从山上来了一群猴子，1 只、2 只……6 只。它们来做什么呢？它们想掰 6 筐玉米。只见这 6 只猴子着急地动起手来，这边一只，那边一只，一会儿就掰满了 3 筐、4 筐、5 筐（停顿一会儿）。掰呀掰呀，不知不觉天都快黑了。猴王说："都过来，都过来，来数数咱们今天掰了多少玉米吧！”“6 筐、7 筐……16 筐！大丰收了！”6 只猴子快快乐乐地拉着 16 筐玉米回家喽！

（二）体验活动

专注的倾听很重要。我们在生活中有没有感受到倾听的重要性呢？倾听是人际沟通中一个非常重要的方式。下面，我们通过小活动来体验一下吧！

把班级同学按竖列分成 A、B 组（例如规定班内 1、3、5 组同学为 A 组，2、4、6 组同学为 B 组。若班级是单数组，则可安排一组同学为观察组），分别出示不同的任务。

出示 A 组任务时，请 B 组同学趴在桌上，不要看黑板，请 A 组同学认真看任务，不说话，看懂就点点头。

A 组任务：请对 B 组同学说一说上周末你都做了哪些事情。

出示 B 组任务时，请 A 组同学趴在桌子上，不要看黑板，请 B 组同学认真看任务，不说话，看懂就点点头。

B 组任务：当 A 组同学说话时，你低头看书或者写东西，只对他进行简单的回复或者不予理睬。

接下来，请 A、B 组同学两个人为一组开始进行交流。

交流的过程中你有什么感受，分别请 A、B 组同学进行分享。

教师总结：可见，在人际沟通中，倾听代表着尊重，但倾听也是有技巧的，在眼神、表情、动作和语言上都有窍门。“听”字的繁体写法是“聽”，这个繁体字的组成不仅表达了什么是听，还告诉我们该如何听：“耳”代表耳为王，意为要少说多听，用耳优先于用嘴；“十目”代表多用眼，意为要善于观察；“一心”代表常用心，意为要用心听，体察对方内心的声音。

刚才的活动让我们发现了一些不恰当的倾听方式，让我们在与人沟通的过程中产生了负面感受。比如听别人讲话时心不在焉、不理睬别人，都是不恰当的。那我们应该怎样做才能成为优秀的倾听者呢？接下来请同学们分组讨论并完成表格。

人际沟通中积极倾听的做法	
回应	好的表现
眼神	正视对方的眼睛，保持适当的目光接触，专注
表情	适当微笑，肯定地点头
动作	不做其他事情，没有小动作
姿态	身体面向说话者，微微前倾
语言	不打断，听别人说完再说，适当的音量，注意语气

（三）教师总结

倾听的关键在于要带着任务和问题去听，调动各种感官来提高注意力，提高听的质量。

尤其在课堂学习中，专注的倾听非常重要。通过这个方法，我们可以在课前预习时思考几个问题，上课时带着问题去听讲，在上课时积极回答问题、认真做笔记、参加小组讨论，调动各种感官参与课堂学习，这些都能让我们听得更专注。

（四）练一练

➢ 活动：我是传声筒

活动规则：每组第一位同学记住发下去的句子，听到“开始”后小声传给身后的同学，后面的同学听清楚后再小声传给下一位同学，最后一位同学把听到的话说出来，看看哪个小组既快又准。注意音量，不要让旁边的同学听见。

➢ 句子备选：

- 认真倾听才会有真正的朋友。
- 倾听可以让你少走弯路。
- 善于倾听会让人感到舒服。
- 了解一个人的办法就是倾听。

三、总结和归纳

邀请学生进行归纳总结：

➢ 今天你学到了什么？对自己有哪些帮助？

➢ 本节课中的哪个环节让你印象最深刻？

➢ 你在生活中将如何运用倾听的方法？

教师总结：倾听是一种非常重要而有效的学习能力。如果在课堂学习中不会倾听就不能获取更多知识。在人际沟通中，倾听代表了尊重，积极倾听会让讲话者感到愉快，如果不善于倾听，就不能在倾听中建立深厚的友情。因此，希望同学们学会倾听，做一个合格的倾听者，从而更好地学习，与他人和谐相处。

四、活动延伸

与家人完成“你说我猜”游戏，可以描述生活中的物品、动物、交通工具等，孩子先说，家长听并猜，第二轮角色互换。交流中注意使用倾听技巧，让沟通变得更简单、更温暖！

小故事

三个金人的故事

曾经有个小国的使者到大国去，进贡了三个一模一样的金人，把大国皇帝高兴坏了，但进贡人要求皇帝回答问题：三个金人哪个最有价值？皇帝想了许多办法——请来珠宝匠检查，称重量，看做工，结果都是一模一样的。怎么办？最后，一位老臣说他有办法。皇帝将使者请到大殿，老臣拿着三根稻草，分别一一插入三个金人的耳朵里。插入第一个金人的耳朵里时，稻草从另一个耳朵出来了；第二个金人的稻草从嘴巴里掉出来了；第三个金人的稻草掉进肚子里了。老臣说：第三个金人最有价值！答案正确，使者默默无语。

其实，三个金人代表三种不同的倾听者——第一个金人，左耳进，右耳出，形容听完就忘；第二个金人，耳朵进，嘴巴出，形容没耐心，常把别人隐秘的话讲出去；第三个金人，耳朵进，存在肚子里，能认真地听，且能保守秘密，既能保证听的质量，又能给人安全感。因此，善于倾听，才是最有价值的。

教育故事

做善于倾听的人

在“双减”政策的背景下，如何做到增效提质，课堂改革势在必行。自主学习、合作探究是让学生成为学习主人的重要方式，而学会倾听则是生生对话、师生对话的基础。

在上课时经常碰到这样的现象：在回答问题时，别人还没回答完，就有学生插话进来；有的学生只顾表述自己的想法，根本没有认真听别人发言，自己的观点前面同学已经说了他还在重复；也有部分学生站起来后不知道要说些什么；还有学生干脆不听，在下面做小动作，课堂效果很不理想。那么，在课堂上如何培养学生的倾听能力呢？首先，我觉得要想让学生学会倾听，老师自己要用心听学生发言，为学生做好榜样。所以，我上课的时候，只要有学生发言，我都会停下手中的事儿，认真仔细地听他们发言，并作出回应，让发言的学生体会到老师对他的尊重。其次，及时表扬班里会倾听的学生，让他们成为表率，让其他学生学习。最后，在平时与学生的沟通和交流中，如果学生说的是倾诉性话题，我们更需要耐心地倾听，而不是急于给出安慰和建议。此时，回应不应仅仅限于“我能理解，我明白，我也有相同的经历……”，而是应该在学生倾诉完后给予安慰，并且询问“我能帮你做点什么？”。

良好的倾听习惯不仅可以帮助学生提高学习成绩，而且对其以后做人做事有极大的帮助。培养良好的倾听习惯并非一日之功，需要老师、学生、家长共同努力。老师要有耐心和持之以恒的态度，对学生负责，引导他们学会倾听，认真思考，促进自身发展。

（北京市前门外国语学校　孔丽颖）

活动 6

人气指数升升升

活动关键词

人际交往　沟通　友谊

教学目标

1. 认识友谊，了解自己对待友谊的态度。

2. 学习与朋友相处的方法，正确处理和应对人际交往中出现的情况。

3. 通过“友谊银行”活动，引导学生建立积极的同伴关系，形成正确的人际交往态度，提升人际交往能力。

活动的长远意义

人际交往是学生成长过程中非常重要的一课，对其获得社会支持感和亲密感，以及建立自我概念有着重要的影响。本节课旨在引导学生认识到同学间的友谊需要经营，学习经营“友谊银行”的相关方法，培养珍惜友谊的意识，建立积极的同伴关系，使同学间的情谊越来越稳固。

活动用品

学习任务单

适用年级

小学

活动流程

一、热身活动

教师：下面我们玩一个游戏，请同学们与你的同桌一组，面对面坐好，然后将你的左手置于身后，右手四指与对方右手四指交叉，相互勾握，两个人的大拇指相互顶住。请大家闭上双眼，不出声音。下面我要描述一个情景，请你们在不看对方、不说话的情况下，完成相应的任务。

冬天来了，人们都戴上了厚厚的帽子，穿上了厚厚的袜子。你们两个人一组，一个人是帽子，一个人是袜子。现在不能睁眼，也不能说话，你觉得你俩如果有机会商量，结果会是怎样的？现在不要睁眼，也不要说话，觉得自己会是帽子的同学请举手。现在请大家睁开眼，看看你们的决定。

请同学们再闭上眼睛。夏天来了，大家都很喜欢吃冰棒、喝冷饮。现在，一个奶油冰棒，一杯水果沙冰。现在不能睁眼，也不能说话，你觉得你俩如果有机会商量，结果会是怎样的？现在不要睁眼，也不要说话，觉得自己会是奶油冰棒的同学请举手。现在请大家睁开眼，看看你们的决定。

二、体验活动

（一）建立我的“友谊银行”

友谊联想：听到“友谊”这个词，你会想到什么形状呢？为什么你会觉得友谊是这种形状的？让学生感受自己对友谊的理解，体会友谊的力量。

如果把友谊比作一个银行，我们和同伴之间的关系就好像存入和支取了友谊：“存入”代表促进、建设友谊的行为；“支取”代表友谊出现问题的情况。请你在我的“友谊银行”中进行记录：

（1）回想开学以来自己为促进自己和他人的友谊做了些什么？请在“友谊银行”存折中写下“存入”情况。

（2）回想开学以来自己有没有做过伤害自己和他人的友谊的事情，请在“友谊银行”存折中写下“支取”情况。

请同学分享我的“友谊银行”并思考问题：在友谊中，你会看重哪些要素呢？

（二）经营我的“友谊银行”

友谊需要呵护，如何才能智慧地“存入”，经营好我们的“友谊银行”呢？请结合生活中的人际交往情景，小组讨论合适的方法及注意事项，助力我们经营好自己的“友谊银行”。

每组抽取一个情景进行讨论，之后小组上台进行分享。

情景 1：运动会上，小 A 夺得了 100 米跑冠军，并且打破了校纪录，周一回到学校，作为他的朋友，你该怎么做？

情景 2：昨天小 A 误会小 B 把他的书藏起来了，当时还说了几句重话。今天小 A 发现书原来就在自己的抽屉里，他该怎么做呢？

情景 3：小 A 这次期中考试没有考好，坐在自己的座位上伤心地哭了，作为他的好朋友，你该怎么做呢？

情景 4：小 A 以前的学习成绩很差，行为习惯也不怎么好，经常违反纪律。最近，他努力改变自己，学习成绩取得了很大的进步，可还是经常违反纪律。小 B 是他的好朋友，他该怎么做呢？

小组分享后，教师总结：

情景 1：在需要表达赞美的时候，要做到真诚和具体。每个人都有被重视、被赞美的愿望，一句赞美就能带给别人好心情。表达赞美时，要注意赞美应具体、讲究时机、逐渐增强，要记住他人的特别之处。

情景 2：友谊中也会出现误会，此时我们要有诚意地道歉。真诚的歉意会让你获得原谅与宽容。当有一些说不出口的话的时候，我们可以写个小纸条，或是偷偷地送给对方一个礼物。总之，只要你足够真诚，一定可以感动对方。

情景 3：朋友心情郁闷时往往最需要关怀和帮助，作为朋友，我们要及时给予安慰。此时我们要全身心倾听、换位思考、及时反馈。倾听可以治愈心灵，当朋友遇到困难向你倾诉时，请先倾听。你的一个专注的眼神、一句温暖的话都能让对方感到被鼓励。

情景 4：朋友之间如何向对方提出建议也很重要。我们要学会委婉的表达技巧。当我们出于善意，想向他人提建议时，可以先肯定他之前的成绩，再婉转地提出自己的建议，这样更容易让别人接受。

三、总结和归纳

邀请学生进行归纳总结：

- 今天你学到了什么？对自己有哪些帮助？
- 本节课中的哪个环节让你印象最深刻？
- 你在生活中会如何运用增进友谊的方法来提升人气？

四、活动延伸

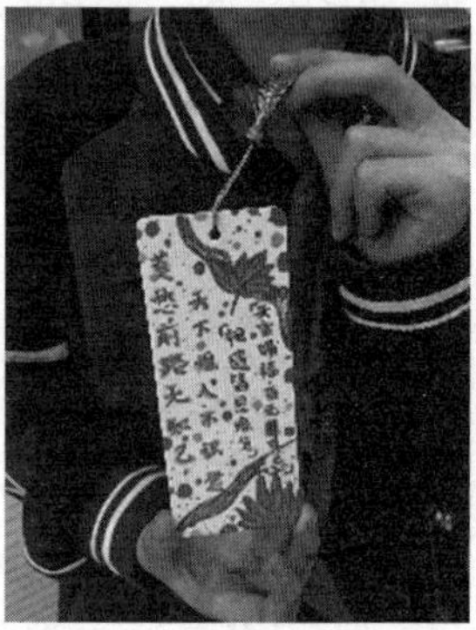

回想一件你在校园生活中印象最深刻的被同伴支持的事情。现在你要将这件事发到朋友圈中，请为这条朋友圈设计一幅配图。

寻找能代表你对友谊的理解的诗句或名言，制作一张友谊书签，并送给自己的朋友。

与父母分享你在课堂上填写的“友谊银行”存折，并向父母分享自己与好友的故事。

小故事

阿里亚斯与毕加索

毕加索是世界著名的画家，他有个理发师朋友叫阿里亚斯。阿里亚斯其实是西班牙人，在弗朗哥专制时期他才逃到法国瓦洛里。在那里，他以理发为生，因此结识了毕加索。他尊称毕加索为他的“第二父亲”，经常陪着毕加索一起去看斗牛比赛。他去毕加索的画室，给他剪头发，刮胡子，和他一起聊天，两人亲密得无话不谈。阿里亚斯收藏了毕加索送给他的 50 多幅作品，他对每幅作品都如数家珍。后来他把这些画都捐给了西班牙政府，并在家乡为毕加索建了一个博物馆。有一位日本收藏家来博物馆时相中了毕加索赠给阿里亚斯的一幅《斗牛图》。为了能够得到这幅《斗牛图》，他给了阿里亚斯一张空白支票，说数字随便填。可让这位日本收藏家没想到的是，他竟然遭到了阿里亚斯的直接拒绝，阿里亚斯说：“你给多少钱，都无法购买我对毕加索的情谊和尊敬。”

一段长久的友谊需要彼此欣赏、真诚相待、互相尊重、陪伴支持，就像阿里亚斯和毕加索在患难时期相互理解一样。拥有这样的朋友才是人生最宝贵的财富。

教育故事

做学生的朋友

师生之间的关系影响着学生的成长和发展，新课标中的一个核心理念是“为了每一位学生的发展”。因此，作为老师，我们需要主动建立起积极、有效、和谐的新型师生情感关系——把学生当朋友。

记得我曾经教过一个班，课堂纪律非常差，学生随便说话、打闹、不听老师要求的事情常有发生。刚开始我还可以用严厉的话来管住他们，但后来他们习惯了，我的“严厉”也就失去了效果，每次给这个班上课我都很头疼。

有一次快下课时，学生问我有没有推荐的心理电影，想在中午午休的时候看。于是，我就和他们说：“当然有，我非常愿意推荐给你们，但你们上课要遵守老师提出的课堂要求。”结果下一次上课他们果然不再打闹说话，为表示奖励，我就安排在这节课最后的十分钟给他们推荐心理电影，并播放了心理动画短片。中午午休没有其他安排时，我也会为他们播放心理电影。就这样，我和他们成了伙伴，师生关系日渐融洽。上课时曾经爱随便说话的学生不仅不再影响有序的课堂教学，而且担任了“小小纪律委员”，当有同学管不住自己时，还能帮我管理课堂纪律。

虽然严厉的老师可以让学生无条件服从，但那样培养出来的不是全面发展、有个性的学生，他们只会按照老师或家长给他们铺好的路走。而我们若把学生当朋友，跟他们谈心，陪伴他们一起成长，会更容易走进他们的内心。当老师在乎学生的开心或忧愁时，他们也会在乎老师的感受，自然而然地就不会再扰乱课堂纪律。所以，让我们和学生成为朋友吧！

（北京市前门外国语学校　孔丽颖）

第三章

自我认知

我们终其一生都是为了认识自己。

——叔本华

本章导读

认识自我是一辈子的事情。认识真实的自己，才能更好地拥抱自我。保持与自我的对话，才能更好地与世界对话。只有这样，每个人才能活出真实的自我，过属于自己的人生，收获精彩的一生。

随着年龄的增长，青少年开始对自我好奇，他们不断在探索“我是谁”。关于自我认知，《指南》中提出了多个学习目标，如“了解自己，悦纳自己”“客观认识和对待自己”“初步具备正确的性别观”等。本章共有六个活动，旨在引导学生进行自我认知和自我悦纳。活动1“悦纳自我”、活动2“多彩的我们”引导学生了解自我、悦纳自我。活动3“换位思考的力量”引导学生通过换位思考，具备接纳他人的能力。活动4“带着希望向未来”、活动5“提升自我效能感”引导学生相信自己，通过调整思考问题的思维模式，进行积极的自我暗示。活动6“拥抱成长型思维”通过体验活动，培养学生的成长型思维。

活动 1

悦纳自我

活动关键词

认识自我　悦纳自我　积极认知

教学目标

1. 理解并接受自己的独特性和个人价值。

2. 建立自尊心和自信心，相信自己的能力和价值。

3. 看见自己的缺点的积极意义，学会与自己的缺点相处，从而接纳自我、完善自我。

活动的长远意义

学会悦纳自我可以帮助青少年接受自身的差异和独特性，建立积极的价值观和意义认同，促进心理健康以及社会适应力和人际关系的发展。通过悦纳自我，青少年能够更好地认识自我，并在身份探索和成长过程中形成积极而稳定的自我同一性。当他们能够接纳自己的弱点和不完美之处，同时关注和发展自己的优势和潜力时，他们会更有信心和决心去追求自己的目标和梦想。

活动用品

“我的特质卡片”、带黑点的白纸、彩色笔

适用年级

小学高年级、初中

活动流程

一、热身活动：“大风吹”

教师：“大风吹。”

同学：“吹到谁？”

教师：“吹……的同学。”（其中“……”代表学生的特征）

被吹到的同学需要向一边倒下，做出被吹倒的样子。

（备注：这里的指令可以从外部特征开始，如戴眼镜的同学、长头发的同学、个子高的同学等，再慢慢转移到内部特征，如容易害羞的同学、有很多好朋友的同学、爱好打篮球的同学、乐于助人的同学、善良的同学、学数学很轻松的同学等。）

活动分享：在活动中，你是放得开，还是拘谨、羞涩？你被吹到了多少次？有什么感受？

教师过渡：刚才我们在“大风吹”的活动中发现了同学们的不少特征——有外在的，有内在的；有与人交往方面的，有性格方面的；有兴趣爱好方面的，有学习方面的。这些让我们对自己有了一个简单的认识，下面我们一起来全面地认识一下自己吧！

二、体验活动：我的特质卡片

1. 完成“我的特质卡片”

请同学们从外形、性格、与人交往、兴趣爱好、特长、学习情况等六个方面描述自己，完成“我的特质卡片”，要求内容真实、客观，特征突出。

提示：可以先请一部分同学尝试用一些形容词来描述自己，慢慢引导，让同学们知道如何填写特质卡片。

2. 交换卡片

小组内交换特质卡片，请你在拿到的卡片上做以下记号：

➢ 在你最想要可是自己却没有的特质上打“√”。
➢ 在你最欣赏的特质上画“爱心”。
➢ 如果你发现他哪方面的特质没有写，你也可以补充。

（三）思考与分享

➢ 哪些特质是你有而别人没有的？
➢ 哪些特质被人欣赏？哪些特质是你意料之外的？
➢ 哪些特质是你自己喜欢却没被人欣赏的？
➢ 你自己没能发现的特质有哪些？

提示：同学们思考以上问题之后，先在小组内分享，再请个别同学在全班分享，最后思考此次活动最大的收获或者感受是什么。

教师引导：本环节主要从自己角度和他人角度认识自己，帮助同学们学会客观地、多角度地认识自己，尤其是一些本来自己觉得是缺点的特质，在别人眼里，可能也是被欣赏的或者是被羡慕的，从而更积极地认识自己。

三、总结和归纳

（一）向学生展示一张上面有一个黑点的白纸

请学生思考：如果这张白纸代表你的人生，上面出现了一个黑点，你会怎么看待它？会怎么处理它？

教师引导：人无完人，接纳无法改变的缺点，让它变成独特的闪光点。同学们的回答很多样，有的同学说这个黑点很漂亮，不需要处理它。我们要认可他人的个性，以及独特的眼光。可以再抛出一个问题：“我也觉得这个小黑点挺漂亮的，不知道它在你的人生画卷中扮演的是什么角色。我也很好奇，你的人生画卷会是怎样的。”有的同学会觉得这个黑点是一个污点，想要涂掉它、抠掉它。此时可以引导学生思考：有没有比涂掉、抠掉它更好一点的处理方式。有的同学会想到给它换装或者是丰富它，让它变得更美好。

（二）心灵冥想

教师：现在请大家欣赏一段音乐，同时请调整一下，以最舒服的姿势坐在椅子上。现在请轻轻闭上眼睛，把注意力集中在呼吸上，深深地吸气，缓缓地呼气，让意识跟着气息流动，你会感觉到自己慢慢地放松下来。

现在请进入自己的内心深处，给自己一个信号：在心中默默地告诉自己，我是独一无二的，没有人和我一样，我的父母和兄弟姐妹即使与我有很多相似之处，但我们仍有很大的区别，我是独特的，所以我欣赏自己，我尊重自己。我拥有爱自己和爱别人的能力，我有选择的能力和自由，我对未来充满了期待，我相信我的人生肯定会是一幅美丽的画卷。我轻轻展开一幅白色的画卷，上面有一个小黑点，或许它不完美，但我可以慢慢丰富这幅画卷，让这个小黑点融入其中，就像我一样，变成一个独一无二却闪闪发光的存在。

提示：在该环节，最好配上轻音乐。

教师引导：引导学生接纳和欣赏自己的独特性，用发展的眼光看待自己，同时将小黑点与画卷具象化，为下一环节的心理绘画创作做准备。

四、演练：黑点作画

让学生每人领一张有黑点的白纸，让他们在 15 分钟内尽情挥洒创意，完成一幅心理绘画。

创作目的：接纳自己的缺点，让它变成独一无二的闪光点。

完成作品后，需写下作品名称以及创作意图。

积极心理绘画创作

作品名称：

创作意图：

创作者： 班级：

创作完成后，请部分同学分享自己的作品以及创作意图。课后选择优秀的作品张贴展示。

教师引导：让学生在创作过程中表达自己的内心世界，同时释放负能量，修复心灵创伤，以获得满足感和自信心，用意象来悦纳自己、完善自己。在这个环节中，有的同学会将小黑点融入自己的兴趣爱好中，想要展示自己的特长；有的同学会以小黑点为素材创作一幅美丽的画卷，看见生命的美好力量；有的同学会描绘一个自己向往的未来，明确自己努力的方向。

五、反思和行动计划

通过今天的活动，我们了解了自己，也看到同学中原来有人和自己一样，也有人和自己不一样：我们得到了认同，也发现了自己的独特性。或许我们不完美，但是我们可以去面对和接纳这些不足，可以通过努力与创造成就更好的自己。

小故事

阿德勒与他的《自卑与超越》

阿尔弗雷德·阿德勒是一位奥地利心理学家，他有一本著作是《自卑与超越》。阿德勒认为人类的内心驱动力来自对自尊心的追求。他相信，每个人都会感受到自卑感，而这种自卑感会影响我们的行为与生活。他之所以写这本书，是希望鼓励人们超越自卑，实现个人的成长和自我价值。他认为，自卑感可以是一种阻碍，但也可以是我们内在推动力的源泉。

阿德勒认为，对抗自卑感的关键在于重新建立起对自己的信任，发掘自己的潜能，并追求个人的目标和成就。《自卑与超越》正是在向人们传达这种思想，阿德勒在书中提出每个人的内心都有自卑感，但只有当我们意识到这个情况，主动追求个人成长和积极改变时，我们才能化自卑为动力，不断超越自己，实现我们的梦想和目标。

罗杰斯与“奇怪的悖论”

卡尔·罗杰斯是著名的人本主义心理学家，他认为个体的自我实现和幸福来源于与他人的深层联系和自我接纳。在治疗中，他提出了一个有趣而矛盾的悖论，即“奇怪的悖论”。

这个悖论源于罗杰斯对人类心理的独特观察。他发现，当个体感到被他人接纳和认同时，他们更有可能进行积极的变革和自我成长。然而，当人们感到自己被给予负面评价、否定或不被接纳时，他们更容易陷入固定的思维模式，不愿意改变。

为了更好地理解这个悖论，我们可以通过一个故事来描述罗杰斯的思想。

一天，一个名叫艾米的女孩来找罗杰斯进行心理咨询。艾米倍感困惑和痛苦，她觉得自己无法改变过去的痛苦经历对她的影响。她坚信自己永远无法改变，因为她从小就被家人和同龄人贬低和否定。罗杰斯理解艾米的处境，他开始尝试接纳艾米的感受和经历。他给予她无条件的关注、理解和尊重，让她感到被接纳和认同。逐渐地，艾米开始感到自己被理解和支持，开始对自己面临的问题充满希望，并主动寻求改变和成长的途径。

通过这个故事，我们可以看出罗杰斯的“奇怪的悖论”：要实现真正的改变和发展，我们必须首先接纳自己和他人的感受和存在。只有我们感到被他人接纳，我们才会感到安全和自由，才会去探索自己的内心世界，并愿意迈出改变的步伐。

然而，这也是一个悖论，因为我们通常只在遭受否定、批评和拒绝时才去寻求改变。然而，正是这种不被接纳的感觉使我们变得更固执和抵触变化，而这阻碍了自我成长的可能性。

罗杰斯提出的这个“奇怪的悖论”告诉我们，我们如果真的希望改变，首先需要无条件地接纳自己，给自己创建积极、放松的氛围，勇敢地面对自己的问题，并寻求积极的转变。它提醒我们接纳与改变之间的紧密关系，以及在接纳中探索成长的可能性。

教育故事

被看见与被接纳是悦纳自我的开始

有自伤行为的孩子的内心深处往往藏着深深的自卑感与自我否定感，他们敏感且存在心理冲突，虽希望获得认可，但自己都没有认可自己。小 A 就是这样一个孩子。

课堂上，在“我的特质卡片”这个环节，她做得特别慢，我看她久久不愿动笔，就尝试引导她用一些中肯的词来形容自己。她写的是：外形普通，性格内向，胆小怕事，不受欢迎，学习很差，一无是处。

小 A 的表现引起了我的关注，在接下来的小组内交换特质卡片环节，我便有意引导同学们从积极的角度看待身边的同学，同时要为其他同学写下自己的积极评价。活动结束后,小 A 的特质卡片就变得丰富多了。同学们觉得她皮肤白皙、眼睛明亮、文静、可爱、乐于助人、有责任心、细腻、有爱心、善解人意、腼腆、乐于倾听、爱看书，同学们还觉得她写字很好看，学习也很刻苦，写作能力很好，大家很喜欢看她写的小说。

在分享环节，虽然她没主动在同学们面前说什么，但是我能明显感觉到她眼里的惊喜。课后，我找她谈话，这才了解到小 A 有一个优秀的姐姐和一个聪明的弟弟，在家她一直都被批评或者被忽视，慢慢地，她形成了讨好型交往模式，这让她在人际交往过程中患得患失，她总觉得是因为自己不够好。于是，她越是否定自己，就越敏感，久而久之，她选择了用伤害自己的方式来摆脱这种痛苦。我心疼地抱着她，她却哭着说，这节课让她从未有过地“被看见”，她一直以为自己是“小透明”，不会有同学关注她，所以一直都很自卑，觉得自己很笨，什么都做不好。可是她没有想到同学们把那张她写了寥寥几个字的纸写得满满的，更没想到，在同学们眼里她原来有那么多优点，她开始觉得自己好像也没有那么差了。

最后，她给我看她的心理绘画作品，她将其命名为《向阳而生》，她将小黑点变成了太阳花的花蕊，这一片太阳花仰着头向着太阳随风而动。她说虽然自己很腼腆，但是她希望自己像这些太阳花一样，一直向阳而生，顽强而努力。

我觉得这节课就像一颗种子，让像小 A 这样的孩子被看见和被接纳，让悦纳自我在慢慢地“生根发芽”。

（广东省佛山市南海区桂城街道灯湖初级中学　彭丽珊）

活动 2

多彩的我们

活动关键词

性别角色　平等意识　悦纳自我

教学目标

1. 在活动中形成相互尊重、相互理解的平等意识，同时不被现有的性别角色束缚。

2. 在活动中体验性别刻板印象对我们的影响，打破性别刻板印象，正确面对生活学习中的两性相处。

3. 了解性别的概念和不同性别在社会中的角色，强调性别是一个社会构建概念，并不存在男性行为和女性行为的统一定义，理解性别特点的丰富性与多样化。

活动的长远意义

青少年时期是一个人建立自我认同的重要时期。心理学家埃里克森认为，处于青春期的孩子在自我意识的发展过程中需要解决“自我同一性和角色混乱的冲突”这一问题。在这一阶段，青少年的主要任务涉及建立一个新的同一感或塑造自己在别人眼中的形象，以及明确自己在社会集体中所占的情感位置。性别意识是自我认同的重要组成成分，而性别角色认同是青春期自我同一性教育的重要内容。性别角色是指个体在社会化过程中通过模仿学习获得的一套与自己性别相应的行为规范。对自我性别和角色的认知属于自我意识范畴内个体对自我的认知、评价和控制。为使学生形成良好的自我同一性、人格健康，引导学生形成正确的性别角色认同感就显得尤其重要。

活动用品

性别姜饼人轮廓图

适用年级

小学高年级、初中

活动流程

一、热身活动：性别猜猜猜

借助 PPT 呈现三个人物特点关键词，让学生对其性别进行初步猜测。

选取存在性别角色反差的人物关键词，例如：

- 打破体育赛事世界最高分纪录、国际级运动健将。
- 身高 167 厘米、中国航天员大队特级航天员。
- 护理界的先驱、从事过护士和教师职业。

教师过渡：在同学们心里，男生有男生的特点，女生有女生的特点。但这些在我们脑海中固有的特点一定是准确的吗？在揭晓答案前，我们先来看看今天的课程主题："多彩的我们"。

二、体验活动

（1）提供女生性别特点描述，并向同学们提问：如果你身边有这样一位女生，你觉得她会受欢迎吗？

关键词描述：身材娇小、性格文静、皮肤白净、说话温柔、声音动听、能歌善舞、笑容甜美……

请学生分享看法。

（2）如果这些描述的是一位男生呢？对于拥有这些特点的男生，你觉得他可能会面临哪些困扰和挑战？

（3）引导学生破除性别刻板印象对我们的影响，并告诉同学们这些描述来自一个真实人物。让我们一起来看看她的故事，看看她是怎样努力破除性别刻板印象的。（播放国际级运动健将全红婵的经历视频）

三、总结和归纳

揭晓热身活动答案：全红婵、王亚平、路德·克里斯特曼博士。从上面的游戏中能看到人们关于性别的固定思维及期待。

引出性别刻板印象的概念：性别刻板印象就是我们对男生和女生的一些固有印象、期待和看法。

请学生联系实际分享在生活中听过的类似关于男女生片面且绝对的说法。

教师总结：在性别刻板印象之下，男生被认为该有某些特点，女生被认为该有某些特点。但实际上，我们每一个人，无论是男生还是女生，都具有属于自己复杂且多样的个性特征，并不能简单一划为二。

四、演练：绘制“多样的性别姜饼人”

（1）每6～8人为一个小组，每人一幅性别姜饼人轮廓图（见下页），以小组为单位，绘制男女两幅性别姜饼人轮廓图，分别从兴趣爱好、能力倾向、职业倾向、性格特征等方面讨论男女各有什么不同，在性别姜饼人轮廓图上写出来。

（2）小组讨论并派代表分享小组成果。

讨论：

➢ 哪些是男女真正不一样的？

➢ 哪些不一样是由社会文化造成的？

➢ 你赞同这些不一样吗？

（3）观看视频《性别不是边界线，偏见才是》，了解更多的性别刻板印象，鼓励学生勇于打破性别刻板印象。

（4）回顾与领悟。

再次回看之前的性别姜饼人轮廓图，你觉得哪些词汇可以在男女生中替换？并进行交流分享。

经过今天的交流讨论，你对性别角色有什么新的认识或感受？并进行交流分享。

教师：我们生而不同，我们生而平等，我们每个人都是独一无二的，个体的多样性不应被性别所限制。

性别姜饼人的特点：

多样的性别姜饼人

五、反思和行动计划

制订行动计划：小组讨论并制订一个班级行动计划，确保大家都有公平的机会参与活动或担任班级职务。

六、活动延伸

课后可以通过图书或网络收集更多打破性别刻板印象的案例或名人事迹，并将所思所感写在记录本上，待下节课与同学分享。

小故事

生活中的性别刻板印象

基于性别刻板印象，斯坦福大学的两位心理学家科雷尔和索尔萌生了一个疑问：若某一商品的制造者与人们对这一商品投射的“性别”不一样，会不会影响人们的购买和对商品的评价呢？他们对零售平台上的360种商品进行了“性别投射测试”，以调查问卷和随机采访的方式收集和探究了150名消费者（随机挑选的男性和女性），探究他们对这些商品的看法中是否隐含了性别刻板印象。这些商品包括高尔夫球杆、婴儿服装、灯泡、空调等。结果发现，人们对某些商品的性别刻板印象存在共识，比如螺丝刀和除草机几乎普遍被视为“男性”的，咖啡和沙发被视为“中性”的，冰淇淋和布娃娃被视为“女性”的。

为了进一步验证这一结果，科雷尔和索尔率领研究团队进行了一项实验探究活动，他们招募了200多名志愿者（随机挑选的男性和女性），且把志愿者们分为两组（即A组和B组）。A组志愿者们评估同一种精酿啤酒，但研究人员对精酿啤酒样品上的酿酒师名字进行了修改，比如把珍妮改为约翰，把杰克改为萝丝等，以调查不同性别的酿酒师名字会不会影响志愿者们对精酿啤酒的评价；B组志愿者们评估同一种纸杯蛋糕，但研究人员对这些纸杯蛋糕上的糕点师名字进行了修改，以调查糕点师的性别是否影响志愿者们对纸杯蛋糕的评价。

这一研究的结果出人意料：A组志愿者们在知晓女性酿酒师酿制了精酿啤酒之后，对这一精酿啤酒的估价更低，对它的口味和品质也降低了期望值；不过，B组志愿者知晓男性糕点师烤制了纸杯蛋糕之后，“性别”并未影响他们对纸杯蛋糕的评价。科雷尔认为，这一研究结果表明，在以男性为主导的消费市场中，女性制造者受到了无缘无故的打击；而在以女性为主导的消费市场中，“性别”就不是消费者们看重的一个要素了。因此，这不仅仅是消费者们对某种商品的评价问题了，还是一些行业中的性别偏见和歧视问题了。研究人员还发现，“声誉”可以打破志愿者们的性别偏见：当研究人员告诉志愿者们，这位女性酿酒师曾经获得了某某奖项，志愿者们对这一精酿啤酒的认可度立即飙升，也就是说，“名声”和“奖项”可以减少性别刻板印象所带来的负面影响。

教育故事

不同性别　同样精彩

2015 年的一项调查显示，有的教师常常把表现出更多传统中认为“女性化”行为的女孩笼统地视为勤奋的和顺从的，而把表现出更多传统中认为“男性化”行为的男孩视为懒惰的和麻烦的。与此同时，也有研究表明，当教师看到男孩和女孩成绩相同时，认为女孩应该比男孩更努力。这给身为教育工作者的我带来一些思考：我们习以为常的一些思维或行为模式很可能受到性别刻板印象的影响，进而容易对孩子造成自我认知偏差。就拿我自己的求学经历来说：小学至初中学业成绩都不错的我，到了高中阶段，随着课程难度和课业负担的增加，物理成绩一直不太理想。当时就有个别老师说：“你们女孩子呀，以后学文科就好了，物理对女孩子来说确实有点难度……”现在回想起来，这确实很大程度上影响了我当时的自我认知，并且使我更加对理科失去信心，我还会给自己一些消极的自我暗示。如今成为一名教师后，我会时常提醒自己要注意自身的言行，并在心理活动课堂上开展相关积极认知类的主题活动。例如，本节课所提及的对性别角色的认知，课堂上孩子们对日常中带有性别刻板印象的话很有共鸣，这有助于他们觉察到并更加客观地认识性别角色，学会尊重与包容。活动中呈现的名人案例也让学生深受鼓舞，从而激发孩子们勇敢进取的信心与勇气，减少自我设限行为，真正实现生命体验的丰富多彩。

（广东省佛山市南海区大沥镇泌冲小学　缪易珍）

活动 3

换位思考的力量

活动关键词

换位思考　同理心　认知他人

教学目标

1. 学会将心比心，在人际交往中增强换位思考意识。

2. 掌握换位思考的方法，学会换位思考。

3. 认识到对于同一件事，不同人的思考与理解方式不同。当他人处于不同的角色与立场时，体会他人的表现、行为、感受的不同。

活动的长远意义

处于青春期的孩子正值自我意识和独立意识逐渐增强的阶段，容易以自我为中心，忽视他人的感受和观点。通过换位思考，他们可以更好地理解他人的立场和情感，从而尊重他人的不同观点和经历。这种理解和尊重可以促进同学之间、师生之间以及亲子之间建立良好关系。基于此，通过引导学生了解、认识与实践换位思考，帮助学生更好地理解他人的需求和期望，从而形成良好的人际关系和提升解决问题的有效性。

活动用品

角色扮演名牌

适用年级

小学高年级、初中

活动流程

一、热身活动：折纸游戏

让学生准备一张纸，并按照教师的指令做相应的动作。整个过程需要保持安静，不能相互沟通。指令如下：

- 把纸对折。
- 再对折。
- 再对折。
- 把左上角撕下来。
- 旋转 180 度。
- 把右上角也撕下来。
- 把纸打开。

指令讲完后，让学生们互相看看手上的纸是否一样，并引导学生思考：你觉得你做的是对的吗？

引导学生思考：面对同样的指令，为何大家的最终结果不同，并分享答案。

教师总结：对于同样的指令，每个同学的思考与理解不同，所以呈现出不一样的结果。

引导学生思考：你身边的人，比如你的父母、老师、好朋友，在跟你面对同一件事的时候，他们的角色、想法、感受跟你的一样吗？

因此，我们需要学会换位思考，这会帮助我们更好地理解他人，进而减少误会或矛盾，与他人和谐友好相处。

二、体验活动

（一）心灵剧场：当矛盾来临时

（1）教师过渡：人与人之间发生矛盾、产生分歧是在所难免的，面对矛盾、分歧我们应怎么处理呢？我们现在来做情景演练活动。每组自主讨论并选择一个情景进行角色扮演，具体台词和剧情自己设计，主要考虑实际遇到这样的情况时怎么做。

情景 1：小丽正兴致勃勃地和同学说她遇到的一件搞笑事，小美走过来直接问这个同学自己的新衣服好不好看。

情景 2：小林做事大大咧咧，结果有一次在食堂不小心把汤洒在别人身上，小林当时没看见，那个身上被洒汤的同学非常生气，找小林要说法，并认为小林是故意的，做错了事情还不道歉，摆明了欺负人。

（2）请两组学生分别就两个情景进行表演，其他同学注意观察他们是如何处理的。

（3）请表演的同学说说自己内心的感受与想法。

（4）请台下同学根据观察讨论并分享这两组的处理方法效果如何。

（二）巧用换位思考化解矛盾

（1）教师过渡：如果运用换位思考方法去化解矛盾，会不会更好？

（2）呈现换位思考三步曲：

如果我是他：

- 我现在的心情会是……
- 我心里的想法会是……
- 如果对方……我心里会更好受。

（3）请同学们尝试运用这个方法去理解情景中的人物情绪变化，请刚才扮演角色的两组同学再次上台，互换角色后扮演这个情景，最后将画面定格。

（4）采访台下观察者：大家觉得运用换位思考的方法处理后，有什么不同？

（5）采访扮演角色的同学：刚开始演小丽，现在演小美的同学有什么感受？刚开始演小林，现在演被洒汤的同学有什么感受？

（三）总结

教师总结：通过这个活动，我们不难发现换位思考后，自己会更平静，更能理解和包容。换位思考有助于化解人际矛盾，理解和包容对方。

（四）练一练

（1）教师引导：请同学先自己思考如下问题。

最近你和父母或者朋友发生什么矛盾了吗？

当时发生了什么事情？结果怎样？

学了换位思考，你有什么启发？

如果奇迹发生，你乘坐时光机回到了矛盾发生时，你会作出怎样的决定？

（2）请学生四人一组，在小组内分享。

（3）分享：请想说一说的同学分享。

如果现场有学生分享与其他同学的矛盾事件，教师可以借此机会帮助他们消除矛盾。

三、反思和行动计划

请同学们回顾今天的学习内容，分享自己的感受和学习收获。

思考未来可以在哪些方面提升和践行自己的换位思考能力。

教师总结：我们习惯于站在自己的角度看待周围的事物，当发生冲突、矛盾的时候，我们往往会觉得难以理解，觉得对方不可理喻。假如我们能尝试了解他人的真实情况，多站在他人的角度看待事物，我们就能帮助自己调整情绪，理解他人，减少许多不必要的矛盾和冲突，建立起和谐的人际关系。

请学生写心情日志，在心情日志中尝试记录接下来自己在日常学习与生活中遇到的矛盾与内心冲突时刻，写出自己的想法与感受；尝试用换位思考三步曲进行换位思考，并记录自己的情绪变化与行为结果。

小故事

换位思考，彼此尊重

英国心理学家彼得·沃森发现，人会选择性地收集能够支持自己偏好的细节、信息，来诠释与自己观念相左的观点。这种行为叫作确认偏误。这个发现提醒我们要换位思考，广纳不同的意见，从而有助于更全面地做判断。

一个人请一个盲人朋友吃饭，吃得很晚，盲人说："很晚了，我要回去了。"主人就给他点了一个灯笼，盲人生气地说："我本来就看不见，你还给我一个灯笼，这不是在嘲笑我吗？"主人说："因为我在乎你，才给你点灯笼。虽然你看不见，但别人看得见，这样你走在黑夜里就不用怕别人撞到你了。"盲人朋友深受感动。每一件事，从不同的角度去看，就会有不同的见解。见解不同，结果自然也会不一样。换位思考，多替别人着想，是对彼此生命的尊重与保护。

拿破仑·希尔有一年在报刊上登载广告招聘秘书，应聘的信件如雪片般飞来，但内容都如出一辙："我看到您在报纸上发布的招聘秘书的广告，我希望可以应聘这个职位。我今年 ×× 岁，毕业于 ×× 学校，如果能被您选中，我一定兢兢业业。"

拿破仑·希尔对此很失望，然而有一封信令他惊喜，他认定秘书人选非她莫属。

这封信是这样写的："敬启者：您所刊登的广告一定会引来成百封乃至上千封求

职信，而我相信您的工作一定特别繁忙，根本没有足够的时间来认真阅读。因此，您只需轻轻拨一下这个电话，我很乐意过来帮助您整理信件，以节省您宝贵的时间。您丝毫不必怀疑我的工作能力，因为我已经有十五年的秘书工作经验。”

她之所以能在众多竞争者中脱颖而出，是因为她站在聘请者的角度，找出了他们的需求和存在的问题，然后站在他们的立场上，说明了问题的解决办法和自己的价值。

后来，拿破仑·希尔说：“如果能懂得换位思考，能真正站在他人的立场上看待问题、考虑问题，并能切实帮助他人解决问题，这个世界就是你的。”

教育故事

播下换位思考的种子

在教学过程中，我发现有的学生没有换位思考的习惯，他们总是更多地从自己的角度出发，把自己的感受摆在第一位。出现问题时总认为自己是对的，对于教师和家长的劝解非常不服气，甚至认为教师和家长不理解他们，导致生活中经常有各种各样的矛盾发生，而且很多时候起因都只是一件小事。对此，我会引导学生运用换位思考的方法设身处地地站在他人的角度去考虑问题，理解他人的感受，从而建立起相互宽容、相互理解的人际关系。

换位思考，顾名思义，就是设身处地地站在他人的角度思考问题。这一理念在心理活动课中具有极其重要的意义。在当今社会，人与人之间的理解和沟通尤为重要，而换位思考正是实现这一目标的桥梁。

在过去的心理活动课中，我发现许多学生能够熟练地掌握理论知识，但在实际生活中却难以运用。究其原因，主要是缺乏换位思考的能力。因此，我认为，培养学生的换位思考能力是心理活动课的首要任务。为了实现这一目标，我在教学中采取了多种方法。首先，通过角色扮演的方式，让学生亲身体验不同角色的情感和立场。例如，在人际关系课中，让学生扮演冲突的双方，通过换位思考，让学生理解对方的感受，从而找到解决问题的方法。其次，引导学生从不同的角度看待问题。在分析情景案例时，鼓励他们提出自己的见解，并从多个角度进行思考。这样不仅能培养学生的批判性思维，还能加深他们对问题的理解。此外，鼓励学生在日常生活中换位思考。通过不断实践和反思，学生们逐渐养成了换位思考的习惯，人际交往能力也有了显著提高。

然而，在实施过程中，我也遇到了一些困难。有些学生习惯了以自我为中心的思考方式，一时间难以转变。针对这一问题，我采取了耐心引导和鼓励的方式，逐渐帮助他们克服困难。

通过这次心理活动课，我深刻认识到换位思考在教学中的重要性：培养学生的换位思考能力不仅有助于提高他们的人际交往能力，还能促进社会和谐发展。在未来的教学中，我将继续探索和实践换位思考的教学方法，为培养更多具备同理心和包容心的学生贡献自己的力量。

（广东省佛山市南海区大沥镇泌冲小学　缪易珍）

活动 4

带着希望向未来

活动关键词

希望感　积极的自我暗示　WOOP 思维四步法

教学目标

1. 意识到逆境中希望感的重要性，认识到可以通过学习和训练来提升自身的希望感。

2. 培养积极面对未来的心态，相信自己的能力和潜力。

3. 学习和应用在逆境中点亮希望的技巧：积极的自我暗示 + WOOP 思维四步法。

活动的长远意义

希望感是一种信念——相信未来会比现在更好，同时相信自己有一定的能力去实现这一点，在积极心理学中这是一种美好的心理能力。培养青少年的希望感，可以给予他们前进的动力和目标，有助于他们树立积极乐观和坚定的信念，以积极的态度面对挑战和困难，持续反思和进步，逐步建立自信和自尊，从而激发内在的动力和热情，追求一个更美好的未来。

活动用品

"成长剧场"指定的表演内容、《我的希望源泉图》活动单

适用年级

初中

活动流程

一、热身活动：心理小实验

实验建议：实验 1，用口头表述；实验 2，配上图进行讲解。

实验 1：实验人员将一只饮食、睡眠、精神状态都良好的小白鼠，放进一个装满水的水槽里，这只小白鼠坚持了 8 分钟就奄奄一息了。

实验 2：实验人员将另一只同样健康状况的小白鼠放进同一个装满水的水槽里，但是在这只小白鼠坚持了 5 分钟快要坚持不下去的时候，实验人员给了它一块木板，将它救了出来。若干天后，这只小白鼠恢复至正常的饮食、睡眠和精神状态，实验人员再次将它放进水槽。你们猜，这次实验中的小白鼠坚持了多久？这只小白鼠最终坚持了 24 分钟。

思考与分享：是什么让实验 2 中的小白鼠坚持了那么久？

引出本节课的主题，以及“希望感”的概念，让同学们了解希望感的重要性，并掌握希望感的两个重要来源：意志和策略。

教师：有的同学会说是求生的希望，这可以归纳为希望感的意志部分；很多同学会说，因为小白鼠曾经获得过一块木板并成功获救，有过成功的经验会让它有更多坚持下去的信心，这可以归纳为希望感的策略部分，因为这块木板是小白鼠追求的目标。

教师总结：从这个实验中我们看到希望感可以让我们受到鼓舞，使我们更有毅力，从而激发生命的潜力，并更加自信。同时，希望感是可以通过一定的策略与方法培养的。

二、体验活动

（一）活动 1：左手手指长长

活动规则：请将双手掌心相对，合在一起，手指并拢，使你左右手的中指保持在同一高度，然后以手掌底部为轴，将左右手略微分开。请你闭上眼睛，在心里反复默念左手手指长，并在脑海中想象手指长长的情形。直到教师说“睁开眼睛”，此时请保持双手不动，将双掌轻轻合回去，看看手指有什么变化（通常左手的中指会高于右手的中指）。

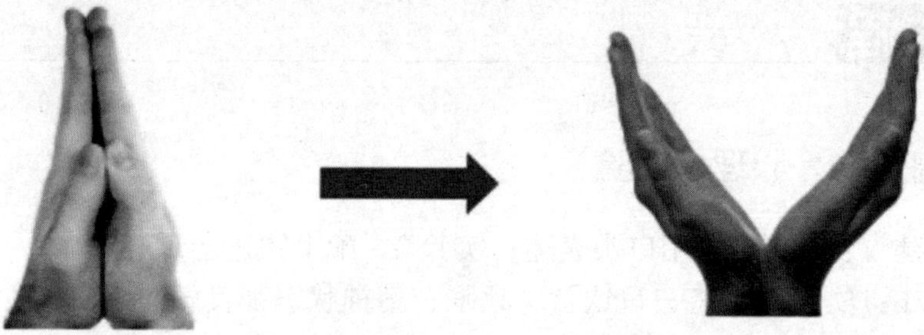

（备注：在活动过程中，教师可以先示范，给同学们讲清楚如何操作，然后再引导大家安静下来，深呼吸，放空身心，专注于反复默念左手手指长长和想象它长长的样子。教师在引导过程中也可以将“左手手指长长”这句话多念几遍。在同学们尝试的过程中，要留意大家双手中指的高度。待大多数同学左手高于右手后，可以轻轻发出指令：现在大家不要移动双手，将双掌轻轻合回去，然后慢慢睁开眼睛，看看两个手掌的高度是否一样。）

思考与分享：并没有刻意移动左手，为什么左手就自己“长长”了呢？

教师引导：本环节旨在让学生体验自我暗示的强大力量，让学生相信“我相信我可以做到，我就一定可以做到”的力量和希望感中的意念力量。

（二）活动 2：成长剧场

学生任务：

6～8 人为一个小组，每个小组用 5～10 分钟时间编排本小组领到的剧本，表演采用“旁白＋无声表演”的形式，结束时定格画面，要求每个同学都要参与（角色可以是人，也可以是物）。准备完毕后，按序幕编号顺序表演。

第一幕：

一个男孩在 5 岁的时候因为一场意外失去了右手的手臂。他曾悲伤过，失落过，自卑过，迷茫过，直到 12 岁那年他参加了一次公益篮球培训班。那一刻，他爱上了篮球，他梦想成为一名篮球运动员。

第二幕：

小男孩幻想着自己实现梦想的那一刻，他成了一名篮球运动员，他跟自己的队友一起出战，他们赢得了比赛，并站在领奖台上迎接台下的欢呼。

第三幕：

小男孩幻想着当父母看到他带着奖杯回来时，他们为他而自豪，因为他们看到他的辛勤努力最终得到了回报。周围的同学和朋友都目睹了他在运动场上展现出的灵活而健美的身姿，都对他投以了羡慕和钦佩的目光。

第四幕：

小男孩勇敢地向人们坦露了自己的梦想——他渴望成为一名职业篮球运动员。然而，这个梦想却遭到了许多人的嘲笑和轻视，因为这条路实在是太艰苦了。他只有一只手，这使得练习篮球对他来说比其他人困难得多。更加令人沮丧的是，他从未接受过专业的训练，也无力请专业的教练。而他家附近也没有适合他练球的场地。此外，他还要上学，这让他几乎没有时间进行充分的练习。

第五幕：

尽管面临种种困难，小男孩并没有放弃他的梦想。只有一只手，他就付出比别人更多的努力，除了上学、吃饭、睡觉，他将所有的空余时间都用来练球，每天保证至少练球两个小时；没有场地，他就不要场地，学校、村委、镇政府的球场，家里的客厅、过道都是他的练球场，凡是能打球的地方都留下了他练球的身影。没有教练，他就自己练，向老师请教，向同学请教，上网学习别人的专业技巧，不断地练习，即使五个手指头都磨破了皮，常年缠着胶布，他也没有丝毫松懈。

第六幕：

看到他的不懈努力，越来越多的人支持他、鼓励他。但是，尽管小男孩的球技越来越出色，可他从未有机会加入任何球队，也无缘参加任何一场比赛。他对自己的篮球水平心存疑虑，不仅毫无机会展示自己的才能，而且没有机会成为职业篮球运动员。

第七幕：

小男孩将自己练习篮球的视频传到网上，想让更多人看见。一次他到珠海看篮球比赛，在中场休息时，他到场上与职业球员一起切磋，这段切磋视频也被上传到网络，他因此走红，很多网友给他留留言，纷纷鼓励他。后来一家篮球俱乐部邀请这个小男孩去和他们的高水平运动员进行互动，小男孩觉得自己离梦想又近了一步。

（备注：本环节的表演任务改编自一位独臂篮球少年的真实故事。）

三、总结和归纳

（一）思考：失去右手手臂的小男孩有希望吗？他的希望是什么？

教师引导：

同学们几乎异口同声地说，小男孩的希望是篮球或成为篮球运动员。沿着这个思路，我们强化一下，有明确的目标或梦想可以点亮我们的希望之光，但是光有目标，并不足以让希望之光持续点亮，我们还需要策略。下面介绍 WOOP 思维四步法。

（二）"WOOP 思维四步法"守护希望之光

教师讲解及介绍"WOOP 思维四步法"：

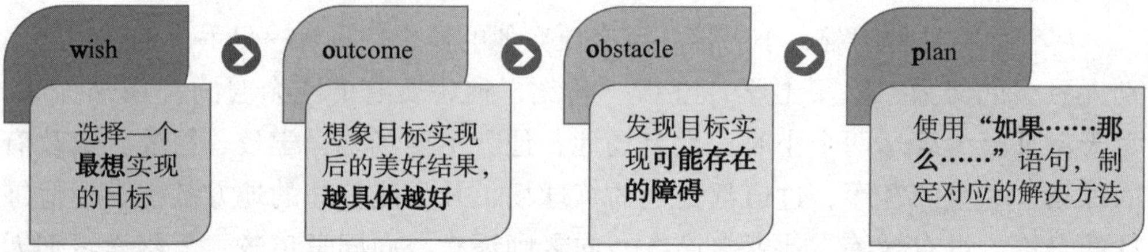

教师引导：

引导同学们结合成长剧场中的表演内容，去完善小男孩的 WOOP 思维清单，来加深对这个内容的理解和掌握。比如：第一幕表演的是第一步，确定目标；第二、第三幕表演的是第二步，想象目标实现后的美好结果；第四、第六幕表演的是第三步，发现可能存在的障碍或困难；第五、第七幕表演的是第四步，制定对应的解决方法，在这个环节可以尝试引导孩子们使用"如果……那么……"语句来想解决问题的办法。

四、反思和行动计划：《我的希望源泉图》

教师引导：同学们，如果遭遇了挫折、困难或有特别想达成的愿望（目标），你们可以怎样获得希望呢？请你们以图画加文字的形式完成《我的希望源泉图》！（结合活动单来做）

学生展示并分享自己的作品。（在学生完成活动单的过程中，可以播放歌曲《一起向未来》）

教师总结：今天我们一起心怀希望，迎接未来，愿我们都能用行动开启美好，用智慧点亮人生，用信心激励自我，用勇气点燃激情！

《我的希望源泉图》活动单

我的挫折或困难（梦想）：____________________

请你用“图画 + 文字”的形式丰富下面的内容。

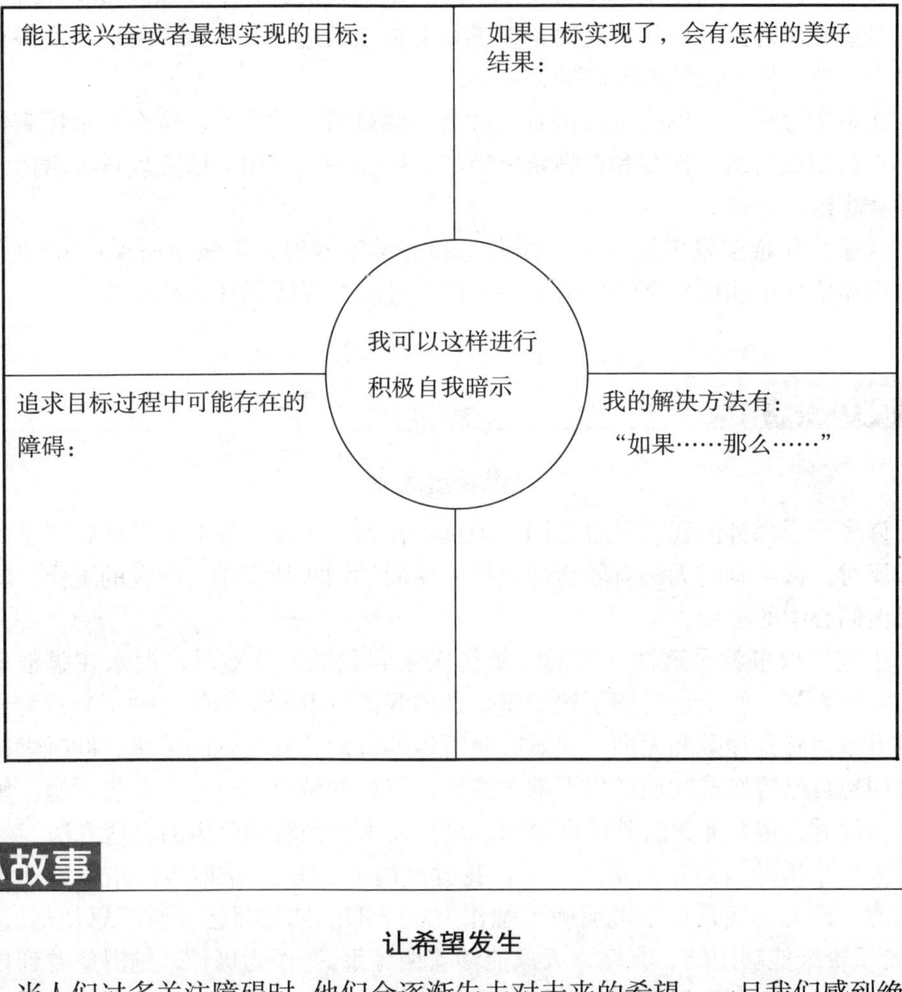

小故事

让希望发生

当人们过多关注障碍时，他们会逐渐失去对未来的希望。一旦我们感到绝望，消极情绪可能会不断扩散，最终导致完全丧失希望。那么，我们能否改变绝望的感觉呢？我们是否可以通过自己的努力获得希望感？答案是肯定的。

心理学家通过实验证明，我们可以通过自己的努力获得希望感。在 2011 年的一项研究中，圣塔克拉拉大学的研究人员对 96 名学生进行了测试，以衡量他们的希望水平。他们请学生根据自己对以下句子的认同程度回答问题：“当我陷入困境时，我能想出很多解决方法。”“在面对困难时，我有很多可选择的路。”然后，研究人员指导学生实践：第一，找到一个让自己兴奋的目标；第二，明确实现这个目标的路径；第三，思考在这些路径上可能遇到的困难；第四，思考如何克服这些困难。在完成这些后，一个月后研究人员进行了跟踪测量，发现参与者的希望感显著提升，并且这种希望感具有持续效应——在一个月后再次进行的测量中，他们依然保持着较高的希望感。

在思考过程中，你还可以试着去做那些你最擅长的事情，这会大幅提高你的自信心和积极情绪。你要和充满希望感的人待在一起，因为研究发现，希望感是一种会蔓延的情绪。

就像《让希望发生》一书的作者、心理学家沙恩·洛佩斯所说：“把注意力集中到那些真正让你兴奋的事情上——这个过程会提醒你什么是希望。”

教育故事

点燃希望之光

许多班干部都向我倾诉过他们的困扰：作为班干部，他们时常面临同学的厌恶和反对，甚至有时无法有效管理班级，使同学们听从安排。而我的工作，就是点燃他们心中的希望。

小霞的故事就是这样开始的。她初次来到我的办公室时，泪水在眼眶里打转，满腹委屈，脸上也写满了挫败感。她向我倾诉着同学们的种种不当行为，以及自己如何感到挫败和无助。我耐心倾听她的诉说，安抚她的情绪，同时尝试引导她回想自己曾经成功担任班干部的经历，以帮助她重拾信心。我告诉她：她并非不够优秀，也并非无法胜任班干部，只是还未找到管理班级的合适方法。

看到小霞的情绪逐渐稳定下来，我尝试用 WOOP 思维四步法指引她走出当前困境。首先，我帮助小霞明确了她作为班干部的期望目标。她沉思片刻后说：“我希望班级能够团结、有序，大家能够互相尊重。”作为班长，她渴望看到自己带领的班级达到这样的状态。

接着，我问她：“如果班级真的达到了你期望的状态，会有什么标志性的结果或证据？”她回答：“大家会更加和睦相处，学习氛围也会更好。”我鼓励她更具体地想象目标实现后的美好场景。然后，我们一起探讨并列出在实现目标的过程中她所遇到的障碍。她列举了一些问题，例如：有些同学不服从管理，一些同学喜欢起哄，还有的同学因为被记名而记恨等。针对这些障碍，我与她逐条讨论切实可行的解决方案。我们探讨了从其他班干部身上发现的比较有效的方法、如何调整心态、怎样了解同学们的想法和需求、遇到问题可以向谁求助，等等。

当小霞离开时，她的步伐比来时坚定了很多。

之后，小霞又来找过我几次。每次我们都会针对她在管理班级过程中遇到的困难进行讨论，寻找行之有效的解决办法。在这种积极应对的思维的导向下，小霞逐渐学会了如何与同学们沟通交流、如何调动大家的积极性、如何组织活动等。随着时间的推移，班级氛围日益融洽，她也越来越能感受到同学们的尊重和信任。

（广东省佛山市南海区桂城街道灯湖初级中学　彭丽珊）

活动 5

提升自我效能感

活动关键词

自我效能感　效能感循环　相信自己

教学目标

1. 了解自我效能感是怎样产生的，以及它的积极循环与消极循环。
2. 相信自己，从“不可能”转变为“不，可能！”
3. 掌握提升自我效能感的具体方法，并能运用到学习与生活中。

活动的长远意义

自我效能感最早由心理学家班杜拉提出，是指个体对自己是否有能力完成某一行为进行的推测与判断。班杜拉提出一个人在一件事上会投入多大精力、付出多少努力以及在遇到困难时会坚持多久，并不是取决于他的实际能力，而是取决于他的自我效能感，也可以说是取决于他相信自己有什么样的能力。所以说，提升自我效能感可以为学生的成长和发展提供强大的动力和信心。当一个人相信自己能够克服困难、完成任务并取得成功时，他会倾向于追求更高的目标和挑战自己的能力。这种积极的心态和自信的态度会推动个人不断进步，不断超越自我，实现更大的成就。而且，提升自我效能感也可以帮助个人克服困难和挫折，增强对未来的适应能力和抗压能力。通过不断积累成功的经验，个人的自我效能感会愈发增强，从而形成良性循环，持续推动个人获得更大的成功和满足感。因此，提升自我效能感不仅对学生的成长和成就感有着积极的影响，同时对他们的生活、职业和健康等各个方面也都具有长期的积极意义。

活动用品

土豆（每个小组 1 个）、直吸管（每个小组 1 根，可以多准备 1 根备用）、活动单

适用年级

初中

活动流程

一、热身活动：前线有需要

将学生分为 4 人一组。教师说：前线有需要。学生问：需要什么。教师说出需要的物品，各小组收集好前线需要的物品，高高举起，看哪个小组最快。

提示：可以进行三轮挑战，前线需要的物品可以根据现场学生可提供的物品进行设定，逐轮增加难度，除了从物品上增加难度外，还可以在时间上增加难度，并在开始新一轮挑战前问同学们："你觉得你们小组能挑战成功吗？"

前线所需物品参考：

第一轮：眼镜 1 副，铅笔 2 支，笔记本 5 本；

第二轮：橡皮筋 3 根，蓝色笔 4 支，左脚的鞋子 2 只；

第三轮：《体育与健康》课本 2 本，袜子 2 只，鞋带 1 根。

游戏后请学生分享：

挑战前，你觉得自己能挑战成功吗？为什么？

教师引导：就像刚才在热身活动中一样，我们相信自己能够成功。事实上，我们是否能够完成或者做好一件事，取决于我们的自我效能感。对于自我效能感较高的人来说，他们在面临困难时更加相信只要付出努力，就可以完成任务。而对于自我效能感较低的人来说，他们在面临困难时很容易放弃。今天我们就一起来了解自我效能感，并想办法提升它。

二、体验活动：失败是谁的母亲？

1. 活动一

跳蚤实验：生物学家曾做过这样一个实验——他们通过测量发现，跳蚤正常情况下能从地面上跳起一米多高。当他们将跳蚤放在一米高的玻璃管中，并盖上透明玻璃盖，之后会发生什么呢？是的，跳蚤还会跳，且每次都撞到盖子。过了一段时间，实验人员发现跳蚤跳的高度变了，不再撞到盖子，每次都只比盖子低一点。此时，实验人员将玻璃盖子拿掉，你猜跳蚤会跳出来吗？实验人员发现，实验所用的所有跳蚤到生命结束都再没有跳到超过一米的高度。

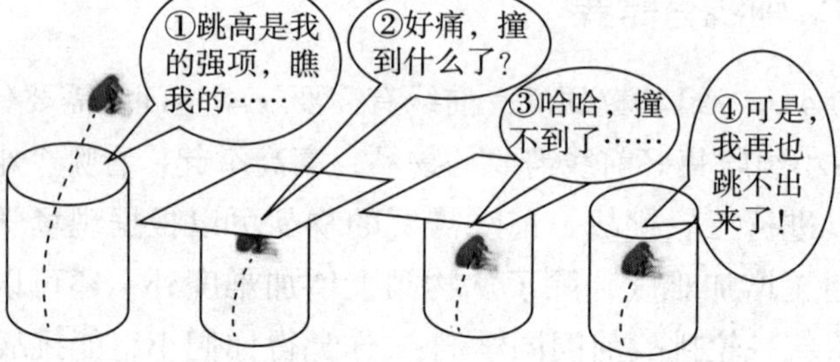

学生思考：

同学们，我们常说失败乃成功之母，但是在这个实验里我们发现，失败好像是失败的母亲，为什么会这样呢？

教师引导：

通过这个实验，帮助学生明白，跳蚤的多次失败经验（消极经验）让它们陷入了低自我效能感，不愿意努力尝试，从而进入一个消极的循环。最后它们调节了自己跳的目标高度，给自己设定了一个限制，而且适应了，不再改变。我们生活中的很多事情，不是我们做不到，而是自己给了自己一个“不可能”的限制，所以才做不到。

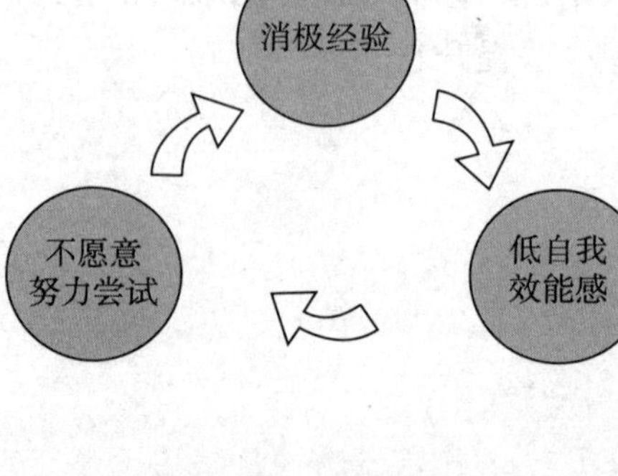

2. 活动二

每个小组准备 1 个土豆、1 根直吸管。

挑战任务：用 1 根直吸管刺穿土豆。

挑战前先问：觉得自己可以挑战成功吗？为什么？

➢ 第一轮：

先给 3 分钟时间，让同学们进行尝试，看他们是否能找到办法。可能有的同学上课前就知道该怎样做，一下子就做到了；有的小组可能会模仿已经成功的小组；也有可能同学们在慢慢摸索的过程中掌握了技巧；当然，有的小组 3 分钟时间到了，但是仍然没有成功。

学生分享：

刚才你挑战成功了吗？如果成功了，你是怎样成功的？你有什么感受？

教师引导：

从同学们的回答中归纳出我们的自我效能感来自哪里，并板书：

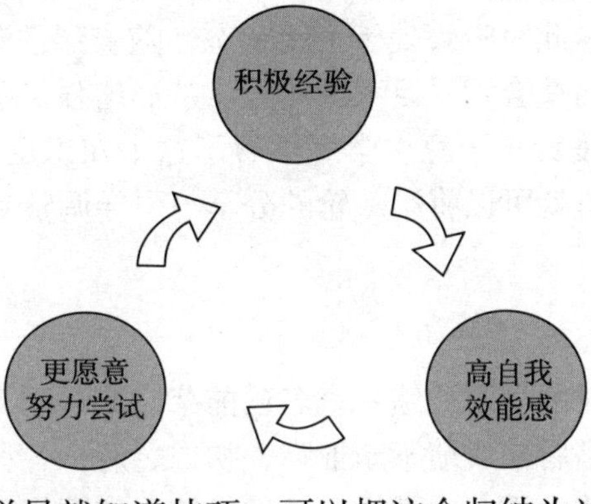

（1）如果同学们说早就知道技巧，可以把这个归纳为过往经验（类似事件中曾有过的成功经验）。

（2）如果同学们说看到别人怎样做，自己模仿的，可以归纳为替代经验（其他人的成功经验）。

（3）如果同学说是慢慢摸索出来的，可以引导他们继续探索在摸索的过程中别人是怎么给他们反馈意见的，从而归纳出在我们做这件事情的过程中，他人给我们的意见（他人反馈）也是影响我们自我效能感高低的一个重要因素。

（4）从同学们的感受中，归纳出当我们在完成某件事情的过程中，我们体验到的愉悦感、成就感、荣誉感等积极感受是可以帮助我们建立信心的，所以积极的情绪感受是帮助我们提升自我效能感的因素之一。

➤ 第二轮：

教师引导：同学们，现在再让你们去完成用吸管刺穿土豆的挑战，你们还有信心吗？（答案几乎是肯定的，至少信心要比一开始更大。）那我们再来试一次。

设计意图：让更多同学经历从认知上觉得“我能行”到实际体验到“我能行”，增强自我效能感，坚定只要我相信我就能做到的信念，也增强他们的积极情绪感受。

学生分享：

在跳蚤实验中我们发现失败是失败的母亲，在这个活动中，你们发现谁是成功的母亲呢？

教师总结：在两次挑战过程中，我们不断积累的积极经验让我们产生了高自我效能感，从而更愿意去继续努力尝试，而努力尝试越多，又会让我们积累更多的积极经验，从而形成一个良性循环。

（备注：在这个活动的第一轮挑战中，如果 3 分钟内没有同学能成功，可以尝试增加一个关于如何完成挑战的物理小知识讲解，比如当我们将拇指紧扣在吸管的顶端再扎向土豆，此时吸管处于密闭状态，随着穿透深度越来越深，吸管内的空气被压缩，吸管内壁会承受巨大的压力，从而增强了吸管的刚度和抗弯曲能力，使其有足够的强度穿透土豆。学生学习了这个知识后再去尝试第二轮挑战，就更容易成功了。这里就可以将第一轮的分享与引导调整到第二轮挑战之后。）

三、总结和归纳

案例：小枫小学时的学习成绩一直名列前茅，初一刚入学那会儿成绩也很不错，能达到优秀，但是后来成绩不断下降，初二之后，各科成绩几乎只能勉强及格，也就数学还能保持优秀。他觉得自己的成绩应该是优秀，他很希望能恢复到当初的水平，但是好像越来越难了，他的信心在不断下降。

小组讨论：小枫应怎样提升学习方面的自我效能感，让自己进入一个高自我效能感的积极循环呢？（小组长负责记录讨论结果，最后派代表分享。）

教师引导：结合前面归纳出来的自我效能感的来源，总结同学们分享的结果，得出提升自我效能感的四种方法（可以用四象限的方式表达）。

（1）积累成功的经验：立足于当下的情况，设定阶梯式小目标，不断进步，增加成功的体验；从优势科目入手，寻找适合自己的学习方法，不断试错，不断调整与进步。

积累成功的经验：	向榜样学习：
寻求他人支持：	学会情绪管理：

（2）向榜样学习：寻找合适的学习榜样，相信别人能做到的事情自己也可以做到，别人能克服的困难，自己也可以。

（3）寻求他人支持：与学习伙伴一起学习，相互监督；寻求他人的鼓励或建议。当获得外界的关心和支持时，自我效能感就会增强。

（4）学会情绪管理：学会去体验成功与进步带来的开心、快乐，并记录下来；取得进步的时候要肯定自己的学习方法与努力；培养积极的心态。

四、演练

我相信，通过努力，我可以！（可以做成活动单，让学生填写）

请写下一个自己存在低自我效能感但是很想突破的活动（可参考下面的“日常生活学习活动表”）。

日常生活学习活动表				
A. 学习语文	B. 学习数学	C. 学习英语	D. 学习物理	E. 学习化学
F. 学习道德与法治	G. 学习生物	H. 学习地理	I. 学习历史	J. 学习唱歌
K. 学习画画	L. 学习跳舞	M. 当班干部	N. 学习烹饪	O. 学习乐器
P. 进行球类运动	Q. 进行田径运动	R. 养小动物	S. 收集资料	T. 做手工
U. 修理东西	V. 理解他人	W. 与人合作	X. 自我反思	Y. 在人前表演
Z. 其他 ________________				

请运用我们刚才总结的四种方法来提升自我效能感。

五、反思和行动计划

请同学们分享这节课的感想与收获。

教师：今天我们了解到自我效能感的高低影响着我们面对挑战和困难时的动力和坚持程度，决定了我们能否克服困难并取得成功。我们也一起探索出四种帮助我们提升自我效能感的方法：积累成功的经验、向榜样学习、寻求他人支持和学会情绪管理。相信它们会帮助我们更有自信地面对未来的挑战，并取得更多的成功。

“我相信，通过努力，我可以！”活动单

我想突破的活动：	
我打算这样积累成功的经验：	我可以向这些人学习（写上具体学习什么）：
我可以向谁寻求怎样的支持：	我打算这样培养积极的情绪感受：

小故事

莫迪凯·布利特纳的戒烟实验

以色列心理学家莫迪凯·布利特纳等人进行过一项备受瞩目的戒烟实验。他们随机选择了一些成年吸烟者，并将他们分配到三个不同的组中。

第一组被称为自我效能组。实验者告知这些吸烟者，他们将进行为期 14 周的治疗。这些人被选择作为实验对象，是因为他们展现出了坚强的毅力、良好的自我控制能力以及战胜欲望和行为的潜力，因此，在治疗过程中他们戒烟的成功率一定非常高。

第二组被称为治疗组。他们也将接受为期 14 周的治疗。然而，与自我效能组不同的是，实验者告知这些吸烟者是被随机选中的，并没有强调他们的潜力和控制力。

第三组被称为控制组。在整个实验中，工作人员没有给这些吸烟者提供任何治疗计划，也没有给予他们任何心理上的指导。

实验结果是：第一组有 67% 的人成功戒烟，第二组有 28% 的人成功戒烟，第三组有 6% 的人成功戒烟。

这项实验的目的是研究不同的干预方法对戒烟的影响，尤其是自我效能感的影响。实验结果说明：自我效能感其实就是对自己进行“我能做到”的积极暗示。如果我们从内心深处坚信自己能做成一件事，那么这种信心就会促使我们努力去克服困难，做到最好。

如何制定目标——反馈实验

心理学家罗西和亨利曾做过这样一项实验：他们将一个班的学生分成三组，让他们去往 10 公里外的村庄。

甲组的学生不知道村庄的名字，也不知路程有多远，他们只被告知跟着向导走就行了。刚走出两三公里，就有学生叫苦，走到一半，学生开始抱怨，情绪低落，而且开始散乱，有人甚至坐在路边不愿前进，越往后，他们的情绪越低落。

乙组的学生知道村庄的名字和路程，但路边没有里程碑，只能凭经验来估计行程的时间和距离。这组学生走到一半的时候，大多数人想知道已经走了多远，比较有经验的人说：“大概走了一半的路程。”于是，大家又继续向前走。当走到全程的四分之三的时候，大家情绪开始低落，觉得疲惫不堪，而前面的路程似乎还很长。此时，有人说：“快到了！”大家重新振作起来，加快了行进的步伐。

丙组的学生不仅知道村庄的名字和路程，而且公路旁每隔一公里就会有一块里程碑。一路走来，他们边走边看里程碑，每缩短一公里大家便有一小阵欢乐声，行进中他们用歌声和欢笑声来消除疲劳，情绪一直很高涨，所以很快就达到了终点。

实验结果非常明显：丙组最快，乙组次之，甲组最慢。

实验结果表明，有目标还不够，在去往目的地的路程中有清晰可见的里程碑可以让我们及时得到正向反馈，从而激发我们有更高的自我效能感去努力实现目标。实验过程也表明，当我们遇到困难与打击，自我效能感下降时，正向的信息反馈、他人的支持与鼓励都能帮助我们重新提升自我效能感，使我们坚持下去。

教育故事

自我效能感能够激发学习动力

作为一名英语教师，单词过关是我给学生布置的基本任务，但是小 A 同学的情况有点不理想。有时课堂上默写一个单词不写，集体朗诵也不太愿意开口。我苦口婆心地告诉他单词过关对学英语有多重要，希望起到一定的鼓励作用，可他就是默不作声。当我再询问他不背单词的原因时，他却轻描淡写地告诉我："老师，你放过我吧，我背不下来的。"

一次谈话下来，没有起到预期效果，我有点不甘心，晚上回到家深入分析了一下小 A 的情况。"觉得自己背不下来"，这是典型的自我效能感不高导致的学习动力不足问题，那我就先给他来个"登门槛效应"，先让他走出第一步，再用"即时反馈"帮助他不断提升自我效能感，激发学习动力。

说干就干。第二天英语早读的时候，我特意安排他做他所在背书小组的小组长，小组长检查完其他同学的背诵情况后，再到我这里背。任务刚布置下去，他就来找我了，提出自己做不来，因为有一些单词他都不会读，不知道别人背得对不对。我告诉他："没关系的，你有疑惑的单词就做个标记，到时候只需要多听几个同学背，就可以分辨出谁对谁错了。我相信你可以。你也不需要担心在我这里背得怎么样，你只需要将单词都读出来我就算你过关。"我特意强调了一下"只需要"，他好像对自己多了一点信心。

第一次他的任务完成得不错，都能准确地读出来。我表扬他做得很好，还奖励了他一袋小零食，同时又鼓励他挑战一下自己。我给他圈了 5 个单词，告诉他，今天只需要默写对这 5 个单词就好了。听写的时候，我特意抽了这 5 个单词，他果然都写出来了，我当着全班同学的面夸奖了他，其他同学看他的眼神也发生了变化，他的眼里开始有了光。

就这样，我总是给他定一个他稍微努力就能达到的目标，并予以即时的反馈，让他的学习效能感不断增强。现在他跟其他同学一样，能顺利地完成学习任务了，还成了我的小助手。

（广东省佛山市南海区桂城街道灯湖初级中学　彭丽珊）

活动 6

拥抱成长型思维

活动关键词

成长型思维　积极心态　思维模式

教学目标

1. 了解生活中固定型思维和成长型思维的语言和行为方式，并加以区分。
2. 学习成长型思维中的积极乐观和勇于挑战的心态。
3. 在学习和生活中，能运用成长型思维积极应对困难与挫折。

活动的长远意义

培养学生的成长型思维，可以使他们保持积极向上的心态，更好地应对挑战，从失败中学习，不断探索自身的潜力，追求个人的成长和发展。成长型思维能让学生相信能力是可以通过学习和努力来提高的，因此能帮助他们更好地应对挫折和失败，让他们看到失败背后的机会和成长空间，更好地适应不断变化的社会和环境。

活动用品

代表固定型思维的面具 1 个、代表成长型思维的面具 1 个、“思维语句包”及“思维模式框”学案纸每组各一份、抽签用的盒子 1 个

适用年级

初中

活动流程

一、热身活动：魔术课堂——解放双手

请跟教师一起按以下步骤做：
第一步：伸出左手，翻转；
第二步：伸出右手，交叉；
第三步：向内反转；
第四步：伸出大拇指，指向鼻子；
第五步：双手解开，魔术成功。
游戏后分享：
你成功了吗？此时此刻，你想对自己说什么？
教师过渡：在刚才这个小游戏中，有的同学成功了，有的同学失败了。下面我想请一些同学上台来，将我们心中那些想对自己说的话表演出来。

二、体验活动：角色扮演

请 4 名学生进行角色扮演。

➢ 场景一：

学生 A :（在热身活动中挑战失败的学生）站在讲台上。
学生 B : 对 A 同学说出固定型思维的话（教师提供台词和固定型思维面具）。

B 同学的台词（每句话之间停顿 3 秒）：
- 我试了很多次都不成功，他们一定觉得我很笨。
- 别人那么容易就做到了，他们一定很聪明，我没做到，实在是太差劲了。
- 我不擅长做这个，努力也没有用，我一定做不到的。
- 失败了，我觉得很丢脸，我太没用了。

学生分享：
A 同学：当你听到这些话，你会怎么评价自己？在这种心境下，你还愿意继续挑战吗？
其他同学：请归纳 B 同学说的这些话有什么共同点。

➢ 场景二：

学生 C :（在热身活动中挑战失败的学生）站在讲台上。

学生 D：对 C 同学说出成长型思维的话（教师提供台词和成长型思维面具）。

D 同学的台词（每句话之间停顿 3 秒）：
- 我没有成功，是我忽略了什么吗？
- 别人成功了，他们是怎么做到的？我得去请教一下。
- 我只是没找对方法而已，我还可以再试试。
- 我只是现在没成功，但是没关系，只要我不断努力，一定会离成功越来越近。

学生分享：

C 同学：当你听到这些话，你会怎么评价自己？在这种心境下，你还愿意继续挑战吗？

其他同学：请归纳 D 同学说的这些话有什么共同点。

（备注：在学生分享的过程中，教师可以将学生的分享归纳后写到黑板上，让学生感受到两种思维对我们的影响。）

三、总结和归纳

（一）学生思考：如果继续挑战，你觉得是 A 同学还是 C 同学更容易获得成功？为什么？

教师引导：B 同学和 D 同学代表的是两种不一样的思维模式：固定型思维模式和成长型思维模式。结合体验活动环节学生的分享，介绍两种思维模式的特点与影响（可参考下表），让学生意识到不一样的思维模式可能对我们的学习和生活带来不一样的影响。

思维模式	特点	影响
成长型	能力是可以通过努力提升的，不怕失败	积极努力、乐于挑战
固定型	能力是天生的，无法提升，害怕失败	逃避失败、容易放弃

（二）小组讨论

（1）每个小组领取一份思维语句包，小组内通过讨论将这些语句放到相应的思维模式框中。

思维语句包

（一张纸条上一句话，打乱顺序，用信封装好。）

1. 我就知道，我是最棒的。
2. 你行，你上啊！我就这样，关你什么事？
3. 或许我可以再试试。
4. 这次我的运气实在是太好了！
5. 我不该错的，运气太差了。
6. 我不擅长做这个，还是放弃吧！
7. 我真是太聪明了！
8. 我这段时间的努力是有用的。
9. 太好了，这种学习方法很适合我，我得继续努力。
10. 看来我得花多点时间和精力才行。
11. 我只是一时没做到而已，我可以再试试。
12. 看来我得找找问题出在哪里，好好改进一下。
13. 我还要看看有什么是可以完善的，只要不断尝试和努力，肯定还能再提高。
14. 他只是有天赋，做得也不怎么样，有什么好得意的。
15. 他们一定觉得我很没用。
16. 我再努力也做不好，还是躺平吧。
17. 我就不是这块料，还是算了吧。
18. 这真的就是我的最好成绩了吗？
19. 没有最好，只有更好，也许再努力一点，我还能提高。
20. 虽然这次错了，但以后我就知道这么做是错的了，又学到一招，太棒了！
21. 他是怎么做到的？我得好好请教一下他。
22. 这次失败了，我得找找有没有其他办法。
23. 为什么我没做到？我忽略了什么呢？
24. 我只是暂时没做好，只要我在这方面多练习、多努力，一定会越来越好的。
25. 只要我学习了他的方法，然后认真去做，我也有可能成功。
26. 他们的批评只是一种反馈，只要我改正了就好。

“思维模式框”学案		
请将各思维语句放到相应的思维模式框中		
	固定型思维模式	成长型思维模式
当我考得很好时		
当我遇到挑战时		
当我被否定时		
当我遭遇失败时		
当别人做得比我好时		
当我被表扬时		

（2）各小组派代表展示本小组的讨论结果，对不一致的答案，教师进行分析引导。

教师引导：帮助学生深入理解固定型思维模式和成长型思维模式的语言和行为方式，并加以区分。在这里需要注意一些容易混淆的句子，比如第 1 句和第 7 句。这两句容易让同学们误以为是成长型思维语句。虽然这两句话表达了对自己成功的认可，但将成功归结为天生的，忽略了努力和成长的重要性。因此，实际上它们应该被归为固定型思维语句。

四、演练：成长型思维为我解忧

（1）请每位同学匿名写下最困扰自己的一件事（学习、人际关系、家庭关系、情绪管理……)，然后放到盒子里。

（2）每个小组派代表抽取 1 个烦恼便签，小组内进行头脑风暴，共同运用成长型思维为他人解忧。(限时 3 分钟)

烦恼举例：我很内向，难以融入集体。

成长型思维解忧妙招：

➢ 只是还没有找到志同道合的朋友。

➢ 多观察交友达人交友时的小技巧。

➢ 通过参加一些兴趣班或者活动，多表达自己。

➢ 保持微笑，主动交友，即使暂时失败了也收获了经验。

➢ …………

（3）各小组派代表展示本小组抽到的烦恼便签，以及想到的成长型思维解忧妙招。

五、反思和行动计划

我们每个人都拥有固定型和成长型两种思维模式。面对烦恼或困难，我们要观察它、接纳它，再尝试运用成长型思维模式，帮助和支持自己，同时在未来的学习与生活中要不断唤醒自己的成长型思维。

小故事

卡罗尔·德韦克与成长型思维

卡罗尔·德韦克是一位杰出的美国心理学家，同时也是斯坦福大学的教授。她以在最新社会认知框架研究上所取得的成果闻名，并在此基础上综合了以往的成就动机研究成果，进一步提出了一套较为完善的成就目标理论。她的学术贡献为她赢得了全球最大教育奖——“一丹教育研究奖”。

她的突破性研究成果是关于“成长型心态”的力量的。在长达数十年的成长型心态研究中，她专注于过程而非结果的教学方法，这极大地增加了学生充分发挥潜能的机会。她提出的成长型思维或者说成长型心态的概念在整个教育界产生了深远影响。

经过大量的案例和研究，她提出：归根结底，决定人的差别和成败的是思维模式。她将人的思维模式分为“固定型思维”和“成长型思维”，不同思维模式的人在面对问题和挑战时采取的是截然不同的态度和方法。

固定型思维模式的人认为自己的能力和潜力是固定不变的，在失败和困难面前容易感到沮丧和无助，容易出现退缩行为。而成长型思维模式的人认为自己的能力和潜能是可以通过学习和努力不断发展的，面对失败和困难会保持积极向上的态度，更愿意迎难而上。卡罗尔·德韦克认为，思维模式不同，最终造就的结果也不同，拥有不同的思维模式将拥有不同的人生。

每个人都同时拥有固定型思维和成长型思维两种思维模式，只是习惯的倾向性会有区别。习惯固定型思维模式的人也可以通过合适的方法及刻意的训练改变自己的思维模式习惯，让自己更倾向于成长型思维。

拴住大象的铁链

一个父亲带着孩子去看马戏表演。

表演结束，在回家的路上孩子问父亲："为什么马戏团只用一条非常细的铁链拴大象，难道不怕大象挣脱吗？"父亲说："因为大象以为自己挣脱不了那根细铁链。"孩子一脸疑惑地看着父亲。父亲又解释说："因为大象在很小的时候就拴着细铁链，当时力气小，想要挣脱发现做不到，就放弃了。随着渐渐长大，虽然力气变大了，但是它一直认为自己无法挣脱那条铁链，就心甘情愿地被拴着。"

大象如此，人亦如此。当你习惯待在自己的舒适圈时，你就如同马戏团里的大象，心甘情愿地被困在固定型思维里。

固定型思维，只会让你越来越受限。

只要你愿意，你就可以摆脱这个舒适的"牢笼"，挣脱"铁链"，奔赴更好的人生。

教育故事

成就更好的自己

作为一名初中教师，我发现学生们在上初二后，对学习的焦虑日渐增多，尤其是考试前后。然而，这种焦虑往往源于他们自身的思维方式。例如，那些成绩长期位于班级中下游的学生，有些人会觉得自己不如他人聪明；而那些偏科的同学，则会认为自己在某一科目或某个领域不强，从而容易产生放弃学习的心理；

至于那些有进步的学生，有些人认为自己只是侥幸取得进步，或者将自己的进步归结为个人的聪明才智……这种固定型思维模式，让上述学生忽略了自己的努力，打击了自己的信心，从而产生焦虑感。

通过这节课，我带学生们认识了两种思维模式，以及它们会带来的不一样的结果，同时用各种思维语句让学生们了解自己平时的思维模式，让他们学会调整自己的思维模式，并鼓励自己不断努力。

小 A 是在这节课后敲响我办公室门的第一个女生。她告诉我，除了语文，她几乎每一科成绩都是班上的最后一名，以前她觉得自己实在是太笨了，已经放弃了。但是这节课后，她意识到不应该这样给自己设限，她想改变，所以她来了。

她的到来让我很感动，这说明她心中的那把火燃起来了，哪怕只是一点小火苗。我现在要做的，就是给她加点柴、加点空气，让这把火燃烧得更旺。我引导她从语文这一科入手，看见自己的努力和付出，找到一些更适合自己的学习方法。接着，我不断用成长型思维语句，给予她鼓励，让她从其他科目的挫败感与害怕中走出来，相信自己可以通过努力改变现状。然后，我让她分析现阶段最容易突破的学科，她选择了数学。我带她回顾了过往数学的学习方法，让她看见自己觉得比较有效的点和效果较差的点，带她去发现身边同学的一些不一样的学习方法，寻找可以借鉴的方法，还带她分析了自己现在的数学水平。鉴于她的基础较弱，最终确定先突破基础，她打算用基础练习结合知识点回顾的方式来提升数学成绩。

她带着希望回去了，通过努力，她确实取得了进步。对于每一次进步，我都肯定她的努力，帮助她看见自己有效的学习方法，并探讨下一步的方案，让她越来越坚信自己的能力是可以通过努力提高的。

是的，或许她不是最优秀的那一个，但是成长型思维让她不断地成就更好的自己。

（广东省佛山市南海区桂城街道灯湖初级中学　彭丽珊）

第四章

生命教育

从生命发展的视角来说，教育的本质可以概括为：提高生命的质量和提升生命的价值。教育对个体来说，提高生命的质量，就是使个体通过教育，提高生存能力，从而能够生活得有尊严和幸福；提升生命的价值，就是使个体通过教育，提高思想品德和才能，从而能够为社会、为他人作出有价值的贡献。人都要实现人生价值。人生价值就是要对社会、对人类、对自然作出一点贡献。人的价值总是体现在与他人、他事的关系中。在人类社会中孤立的自我价值是不存在的。

——顾明远

本章导读

顾明远指出：教育的本质是生命教育。《指南》也将“珍爱生命”作为小学和初中阶段学生需要重点学习的内容，包含了“理解生命的意义和价值，珍爱生命”“学会正确对待挫折”“深入理解生命意义”等。本章共有八个活动，以生命教育为主线，引导学生更好地认知生命（活着），快乐生活（活好），进而活出生命意义（认知生命价值），并通过活动感受到自己具备的社会支持。活动1“写给自己的情书”、活动2“绘制我的生命树”引导学生认知生命；活动3“我的能量‘曲奇罐’”、活动4“解忧诊所”引导学生找到为自己赋能的方法，快乐生活；活动5“探寻生命的意义”、活动6“生命中的‘火花’”引导学生找寻生命价值；活动7“探索我的社会支持系统”、活动8“人际关系之双赢”引导学生认识到自己并不是孤立存在，而是拥有社会支持系统的，从而看到自己的关系资源。

活动1

写给自己的情书

活动关键词

生命认知　正向体验　悦纳自己

教学目标

1. 让学生认识到自身有很多亮点，悦纳自己。
2. 在回顾以往生活、畅想未来的过程中，让学生学会爱自己。
3. 让学生在认识自己的基础上学习“爱自己”。

活动的长远意义

本节课以“情书”为线索，在激发学生学习兴趣的同时，让学生在回顾中明白自己最应该爱的人是自己，明白虽然我有缺点，但我也有很多优点，“爱”不仅要爱优点，也要爱缺点。通过本节课，学生能够学会爱自己，会对自己的未来更有期待。

活动用品

A3 纸若干、彩色笔、小贴纸

适用年级

初中

活动流程

一、热身活动

教师：同学们，看到“情书”这两个字，你们现在肯定想到了一些词，不错，情书是写给自己喜欢的人的书信。其实，我们都有一个最重要的人——自己。想过没有，如果给自己写封情书，会是怎样的呢？今天的主题就是：写给自己的一封情书。

二、体验活动：制作一封给自己的情书

第一步：将一张纸对折三次，然后打开。

第二步：在中间的位置剪一个开口。

第三步：进行对折，在开口的位置将纸撑开。

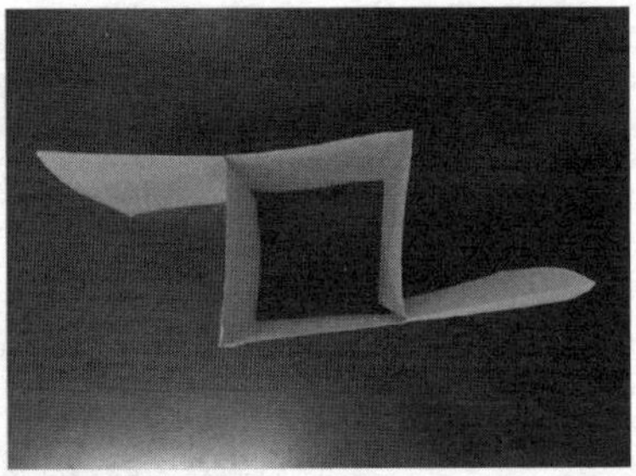

第四步：再这样折叠，合起来后就成了一个 6 页的小册子。

第五步：在封面处写上“写给 ××（自己的姓名）的一封情书”。

➢ 第 1 页：我眼中的你

（1）用“虽然你________，但是你________。”的句式描写你眼中的自己。第一个横线处填写自己的缺点，第二个横线处填写自己的优点，如：虽然你<u>胆小</u>，但是你<u>细心</u>。

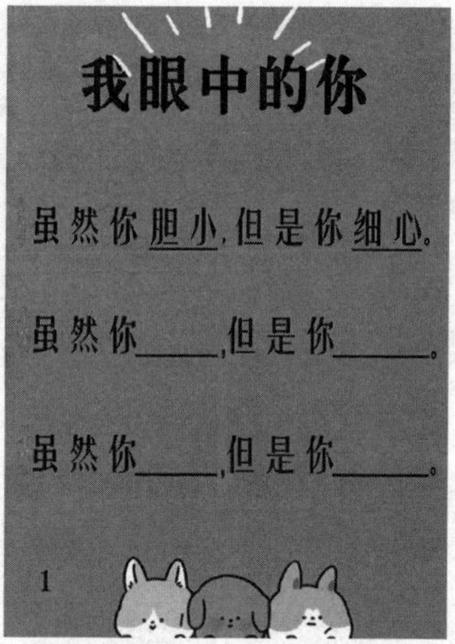

（2）请学生自由分享。

教师引导：每个人都有优点与缺点，正是因为这些，个体才独特。喜欢一个人不是因为他完美无缺，而是因为虽然他有缺点，但是我能够忽略他的缺点，欣赏他的优点，且愿意继续喜欢他。

➢ 第 2 页：我们的相处日常

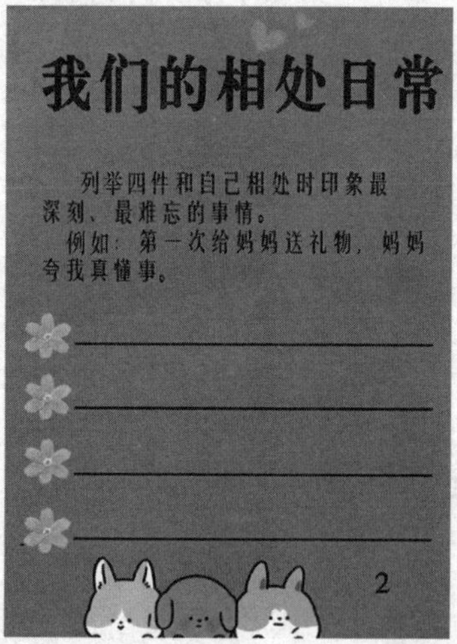

（1）列举四件和自己相处时印象最深刻、最难忘的事情。

（2）教师分享自己的例子。

（3）同桌间分享后随机抽取学生在班级分享。

教师引导：生命就好像大海，偶尔会有波澜，而这些波澜里藏着我们最珍贵的回忆，它们是我们打动自己最有力的武器。

➢ 第 3 页：最想和你做的事

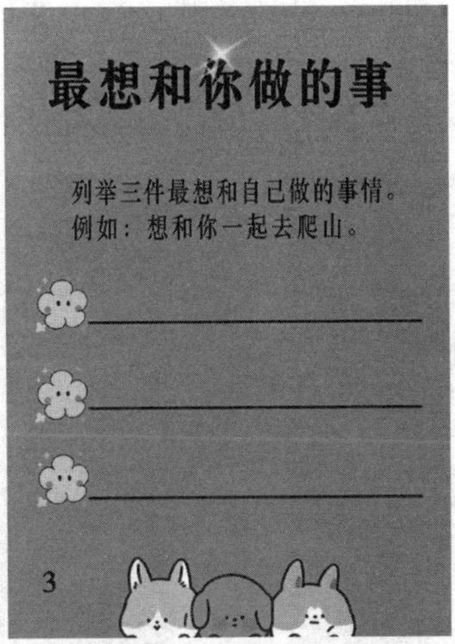

（1）列举三件最想和自己做的事情。

（2）学生自由分享。

教师引导：和喜欢的人在一起做自己想做的事是一件快乐的事情，每一次的经历都将成为最美好的记忆。

➢ 第 4 页：十年后的我们

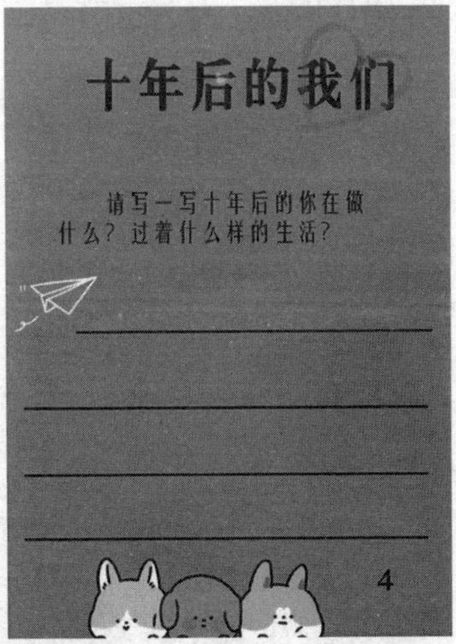

请写一写十年后的你在做什么？过着什么样的生活？

教师引导：随着时间的流逝，我们会长大，会遇见很多人，会经历很多事，若干年后的我们将是怎样的呢？在畅想中我们可能会联想到功成名就的自己、平凡幸福的自己、忙碌快乐的自己，不管是哪一种，都将是我们最美好的样子。

➢ 第 5 页：一起走花路

请简要概述三个你将要为“未来”做出的努力。

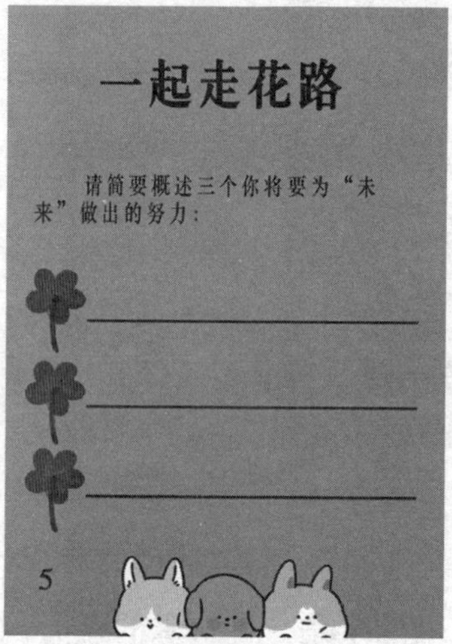

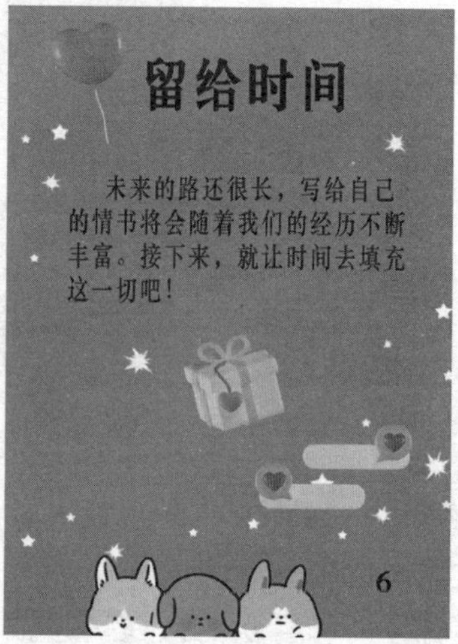

教师引导：为了这个最美好的自己，现在的我们要做的便是用自己的双手去创造、去描绘未来。每一次尝试都将让我们离那个自己更近一步，每一次失败都将是走进未来的台阶，请享受现在的每一次经历吧！

三、总结和归纳

➢ 第 6 页：留给时间

教师：未来的路还很长，写给自己的情书将会随着我们的经历不断丰富。接下来，就让时间去填充这一切吧！

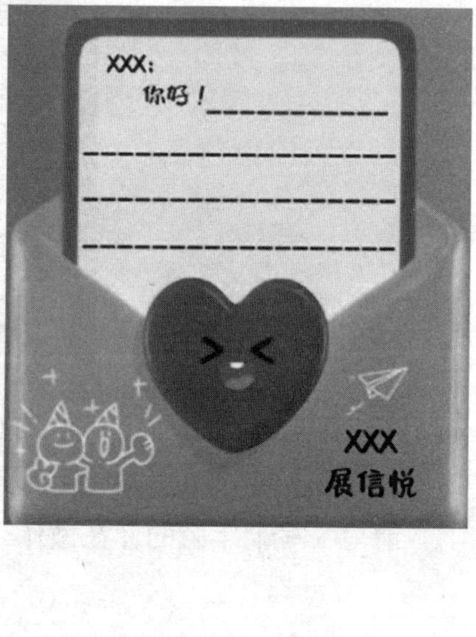

四、活动延伸：十年后的回信

如果十年后的你收到了这封情书，你会是怎样的心情？会对现在的你说些什么呢？请试着以收信人的视角写一封回信吧！

教育故事

我对生命的认识

在看到这个主题的时候，我的第一反应是“生命是美好的、可贵的”，但后面再思考时又很叛逆地想：“一定是这样吗？”我想带给孩子们的不只是这些被讲了很多次的道理，而我遇到的很多孩子也并不是不懂这些。我常常笑谈，论讲道理，我也许讲不过他们，所以我遇到了新的难题——关于生命认识，讲什么才能吸引学生的注意力。

后来我看到一篇论文，里面将生命教育分为三个模块六大类，其中有一个便是“写给自己的一封情书”这个活动主题，吸引我的是“情书”二字。结合以往经验，我可以想象孩子们看到这个主题时有多激动。

于是，我便开始思考给自己的情书该怎样写。回到最初的问题——怎么认识我们的生命，我浅显地认为生命应该是被爱的。

随着时代的飞速发展，我们的孩子真的是太累了。我所见到的孩子可以说是琴棋书画样样精通，在这样的前提下，他们还是觉得自己一无是处，为什么？最初我百思不得其解，在我眼中如此优秀的他们为什么会有这样的想法？在有了更多的接触后，我发现了原因：人人都会，那会和不会有什么区别，因而只有变得更好才是优秀的；打压式教育，为了防止孩子骄傲，我们习惯于“不满足”。对于其他更多的原因，这里不做赘述，但这两点让我看到要让他们“爱”上自己有多难。我们都有一双发现美的眼睛，但是这双眼睛往往忽略了最亲近的人——自己。

综上，我将本节课的最终目标定位为爱上自己，对自己怀有期待。我希望孩子们可以通过这节课的体验，站在“现在的我”的角度，回顾“过去的我”，畅想“未来的我”。用“情书”作为线索，让“现在的我”与过去、未来对话，努力让他们爱上“现在的我”。

在课程进行过程中，要特别注意不要偏离到自我认知上。本节课区别于自我认知的地方在于：自我认知重在认识、悦纳，而本节课的重点在于爱自己的同时，对未来的自己有所憧憬。我个人的建议是在自我认知的内容上完后再上本节课，这样可以让学生在各个环节衔接得更流畅，可以节省时间，也能让学生有更多的感受。

除此之外，对于“情书”二字，大家可能会有顾虑，担心孩子会不会“早恋”。据我所知，不同国家的法定结婚年龄并不相同，这是一个国家根据自身社会规范与人文环境相对而定的，所以对于“早恋”我们要客观认识。同时，对于爱一个人的能力是否到了年纪就具备，我是持否定观点的。我个人觉得爱一个人的能力是需要根据年龄去培养的，从小时候的爱父母，到成长过程中对他人有爱慕之心、爱每个时间段的自己，再到形成自己的婚恋观，找到那个命中人，这个过程是不可压缩、也不能省略的。

但这并不意味着我们可以随意谈“爱”，我们要根据学生的具体情况在活动中随时对学生进行“应该怎样表达对他人的喜爱以及如何保护自己”方面的引导。

（浙江省丽水市遂昌锦绣育才教育集团学校初中部　白燕宁）

活动 2

绘制我的生命树

活动关键词

生命树　3I 策略

教学目标

1. 让学生清楚自己现阶段所拥有的先天与后天资源。
2. 树立"接纳我所拥有的，做好我能做的，提升自我价值"的观念。
3. 学习 3I 策略，并运用到自己的生活中。

活动的长远意义

本节课的主旨是让学生通过自己的努力去提升生命的价值，让学生首先接纳自己现阶段所拥有的，明白这些是无法改变的，想要提升价值需要转换视角，看到那些能改变的，并为之付出；给学生心中种下一颗"转换视角"的种子，这样在面对未来的挑战时可以有力量让自己更好应对。

活动用品

生命树

适用年级

初中

活动流程

一、热身活动

看图识物：根据出现的照片说出它的具体名称。

银杏树

梭梭树

松树

柳树

教师引导：树的种类真是多种多样，不同的环境下生长着不同的树。沙漠里的梭梭树、河边的柳树、青山上的松树……这么多的树就好像我们的人生，每个人都有属于自己的人生，都能在属于自己的领域里开出艳丽的花朵。

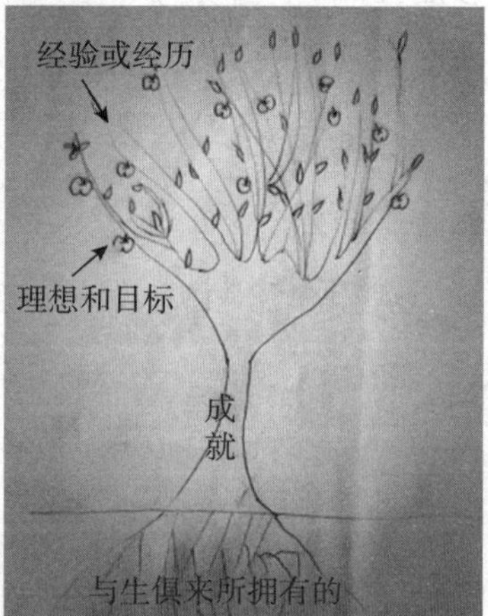

二、体验活动：绘制我的生命树

（一）活动规则

树根：代表我们与生俱来所拥有的。

树干：代表到目前为止的个人成就。

树枝和树叶：代表个人经验或经历。

果实：代表个人理想和目标。

请你跟随老师的步伐，一起绘制属于自己的生命树吧！

（二）绘制我的生命树

1. 绘制树根

（1）请思考，伴随着你的出生，你拥有了哪些东西，这些便是生命树的根。

（2）每个人与生俱来的东西都有所不同，这些东西有的是你的助力，有的并不是。对于那些无法成为助力的东西，我们是否可以改变呢？如果不能，那我们应该怎么办呢？我们要以什么样的态度去面对它们呢？既然无法改变，那就接受它们。

2. 绘制树干

（1）小组分享：截至目前你取得了哪些成就。

（2）将这些成就按照时间线简要地标注在树干上。

教师引导：生活中的成就不只是比赛中的夺冠时刻，还有进行一次成功的野餐、学会一项技能、交到一个朋友、制作一次美食……对于这些成就，有的是有贵人相助，有的只能靠我们自己，虽然树根很重要，但是它也无法决定我们可以取得哪些成就。

3. 绘制树枝与树叶

（1）小组探讨：自己是如何取得这些成就的。

（2）班级分享、整理归纳。

（3）用这些讨论成果填充你的树枝与树叶吧！

教师引导：这些成就的取得过程组成了我们的经验，整理归纳的过程可以让我们对如何实现理想有进一步的认识，也会激励我们取得新成就。

4. 绘制果实

（1）请你想一想现阶段你有哪些理想或者目标？将它们标注在生命树的果实上。

（2）自由问答：请你看着你的生命树，说一说如何实现这些理想与目标。

（3）介绍“3I 策略”：

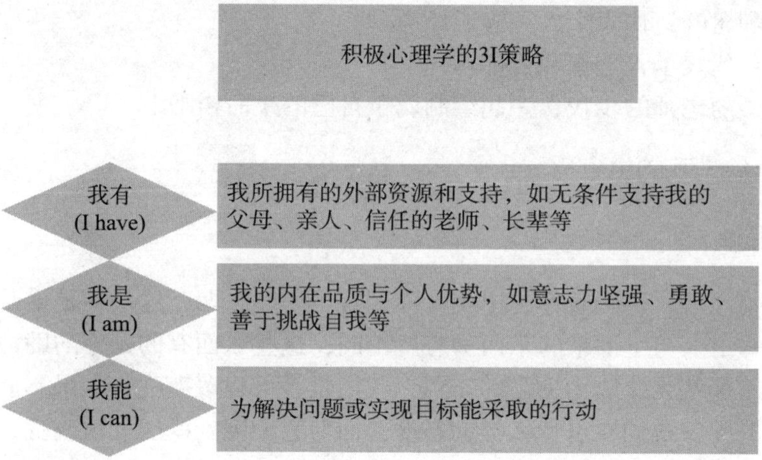

（4）请你根据生命树的内容，选择一个最想实现的目标，根据 3I 策略制定实现路径。

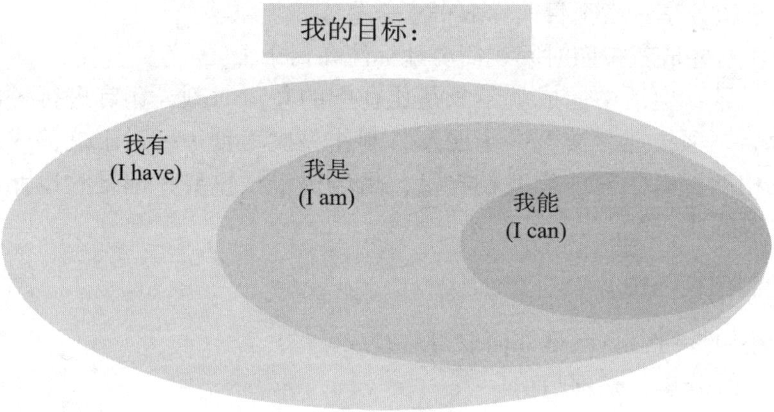

三、总结和归纳

生命树上还有很多“果实”，请你在课后根据 3I 策略为每个“果实”制定属于它的实现路径，并根据时间顺序将生命树贴在你一眼就可以看到的地方，让它帮助你实现更多成就。

教师引导：生命如树，我们每一次的经历都是在长出新的枝丫，这些枝丫是我们成长路上最宝贵的东西，因为有了它们，我们才可以更加便捷地摘到果子，品尝生命果的美味。

小故事

生命树叙事疗法

生命树叙事疗法是一种心理疗法，通过将树木作为象征，帮助个体探索并理解自己的生活经历，并促进内在的成长和积极变化的发生。

在生命树叙事疗法中，个体被鼓励以一棵树的形象来描绘自己的生命：树根象征个体的起源和根基，树干代表个体的成熟，树枝和树叶代表个体的经验和经历，而树的果实则象征着个体的理想和目标。

通过跟随树木的不同部分来叙述自己的故事，个体可以逐步整理和理解自己的经历，并从中找到一种新的意义和方向。在叙事的过程中，个体可以通过回忆和反思来认识自己的情感和行为，从而更好地应对困难和挑战。

生命树叙事疗法强调个体的主动参与和自主性，倡导个体重新审视和解释自己的经历，从而建立积极的自我认同感和自我价值感。它可以帮助个体发展自我意识，增强情绪调节能力，提高自我解决问题的能力，促进个体的成长和生活质量的提高。

总之，生命树叙事疗法是一种注重个体成长的心理疗法，通过象征性的树木形象帮助个体理解和改变自己，并实现内心和行为上的积极变化。

教育故事

积极心理学的 3I 策略

关于对生命价值的理解，以及如何应对生活挑战，我们的教育课程中始终缺少这样一门课。在这样一个充满压力的时代——孩子们有学业压力、家长们有生活压力、老师们有教学压力，我希望能有这样的课程帮助孩子们增强心理上的韧性和弹性。我查阅了相关课程，它们大多是以名人故事开场，以树立榜样，激励学生，但较少介绍操作性的方法，于是我想到了积极心理学的 3I 策略。

积极心理学的 3I 策略可以用于增强个体的心理韧性，帮助我们更好地应对困境。同时，它还可以提升个体的自我价值感和生活满意度。在本节课中，我们将它与目标达成相结合，通过“我的生命树”的铺垫，让学生快速有效地针对某一目标制定策略。它分为 I have、I am、I can 三部分：I have 对应生命树的树根（个人与生俱来所拥有的），I am 对应树干、树枝和树叶（个人成就、经验或经历），I can 则对应果实（个人理想和目标）。通过本节课的学习，在让学生接纳自己先天条件的同时，引导他们根据以往成功经验去探索新目标如何达成，同时也为学生种下一颗应对挫折、实现理想的种子。

（浙江省丽水市遂昌锦绣育才教育集团学校初中部　白燕宁）

活动 3

我的能量"曲奇罐"

活动关键词

赋能　自我激励　战胜困难　自我效能感

教学目标

1. 了解能量"曲奇罐"自我激励法的产生背景、运用场景，知道能量"曲奇罐"的清单内容和制作方法。

2. 在体验中，掌握并实践能量"曲奇罐"自我激励法。

3. 初步形成积极应对困难、迎难而上的思维模式，并有意识地在今后的生活中使用能量"曲奇罐"自我激励法。

活动的长远意义

通过学习能量"曲奇罐"自我激励法，将遇到困难就退缩或逃避的思维与行为模式转变为直面困难、克服困难、战胜困难的思维与行为模式，逐渐养成努力坚持的行为习惯，形成积极进取的心理品质。通过课后练习，增强学生的心理能量与心理韧性，提升学生的自我效能感，进而提高学生的心理健康水平。

活动用品

学案纸

适用年级

小学高年级、初中

活动流程

一、热身活动

教师：在日常学习、生活中，同学们经常能感受到一些压力或困扰。最常见的，比如考试成绩总是不理想、没有交到知心朋友、不被父母理解等。在这种情况下，你是会继续坚持，还是退缩、放弃？

请同学们带着以下问题仔细观看视频《一步一个脚印，让今天比昨天更好》。

问题 1：在什么情境下，视频主人公发明了能量“曲奇罐”自我激励法？

问题 2：什么是能量“曲奇罐”自我激励法？

视频结束后，请 2～3 名同学分别回答以上问题。

二、体验活动：制作我的能量“曲奇罐”

（一）小组讨论完成学案——能量“曲奇罐”自我激励法之“我知道的三个问题”

（1）普通人在日常生活中当身体处于极限时，要做什么？

（2）在什么情境下可以使用能量“曲奇罐”自我激励法激励自己？

（3）能量“曲奇罐”清单包含哪两方面内容？

分别请三个小组的代表回答以上问题。

（二）制作我的能量“曲奇罐”

1. 制作我的能量“曲奇罐”

了解了能量“曲奇罐”的一些重要要素后，接下来我们就尝试做一个属于自己的能量“曲奇罐”。

要求：努力思考，把自己过去所取得的成就或所克服的困难在学案上列出来，边写边感受取得成就或克服困难给自己带来的愉悦情绪。用时 5～8 分钟。

提示：对于成就或困难不要有大小上的限制，只要是能够让自己充满力量、体验到积极情绪的，都可以列出来。在学生活动中，教师进行巡视、辅导、提示等。

2. 小组分享

（1）组内分享：完成自己的能量“曲奇罐”后，小组内轮流分享，组长维持组内秩序。每人 2 分钟。

（2）组间分享：请每组选一名代表分享本组的交流情况和大家的收获。每组 2 分钟。

三、总结和归纳

请 2 名学生进行分享：对比自己上课前后的心情，谈谈收获与感受。

教师对学生的分享进行反馈和点评，并鼓励学生：在通往成功的路上，失败在所难免。失败和犯错并不可怕，它们有助于人们认清方向、积累经验。

四、活动延伸

请同学们经常鼓励和提醒彼此：当我们状态良好或者体验到成功、克服困难后，要及时往自己的能量“曲奇罐”里储存“能量曲奇”。当内心感到沮丧、没有动力、不想坚持的时候，请从自己的能量“曲奇罐”里取出一块“能量曲奇”，吃一口，我们立刻就能获得能量，从而积极面对挫折和困难。

愿我们大家都能从一个胜利走向另一个胜利！

姓名：

我的能量“曲奇罐”

小故事

能量续航的“曲奇罐”自我激励法

坚持是通往成功的必经之路，但在这个过程中我们经常会想要放弃，这给我们带来了很大压力。其实很多时候我们只要能够一直坚持下去，就会取得成就。

大卫·戈金斯热衷于做公益，曾想为某基金会筹集资金。为了宣传和筹集资金，他决定参加一场超级马拉松比赛。这个比赛超级难，其中一个要求是完成 100 英里的比赛。他毫不犹豫地报名参加了，在没有任何准备和训练之下，开始比赛。

前几英里，他没有任何问题。跑完 25 英里的时候，他开始质疑自己的选择是否正确，自己是否真有能力跑完 100 英里。不过质疑归质疑，他依然继续往前跑，但到了 70 英里，他怎么都跑不动了。于是他停下来休息，此时血尿顺着他的腿往下流，同时还伴随腹泻。他不停地怀疑自己，质问自己为什么要来参加比赛。他变得十分沮丧，觉得这是他人生中的最低谷。

后来，改变他的是，他忽然想到自己不是第一次承担不可能完成的任务。这个念头给了他很多能量，他站起来继续跑，在这个过程中他不断回忆过去做出了哪些成就，获得过哪些胜利。是过去的成就和胜利让他最终完成了剩下的路程。

他把这种方法叫作“曲奇罐法”，即当想要放弃的时候，就想一想过去取得的成就，把它们当作曲奇饼干，吃一口，瞬间就补充了能量。在一生当中，他取得过无数成就，他参加的挑战都不简单，而他的特殊之处就是比别人更能坚持，是“曲奇罐法”伴随他取得了那么多的辉煌战绩。

教育故事

一步一个脚印，让今天比昨天更好

在日常搜集教学资源时，我偶然看到了《一步一个脚印，让今天比昨天更好》这个视频。视频中的故事和方法使我感到十分震撼，也使我备受启发。

我立刻想到，如果将此方法运用到心理健康的课堂教学中，一定也能引导和帮助很多被压力困扰的学生。

初次授课，我将这节课安排在初三年级第一学期的期中考试前，以“缓解压力”的主题进行。常规的压力疏导，更多的是针对压力本身进行身心放松，并没有实质上让学生获得更多的能量。然而积极心理学更关注的是积极的方面，比如“六大美德”、积极的心理品质和心理资源，再比如焦点解决咨询技术，更关注学生的成功经历，进而使学生利用自身的资源克服、解决困难。因此，遇到困难时，“战斗”比“逃跑”更有意义。

授课的实际效果也进一步说明，减压是一部分，赋能是更重要的一部分。通过本节课的学习与体验，可以看到学生分享的精彩纷呈的事件确实可以作为“能量曲奇”使自己充满能量，大家也从课前的愁容变成了笑脸，眼睛里也闪现出了难得的、自信的光。这样便达到了考前减压赋能的目标，而这正是心理教师和每一位教育者最期盼看到的。

深入挖掘本节课的价值，便会发现它不仅仅承载着减压赋能的作用。在本节课中，学生可以学习成功人士的自我激励方法，养成积极应对困难、迎难而上的思维模式。同时，在回顾与列举自己的成就及克服困难的经历时，学生更加愉悦、自信，心理上更加有韧性，心理健康水平也更高。

作为心理教师，我将本节课的教学设计进行分享，希望更多的心理行业从业者、教师、家长或者学生了解到有这样一个好方法。愿更多的人掌握这一方法，自我激励，不惧困难，战胜困难，也愿更多的人将这一方法分享给身边有需要的人，帮助更多人战胜困难。

（北京市房山区城关第二小学　纪学平）

活动 4

解忧诊所

活动关键词

解忧　压力　赋能

教学目标

1. 提升学生的生命幸福感。
2. 通过换位体验，让学生整理归纳面对压力的方法。
3. 学习如何进行自我压力分析。

活动的长远意义

面对生活中的消极体验，以往我们更多的是教学生如何面对，本节课以“解忧诊所”的形式，结合中医看诊的望、闻、问、切，让学生学会自我诊断，最终目标是帮助学生达到自助的效果，激发学生的内在能量。

适用年级

初中

活动流程

一、热身活动

教师：同学们好，欢迎大家来到心理课堂。最近，老师的“解忧诊所”正式开业了，诚招各路英雄加入。下面让我们开启解忧之旅吧！

二、体验活动

（一）画出压力病历

1. 活动规则

请各位解忧师根据小林的自述，通过“观其貌”“听其声”“辨其因”“明其心”四步画出他的压力病历。

2. 小林的自述

我是小林，我觉得我真的好痛苦。期中考试我考砸了，这个学期我经常请假，因为小学时的一场车祸，我的腿留下了后遗症，经常痛。可是前几天回到学校，我发现班里的同学都不太搭理我了，我感觉他们总在背后偷偷议论我，甚至有一天大家跑操完回到教室，曾经和我要好的几个同学大声地说我是假装腿疼，故意不参加跑操……

我不想再去学校了，所以有一天早上，我没有进校门，找了个地方偷偷躲了起来，我只是想一个人静一静，但妈妈和老师找到我后却丝毫不理解我的心情，难道大家都觉得我是假装的吗？我真的不知道该怎么办了，我感觉一切都没有意义……

压力病历

观其貌： 请你根据小林的自述为他画张自画像，并用简洁的语言描述你对他的初印象。	听其声： 请你根据小林的自述画出小林现在的心情。
辨其因： 请你根据小林的自述与小组讨论成果画出让小林痛苦的事件以及他的应对方式。	明其心： 请你根据前三步的分析与讨论，将小林的情绪、行为背后想要表达的东西画出来。

3. 四步明心

（1）观其貌：请你根据小林的自述为他画张自画像，并用简洁的语言描述你对他的初印象。

教师过渡：中医讲究望、闻、问、切，解忧师也是如此。当有人求助时我们首先要做的是“观其貌”。

（2）听其声：请你根据小林的自述画出小林现在的心情。

教师过渡：下一步便到了“听其声”，在小林讲述的过程中，你感受到小林现在是怎样的心情？请用画画的方式画出他的心情。

（3）辨其因：请你根据小林的自述与小组讨论成果画出让小林痛苦的事件以及他的应对方式。

教师过渡：大家都能感受到小林的心情，那么让我们再思考下，是什么让小林出现了这样的心情，出现这种心情时他是怎么做的。请先小组讨论，然后结合自己的理解画出让小林痛苦的事件以及他的应对方式。

（4）明其心：请你根据前三步的分析与讨论，将小林的情绪、行为背后想要表达的东西画出来。

教师过渡：我们通过“观其貌”“听其声”“辨其因”三步对小林的了解更加深入了，现在请你结合前三步的结果思考小林的这些情绪与行为背后想要表达的是什么。

（二）开出解忧处方

（1）组内分享：在感到有压力时你是怎样缓解的，有什么好的解忧妙招，将这些妙招整理记录下来。

（2）班内分享：师生一起将这些解忧妙招进行归类总结。

- 见一见朋友。
- 试一试表达感受。
- 记一记开心账单。
- 做一做高能姿势。

（3）小组讨论：结合小林的压力情况，为他开出解忧处方。

解忧处方
请你根据小林的压力病历为他开出解忧处方，以绘画的形式呈现。

三、总结和归纳

教师过渡：恭喜同学们成功入驻解忧诊所，也感谢大家为小林解忧，相信他实践后心情会好很多。

教师引导：生活中压力无处不在，不知道通过今天的探索大家对它是不是有了新的认识，掌握了更多的应对方法？希望同学们都能有所收获。

教育故事

快乐生命工具包

第一次看到“快乐生命工具包”是在朱业标和徐中收两位老师的《活着　活好　活出价值》一文中。文中提到了中小学生三维生命教育课程的设计构想——从生命的意识感、幸福感、价值感三方面入手进行课程设计，逐层递进，涵盖了生命意识、质量、价值教育三方面，让学生从活着走向活好，最终活出价值。

三维生命教育相比传统生命教育，结构性更强，针对性更突出。对于本次生命教育课程的设计，我尝试着从三维生命入手，因而本节课属于生命质量教育，目的是提升学生的生命幸福感。在设计过程中，我最初是想从论文提到的“画一画压力”“见一见朋友”“试一试表达感受”“记一记开心账单”“做一做高能姿势”五个点入手，但后面发现这样内容过于单薄，便开始想是否可以与实际情景相结合，增加趣味性。于是我便引用了“解忧”这一线索，用“招聘解忧师”去激发学生的参与积极性以及课堂趣味性，将课堂重点放在“画一画压力”环节。结合往期相关主题的课堂表现来看，学生对于如何应对压力已经有了很充足的知识储备，但是他们在面对压力时仍然无法合理应对，究其原因大概还是情感上无力，自我内在力量激发不足。于是，本节课便着力于激发学生的内在力量，通过“压力病历”引导学生在生活中从四方面明确自己的内心需求，其后的解忧处方便是让学生知道“解忧”存在个体差异性，即不同的人、不同的时间、不同的地点，最佳的“解忧”方式不同，只有从自己的内心需求出发去寻找“解忧”方法，才可以更好地应对压力。

在课程构思阶段，我遇到的难题是如何让学生正确且有效地察觉到自己的内心需求。恰巧我听的讲座中有的提到了心理咨询的流程以及目的，我便开始将“画一画压力”与心理咨询相结合来设计课程，但因为现阶段学生的身心发展情况并不足以支撑我们在课堂上运用完整的咨询技巧，而过于专业化的分析也不适合日常自用，考虑再三，我的最优构想是通过三四步便可以完成对自我内心的探索。于是，我想到了中医的望、闻、问、切，在查阅相关资料后，我发现中医的四步诊断与咨询中的初印象、共情、追问（完善个案信息）、觉察行为背后的需求四个方面有一定的联系，所以本节课的主要活动便是从这四个方面结合生活实际来带领学生探索内心。

在教学过程中，如果时间允许，可以适时增加学生的自我诊断环节，从而将课堂与实际生活联系得更加紧密。

（浙江省丽水市遂昌锦绣育才教育集团学校初中部　白燕宁）

活动 5

探寻生命的意义

活动关键词

积极心理学　幸福汉堡包模型　现实利益　未来利益

教学目标

1. 知道生命的意义既包含现实利益，也包含未来利益。

2. 找到对自己生命有意义的行为，并学会将忙碌奔波的行为和享乐主义的行为进行转化，增强生命的价值和意义。

3. 意识到生命的意义需要自己发现和创造，能有意识地多做既满足现实利益又促进未来利益的事情。

活动的长远意义

将生命意义这一宏观、深奥的问题具象化，使学生学会聚焦自己的日常行为，赋予行为背后的意义；在生活中主动体验当下的幸福，积极探索未来的价值和意义；采取行动，用实干创造价值，以实现未来的目标或理想，最终使自己既感到幸福，又对未来满意。

适用年级

初中

活动流程

一、热身活动：今天我请客

（1）教师出示四种汉堡包图片——垃圾汉堡包、素食汉堡包、最差汉堡包、理想汉堡包，请学生思考自己最喜欢哪一种，最有可能吃哪一种，原因是什么。

（2）请 2～3 名同学进行分享。

（3）教师进行点评，并引出“幸福汉堡包模型”与生命意义的关系。

二、体验活动

（一）汉堡包模型面面观

明确“幸福汉堡包模型”的横轴与纵轴，并知道每一象限的特点：

横轴代表现实利益，个体感到自己现在的生活有价值、有意义，由此对现在的生活感到快乐幸福。

纵轴代表未来利益，“+”号代表对未来充满期盼，对未来充满憧憬，认为将来会更好，内心因充满希望而感到快乐幸福。

（二）探索生命的意义

（1）发学案。

（2）请学生认真思考并写出自己与“幸福汉堡包模型”每个象限相对应的日常行为或生活习惯。如果不能确定某个行为或习惯属于哪个象限，可以先写在学案右下角，后续再进行归类，实在不确定的，同学间相互讨论。

（备注：教师可适当提示，如认真听讲、参加兴趣班、每天坚持练习某项技能、熬夜学习、打游戏、刷视频、和同学聊八卦、参加某些社团、参加某项比赛、旅游、做家务、写日记、发朋友圈、看朋友圈、给朋友圈点赞、叛逆、日常发呆、胡思乱想、读书、听音乐、看电影……）

（3）完成后，全面审视自己写下的行为，看看哪个象限的行为最多，哪个象限最让自己感到幸福。反思此时的想法，感受当下的情绪。（我们每个人或多或少都会有每种类型的行为。）

（4）关注自己在“素食汉堡包”和“垃圾汉堡包”两个象限写下的内容，思考如何将这些行为转化到“理想汉堡包”象限中，需要做出哪些行为调整。

（5）梳理、总结自己在“理想汉堡包”象限的行为的特点及将其他象限的行为转化到“理想汉堡包”象限背后所追求的生命意义，并写在学案最上端，即：此时，我意识到生命的意义是________________________________。

（6）小组内分享、交流。

（7）每组派一名代表，进行班级分享。

（备注：在学生活动过程中，教师进行巡视和个别指导。）

三、总结和归纳

（一）思考与提升

革命先辈抛头颅洒热血、舍小我为民族才实现了国家独立。请1～2名学生谈一谈革命先辈的行为应位于哪一象限，为什么。

其实，现实利益和未来利益还可以升华为民族和国家的现实利益和未来利益。因此，我们应该为自己是中国人感到自豪，我们要珍惜现在的美好生活。

（二）收获与感悟

请1～2名学生分享本节课自己的收获与感悟，以及今后的做法。教师可适当点评。

（三）教师寄语

当情绪低落、无所适从或焦头烂额时，希望同学们能回想起今天的课程，用所学方法探寻生命的意义。人生之路，总会有坎坷，愿同学们活在当下，期许未来，实现属于自己的人生价值！

探寻生命的意义

姓名：

此时，我意识到生命的意义是：

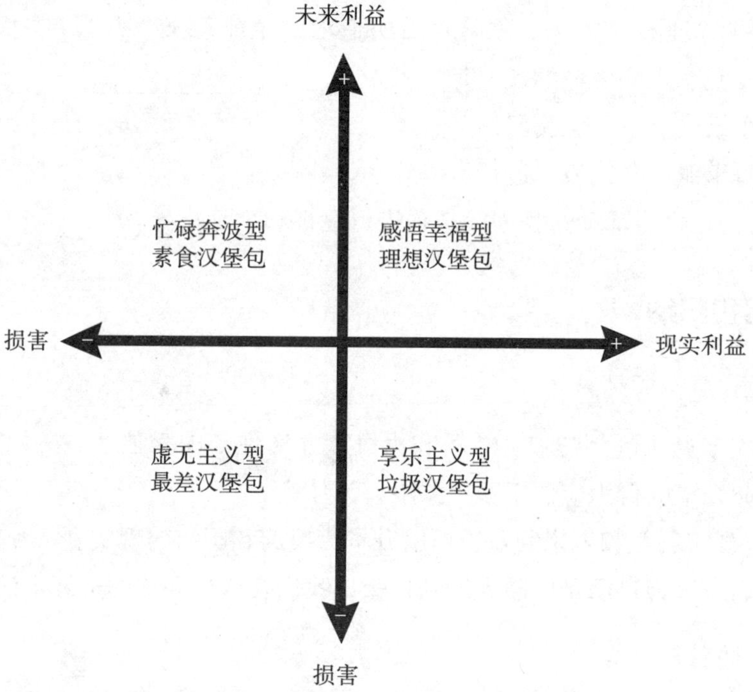

小故事

幸福的汉堡包

你有过心心念念一顿美食很久，但享用时却不如想象中那么美好这种经历吗？

《幸福的方法》的作者就有过这样的经历：在最重要的比赛开始前的一个月，作者不仅要进行艰苦的体能训练，同时还需要严格控制饮食。因此，作者想等比赛结束后，去吃两天垃圾食品来满足自己。

比赛一结束，他就跑到最爱的汉堡包店买了四个汉堡包，迫不及待地撕开一个，可是就在进嘴的一瞬间他停住了。整整一个月，他是多么期盼这一刻的到来。

然而，当汉堡包就在他面前时，他居然不想吃了。他努力思考这是为什么，就在这时，他脑海里形成了所谓的“幸福模型”，或者说“汉堡包模型”。因为他认识到，上个月，健康饮食不但使他身体健康而且体能充沛。他相信自己会很享受这四个汉堡包，但吃过之后可能会后悔，而且它们很可能会影响健康。

看着眼前的四个汉堡包，他思考了四种汉堡包模型——每种汉堡包都有独特之处，正好代表了四种不同的人生态度和行为模式。

第一种汉堡包虽然口味诱人，但是标准的垃圾食品。吃它虽然是在享受现在的快乐，但却为未来埋下痛苦。为及时享乐而出卖未来的幸福人生，这样的人是“享乐主义型”。“享乐主义型”人的格言就是“及时行乐，逃避痛苦”，他们注重的是眼前的快乐，但忽视了自己的行为可能带来的负面后果。

第二种汉堡包虽然口味很差，可里面全是蔬菜和有机食物，食用这类汉堡包可以确保日后的健康，但却让食用者吃得很痛苦。这类人与“享乐主义型”人相反，他们只追求未来的快乐，甘愿承受现在的痛苦。这类人属于“忙碌奔波型”。这种人认为此刻的一切努力都是为了实现未来的目标，痛苦的过程是获得未来幸福的必由之路。

第三种汉堡包既不好吃也不健康，如果吃了它，不但现在无法享受美味，还会影响日后的健康。有一种人对生命已经丧失了希望，他们既不享受眼前所拥有的，对未来也没有任何期望，这类人属于“虚无主义型”。

上述三种类型并不是我们全部的选择。会不会还有一种汉堡包，与第一种一样好吃，但与第二种一样健康呢？会不会有一种能平衡当下及未来利益的汉堡包呢？第四种汉堡包就是“感悟幸福型”汉堡包。生活幸福的人，不但能够享受当下所做的事情，而且通过目前的行为也能拥有更加满意的未来。

教育故事

给学生吃“汉堡”包

作为心理工作者，在新闻中、咨询中抑或是在上课中，我经常听到学生感叹自己找不到生命的意义，不知道自己到底为什么而活，感到困惑或抱怨生活。关于生命的意义，这既是人类一直在探寻的哲学问题，又是当代学生普遍存在的阶段性困惑。随着近些年青少年心理问题的激增，不少被焦虑或者抑郁情绪困扰的学生更是对这一问题百思不解。即使先哲智者已经给出了很多普遍答案，但新时代的青少年永远在探寻属于他们这一代的答案。

生命的意义这一问题，既是宏观的问题，又是微观的问题；既是群体普遍存在的问题，又是个体所独有的问题；既是放眼未来的问题，又是聚焦当下的问题；既可自始至终不变，又可突然改变……虽然，极少数人的人生意义清晰不渝，但绝大多数人，不走完这一生，很难领悟到这一辈子到底为什么而活，真正活成了什么样。因此，我冒昧想启发心理学同人，希望我们更好地做好心理教师工作，以帮助到更多的学生和家庭。

首次在工作中运用《幸福的方法》一书中所提出的“幸福汉堡包模型”，是在我负责编写学校心理健康知识宣传手册时。我希望学生可以通过汉堡包模型，反思自己的生活，进而更加健康、有意义地幸福生活。但是，宣传的覆盖面虽然比课堂教学广，却很难深入和起到实效。因此，我将此理论引入课堂教学，使学生从既专业又生动形象的理论模型中，更加直观地感受行为与生命意义的关系。这样做也更符合初中生的心理发展特点。对于本就受情绪困扰的学生，通过将“素食汉堡包”和“垃圾汉堡包”象限的行为转化到“理想汉堡包”象限，他们将变得更加积极。在这个过程中，教师也可以进行引导，“扶”学生一把，使不同情况的学生都能有所收获和成长。

最后，我反思的很重要的一点是：西方心理学有其不全面的部分，西方人更强调个体，而中国人更注重群体和家国。因此，我将革命先辈的行为到底是“忙碌奔波”还是“感悟幸福”抛给学生，希望学生意识到“大我”的意义，从而不仅升华了理论，还提升了学生的爱国情怀。

（北京市房山区城关第二小学　纪学平）

活动 6

生命中的“火花”

活动关键词

生命的意义　正向体验

教学目标

1. 引导学生探寻生命的意义。

2. 使学生学会留心生活中的“火花”。

3. 让学生树立生命因为经历而美好的信念。

活动的长远意义

“我为什么而活？”“我既平凡又普通，活着的意义是什么？”这是在与初中生的交流中，学生经常会问的问题。随着疑问的出现，有的人开始对生活失去兴趣，对明天失去期待。本节课通过活动，带领学生以“22”(《心灵奇旅》中的人物）——一个贴合学生形象的影视人物的视角去看待生命，发现生命的意义。

活动用品

剧本、电影

适用年级

初中

活动流程

一、热身活动

1. 观看视频

观看电影《心灵奇旅》，注意乔伊·高纳成为22的灵魂导师后，22对乔伊·高纳说的话。

2. 提问

（1）在电影中，22对地球的看法是怎样的？

（2）在和乔伊·高纳交流的过程中，他的态度有没有发生变化？

教师引导：此时的22对地球毫无兴趣，虽然在和乔伊的交流中，他对地球产生了好奇——为什么乔伊的人生这么失败，但他还是想回去。接下来让我们换种方式，与22一起去看看这个问题的答案吧！

二、体验活动：情景剧演绎

教师引导：让我们在演绎中探索吧！我们的情景剧分为四幕，以下是角色卡。

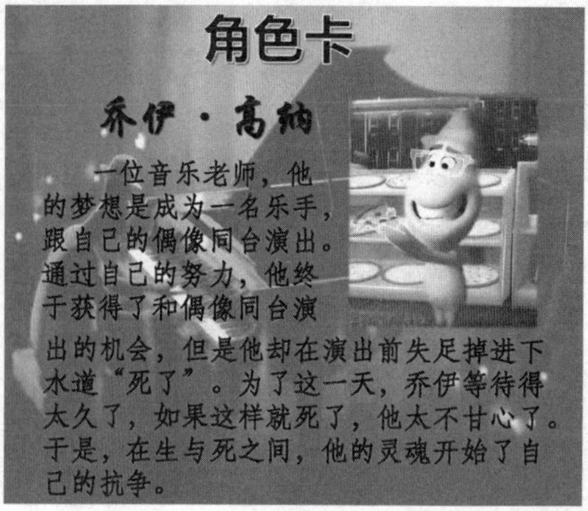

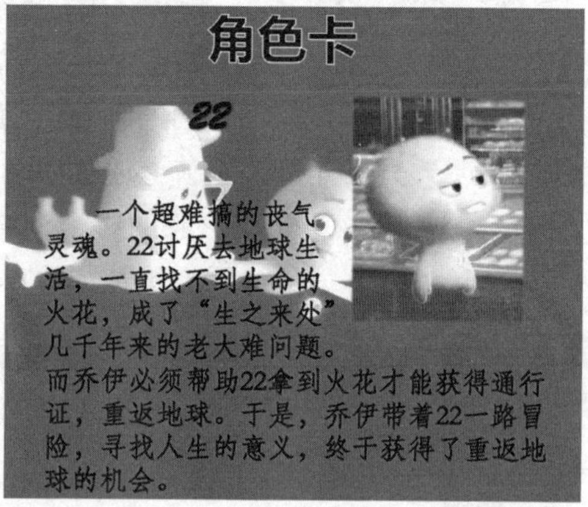

接下来让我们走进第一幕：拿到通行证的22！

（一）第一幕：拿到通行证的 22！

1. 情景演绎

人物：22、乔伊·高纳、杰瑞。

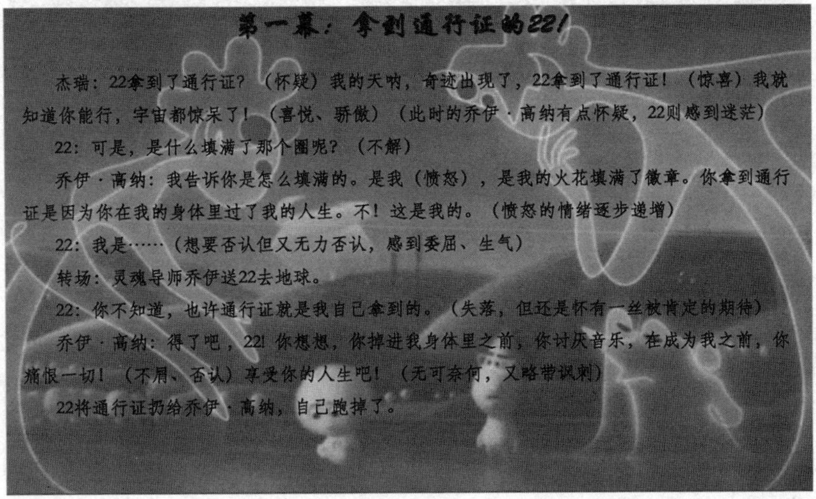

2. 思考

（1）在情景剧中，你看到了什么？

（2）拿到通行证后，22 的心情是怎样变化的？为什么？

（3）周围人对此事持什么态度？

（4）角色独白：讲一讲作为这个角色你的感受。

教师引导：拿到通行证的 22，并不知道是什么填满了徽章，这也就是影片中说的“火花”，正因如此他面对乔伊的否认才无力辩驳，最终选择将通行证扔给乔伊。这之后会发生什么呢？让我们继续探索。

（二）第二幕：迷失的 22

人物：22、独白 1、独白 2、独白 3、独白 4。

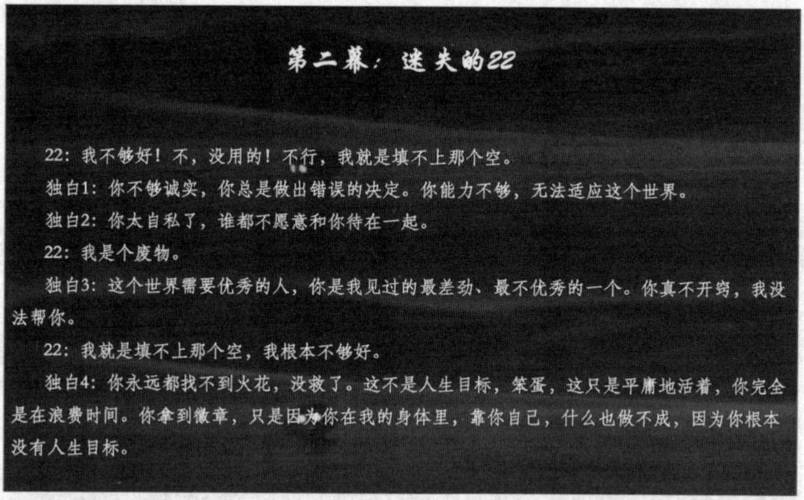

教师引导：我们看到之后的22成了迷失的灵魂，他不断地否定自己，看到这里同学们有什么想对22说（做）的吗？同学们鼓励22，那么22（角色扮演者）你现在有没有好一点？（没有）为什么呢？（因为我还是不知道我的“火花”是什么）原来问题还是在于“火花”，那让我们再走近一点，看看在拿到通行证之前22发生了什么？

（三）第三幕：意外的地球之旅

1. 情景演绎

人物：乔伊·高纳（22）、猫（乔伊·高纳）、康妮、独白、女孩。

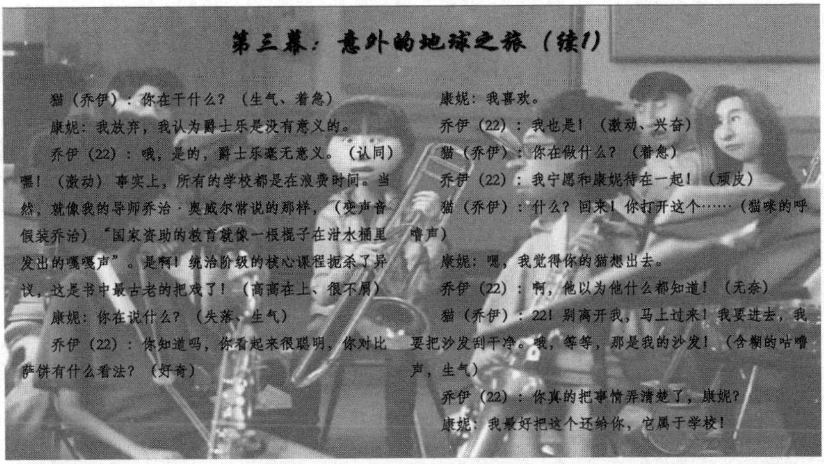

2. 电影片段欣赏

- 第一段：理发店里的对话。
- 第二段：地铁上的奶茶。
- 第三段：走路时随机弹奏出的音符。
- 第四段：乔伊和妈妈的对话。

3. 提问：

（1）22 在这趟地球之旅中收获了什么？（一次跳跃、一次表达、一支棒棒糖、半杯奶茶、一个线圈……）

（2）通过观看电影和情景剧，22 对地球的态度发生了几次转变？为什么？

（3）现在你知道 22 的徽章是被什么填满的吗？（是每一次的“享受当下”，是线圈，是棒棒糖，是比萨饼，等等）

教师引导：线圈、棒棒糖、比萨饼……每一个平凡的事物都代表着 22 在地球上的每一次享受当下，正是这些填满了他的徽章。现在让我们一起去告诉他吧！

（四）第四幕：万事俱备的地球行

1. 情景演绎

人物：独白、乔伊·高纳。

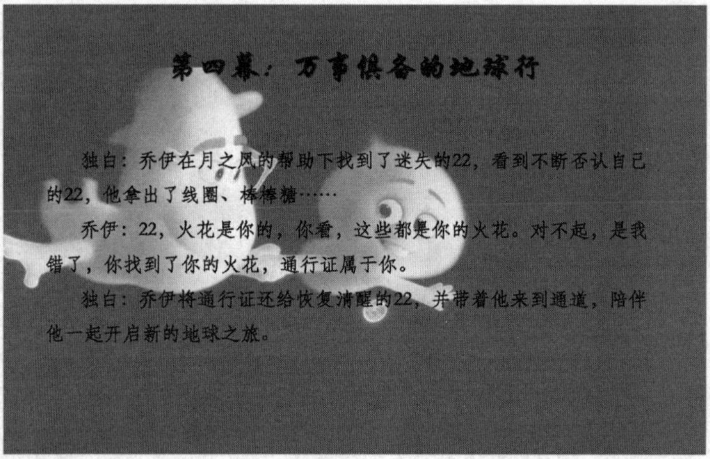

2. 角色脱离

（1）播放音乐。

（2）教师引导：找到火花的 22 已经重新踏上了地球之旅。同学们，我们的情景剧也要谢幕了，让我们闭上眼睛在音乐中和 22、乔伊、杰瑞说声再见。

3. 提问

（1）通过深入感受 22 的经历，现在你知道生命的意义是什么了吗？

（2）最初 22 和乔伊对爵士乐的理解一样吗？

（3）请你分享一下你生活中的“火花”瞬间。

三、总结和归纳

（1）自由和享受是一种生活态度。其核心在于无条件接纳当下，把偶然变为必然，用心感受和提升生命。就好像乔伊无意中踩空了一脚，差点与“人生巅峰”擦肩而过，但这也给了他重新尝试生活真味的机会。

（2）生命的“火花”不是目标，而是对生活充满热情。

（3）生命的意义在于享受当下，只有通过参与与体验才可以获得这种感受。

（4）我们所有人都应珍惜每一分钟，认真活着。

小故事

一条鱼的故事

从前，一条年老的鱼看到一条小鱼一直在寻找什么，于是便上前问它：“你在找什么呀？”小鱼答道：“我正试图找到它们称之为海洋的东西。”年老的鱼疑惑道：“海洋？你现在就在海洋里啊！”“这个？”小鱼说，“这是水，我想要的是海洋。”

对于这个故事，我的理解是小鱼就好像不断想加入爵士乐团参与演出的乔伊，但当真正加入后，他发现明天、明天的明天都是演出。他迷茫了，这好像不是他想要的，也是在这一刻，乔伊开始察觉 22 的表现。影片中最初 22 每次表演爵士乐，乔伊都是否定的，他认为这才不是爵士乐。这映射乔伊在这之前其实和那些迷失的灵魂类似，执着于追求静态的目标，而忘记了生活是进行时，他们没有办法享受生命的每一刻。于是，在影片最后，乔伊说，要珍惜每一分钟，认真活着。这一刻，他的爵士乐才真正开始。

教育故事

我的心灵之旅情景剧

这节课的设计缘起于假期前我计划做一个生命微课，当时找的影片便是《心灵奇旅》。第一次看的时候我就发现比起乔伊更吸引我的是 22。在 22 身上，我看到了现在很多青少年的状态与生存环境：自身很迷茫，还要面对周边人的否定。在反复观看影片后，我发现每一个人物的故事都可以用于对学生的生命教育、死亡教育以及对家长的家庭教育。

本节课采用情景剧结合电影的形式展开，为的是增强学生的角色体验感，更深入地感受角色。一节课的时间是有限的，但是它的后效是无限的，就好像两个月前看的影片现在回想起来还是会有新的收获。为了防止学生因剧情在课后出现消极状态，一定要有角色脱离环节。除此之外，本节课的难点在于怎样将课程与生活联系起来。我们前面说过，学生其实处于懵懂状态，这些启发他们虽然能感受到，但也没有那么清楚，我们联系实际的目的便是将那层纱拨开，让学生更快、更直观地受到启发。

（浙江省丽水市遂昌锦绣育才教育集团学校初中部　白燕宁）

活动 7

探索我的社会支持系统

活动关键词

人际支持　探索挖掘　心理资源

教学目标

1. 了解健康、健全的社会支持系统可以提高心理健康水平，体会系统中每个人给自己带来的力量与安全感。社会支持既包括物质层面，也包括精神层面。

2. 掌握探索社会支持系统的方法，包括绘制、辨别和探索意义。

3. 梳理自己的社会支持系统，并学习如何在生活中探索、更新、维系自己的社会支持系统。

活动的长远意义

使学生意识到人与人之间的联系是非常紧密的。无论是物质生活还是精神生活，我们或多或少都会受到他人的影响。学生通过探索自己的社会支持系统，感受社会支持带给自己的物质条件与精神力量，心理韧性将得到增强，进而能感激他人，并有意识地在生活中注重维系自己的人际关系网、完善自己的社会支持系统，最终使自己得到更多的社会支持。在这一良性循环中，学生心理更加健康、生活更加幸福。

活动用品

学案、笔

适用年级

初中

活动流程

一、热身活动

（一）看一看，想一想

出示如下图片，请同学们认真思考 1 分钟，想一想：你看到了什么？受到了哪些启发？（看似不可能逾越的鸿沟，三个人齐力，相互支持，就可以越过去）

（二）说一说

请 2～3 名同学分享关于以上问题的想法，教师进行点评，并引出本节课的主题。

二、体验活动：绘制“我的社会支持系统”

（一）明确何为社会支持系统

社会支持系统是指个人在自己的社会关系网络中所能获得的来自他人的物质上的和精神上的扶助和支援。健康、健全的社会支持系统，可以帮助我们提高心理健康水平，使我们更好地应对生活中的挑战，渡过难关。

（二）绘制“我的社会支持系统”

1. 发学案

请同学们静下心来，梳理自己的社会支持系统——由这些对我们有特别意义的人所组成的社会支持系统，构建了我们的安全感。他们既可以是为我们提供物质条件或实际帮助的人，也可以是和我们分担痛苦、分享喜悦，给予我们心理和情绪支持的人。

经过3分钟的思考，请学生回忆目前自己生命中最重要的支持者。在最里面的第一个长方形中，请写下一个人的名字——最重要、给予最多支持的人。依此类推，在第二个长方形中写下两个人的名字，在第三个长方形中写下三个人的名字。在最外面的长方形中可以写下任意数量的名字。（如果想要保密，也可以用简称或拼音首字母代替）

播放轻音乐，教师在学生绘制过程中进行巡视、引导。

姓名：

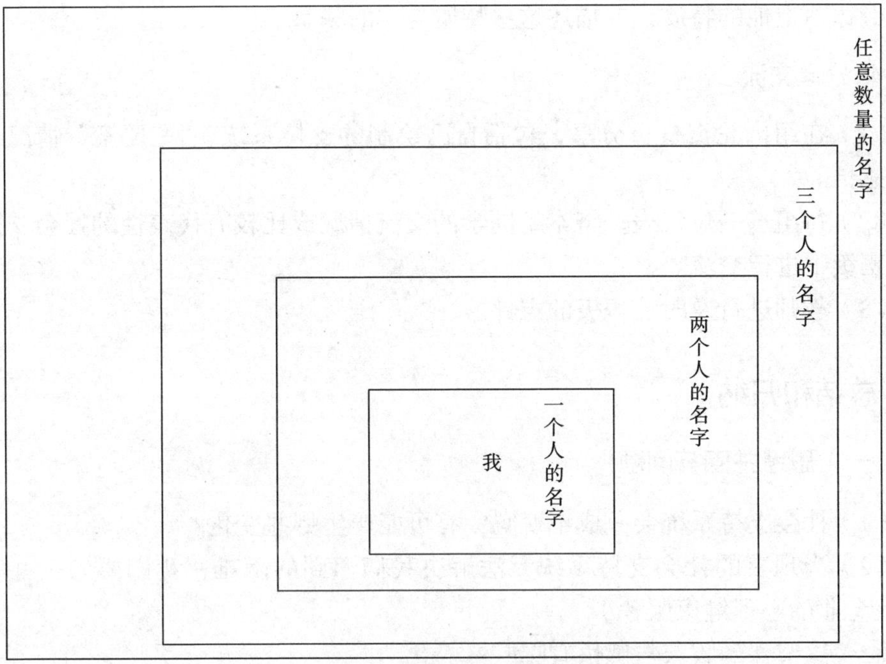

探索我的社会支持系统

2. 支持系统我判别

请大家完成绘制后，按如下“三要素”进行判别：

（1）人数适宜：如果支持系统的人员名单太长，就要做出选择。如果实在写不出要求数量的人的名字，也不必太慌张，可以先静下心来体会已经写下的人对自己的意义。但如果支持系统里的人太少，就要酌情增加。

（2）多元化：是否全是亲人或者全是朋友，是否全是同性或者全是异性，是否全是同龄人或者全是家长。系统中要有能给我们提出不同意见、给予我们不同方式帮助的人。健康的系统应包含各个年龄段的人、不同性别的人，以及有着不同的人生经验、感悟的人。

（3）互相滋养：他人是你的支持系统中的一员，你可能也是他们的支持系统中的一员，彼此之间需要花时间交流互动、滋养。这样，在危机来临的时候，我们才能在第一时间明白彼此的困苦和需求，给予恰如其分的支援。

3. 深入探索意义

深入思考支持系统里的每一个人对自己的影响。用3～5分钟，在每个人的名字旁边写上他的特质，并描述这些特质与你的联系。

4. 分享交流

（1）在组内轮流进行分享，包括自己绘制的支持系统、“三要素”情况、启发与感悟。

（2）每组选一位代表，将本组同学的交流情况或比较有代表性的社会支持系统在班级中进行交流。

（3）教师进行及时、积极的点评。

三、总结和归纳

（一）思考并回答问题

（1）社会支持系统会一成不变吗？有可能产生哪些变化？

（2）当现有的社会支持系统无法解决我们遇到的困难，我们要怎么办呢？（寻找专业的心理健康服务）

（3）这节课的收获与感悟有哪些？

（二）教师寄语

希望大家可以在课后向自己的社会支持系统中的人表达自己的感激之情，以更好地维护彼此的支持关系！同时，要经常地探索自己的社会支持系统，感受家人、朋友、老师甚至陌生人带给自己的支持！

小故事

什么能创造美好生活

人生中，是什么让我们健康和幸福呢？如果现在你要为未来的自己投资，你会把时间和精力投资在哪些方面呢？哈佛大学开展了一项史上历时最长的关于成人发展的研究：1938—2013 年，他们跟踪记录了 724 位男性——哈佛大学的同学和住在波士顿贫民区的人——从少年到老年，年复一年地询问和记录他们的工作、生活和健康状况等。

在加入这个项目时，这些被研究者都接受了面试、身体检查。这些年轻人长大成人后，进入社会各个阶层，成为工人、律师、砖匠、医生，有一位成了美国总统，也有人成了酒鬼，还有人患了精神分裂症；有人从社会最底层一路青云直上，也有人恰好相反，掉落云端。

截止到 2013 年，这 724 人中仍有 60 人在世，仍然在参与研究，尽管大多数人已经 90 多岁了。现在研究者已经开始研究他们的后代，人数多达 2 000 多人。

每两年，研究者都会耐心而专注地打电话给被研究者，问他们是否愿意再做一套关于他们生活的问卷，在他们的客厅采访他们，从他们医生那儿拿病历，跟他们的孩子聊天，拍摄他们和他们妻子谈话的场景，总之涉及的都是他们最关心的问题。

最终，研究者在 75 年的研究中，记录了长达几万页的数据记录，得到的最明确的结论是：良好的人际关系能让人更加快乐和健康。

关于人际关系，研究得到三大结论：

第一，人际关系对人们是有益的，而孤独寂寞有害健康。研究发现，那些跟家庭成员更亲近的人，更爱与朋友、邻居交往的人，会比那些不善交际、离群索居的人，更快乐、更健康、更长寿。

第二，真正影响人们健康的不是人们拥有多少朋友，也不是身边有没有伴侣，而是人际关系的质量。整天吵吵闹闹，对健康是有害的。比如成天吵架、没有爱的婚姻，对健康的影响或许比离婚还大。而关系和睦融洽，则对我们的健康有益。

第三，幸福的婚姻不但能保护我们的身体，还能保护我们的大脑。研究发现，如果在 80 多岁时，婚姻生活还温暖和睦，对自己的另一半依然信任有加，知道对方在关键时刻能指望得上，那么你的记忆力不容易衰退。而反过来，那些觉得无法信任另一半的人，记忆力会更早表现出衰退。幸福的婚姻并不意味着从不拌嘴。有些夫妻，八九十岁了，还天天斗嘴，但只要他们坚信，关键时刻对方能靠得住，那这些争吵顶多只是生活中的调味剂。

人际关系麻烦又复杂：与家人、朋友相处需要努力付出，一点也不“高大上”；而且需要一辈子投入，无穷无尽。被研究者在年轻的时候坚信名望、财富和成就是他们过上好日子的保证。但在75年的时间里，研究一次次地证明，日子过得最好的，是那些主动与人交往的人。怎样才算主动与人交往呢？最简单的是，别再跟屏幕聊天了，去跟人聊天，或者一起尝试些新事物，让关系恢复活力。

时光荏苒，生命短暂，别将时间浪费在争吵、道歉、伤心和责备上。美好人生，从建立良好的人际关系开始。

教育故事

让每个学生都找到能量

作为心理教育工作者，我深知社会支持对心理健康的重要作用和意义。无论是课堂教学还是心理咨询，人际支持都是我们工作的重点内容之一。本节课，我通过一幅“三人顺利过沟”的图片引出主题，使学生意识到人际支持的作用和重要性。而在探索自己的社会支持系统环节，更是层层深入，使学生不仅找到了支持自己的人，还回顾了这些人与自己之间历历在目的生活情境和他们带给自己的支持与力量。针对社会支持系统“三要素”，学生可以从更加专业的角度，客观、系统、全面地审视自己的系统，并深入挖掘系统中每个人对自己的意义。

课堂中，不乏会有个别学生的社会支持系统有缺失或部分学生对他人的支持的感受度比较低，从而感到失落或沮丧。这时就需要教师在学生活动时进行巡视，掌控学生的活动进度和情况，并在巡视中针对学生的情况，进行及时的、积极的引导，使学生不在活动中受到创伤，而是获得成长和发展。如果有必要，教师也要在课下与有需要的学生单独沟通，或在其他相关课堂上进行引导等。

（北京市房山区城关第二小学　纪学平）

活动 8

人际关系之双赢

活动关键词

人际关系　权衡与取舍　竞争与合作　双赢

教学目标

1. 有意识地考虑他人的需求，并结合自身需求进行权衡与取舍。

2. 知道人际关系中既需要良性的竞争，也要有互惠的合作，不可只利己，也不能只利他。

3. 形成合作双赢的意识，养成合作的习惯。

活动的长远意义

无论是人还是其他生物，都在通过自己的方式努力趋利避害、获得长远利益。本节课旨在通过视频和心理体验活动，使学生既敢于追求合理、适宜的利益，也要学会为他人着想、形成联盟，进而取得更加长远的利益。这一合作双赢的思维方式，可以更好地帮助学生应对未来人生中遇到的多种社会关系，使学生形成更完备的社会支持系统。

活动用品

两副扑克牌、若干张纸、若干支笔

适用年级

七年级

活动流程

一、体验活动：红黑游戏

（一）活动规则

（1）每两人为一组，相互挑战。（人数为单数的班级，有一人可与教师为一组）

（2）每个人都有两张牌，一红一黑。（牌面不分大小，只区分颜色）

（3）两人同时出牌、同时亮牌，共博弈 10 次，最后看谁的得分高。（每次出牌前都要思考，不可随机出牌）

（4）每组派一人准备一张纸和一支笔，负责记录每次出牌后双方的得分。

（5）不要折损扑克牌，不要使牌背面有印迹，以防影响活动效果。

（6）计分方式：

黑 vs. 黑：各 +3 分；

红 vs. 红：各 –3 分；

红 vs. 黑：红 +3 分，黑 –3 分。

（二）活动进行时

（1）教师发牌。

（2）按照规则，学生进行活动体验，教师进行观察和巡视。

（3）分数统计：教师在黑板上呈现以下四类分数情况，针对每一类情况，请符合的组派代表举手示意。教师根据举手情况进行统计。

A：2 人均得 0 分　（　）组

B：2 人均 >15 分　（　）组

C：2 人均 <–15 分　（　）组

D：1 人 >0 分且 1 人 <0 分　（　）组

（三）分享活动体验

（1）针对每一类情况，请 1～2 组代表进行分享。

（2）请学生谈一谈出牌前的思考、出牌时是否有反转以及出牌后的心情。

（3）请学生谈一谈是否还愿意和这个人再进行红黑游戏或在某些活动、任务中成为合作伙伴？为什么？

（4）请学生谈一谈如果再进行这项活动，自己是否会改变期望分值和出牌策略？为什么？

（四）活动再体验

（1）温馨提示：原有规则不变，再进行 10 次博弈。博弈前请慎重制定期望分值和出牌策略。

（2）活动再进行：按照规则，学生再次进行活动体验，教师进行观察和巡视。

（3）分数再统计：将本次得分结果用另一种颜色的笔，标注在刚才的结果旁边，进行对比。

（4）分享：请 2～3 名学生思考 1～2 分钟，再次分享得高分和赢得关系哪个更重要？为什么？

二、总结和归纳

（一）收获与感想

（1）请 2～3 名学生分享本节课的收获与感想。

（2）教师根据学生的分享进行点评与总结。

（二）教师寄语

我们在任何关系中都不可能完全地利他与一味地迁就，更不可能只考虑自己的利益而忽略他人的需求。这样做，不仅无法实现自己的诉求，还会使事情朝不好的方向发展。最后，请大家坚持最基本的交往原则，在互惠互利中成长、发展，实现真正的双赢！

小故事

瘦马效应

两匹马驮同样的东西，一匹马很健壮，驮起来很轻松，另一匹马很瘦弱，驮起来很费力。瘦马希望壮马帮忙驮一些，被拒绝后自己累死了。然后主人把瘦马的东西让壮马来驮，最后，壮马也累死了！这表明一时的得失并不能决定长久的利益，尤其是彼此处于只有合作才能双赢的关系时。

分巧克力实验

BBC 纪录片《天生英雄》里有一个很有趣的心理学实验：研究者选了很多

5～10 岁的儿童，随机将两人分为一组。在两个儿童坐在一起前，研究者找到其中一个儿童，告诉他一会儿另一个儿童会负责分配研究者给的巧克力，并告诉他：如果你认为分配是公平的，那你们两人就会得到被分配的巧克力，但如果你认为分配不公平，那巧克力将会被研究者收回，你们两人谁都得不到巧克力。但是一定要记住：不要让对方知道自己有评判公平和决定巧克力去留的特权。

当两个儿童坐到一张桌子前，研究者将 10 块巧克力放在桌上，并让未被提前安排任务的那个儿童负责分配这些巧克力。实验中，有分配权的儿童基本都会给自己 7 块或 8 块巧克力,而只给对方 2～3 块。显然这是不公平的。被分到 2～3 块巧克力的儿童也是这样认为的，因此他们不接受这样不公平的分配。巧克力被研究者收回了。这时，有分配权的儿童才意识到，自己有分配的权利，而对方有评判和接受与否的权利。如果只考虑和满足自己的利益，那么对方就会宁可利益受损也不会成全自己。当研究者第二次将 10 块巧克力放到桌子上让儿童分配时，他们会很谨慎，并边观察对方的表情边进行分配。他们会选择给自己分 5～6 块，给对方 4～5 块。而对方也认为这样的分配是公平的，双方都愉快地得到了相应数量的巧克力。最终，具有分配权利的儿童在这个实验中学会了互利与共赢，而互利与共赢正是人类发展出的本能，也是人类得以延续的保障。

教育故事

平　衡

奥斯卡获奖短片《平衡》，情节简单但寓意深刻。我观看后觉着，关于双赢，学生只是浅显地知道，但并未有更深刻的体会，也不能预料如果自己只竞争而不合作，自己会有什么样的损失。“红黑游戏”这一体验活动，恰恰可以使学生真切地体验到人际互动所产生的微妙的竞争与合作关系。

在红黑游戏中，还没等 10 次博弈结束，一些学生就举手告诉我自己不想跟某某继续出牌了。这也充分体现了部分学生的利己主义或由于处在青春期以自我为中心的特点。但这并不代表所有利己主义者或以自我为中心的学生会一直如此。还有一些学生则体现出“老好人”的特点,多次出黑牌或只出黑牌,虽然“老好人”使对方得了高分，但对方并未感到心情愉悦——朝气蓬勃的青少年在具有博弈特点的活动中找不到博弈的乐趣。

因此，在红黑游戏中，如何实现共赢？通过本节课的两次体验，学生可以在体验中慢慢领悟或者顿悟出其中的道理：自己获得高分是赢得游戏的一种形式，双方得分都大于 0 也是赢得游戏的一种形式，双方都感受到博弈的乐趣还是赢得游戏的一种形式，使对方愿意与自己在同组中体验活动更是赢得游戏的一种形式。因此，在活动中，有些学生损人利己得了高分，有些学生迁就他人却丢失了乐趣和关系，有些学生心情愉悦却错失伙伴。通过对第一次体验活动的得分进行数据统计，并请学生分享感受，更多的学生能够跳出活动，以更高层次的视角审视这个活动，审视同伴的做法与彼此的得失，重新思考自己的目标和他人的需求。因此，我设置了第二次体验活动，使想要进行新尝试和改变的学生得以再次“小试牛刀”。

大家得知要再次进行博弈，有的欢呼雀跃，有的却嚷嚷着要换人。这时，我告诉他们，在现实生活中，很多人、很多关系都不是我们所能选择的，但我们可以选择互动的方式。请大家进行第二次体验，但要思考自己和他人的需求，要谨慎出牌。

通过两次体验，学生更进一步地感受到了自己和对手的变化，也更深刻地了解了双赢的含义。

（北京市房山区城关第二小学　纪学平）

第五章

生涯教育

追寻生涯高度的人，信仰的终极价值是影响力与权利；

追寻生涯深度的人，信仰的终极价值是卓越与智慧；

追寻生涯宽度的人，信仰的终极价值是爱与和谐；

追寻生涯温度的人，信仰的终极价值是自由。

向着自己制定的目标前进，你的生命也将拥有无限的可能。

——古典《你的生命有什么可能》

本章导读

生涯规划教育，可帮助学生更好地认知自我，提升学习内驱力，找到适切的成长成才之路。生涯课程体系通常包含生涯启蒙、自我认知、外部探索、决策提升。

《指南》中“社交与社会适应”要点中，包含了多个与生涯教育相关的目标内容，例如：“初步具备规划人生的能力”“能根据未来规划自主学习相关课程和技能”“了解自己的兴趣、能力、性格、特长和社会需要，并据此确立自己的升学或职业志向”。

本章包含四个活动，以体验式教学方式，通过创设情境，提升学生对活动的体验与感受，引导学生在沉浸式学习中开启探索自我生涯之旅。活动 1“绘制我的生命彩虹图”引导学生了解人在一生中扮演的七种角色，发现自己的过去、现在和未来之间的关系。活动 2“遇见未来的自己”引导学生畅想自己的未来，通过具象化未来的自己，激发追求梦想的热情。活动 3“兴趣岛之旅”通过分组体验活动，使学生了解自己的性格特点、兴趣特点，引导学生探索适合自己的职业兴趣类型。活动 4“找到你的内驱力”通过体验活动，使学生将个人价值观内化为学习与成长的动力，并思考和尝试如何在未来的生活中更好地实现自我。

活动1

绘制我的生命彩虹图

活动关键词

人生角色　人生任务

教学目标

1. 学习彩虹图理论，了解人在一生中扮演的七种角色。
2. 发现自己的过去、现在和未来之间的关系。
3. 认识现在的努力和未来生活之间的关系，为自己树立目标。

活动的长远意义

学生对人生尚未形成整体的认识，对人生中各种角色的认识也尚未清晰。通过引导学生回顾成长痕迹，审视目前的发展状况，展望未来可能的发展方向，让学生认识到未来生活和现在生活的关系，认识到现在的努力对未来生活的影响。

未来先是在想象中，然后是在计划中，最后是在结果中。本节课通过引导学生制作自己的生命彩虹图，激发学生对未来生活的向往，引导学生讨论未来生活和现在生活的关系，使学生意识到现在的学习和生活都是在为未来做铺垫。

活动用品

彩笔

适用年级

初中

活动流程

一、热身活动

请学生朗诵莎士比亚《皆大欢喜》第二幕第七场中的《人生的七个时期》，并思考这段台词表达了人生的哪七个时期。边听，边用笔在学案上记录。

教师：大家了解莎士比亚的《皆大欢喜》吗？有谁可以给大家介绍一下？其中第二幕第七场中有这样一段，叫《人生的七个时期》，通过一人之口，描述了人生的七个时期。我想邀请一位同学来朗读一下，其他同学仔细听，并思考这段台词表达了人生的哪七个时期。边听，边记录下来。

文字如下：

世界就是一个舞台，男男女女都扮演着不同的角色，他们都有上场和退场的时候。一个人的一生可以分为七个时期：

第一个时期是婴儿——在保姆的怀中啼哭。

第二个时期是学童——背着书包，满脸红光，像蜗牛一样慢腾腾地拖着脚步，不情愿地呜咽着上学堂。

第三个时期是情人——发出炉灶般的叹息，唱着忧伤的歌谣。

第四个时期是军人——满口誓言，长着如豹子般的胡须，追求虚名，甚至连身处炮口也不畏惧。

第五个时期是法官——胖胖圆圆的肚子，眼光凌厉、胡须整洁，满嘴格言和老生常谈。

第六个时期是一个精瘦的老叟——穿着拖鞋和邋遢的长裤，鼻上架着眼镜，腰间挂着烟袋。年轻时省下来的长裤套在瘦瘪的腿上，显得又宽又荡，而他雄壮的声线变成了稚童的尖声，像是在吹风笛和口哨。

第七个时期——人生最后一幕——仿佛回到了孩童时代，没有了牙，没有了视力，没有了味觉，一切都归于空无。

教师：莎士比亚通过一人之口描述了人生的七个时期。其实，这不仅是对人生时期的描述，更描述了人生的不同角色。我们如何理解人生的各个时期以及相应的角色内容，往往反映着我们的成熟度。

二、体验活动

（一）生命彩虹图简介

教师："彩虹图"的横向层面代表的是横跨一生的生活广度，包含成长期（约相当于儿童期）、探索期（约相当于青春期）、建立期（约相当于成人前期）、维持期（约相当于中年期）以及衰退期（约相当于老年期）。纵向层面代表的是纵贯上下的生活空间，由一组职位和角色组成。人在一生当中必须扮演六种主要角色，依次是：儿童、学生、休闲者、公民、工作者、持家者（夫妻、父母）。

（二）学生绘制生命彩虹图

请学生结合自己的成长经历和未来规划，根据要求绘制自己的生命彩虹图。在这个过程中，感悟不同人生时期中的角色冲突，明确不同时期的重要角色，思考如何合理分配自己的精力和时间，以及这些角色对于自己的意义。

教师：在同一时期，我们可能要扮演多种角色。如何平衡这些角色之间的矛盾和冲突，扮演好多种角色，需要合理分配在不同角色上投入的精力和时间。精力和时间分配合理了，人生也就平衡了。请同学们结合成长经历和未来规划，绘制自己的彩虹图。

（三）学生分享

教师：人的一生是多时期的，在不同的时期扮演不同的角色，角色不同，角色的分量也不同，我们只有了解自己的角色，才能更好地扮演这一角色。接下来我们分享生命彩虹图，了解我们的角色。

学生分享生命彩虹图，探讨最喜欢和最重要的角色，并且规划如何把它们变为现实。

最喜欢 / 最重要的角色：____________________

理由：____________________

如何规划：____________________

例如：学生 A：最喜欢的角色是学生，做学生很快乐，可以学习很多知识，将来我要做研究者或教师，活到老学到老。

学生 B：最喜欢的角色是孩子，我很爱自己的父母，和他们在一起我很幸福。将来，我计划找一个稳定的职业，或者是开一个咖啡馆，这样我就可以照顾他们，或者将来我在大城市努力工作，把他们接到身边。

（备注：分享和深入分析这些角色带来的价值与意义，在分享过程中，教师要引导学生做好规划。）

三、演练：畅想未来，角色预演

（一）冥想放松，发掘内心

教师：在刚才的分享中，大家对已经扮演的人生角色基本上有了全新的定义与思考。为了能够更好地规划未来的角色，让自己的人生更加璀璨，接下来我们做个冥想训练，畅想十年后我们的生活与工作，看一看你会怎么经营和扮演这些角色。

指导规则：

（1）请大家先以放松自然的姿势坐好。

（2）接下来无论听到或者想到什么，都记在心里，不要发出声音，以免影响到其他同学。请轻轻地、静静地跟着我的描述畅想。

教师引导：这是一首清新舒缓的音乐，是融入大自然的天籁之声，使人有置身水边之感，一切都是那么自然，没有喧嚣，也没有尘世的纷扰。你可以尽情地放松——轻轻地合上双眼，轻轻地深吸一口气，轻轻地呼出来，顿时感觉到了另一个世界。在这个世界里，你和鸟儿欢语，跟水花嬉戏，没有工作与学习的压力，没有烦恼束缚，一切都是那么自然，那么安静。放松，放松，再放松，直到感觉身体的每一个部位都是放松的。此时你感觉一股暖流从你的头顶涌入，准备在你的身体里四散开来。它流到你的眼睛和耳垂，你的眼睛和耳垂变得很放松，慢慢地这股暖流流到了你的颈部，流向你的双肩，你的双肩逐渐打开，渐渐放松，然后这股暖流沿着手臂流向了你的手指尖，你的手心暖暖的，请你体验一下手心暖暖的感觉。接着，这股暖流流向你的前胸后背，你躯干的每一寸肌肉都是放松的，你很舒服。随后，这股暖流沿着你的腿部，经过膝盖和小腿，流向你的脚尖，你的腿部放松了，脚掌逐渐温热起来，感觉与大地连接在了一起。请静静地体验这种放松的感觉，放松，再放松。此时我们坐上时光机器，来到十年后某一天的清晨——一缕阳光渗透进来，你起床了，来到洗漱台前，看到镜中的自己。十年后的你会是什么样，与十年前有什么变化，留什么样的发型，穿什么衣服。打开房门，客厅里你看到了谁，他们与你是什么关系，与他们简短告别之后，你来到工作的地方，它是一个什么样的工作场所，请用心用手去感受这里的办公用品，感受它们的温度和质感，你会为自己安排什么样的工作计划、工作内容，又会怎样完成它们。工作了一天，伴着夕阳，走在回家的路上，经过商店，看着琳琅满目的商品，你准备为家人挑选什么样的礼物，它是什么颜色、什么形状的。拎着商品，你感觉周围的空气如何，环境是怎样的。回到家中，家人为你准备好了晚餐。晚餐会有什么好吃的，有什么是你最爱吃的，它们是什么样的味道。你与家人分享今天做的事，不知不觉到了休息时间。伴随着放松的音乐和月光，你进入梦中，这是一个温馨、幸福的梦还是坎坷且努力的梦，你的感受如何。随着梦境的深入，我们再一次踏上时光机器，准备回到现在。伴着音乐，你的肌肉开始慢慢地变得紧张，手臂开始收缩，身上的暖流逐渐散去，你会慢慢清醒，并回到现在的时间和空间。请你慢慢睁开双眼。

（备注：教师引导时，要做到声音低沉、平稳、缓慢，要留有空间，令人产生联想。）

（二）分享交流

请学生分享交流“畅想未来”的经历：看到自己的未来了吗？看到了什么？感受如何？

（三）人生感悟

未来，在同一时期，大多数人可能同时扮演多种角色，在未来的十年里，生活将像你设想的那样发展，你将如何扮演自己的这些角色，以使你的生命彩虹更加璀璨。接下来请大家填写自己的感想，要如何扮演好这六种角色，让自己的人生更加绚烂多姿。

（1）儿童：______________________________

（2）学生：______________________________

（3）休闲者：______________________________

（4）公民：______________________________

（5）工作者：______________________________

（6）持家者：______________________________

四、总结和归纳

希望大家好好保存这幅生命彩虹图。当你在成长的道路上完成某一时期的任务，如高中毕业、大学毕业、第一天上班……或进入某种角色时，你不妨拿出来对照一下，思考你现在的状态与自己当初的计划是否一致。若不一致，为什么会有偏差，是否需要进行调整，你又将如何调整以便让自己的生命彩虹旅程继续进行下去。真切祝愿大家扮演和平衡好这些人生角色，让人生绚烂多彩。

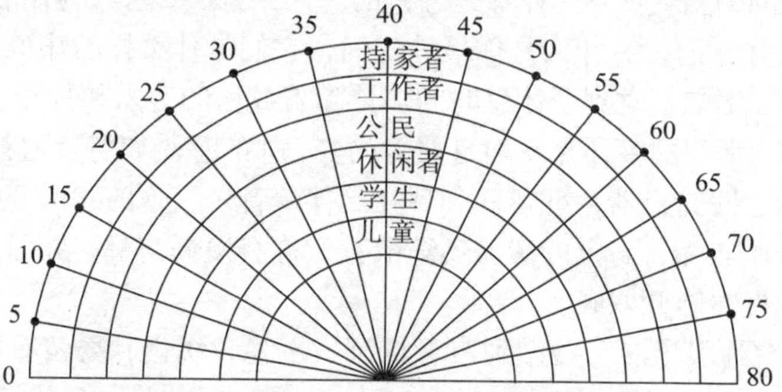

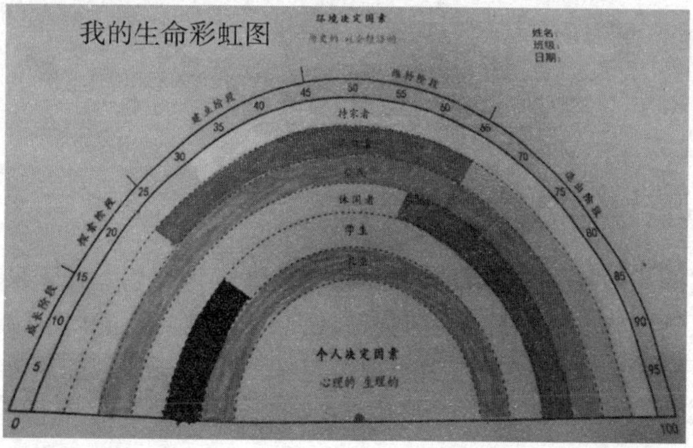

（陕西省延安市宜川县中学　李江波）

活动 2

遇见未来的自己

活动关键词

梦想　目标　努力

教学目标

1. 激发内心深处的愿望和憧憬，激发追求梦想的热情。
2. 探究为实现梦想需要做的准备。
3. 认识到青春需要目标和梦想，梦想的实现要通过不断努力。

活动的长远意义

随着年龄的增长，学生对周围的同学、教师、环境有了一定的适应和感悟，开始反思自我，也具有一定的自我管理意识。随着自我意识开始出现，学生的独立性增强，但是自我约束力差，童心玩念依旧旺盛。同时，学生虽对未来充满憧憬，但感到很迷茫，目标界定也不明确。为了帮助学生消除对未来的彷徨、无所适从，引领他们认清自己未来的道路，坚持自己的梦想，我们设计了本节课的活动，激励学生不断为自己的梦想努力奋斗，并勇敢地坚持下去。

活动用品

两副扑克牌、镜子、信纸、信封

适用年级

初中

活动流程

一、热身活动

准备阶段：根据学生数量在两副扑克牌中挑选出对应张数的牌，确保挑选的两副牌完全一样。

第一轮：

教师将一副扑克牌随机发给学生，然后请学生在教室内随意自由走动，且不要与其他人交流。走动一段时间后，教师喊停。

第二轮：

教师将另一副扑克牌随机摆放到课桌上（可请几位学生协助），然后请学生继续走动，这一次要求大家找到跟自己手中的扑克牌一样的那张牌，并站在相应桌子旁。注意保持安静，不要与其他人交流。

游戏结束后，教师请学生进行分享：

（1）对于两次走动，你有什么感受？

（2）找到自己对应的位置时是什么心情？

学生：第一次走动时漫无目的，很无聊。第二次走动时，有目标感，为了找到自己的位置，得加快节奏。找到时非常愉悦，很开心。

教师：有了明确的目标，就好像有了指引，它是我们行动的方向和动力。当目标达成时，我们有非常愉悦的情绪体验。时光在流逝，我们在长大，我们是否更了解现在的自己？是否明确自己的目标？是否能认识到为实现自己的目标要付出哪些努力？带着这些疑问，我们进入今天的活动。

二、体验活动：遇见自己

（一）遇见现在的自己

请学生提前准备一面小镜子。

教师：静下心来，看着镜子中的自己，你有哪些感受？你对自己这段日子的表现还满意吗？想一想，然后与小伙伴交流彼此的感受。

交流结束后找几个学生分享自己的感受。

教师：对于今天的自己，有的同学满意，有的同学不满意。今天的你是否是昨天你想成为的样子？你期望自己未来是什么样子？我们一起看看未来的你。

（二）遇见未来的自己

教师：未来的你想从事什么职业？想成为什么样的人？想过什么样的生活？你的梦想是什么？请你在学案纸上画一画30岁的自己工作时的样子。

请学生四人一组，分享自己的梦想图画。

教师对学生的梦想给予肯定、赞美和鼓励，并引导大家思考如何能让这个美好的梦想成真，如何才能成为期待中的未来的自己。

三、演练

教师：大家已经构思出了未来的自己，那么要如何实现我们的梦想呢？现在需要做哪些准备？追梦路上可能会有什么阻碍或诱惑？我们该如何应对呢？一起来听下面的故事，请你思考，她为了自己的梦想是如何做的。

她并没有什么显赫的背景，很小的时候她母亲就因病去世了；
年幼的她虽没有超出常人的天赋，却非常勤奋；
她扎根贫困地区40余年，创办全国第一所全免费女子高中；
作为校长，她每天第一个到校，晚上最后一个离开；
办校多年，她拖着病体忘我工作，家访超过1 600户，行程达11万多公里；
她帮助1 800多名贫困山区的女孩圆梦大学；
2021年2月17日，她被评为“感动中国2020年度人物”；
2021年2月25日，她荣获“全国脱贫攻坚楷模”荣誉称号；
她在自己梦想的道路上越走越远。

教师：她是谁？

学生：她是张桂梅。

教师：张桂梅是如何实现自己的教育梦的？

教师总结：确立目标，脚踏实地，一旦开始，不要停止，要执着、拼搏、坚持不懈、努力、自信。告诉自己，为了梦想，绝不能停下前进的脚步。多年后你会感谢那个曾经为梦想执着、拼搏的你。

许多时候，我们并不是没有梦想，而是我们不能做到坚持不懈。很多人并没有为实现自己的梦想付出毕生的精力，甚至连较持续的努力都没有，最后梦想沦为了空想。

四、活动延伸：写信

教师：今天，我们不仅看到了今天的自己，也看到了未来的自己，还思考了自己的目标，了解了自己的愿望。你想对20年后的那个你说什么？请把这些内容写在信里。信，大家可以自己保存，或者放在老师这里，期待20年后你们能拿到这封信，并能实现自己的梦想。

（陕西省延安市宜川县中学　李江波）

活动3

兴趣岛之旅

活动关键词

兴趣　人格特点　职业

教学目标

1. 引导学生发现人格和兴趣之间的联系。
2. 引导学生探索适合自己的职业类型。

活动的长远意义

《中小学心理健康教育指导纲要》指出，学生需要在充分了解自己的兴趣、能力、性格、特长和社会需要的基础上，确立自己的职业志向。做生涯规划对于中学生来说是一种迫切的需要。生涯规划的重点是帮助学生了解自己的兴趣、能力、个性特点、职业价值观，了解大学、专业、职业、社会需要等。本节课以“霍兰德职业兴趣理论”为依托，帮助学生探索自己的职业兴趣。

活动用品

大白纸（A4纸）、彩笔盒、签字笔

适用年级

小学高年级、初中

活动流程

一、热身活动

教师：同学们，你们喜欢出游吗？今天，老师带领大家开展一次奇妙的兴趣岛之旅——寻找你的兴趣岛。

二、体验活动：兴趣岛之旅

教师：首先，恭喜你，你获得了一次免费度假的机会，你有机会去下列六个岛屿中的一个。唯一的要求是，你必须在这个岛上生活、工作至少一年。请不要考虑其他因素，仅凭自己的兴趣选出你最想前往的岛屿。

（一）兴趣岛介绍

1. 第一个岛屿是 A（美丽浪漫岛）

这个岛上有很多音乐馆、美术馆、街头艺人，有浪漫的艺术气息。岛民能歌善舞，许多文艺界的人都来岛上寻找灵感。

2. 第二个岛屿是 C（现代井然岛）

这个岛上的建筑十分现代化，有完善的户政管理、行政管理、金融管理。岛民冷静保守，处事有条不紊，善于组织规划，且细心高效。

3. 第三个岛屿是 E（显赫富庶岛）

这个岛经济高度发展，处处是高级俱乐部、高尔夫球场，岛民善于企业经营和贸易，来往者多是企业家、经理人、政治家等。

4. 第四个岛屿是 I（深思冥想岛）

这个岛上有多处天文馆、科技博览馆及图书馆，岛民喜好观察，崇尚和追求真知，常有机会和来自各地的哲学家、科学家等交流心得。

5. 第五个岛屿是 R（自然原始岛）

这个岛上的自然生态被保护得很好，有各种野生动物，岛民以手工见长，自己种植花果蔬菜、打造器物、制作工具，喜欢户外运动。

6. 第六个岛屿是 S（友善亲切岛）

这个岛上的人温和、友善、乐于助人，社区自成一个密切互动的服务网络，人们重视互助合作，重视教育，关怀他人，岛上充满人文气息。

以上就是我们要选择旅居一年的岛屿。请慎重选择你最感兴趣、最想去旅居的岛屿。

（二）宣传兴趣岛

1. 组成小组

教师看到同学们都已经做了最慎重的选择，接下来请选择相同岛屿的同学围坐在一起，组成一个小组，请他们选定一位岛主，为自己的岛屿设计宣传海报，海报中应包括岛名、标志物和推介语等。

注意：有的岛屿选择的学生会比较多，有的岛屿选择的学生可能会相对少一点，小组的座位设置要合理，避免因学生秩序不佳影响活动效果。

2. 设计海报

海报设计需要 15 分钟左右的时间，接下来在岛主和一名推介员的带领下，每个小组上台展示自己的海报。

如果可以去多个岛屿旅居，你还可以接受哪两个岛屿？

（三）讨论与分析

教师：同学们，在刚刚的活动中，大家都根据自己的喜好选择了自己想要去的岛屿，那么你知道每个岛屿都有哪些特殊的含义吗？其实，我们今天的兴趣岛之旅与我们未来所从事的职业的类型是有关系的——每个岛屿都代表了一种职业类型。职业兴趣类型是由著名的心理学家霍兰德提出的，接下来，我们一起来了解霍兰德职业兴趣类型。

根据霍兰德职业兴趣理论，某一类型的职业通常会吸引具有相同人格特质的人，这种人格特质反映在职业上，就是职业兴趣；当工作环境与人格类型（职业兴趣类型）协调一致时，人们会产生更高的工作满意度和成就感。

下面我们来了解一下每种类型的不同特点和与之相匹配的职业。

1. A 艺术型人的特点

喜欢自由发挥想象力，喜欢创造性活动，偏爱自我表达。主要从事各类艺术创作工作。

匹配职业：艺术家、文学家、音乐家、演员、舞蹈家、编辑、主持人、设计师等。

2. C 常规型人的特点

喜欢执行规则、流程，偏爱处理文字、数据，工作踏实、忠实可靠、遵守纪律。主要从事处理文字档案、图书资料、统计报表等相关工作。

匹配职业：会计、税务员、文秘、图书管理员、人事职员、审计人员等。

3. E 企业型人的特点

喜欢拥有影响力，热衷经济、政治，偏爱用语言说服或影响他人。主要从事组织与影响他人共同完成组织目标的工作。

匹配职业：企业家、政府官员、职业经理人、行业或单位领导者等。

4. I 研究型人的特点

喜欢独立解决复杂、抽象的问题，偏爱逻辑分析，重视科学。主要从事科学研究和实验工作。

匹配职业：自然科学和社会科学方面的研究人员，专家，飞机驾驶员，计算机操作员，化学、冶金、电子等领域的工程师。

5. R 实用型人的特点

喜欢操作机械，偏爱动手实践。主要从事各类工程技术工作、农业工作。

匹配职业：工程师、技术员、司机、测绘员、电工、农民、牧民等。

6. S 社会型人的特点

喜欢帮助人，热衷关系互动，偏爱提供社会服务，关心他人的福祉。主要从事为他人服务的工作，如提供医疗服务、教育服务、生活服务等。

匹配职业：教师、保育员、医护人员、心理咨询师、服务业从业人员、福利人员等。

三、总结和归纳

了解职业兴趣只是第一步，还需要在实践中检验自己是否有某种偏好，而且我们的职业兴趣可能不止一种，这就更需要我们在专业学习中深入探索；同时，兴趣是一种动态变化的过程，也许随着年龄的增长、阅历的丰富，我们的兴趣会不断发生变化。

（陕西省延安市宜川县中学 李江波）

活动 4

找到你的内驱力

活动关键词

价值观　内驱力

教学目标

1. 理解价值观的内涵，认识到它在生命中的意义及对生命的影响。

2. 将个人价值观内化为学习与成长的动力，并思考和尝试如何在未来的生活中更好地实现自我。

活动的长远意义

正处于价值观形成的关键时期的中学生，如果不清楚自己的价值观，不思考生命的意义与自己的追求，在面对做人生决策的挑战时，就会感到彷徨迷茫，缺乏学习和成长的内在动力。生命价值观属于自我认识中不可或缺的组成部分，因此，弄清楚生命价值观、了解自己的职业价值观对学生的生涯规划与发展具有十分重要的意义。

活动用品

“价值观列表”“价值观罗盘”“人生金三角”“职业价值观学习单”“价值观践行卡”等工具单

适用年级

初中

活动流程

一、热身活动

教师：在《朗读者》中，感动中国的郭小平放弃医院院长的职位，付出 12 年心血，建立红丝带小学，为艾滋病儿童搭起了通往知识天堂的阶梯……其实，我们每个人在生命历程中也一直面临各种选择。同学们是否思考过每次我们做选择时，是什么最终决定我们的选择呢？当我们做选择时，我们都希望自己的选择是正确的，那么，是什么在评估我们选择的正确与否、合适与否呢？其实，影响我们最终选择的，就是我们每个人内心那个可以指引方向的罗盘——价值观。今天，我想邀请同学们来探索价值观。

二、体验活动：生涯视窗

教师：说起价值观，同学们可能觉得既熟悉又陌生。我们经常听到“价值观”一词，例如我们耳熟能详的社会主义核心价值观，但是价值观具体是什么，似乎我们又是陌生的。学术界对此也没有统一的定义。同学们可以理解为它是个人内心对各种事物的评价标准，反映了我们对周围的人、事、物的意义和重要性的评价和看法等。心理学家洛克奇在他著名的论文《人类价值观的本质》中这样解释：价值观是一种抽象的目标，超越了具体的行动和环境；它来自我们对内心感受的评价，没有对错，只有真实与否；它为我们提供工作与生活的内驱力，是关于“什么是重要的”的观念。价值观贯穿人生的各方面，而且往往是每个人面临的矛盾冲突中最难妥协的部分。它在一段时期内相对稳定，但会随着个体的成长而逐渐变化，很受个体成长环境的影响。每个人的价值观都不同，受个体不同层次的内心需求的影响。心理学家马斯洛用金字塔表示了我们的需求。他认为人的需求是分层次的，而且遵循从低级向高级发展的规律。他将人类的需求从低到高分为五个层次，包括：生理需求、安全需求、社交需求、尊重需求及自我实现的需求。现实生活中，有人看重人际关系和团队合作，这反映了他的社交需求；有人看重做一件事是否有社会意义，这反映了他的自我实现需求。

（一）激趣导入

教师：这将是一次特别的心灵旅程。也许旅程中有的同学会体验到很多情绪，无论是愉快的还是不愉快的，都请先放下，记住这种感受就好。活动结束后，我们会对这些感受进行探讨，这些感受将帮助我们深度认识自己内心的“罗盘”。现在请同学们带好给大家准备的工具单，我们的旅程就要开始了。旅程中会有一些任务挑战，每一次挑战都是一次看见我们自己的机会。现在你们每个人都已经坐上了单人游艇，准备出发前往你梦想的人生金色彼岸。

（二）指导进行

指导学生利用“价值观列表”、“价值观罗盘”和“人生金三角”等工具来构建个人生命价值观。

1. 选择珍视的东西

指导学生从“价值观列表”工具单中选择 8 样自己珍视的东西并将它们放进“价值观罗盘”工具单中。

教师：请同学们先打开你的第一份工具单“价值观列表”，这里有 18 样“珍宝”，请大家从中选择 8 样你最珍视、最看重的，放进“价值观罗盘”工具单中。如果有同学觉得这里面缺少你个人最看重的，你也可以自己添加。请注意，这个罗盘将操纵你的游艇的方向，决定你能否到达你想到达的人生彼岸，所以请同学们一定要选择对你来说最重要的。

例如，某同学选择了智慧、平等、自由、自尊、亲情、健康、成就感、社会认同这 8 样他最为珍视的。你会做什么样的选择呢？现在给大家 5 分钟的时间进行选择。当你很纠结的时候，请反观自己的内心。

价值观列表

A. 舒适的生活：充足、丰裕
B. 平等：机会均等，人们像家人一样友好
C. 振奋的生活：新鲜有趣、有活力
D. 亲情：照顾我爱的家人
E. 自由：独立与自由选择
F. 健康：身体和心理健康
G. 内在和谐：没有内在冲突，宁静祥和
H. 成熟的爱：精神上和身体上亲密无间
I. 国家安全：国土与家园不被攻击

J. 快乐：安逸、闲暇
K. 超脱与救赎：灵魂被救赎，解脱
L. 自尊：自我尊敬
M. 成就感：持续的有所成就
N. 社会认同：社会的认可与尊敬
O. 真实的友谊：紧密的伙伴关系
P. 智慧：对生命的成熟洞见
Q. 世界和平：一个没有战争和争斗的世界
R. 美丽的世界：一个充满自然之美和艺术之美的世界

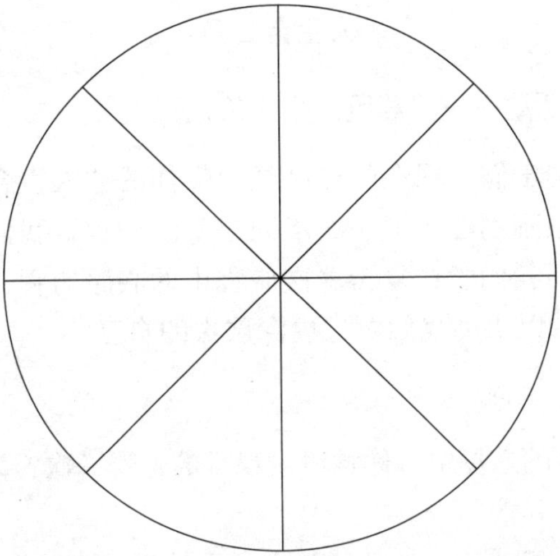

价值观罗盘

2. 舍弃不珍视的东西

教师：现在同学们用 8 样珍宝填满了自己的"价值观罗盘"，游艇在汪洋中欢快行驶。突然，因为游艇负重太大，我必须残忍地宣布，同学们需要从 8 样珍宝中选择几样相对没有那么重要的舍弃掉。现在请你在决定放弃的珍宝上面打 ×。请你聚焦内心感受，然后给自己 1 分钟的时间做出选择：先删除 2 样，再删除 2 样，最后删除 1 样，剩下 3 样。

3. 留下最珍视的“人生金三角”

请同学们把罗盘里最后剩下的 3 样珍宝放到“人生金三角”工具单中。

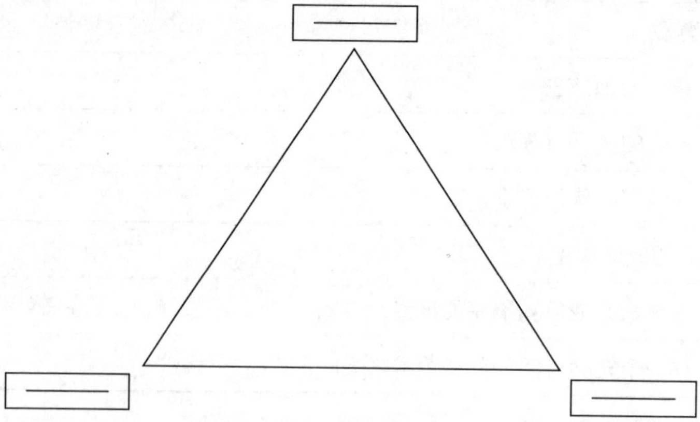

人生金三角

（三）小组探究活动——“照见”个人价值观

教师：亲爱的同学们，现在的你已经携带你的“人生金三角”到达你梦想的人生彼岸了。大家刚刚经历了一次不同寻常的旅程，我们每个人都经历了四次重要的选择。下面我们尝试复盘这次旅程中的心路历程，以 4 人为小组进行思考、讨论与分享，以协助我们看见更深层次的自己。

1. 探讨最艰难的选择

在上述几次重要的选择中，你觉得最艰难的是哪一次？为什么？你心里有什么样的波动？

要求学生进行小组讨论。教师请学生举手选择对自己而言最难的一次选择，并请个别学生陈述自己的想法。

教师：无论同学们经历了什么样的心路历程，我们也许都可以获得以下两点共性启发：

（1）当我们的价值需求越清晰且价值观之间有分层排序时，我们可能就越容易做选择。

（2）越触及核心价值观，我们内心就越受触动，因为它是我们每个人的生命本色。

2. 探讨最重要的选择

看看你的“人生金三角”，为什么它对你很重要，你赋予每个词的定义是什么？

要求学生进行小组讨论。请个别小组分享小组发现。

教师：我看到大家都在很认真地分享自己独特而珍贵的“人生金三角”的故事，也在积极聆听他人的故事。我们绝大多数人的“人生金三角”都是不同的，人生因不同而精彩。有的同学会惊喜地发现，有人的“人生金三角”与自己的“人生金三角”基本相同，这表明你们内心的价值追求比较相近。

3. 探讨价值观宣言

教师：对于你的“人生金三角”，如果把它们整合成一句话并作为自己的价值观宣言，这句话该是怎样的？

我给大家举个例子，有人的“人生金三角”是善良、亲情及启发人心，她的价值观宣言是：“善良是我生命的底色，亲情是我心灵的养料，做些启发人心的工作，让世界更美好。”那么，你的又是怎样的呢？请大家在“价值观宣言卡”工具单上认真写下你的价值观宣言，然后进行分享。

（1）要求学生在“价值观宣言卡”工具单上写下自己的价值观宣言，并与小组成员分享。

（2）请一些同学在全班分享自己的价值观宣言。

（3）教师总结：我相信对每个同学来说，你想要的人生一定是独特而珍贵的。每个人都有自己的价值观，不管你的价值观是什么，它就是你人生的指南针，影响着你的去向。每当你面临抉择时，它就会代你做出决定，引领你采取行动。对于这个指南针，如果你使用不当，它就会给你带来挫折、失望感、沮丧感；如果使用得当，它就会带给你无比强大的内在力量。从生涯发展的角度看，我们还可以用哪些视角来看待或者评估你想要的人生呢？

三、活动延伸

分发“职业价值观学习单”，要求学生学习材料，并结合价值观宣言看看自己更趋向于哪种职业价值观，思考自己的“生涯四度”平衡情况。

职业价值观学习单

竞拍物	预算金额	拍得金额	想拍下来的原因
能帮助不幸的人			
经常欣赏完美的工艺品			
能经常尝试新的构想			
能深入思考			
能自行决定工作方式			
工作成果非常显著			
能发挥领导才能			
能分配、调整他人的工作			
拥有一份高薪的工作			
工作稳定，不会被裁员			
工作环境好			
领导善解人意			
和同事关系良好			
工作内容变化很大			
拥有能实现自己理想的工作			

1. 讲解美国职业生涯规划大师舒伯提出的职业价值观理论

教师：未来，人生会涉及职业，哪些职业价值观能够支撑你想要的人生呢？例如，面对2020年突发的新冠疫情，很多白衣天使作为“逆行者”奔赴第一线，让我们更深刻地感受到很多医疗工作者在选择这份职业时会希望自己能够减轻他人的病痛，这就是利他主义的职业价值观。又比如，很多作家或者艺术工作者希望通过创作出好的作品，为社会增添艺术、文化气息，这种职业价值观就属于对美的追求。那么，哪些职业价值观比较符合你的人生追求呢？

2. 讲解“生涯四度”

阅读下文的“生涯四度”，了解生涯四度的概念。其实我们很容易发现高度维度和深度维度都是外显的，并且是可测的，而宽度维度和温度维度则都是内在的，很难量化。生涯价值越低的人，往往越渴望外在的维度表达，而生涯价值越高的人，则越追求生涯四度的平衡。你可以对照自己的价值观宣言，看看自己的人生在这四个维度上是怎样的，看看它们之间是比较平衡的吗，思考你还希望自己的人生在哪些生涯维度上进行调整。

四、总结和归纳

价值观左右着我们对生涯的选择，价值观引导着我们对生命意义的追寻，价值观是我们可以紧紧依靠的那棵大树。愿你握紧你珍贵的价值观罗盘，驶向高度、深度、宽度、温度平衡发展的人生彼岸！

请学生在课后完成生涯行动之“价值观践行卡”。

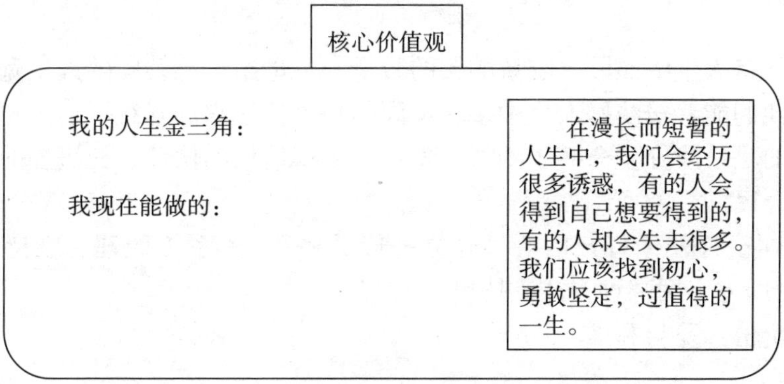

价值观践行卡

小故事

生涯四度

人生并非只有一种角色，我们的生涯也并非只有一个维度。生涯规划大师古典提出了生涯四度理论，指出人的生涯有四个发展维度：高度、深度、宽度和温度。我们可以从四个维度去审视自己的过去，规划自己的未来。每种人生都有它的意义，遵从自己的内心，必然会拥有不同的人生。

高度：

高度就是人的影响力、权力——伟人、领导者都在高度维度上取得了很大的成就，他们向上发展，与更强者接触，进入与创造更大的平台，掌握更多、更强的资源，最大限度地影响世界。

关键词：定位（重新定义职业发展方向）、实力（提升自身职业竞争力）、影响力（扩大自身影响力）。

终极价值：影响力与权利。

深度：

深度就是心智的成熟度、思想的深邃度——思考者、专家的深度维度水平非常不错，他们在思想、智慧、艺术和体能上达到了卓越程度。深度的追求者们渴求真理，追求极致，反复打磨自己，他们希望站在人类知识的巅峰。

关键词：学习（系统学习某一领域）、践行（系统践行某一领域）、总结（给知识做一个系统的梳理和总结，并进行分享）。

终极价值：卓越与智慧。

宽度：

宽度就是人生中照顾、支持的人的数量——母亲、慈善家的人生宽度维度水平很高，他们能够扮演好人生中多种不同的角色，让它们互相平衡。宽度的追求者们追求的是扮演好生命赋予的每个角色：值得信任的伙伴、充满爱的家人、有责任心的公民。

关键词：打开（打开内心，建立一段关系）、关系（处理、维持和修复一段关系）、助人（用某种方式支持更多人）。

终极价值：爱与和谐。

温度：

温度就是一个人活着时的自我状态——艺术家、诗人的温度维度水平应该很不错，他们在乎的是对生命、对生活有多大的热爱与激情，能多大程度活出自己的本来面目。温度的追求者们渴求自由，乐于探索内在世界，追寻真实鲜活的生命状态，寻找自己存在的意义与天命。

关键词：健康（达到一个目标，保持身心健康）、爱好（培养、发展一个或多个爱好）、自由（让自己感受到自由）。

终极价值：自由。

生涯人物：钟南山院士的生涯四度。

维度	具体表现
高度	“共和国勋章”获得者，中国工程院院士
深度	呼吸内科专家，中国抗击“非典”、新冠疫情的领军人物
宽度	对国家和社会无私奉献
温度	爱好广泛，全运会 400 米栏打破全国纪录

人的时间、精力是有限的，那么怎么能聚焦发展呢？平衡是最好的办法，也是一个系统价值最大化的体现。在每一个生命阶段里，每个维度的发展程度各不相同，关键是找到核心的那个维度，同时做到其他维度的基本平衡。我们可以在不同的生命阶段发展好所有维度，但是我们无法在一个生命阶段同时发展好所有维度。在一个生命阶段内，总有一个生命维度是能改变生命的杠杆，生涯平衡点就在其后面。

“生涯四度”能够帮助我们找到更多的可能性。相信我们都可以在高度、深度、宽度、温度维度中，选择适合自己的生涯之道，活出最好的自己。

（陕西省延安市宜川县中学　李江波）

第六章

拓展活动

生活其实是一个合作的舞台，并不是一个角斗场。一般人看事情多是非胜即败，其实世界之大，人人都有足够的立足空间，不必将他人之得视为自己之失。共赢不是什么技巧，而是人际交往的哲学。

——史蒂芬·柯维

本章导读

户外的游戏、运动等活动，为学生营造了开放、活跃的氛围，有助于学生在挑战成功时体验愉悦，在遭遇失败时感受悲伤。在拓展活动教学环节，要让学生切实体会到团结合作的重要性，感受拼搏进取的精神。生活需要互相依赖，越早知道这一点，人生越有意义。只会竞争的人，很难学会与人合作。

本章包含六个活动，建议在户外（操场）进行。通过活动—分享与总结—再次挑战—反思与收获，学生将更好地理解合作与竞争的关系，同时，将情绪管理、有效沟通等内容应用到学习生活中。

活动1“达·芬奇密码”引导学生体验规则的重要性，树立规则意识，理解公平竞争的重要性，同时能恰当地看待输赢。活动2“棉花糖挑战”通过团队合作，激发学生的求知欲，锻炼学生协作配合的能力以及目标导向思维。活动3“齐眉棍”通过紧张刺激的挑战活动，引导学生认识到集体合作的力量；体验从我做起，为集体做贡献的成就感；学习与他人交往的方法。活动4“无敌风火轮”引导学生体验个人作为集体的一员的责任感和荣誉感，锻炼学生的团队协作能力。活动5“齐心合力”通过小组共同传递呼啦圈，引导学生认识到同学之间互帮、互助、互勉的成长氛围更有益于个人的发展和目标的实现。活动6“气球大作战”通过体验解压游戏，引导学生认识到每个人的压力感受点不同，可以通过合适的方式及时调整压力，培养学生不畏困难、勇往直前的积极心态。

活动1

达·芬奇密码

活动关键词

合作意识　输赢观念

教学目标

1. 培养学生的合作意识。

2. 培养学生学会纵向比较和横向比较，建立对比赛的胜负观。

活动的长远意义

合作和竞争的关系是学生需要学习的重要一课。学生如果能理性看待竞争，树立正确的输赢观，对日后的学习和工作会有很大帮助。本节课的活动旨在引导学生通过遵守规则，树立纪律意识、规则意识和公平竞争意识，能接受比赛结果，理性看待胜负、得失，同时，理解竞争的积极意义，认同良性竞争的作用和意义，积极参与竞争，学会公平竞争。

活动用品

4 组数字扑克牌、4 个标志物（例如红旗）

适用年级

小学、初中

活动流程

一、热身活动

兔子舞：请全班同学以站立姿势围成一个大圆圈，全体向左转，然后请后面的同学把双手搭到前一个同学的肩膀上，双脚并拢。然后请大家按指令跳：一——右脚向外侧踢；二——右脚收回；三——左脚向里侧踢；四——左脚收回；五、六、七、八——并拢双脚，向前跳四下。

分组：组建小组（每个小组 8~10 人），请每个小组为自己的小组设计一个两句话的口号，每个小组完成挑战后，一起喊出自己小组的口号。

二、体验活动：达・芬奇密码

教师：今天我们来玩一个游戏，游戏的名称叫“达・芬奇密码”。首先，全班同学分成四个小组，四组同学分别到四个标志物的后面站好。我会把数字 1~6 的扑克牌（可以调整扑克牌的数量，设置不同的难度和比赛时间）随意散放在终点，扑克牌的背面朝上。

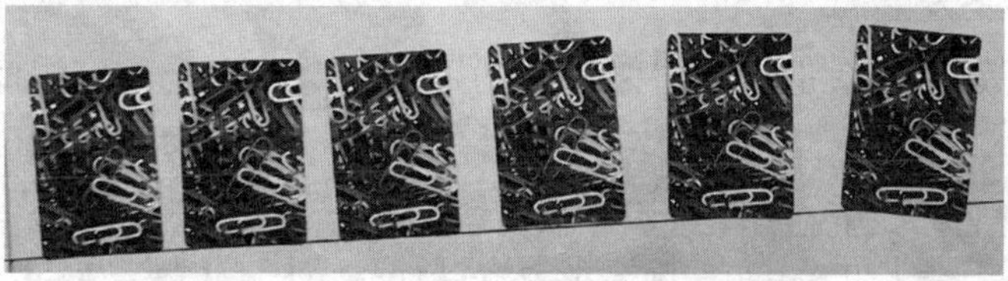

比赛开始后，按照顺序，每次每组的一名同学跑出去。这名同学跑过去翻扑克牌，一次只能翻一张牌。要求同学们按照顺序，将扑克牌从最小的“1”排列到最大的“6”。如果翻到错误的扑克牌，请将牌的背面朝上，并将牌放回到原来的位置。如果翻到对应顺序的扑克牌，将牌的正面朝上，进行排列，接着跑回本组，同下一名同学击掌。下一名同学再跑出去继续翻牌。当小组把 6 张扑克牌按顺序排列好后，挑战就成功了。四个小组都完成挑战后，用时最短的小组为第一名。

三、总结和归纳

比赛结束后，请大家以小组为单位，围成圆圈，席地而坐，在小组内讨论问题：你认为怎样做才能取得更好的成绩？

例如：

（1）给背面朝上的扑克牌做编号，每次翻完后及时通知队友。

（2）如果翻错牌，要记住这张牌的位置和数字，避免浪费出发次数。

（3）及时总结经验，完善队友之间的配合。

四、演练

按照每个小组讨论的新方法，重新挑战，并计时。挑战结束后，小组分享总结。

（1）你觉得这一次你们是输了还是赢了？你们是怎样做到的？

（2）通过本次活动，你有什么发现和感悟？

五、活动延伸

写作练习：请学生课后写一段文字，说一说自己对合作或输赢的想法或感悟。把大家写的内容收集起来，在上室内课时邀请同学们读一读。

小故事

第二名有什么不好

在一个晴朗的午后，学校里正在进行一场足球比赛。身着红色队服的一支球队踢得很好，观众席上的学生啦啦队开始为红队加油：“红队第一！红队第一！”

一位老师也坐在观众席上，听到学生们的加油口号，似乎颇感不解。学生们还在喊“红队第一”，这位老师突然站起来，大声喊道：“第二名有什么不好！”

加油声一下停止了，学生们纷纷把惊讶的目光投向他。老师坐下来，露出了得意的微笑。

很多人一生都在向往第一名，奋力争取第一名。在追逐第一名的竞争中，很多人忘记了自己的初心，忘记了成长，迷失了自我。

实际上，即便获得了第一名，也只是取得了短暂的胜利。比得到第一名更重要的，是你从中学到了什么。我们既要下定决心去争取胜利，也要把握自己，不要因为一心求胜而忘记了自己的成长。

第一名是冠军，第二名也同样精彩。就算你每天都生活在竞争中，人生也不是一场比赛，生活中还有很多有意义的事情等着你去做。

教育故事

孩子们的快乐密码

一位教育学家曾经说过："教育好孩子只靠说教是远远不行的，最好的办法就是多让孩子体验。"在生命健康的体验教育方面，体育课具有得天独厚的优势。一位小学校长说过，把体育课上好了，孩子们的身体锻炼好了，心理健康问题就解决了，学习也不再是问题。

参加工作多年，"达·芬奇密码"纸牌游戏是孩子们玩得最兴奋的一次。这是一个经典的素质拓展游戏，引入课堂的效果非常好。孩子们全身心投入到游戏中，既体会到了团队合作的力量，也切身感受到了体育活动的快乐。翻到需要的牌时，他们蹦蹦跳跳，开心得不得了；若翻的牌不是需要的，他们难掩失望和沮丧。然而，他们并不气馁，和队友们一起交流，总结经验，再次勇敢出发。挑战成功后，他们的脸上充满了自信。

后来的体育课上我们又玩了一次这个游戏，出乎所有人的预料，冠军居然是上一次最慢的女生组。她们的方法是从第一张牌开始翻，谁翻的牌，谁就记住牌的位置。等到该翻这张牌了，这个同学直接跑出去。这样就提高了准确率，速度非常快。孩子们如此灵动，又一次给我带来惊喜。为了激发他们的奇思妙想，我设立了"金钥匙组合"荣誉，鼓励他们在以后的课堂上继续互帮互助，勇于创想。

在教学实践中，我深深感受到，孩子们不仅渴望学习知识和技能，也追求心理情感体验。孩子们的收获令我欣慰，孩子们的快乐也感染了我。教育既是一项事业，也是一门艺术。我要继续反思、打磨，争取给孩子们带来更多更精彩的课堂。

（辽宁省沈阳市心理健康教师　郭颖）

活动2

棉花糖挑战

活动关键词

协作配合　目标导向　积极沟通

教学目标

1. 认识到树立正确目标的重要性，学会以目标为终点，反推过程，提高效率。
2. 增强团队意识，学会处理意见与分歧，为了团队目标分工配合，协作互助。

活动的长远意义

通过新奇的挑战活动，激发学生的求知欲望，锻炼学生的动手能力；通过团队合作类游戏，锻炼学生互相协作配合的能力，激发学生树立正确的目标，以终为始，在实践中不断修正完善，培养目标导向思维。这些能力，都是学生日后工作和生活中需要的重要技能，但不是一两天就能具备的，需要有时间和机会去锻炼。

活动用品

意大利面、透明胶带、绳子、棉花糖、安全剪刀、纸袋、信封

适用年级

小学高年级、初中

活动流程

一、热身活动

教师：同学们，今天我们将进行一个充满挑战的活动。首先，大家每 8 人一组，依次报数，然后相同数字的同学组成相应的小组。

二、体验活动：棉花糖挑战

教师：接下来我们要进行一项趣味挑战赛，名字叫“棉花糖挑战”。首先请大家注意听比赛规则。

请各小组利用拿到的素材包，搭建一座塔，必须将棉花糖放在塔的顶部。搭建时间为 15 分钟。挑战结束后，我将测量塔的高度，最高的小组获胜。

必须将棉花糖完整地放置在塔的最高处。不可以破坏棉花糖，不可以将纸袋、信封和剪刀作为塔的一部分。可以剪断意大利面、胶带和绳子。

挑战结束后，学生不可以接触塔。

每隔 5 分钟，我会提醒大家时间。最后 3 分钟、最后 1 分钟时，我会再分别提醒一次。

请大家以小组为单位，我宣布开始后，大家方可拆开素材包。

教师宣布挑战开始，并计时。

比赛结束后测量各组的塔的高度，确定最后获胜的小组。

为每个小组成员和作品合影。

三、总结和归纳

引导学生在小组内讨论：

- 在这个活动中，你们的目标是什么？
- 为了完成这个目标，你们都做了哪些工作？这些工作对于完成目标起到了什么样的作用？
- 在完成目标的过程中，哪个部分是最难的？
- 你们有哪些成功的经验或者失败的教训？

教师总结：这个活动的最终目标是搭建一个在现场能支撑起棉花糖的、稳定的、最高的塔，而不仅仅是最高的塔。有些同学只想把塔搭得尽量高，结果把棉花糖一放上去，塔就塌了。时间是这一挑战中的一个重要限制条件，有的小组花了很多时间思考准备，等到了搭建环节时间很紧张，降低了成功率。此外，团队挑战中经常出现小组成员意见不一致的情况，这时候需要大家一起协作配合。

四、活动延伸

写作练习：请学生课后写一段文字，记录今天的收获和感悟。把大家写的内容收集起来，在上室内课时邀请同学们读一读。

小故事

通　天　塔

很久以前，人类讲的是同一种语言。因为语言相同，文化背景也相似，彼此沟通起来毫无障碍。那时土壤肥沃，气候适宜耕作，社会、经济发展迅速，文化和科技也取得了长足的进步。人们学会了使用石灰和制作砖块，建造了很多高大宏伟的建筑物。

慢慢地，人们有了一个大胆的想法——建造一座高塔。要多高呢？一直高到天上去，高到能到达神的宫殿，和神直接对话。他们决定要建一座“通天塔”。

这座塔越建越高，人们干劲十足，但却引起了神的忧虑和愤怒。人类语言相通，分工合作，已经产生了这样惊人的力量。如果通天塔建成，人类还有什么做不到的事情呢？这是人类对神的挑战，神不能容忍人类这样傲慢和自大。

在通天塔快要耸入云端的时候，奇怪的事情发生了，人们发现听不懂身边人的话了。原来这是神的计策，让人类语言混乱。本来沟通顺畅的工人，现在自说自话，无法交流。无法交流，也就无法合作，通天塔的建设工作就停止了。

语言的混乱让人们感到困惑和恐慌。人们到处寻找和自己说相同语言的人，慢慢地就形成了一个个小团体。各个小团体之间无法沟通，彼此缺乏信任，于是就越来越疏远。于是人们跟着自己的小团体寻找出路，纷纷离开，流向四面八方。建设宏伟的通天塔就这样不了了之了。

操着不同语言的人散落到世界各地，慢慢形成了自己独特的文化、习俗和生活方式。

通天塔的故事说明了沟通的重要价值——语言混乱破坏了人们之间的团结，沟通对于合作是不可或缺的。当今世界，人们正是因为越来越多地打破语言障碍，彼此之间的交流愈加顺畅，才产生了越来越多的伟大合作。

教育故事

挑战带来的思考

本周我带领五年级的学生进行了棉花糖挑战。这是 Tom Wujec 在 TED 大会上分享的一个团队体验项目，获得了全球各职业、各年龄段的人的欢迎。这项活动有美味的棉花糖和意大利面，还能搭高塔，孩子们很惊讶。了解活动流程以后，小小建筑师们迫不及待地投入了挑战。

在小组合作的过程中，出现了一些状况。有的小组因为搭三角形底座还是方形底座发生了争执，两个男同学都认为自己的主意最好，谁也不能说服谁。有的小组倒是安静，各干各的，没有沟通交流，也就没有确定小组目标。有的小组，有个女孩子把刚搭好的塔碰倒了，被同伴指责，差点掉眼泪。我一边巡视各组的工作进展，一边安抚发生矛盾的同学。

最后 3 分钟倒计时开始了，整个教室里充满了紧张的气氛。有的小组因为设计讨论花费了很长时间，最后只能匆忙搭了一个小塔。有的小组搭得太高，意大利面断裂，胶带松散，歪歪斜斜的，忙着补救。有的小组出手果断，早早搭好了大致结构，不断尝试新的方法，让塔更高、更牢固。

最后有六个小组完成了棉花糖挑战，用意大利面和棉花糖搭建了自己的高塔。还有两个小组搭的塔不够牢固，没能挑战成功。

在总结和归纳环节，挑战成功的小组总结道，大家分工合作，像一层一层的意大利面一样托起了共同的目标——棉花糖，因此共同的目标和合作非常重要。没能完成挑战的小组分享说，听取同伴的意见和建议对小组合作来说非常重要。还有的同学分享说，在倒计时的紧张氛围下，意识到了团队精神的重要性；遇到问题可以换个方法，不要只想着一条路；意大利面容易断，非常打击我们的信心，但一定不要放弃，可以从头再来。

通过这次挑战活动，同学们学习到了如何在团队合作中消除分歧，体会到了在有限时间内完成任务的成就感，加深了彼此之间的了解和友谊。我深深体会到，这样的活动对于孩子们的成长太重要了，他们太需要机会学习与人沟通交流，学习一起设定目标，学习共同朝着目标努力。这些能力，将让他们受益终身。

（辽宁省沈阳市心理健康教师　郭颖）

活动3

齐眉棍

活动关键词

团队合作　沟通

教学目标

1. 培养学生团结合作的意识。
2. 要求学生练习沟通技能，与他人和谐相处。

活动的长远意义

通过紧张刺激的挑战活动，培养学生的团结意识，使学生认识到集体合作的力量；通过反思和交流，使学生了解自己身上的缺点，体会从我做起为集体做贡献的成就感；通过学习与他人交往的方法和积极态度，使学生吸取集体的力量，健康成长。

活动用品

四肢细长的玩偶一个，例如粉红豹（玩偶的个头要足够大，让全体同学都能看清楚）；轻质细直棍若干，例如塑料棍、竹竿、旗杆等

适用年级

小学、初中

活动流程

一、热身活动：玩偶模仿秀

活动规则：全班同学分成 4 个小组，横列队站好。教师站到队伍前面 2 米处，背对同学，抛出玩偶。以玩偶的落地姿势为标准，第一队同学按照这个姿势摆好动作，在 30 秒内完成。教师再次抛出玩偶，第二队同学模仿动作。依次进行。

二、体验活动：齐眉棍

教师：接下来我们玩一个游戏，游戏的名称叫“齐眉棍”，又叫“同心杆”。为什么叫这两个名字呢？请大家在玩的过程中思考。首先来看一下游戏规则。我把大家分成 4 个小组，每组 10 人（每组分得一根 2 米长的细直棍）。每组同学分成两队，面对面站立，每个人水平伸出右手食指。把细直棍放在两队中间，所有人用食指托起直棍，从队伍中最矮的人的眉毛高度开始，缓慢放下直棍，最后放在地面上。要求所有人的手都紧贴直棍下方，将直棍完全水平下移。如果有人的手离开直棍，或者用手指勾直棍，或者直棍没有水平下移，则挑战失败，须重新开始。

各个小组都完成挑战后，用时最短的小组为第一名。

游戏开始前，各小组有一分钟时间讨论准备。

教师吹哨示意比赛开始，并为每个小组计时。

三、总结和归纳

比赛结束，请大家以小组为单位，围成圆圈坐下，在小组内讨论下列问题：

- 问题 1：这个游戏最难的地方是什么？
- 问题 2：你认为怎样做才能取得更好的成绩？

例如：

（1）选出一个队长，统一指挥全组行动。

（2）统一口令。

（3）分步骤把直棍移动到各个位置，例如下巴、胸口、腹部、膝盖等。

（4）每个人都先做好自己。

四、演练

按照每个小组讨论的新方法，重新挑战，并计时。挑战结束后，小组分享总结。

- 你们小组的第二轮挑战比第一轮更快吗？你们是怎样做到的？
- 当别人的失误造成小组失败时，你是怎么想的、怎么做的？
- 当你的失误造成小组失败时，你的同伴有什么反应？你是怎么想的？
- 同伴的哪些行为和话语，让你感到安慰、更有力量和信心？

五、活动延伸

写作练习：请学生课后写一段文字，记录今天的收获和感悟。把大家写的内容收集起来，在上室内课时邀请同学们读一读。

小故事

木桶原理

美国管理学家劳伦斯·彼得（Laurence J. Peter）曾经提出了“木桶原理”——一个木桶由多块木板组成，木桶的价值在于能盛多少水，而决定木桶能盛多少水的关键因素不是最长的那块木板，而是最短的那块木板。因为在水平状态下，桶里的水面与最短的木板平齐，最长的那块木板并不能发挥特殊的作用。因此，木桶原理又称“短板理论”。

在团队里，一个团队的战斗力并不是由能力最强的那个人决定的，决定因素反而是能力最弱的那个人。这是因为能力最弱的那个人制约了团队的战斗力，影响团队的综合实力。为了更好地发挥团队作用，要让能力最弱的那个人提高水平，或者所有人维持足够强的水平。

教育故事

“齐眉棍”帮助学生更加“同心协力”

现在的很多学生是独生子女，作为家里的焦点，他们缺乏与同龄人的沟通，形成了唯我独尊的心态和意识，这很不利于社会化发展。上周我带领六年级的学生进行了素质拓展训练活动——齐眉棍 / 同心杆。

这个活动看着简单，但是实际操作起来并不简单。在活动中，当团队出现问题或困难的时候，很多人都习惯性地挑别人的毛病，很少反思自己的问题，同伴之间互相指责抱怨，极大地影响了团队的士气。最后通过反复练习和总结经验教训，各组同学才克服了困难，挑战成功。

除了完成挑战，同学们还分享了自己的心得。小李同学说通过这个活动，他认识到把团队目标放在第一位，就一定能取得胜利。小刘同学作为队长，反复向大家强调，不要责怪失误的同学，要心往一处想，劲往一处使。小孔同学说这个活动教会了他很多与人相处的道理。

通过这个活动，同学们懂得了团队合作的重要性，体会到了团队精神和集体凝聚力的重要性，同时也意识到了做好自己的重要性，要放下对他人的挑剔，先做好自己。总之，紧张刺激的拓展活动，既减轻了同学们平日积攒的学习压力，又帮助他们在集体中成长进步。

（辽宁省沈阳市心理健康教师　郭颖）

活动 4

无敌风火轮

活动关键词

集体意识　团队精神

教学目标

1. 体验个人作为集体的一员的责任感和荣誉感。

2. 锻炼团队协作能力。

3. 正确理解个人与集体的关系，了解个人希望在集体中得到尊重和理解，获得安全感和归属感。

活动的长远意义

通过活动，学生在团队分工合作的过程中，锻炼人际交往技能，培养合群且独立的健康人格；面对团队挑战，学生能够积极调整自己的心态和自己在团队中的位置，培养集体意识和团队精神，正确理解个人与集体的关系。

活动用品

呼啦圈若干、报纸、胶带、剪刀

适用年级

小学、初中

活动流程

一、热身活动：大树与松鼠

把全班同学每 3 人分为一组，其中 2 人扮演大树，面对面站立，两个人都伸出双手，手拉手围成圆圈；另 1 人扮演松鼠，站在 2 人围成的圆圈里。没有进入 3 人组的学生（或者特意留下几个学生）和老师做临时人员，扮演松鼠或者大树。

活动规则：如果老师喊“松鼠”，大树保持不动，松鼠必须离开其所在的大树，进到其他的大树里。临时人员扮演的松鼠也要找到大树，进到大树里，没有进入大树落单的人做 5 个蹲起。如果老师喊“大树”，松鼠保持不动，扮演大树的人松手离开，寻找新的同伴，组合成新的大树，同时围住松鼠。临时人员扮演大树，落单的人做 5 个蹲起。如果老师喊“地震”，大树和松鼠全部离开，找新的同伴重新组合，这时候大树可以扮演松鼠，松鼠也可以扮演大树，临时人员也插入组合中，落单的人做 5 个蹲起。

二、体验活动：无敌风火轮

将全班同学分为若干小组，每组 8～10 人。每组用报纸和胶带制作一个能够容纳小组全体成员的大圆环“风火轮”。把圆环立起来，小组全体成员站到圆环里，一边走一边滚动大圆环。小组全体成员通过终点线，则挑战成功。用时少的小组，名次靠前。在向前移动圆环的过程中，小组所有成员的双手都必须抓着圆环。如果有一人没有按照规定执行，判所在小组犯规。如果出现一次犯规，小组总成绩加 10 秒。如果报纸断开了，所在小组须用胶带重新粘好，此时其他小组继续前进。开始比赛之前，每个小组有 1 分钟的时间商量准备。

➢ 小贴士：大圆环“风火轮”制作完成后，所有组员都要站到“风火轮”里面，保证每个人都有足够的空间。小组成员需要一致配合，迈步向前走动。如果纸环在滚动过程中断裂，必须修补好再继续行进。注意合理搭配每组男女同学的人数。

三、总结和归纳

第一步：比赛结束，请大家以小组为单位，围成圆圈坐下，并引导学生在小组内讨论：

➢ 如果再来一次，你们会做哪些调整？

➢ 活动中你们有哪些体验和发现、感悟？

第二步：请每个小组派一名代表进行分享。

四、活动延伸

写作练习：请学生课后写一段文字，总结经验教训。把大家写的内容收集起来，在上室内课时邀请同学们读一读。

小故事

塞浦路斯的七个小矮人

在古希腊传说中，地中海塞浦路斯的一座城堡里曾经关着七个小矮人。他们被一个神秘的咒语诅咒，与世隔绝，找不到人帮助，也找不到食物和水，日渐绝望。

有一天老大做了一个梦，梦见这座城堡里还有25个房间，其中一个房间里放着水和蜂蜜，另外24个房间里有很多石头，其中有240块石头是玫瑰色的。如果集齐了这240块玫瑰色的石头，将它们摆成一个圆圈，他们身上的咒语就能解除，他们就能回家。

第二天一早醒来，老大赶紧把他的梦讲给大家听。只有老二和老三相信这个梦，愿意和他一起行动。然而老大想先去找干柴生火取暖，老二想先去找食物，老三想先去找玫瑰色的石头，解除咒语。三个人各执已见，只好分别行动。忙了几天，他们什么都没找到，还遭到了另外四个人的一顿嘲笑。

尽管如此，失败并没有让三个人放弃，反而让他们意识到需要团结起来。他们商量好先找火种，再找食物，最后去找玫瑰色的石头。很快，他们找到了很多的蜂蜜和水，也证明了一个共同的、明确的目标的重要性。他们自已喝了很多蜂蜜和水，还带了一些回去。老四、老五、老六和老七看到食物后，改变了想法，要求加入行动，一起去找玫瑰色的石头。他们分成两组，原来三个人继续沿着左边寻找，另外四个人沿着右边寻找。

这时候出现了新的问题。老四他们头一次出去，好像走迷宫一样，一直在原地转圈。老大决定重新分配，让老二和老三各带一人，由他们分享经验和技巧，带领大家熟悉城堡。大家找到一些石头回来，但是做过园艺的老五发现，这些石头中玫瑰色的很少。七个人忙碌了几日，进展缓慢，有些气馁了。

老大又把大家召集到一起开会，吵吵嚷嚷中才发现，有些人能够快速准确地找到新的房间，但是拿到的石头都是错的；有些人找的石头都是对的，但是速度很慢。于是老二建议，每天晚上开一次会，大家交流自己的经验教训和技巧，把有用的写在光线好的墙上，提醒大家少走弯路。

最后，七个小矮人团结一心，找到了 240 块玫瑰色的石头，解除了身上的咒语，平安回家了。通过此事，他们还明白了一个道理：把个人的力量凝聚起来，发扬团队合作精神，能够更快地实现目标。

教育故事

利用户外拓展课帮助学生放松减压

开学到现在已过去三周了，有一些学生无精打采，好像已经上了 30 周课。这不是青少年应该有的样子，我决定带他们走出教室，上一节户外拓展课，好好玩一玩，充充电。

我事先准备了一些纸条，在上面印了五种图案，随机发给学生们。我要求他们在一分钟之内找到相同图案的队友并组成小组，然后小组成员围成一个圆圈，坐好。接着，我要求小组成员自己选出一个组长和一个纪律监督员，然后在小组内讨论，想一个带“龙”字的成语作队名。学生们想出了卧虎藏龙、飞龙在天、龙行龘龘、龙飞凤舞、矫若游龙等名字。

首先，我带领学生们做快速反应的热身游戏。随着指令越来越快，气氛变得活跃起来，学生们的脸上露出了笑容。

接着，利用学校的呼啦圈器材，开展“一圈到底”的小组比赛活动。学生们手挽着手，紧盯着呼啦圈，兴奋地为自己小组加油，还自发地总结经验，帮助全组更快完成挑战。有几个平时比较调皮的男学生，也积极地为队友加油，还想了很多好点子，展现出了和平时不一样的、积极向上的一面。

在最后的总结环节，学生们认真思考了关于小组比赛的经验教训，分享了自己参加户外活动的感受，并表示希望以后多组织这样的户外拓展活动。

活动结束后，我找到一些平时调皮的学生和沉默内向的学生，跟他们单独谈了谈这次活动中他们的表现，向他们表达了我的关注和善意。

活动过程中，我格外注意纪律问题，避免学生之间出现尖锐的矛盾，希望在活动中加深学生之间的友谊，为校园生活留下美好的回忆。为此我反复强调纪律，要求纪律监督员积极发挥作用。我和搭档老师还配备了麦克风和小铃铛，保证指令能够传达到每一个学生的耳朵里。

整节课下来，基本达到了调整学生心情、放松减压的目标。我发现，学生很需要这样的活动来释放压力，缓解紧张情绪。看到他们脸上的笑容，感受到他们做游戏时的快乐，我开心极了。

（辽宁省沈阳市心理健康教师　郭颖）

活动 5

齐心合力

活动关键词

积极　互助　合作　美好

教学目标

1. 使学生认识到互帮、互助、互勉的成长氛围更有益于自己的成长。

2. 增强学生的纪律意识和集体荣誉感，提高班级凝聚力。

3. 使学生在日常生活、学习中，学会积极互助，共同发现并成为身边的小美好。

活动的长远意义

通过轻松愉悦的活动，激发学生积极的体验和情感，进而调动身心，以较好的状态学习和成长；通过互助合作的游戏活动，让学生在玩乐的同时发现彼此的优点，在日常生活、学习中，学会积极互助，共同发现并成为身边的小美好。

活动用品

呼啦圈若干

适用年级

小学高年级、初中

活动流程

一、热身活动：马兰开花

（一）活动规则

教师：马兰开花。
学生：开几朵？
教师：开三朵。

教师说开几朵，几个学生就要围在一起开花。几轮过后，落单的同学就要接受"奖励"——表演节目。随后教师根据学生的表现采访其心理感受。

（二）活动分享

抱团成功后有什么感受？
教师引导：找到集体，有归属感吗？
落单后有什么感受？
教师引导：在刚刚的活动中，你有落单吗？有什么感受？
在日常生活中，我们班有人落单吗？如果有人落单，我们需要怎么做？

二、体验活动：齐心协力

活动说明：将全班以10～15人分成若干组，每个小组的同学手拉手，围成一个圈站立。活动开始后，在不松开手的情况下，让呼啦圈从第一个同学传到最后一个同学，看哪个组的传递速度最快，用时最短。同时，教师负责计时和监督每个组遵守规则。活动完毕后，向每个小组播报用时，请每个小组的同学围圈席地而坐，进行总结分享。

三、总结和归纳

引导学生进行总结：

- 有没有别的方法可以更快？
- 看到别人比我们快时，是想放弃还是想再试一次？
- 在这个过程中，什么让你印象最深刻？
- 在这个过程中，你的心情怎样？有什么感受？

➢ 活动中你有什么发现？

➢ 今天的活动对你有什么启发？让你想到了什么？

教师总结：对于同一件事，不同的人有不同的观点和看法；你对待事物的态度，有可能会影响你的感受和行为；对于同一个问题，不同的人会有不同的解决方法；每个人擅长的东西不同，要善于发现他人的优点；团结才是力量，互助才是硬道理。

四、反思和行动计划

请同学们根据刚刚的总结，再比拼一次，完成后小组同学齐喊口号，随后分享感受、收获。

分享点：

➢ 在这一轮，你发现了什么？和刚刚有什么不同？

➢ 在这个过程中，你有变化吗？你的小组有变化吗？

➢ 如果你或者身边同学的表现可圈可点，你觉得是因为什么？

➢ 要用一句话概括今天的活动，你会说什么？

五、活动延伸

请同学们将今天的活动经历以及感受和感悟，写成一篇日记。

小故事

魔术汤石

有一个装扮像魔术师的人来到一个村庄，他向迎面而来的妇人说："我有一颗汤石，如果将它放入烧开的水中，会立刻变出美味的汤来，我现在就煮给大家喝。"

这时，有人找来了一口大锅，有人提来了一桶水，并且架上了炉子和木材，在广场上煮了起来。

这个陌生人很小心地把汤石放入滚烫的锅中，然后用汤匙尝了一口，很兴奋地说："太美味了，如果再加入一点洋葱就更好了。"于是，立刻有人冲回家拿了一些洋葱。

陌生人又尝了一口，说："太棒了，如果再放些肉片就更香了。"于是，有一个妇人快速回家端了一盘肉来。

"再有一些蔬菜就完美无缺了。"陌生人又建议道。

在陌生人的指挥下，有人拿来了盐，有人拿来了酱油，有人拿来了其他材料，当大家一人一碗蹲在那里享用时，他们发现这真是天底下最美味的汤。

郭、李同心

唐玄宗时，郭子仪和李光弼曾同是朔方节度使安思顺的属下部将。两人之间有矛盾，平时互不讲话。

后来安禄山叛乱，郭子仪升任朔方节度使，统兵抵御，李光弼就成了郭子仪的部将。皇帝命令郭子仪率部出征，李光弼担心郭子仪会利用手中权力寻机报复自己。

李光弼硬着头皮对郭子仪说："我过去得罪您，是我的不是，今后不管您如何处置我，我都毫无怨言，只希望您高抬贵手放过我妻儿……"

没等李光弼说完，郭子仪紧紧抱住李光弼，满眼流泪地说："国家危急，百姓遭殃，正需要我们同心协力，眼下正需要你这样的人才。此时，怎能计较个人恩怨呢！"

从此，郭、李同心，将帅协力，二人在平息安史叛乱中，战功卓著。

教育故事

互助让我遇见更好的自己

在心理活动课上，老师想让我们学会互助，老师的活动也的确让我们感受到了互助的力量。在日常生活中，我也想尝试这么做，可是往往在帮助别人的时候，我也希望别人能帮助自己。每每在自己需要时，没被别人看见或是没人来帮助我，我就会觉得帮助别人不值得。对于这个问题，我和心理老师专门探讨过，老师说有这样的心理也能理解，并与我一起分析了别人没来帮助自己的可能原因，同时，老师也鼓励我要主动学会寻求他人的帮助，可以从信任的人开始尝试。

我一方面坚持这样做，另一方面也在不断探索自己内心的需求。在这个过程中，我逐渐感受到互助真的能让我感受到温暖，我很喜欢这种感觉，同时，我也喜欢自己从“助人——渴求回应”到“助人——发自内心”的心态转变。当我坚持这么做的时候，我发现，我正走在遇见更好的自己的道路上。

谢谢您，我亲爱的老师！

（广东省佛山市　何同学）

活动6

气球大作战

活动关键词

减压　赋能　勇往直前

教学目标

1. 使学生认识到每个人的压力感受点不同，可以通过合适的方式及时疏导压力。

2. 培养学生不畏困难、勇往直前的积极心态。

3. 鼓励学生积极互助，相互勉励，学会减压，并肩向前。

活动的长远意义

通过减压活动，学生认识到每个人的压力感受点不同，关键是要学会自我觉察，了解自己的压力临界点，并适时适当地进行调节，找到自己的减压赋能方式；面对困难，不逃避，不退缩，以刚刚好的压力状态勇敢前行，遇见更好的自己。

活动用品

气球（数量为班级学生总人数）、横幅、绑带若干（每个同学一个）、便利贴

适用年级

初中

活动流程

一、热身活动：放松操

活动说明：男女生分别排成一列纵队，后面学生将双手放在前面学生的肩膀上，所有学生跟随老师的口令，边喊口号边做放松操。教师加入队伍中和学生一起参与。

教师：摸摸你的头啊，学习不用愁啊；摸摸你的头啊，今年你最牛啊。揉揉你的肩啊，快乐永相随啊；揉揉你的肩啊，幸福好运来啊。拍拍你的背啊，学习不会累啊；拍拍你的背啊，睡觉要盖被啊。揉揉你的腰啊，神清气又爽啊；揉揉你的腰啊，灵感永相随啊。

第一遍结束后，全体向后转，再进行一次放松操。

二、体验活动：气球大战

人手一个气球，每个同学用力吹气球，吹到你认为气球不会爆的最大限度。

活动中安全第一，如果有同学对气球爆炸敏感，请提前告知。

请将刚才吹好的气球用绑带绑在右边同学的左脚上。

同学们自由散开，可以踩班上任何一个同学的气球，直到踩爆为止，同时也请保护好自己的气球。

脚上气球被踩爆的同学必须立刻退出游戏，站到边上，且不能再踩别人的气球。

最后，气球完好的那位同学为本班胜利者。

班级派出代表进行班级间比拼。

三、总结和归纳

请学生 8 人为一组，围圈席地而坐，进行分享讨论。

第一轮分享问题：

➢ 你认为的不会爆的最大限度和别人的有什么不同？

➢ 看到别人比你吹得大，你有什么想法？

➢ 遇到气球漏气，你的第一反应是什么？

➢ 遇到气球吹不起来的时候，你有什么感受？

第二轮分享问题：

- 在这个过程中，你的心情怎样？有什么感受？
- 在这个过程中，什么让你印象最深刻？
- 你是怎么保护自己的气球的？
- 你会主动去踩别人的气球吗？
- 当你的气球被踩爆时，你有什么感受？
- 在这个过程中，你有什么发现？
- 今天的活动对你有什么启发？让你想到了什么？

教师总结：不同人的压力临界点不同，面对有挑战性的事情，每个人的反应也不同，我们应找到适合自己的减压赋能方式。

四、反思和行动计划

请同学们根据刚刚的总结，想一想在日常生活、学习中，哪些人或事会让你感受到压力？当有压力的时候你会怎么应对？

教师总结：每个人或多或少都会感受到压力，有压力后我们需要想办法来排解，排解方法有很多，我们需要找到适合自己的；压力不能硬扛，有时候需要身边人的帮助，要勇于开口寻求帮助。

五、活动延伸

教师引导学生进行分享，之后教师根据学生分享的内容进行总结，并对过程中出现的需要给予特别关注的孩子进行课后辅导。

小故事

一杯水的重量

一位讲师在课堂上拿起一杯水，然后问听众："各位认为这杯水有多重？"

有的说 20 克，有的说 500 克，说法不一。听后，讲师说："这杯水的重量并不重要，重要的是你能拿多久？拿一分钟，各位一定觉得没问题；拿一个小时，可能觉得手酸；拿一天，可能得叫救护车了。其实这杯水的重量是不变的，但是你拿得越久，就觉得越沉重。这杯水就像我们承受的压力一样，如果我们一直把压力放在身上，不管时间长短，到最后就会觉得压力越来越沉重而无法承担。我们要做的是：放下这杯水，休息一下后再拿起这杯水，如此我们才能拿得更久。所以，各位应该将承受的压力于一段时间后适时地放下，并好好地休息一下，然后再重新拿起来，如此承受的时间才能更久。”

苏东坡的减压之道

历史上，宋代文学家苏东坡在政治上屡遭挫折，生活中也历经坎坷，但他在诗、书、画等多方面成就斐然，名列唐宋八大家之一，并且得享天年，这与他深谙减压之道密不可分。

苏东坡兴趣广泛，这无疑是他的减压良方。下放黄州时他不免郁闷，但很快找到精神寄托，钟情烹饪并屡有创新。

当时黄州人不食猪蹄，苏东坡就发明了一种做猪蹄的方法，使猪蹄成为当地美食。前前后后，苏东坡在流放黄州、惠州期间开发出了 20 多道菜肴，有些一直流传至今。在精心制作美食的过程中，政治上的失意也就慢慢淡忘了。

苏东坡还对医学产生了浓厚兴趣。贬居海南后，自己种植药材，在食疗养生之余，“开心定魂魄，忧恚何足洗”“愿饷内热子，一洗胸中尘”。由此，苏东坡身心得以安定。

交朋结友，常与知己聊天也是他的减压之法。苏东坡有不少朋友，他与朋友间有很多趣事，比如大家耳熟能详的“东坡与佛印”的故事，他与“苏门四学士”之间亦师亦友的佳话也都流传至今。

还有，因“河东狮吼”这个成语而闻名的陈慥也是苏轼的好友。乌台诗案后，苏东坡被贬黄州，正在隐居的陈慥听说后，在离黄州一百多里的歧亭设宴，为苏东坡接风洗尘。当时，苏东坡刚刚出狱，还背着“不忠”的罪名，不要说官场上的人敬而远之，就是亲戚朋友也唯恐避之不及。

此时，受到陈慥如此热情的接待，苏东坡十分感动。“此行非远别，此乐固无穷。但愿长如此，来往一生同。”有这样的朋友，心中的阴霾自然一扫而光。

乐观的胸襟、积极的心态也是苏东坡减压的法宝。60 岁的苏东坡被放逐到海南儋州。宋朝时的海南那可真是蛮荒之地，仅瘴气、瘴毒的传闻就足以令人心生畏惧。

但苏东坡经过观察，得出结论：“乃知寿夭无定，习而安之，则冰蚕火鼠，皆可以生。”于是，苏东坡心中坦然，海南不再是让他惊惧不安的生死场了，正所谓“日出东海落西山，愁也一天，喜也一天”。

人的一生不可能一帆风顺，若遭逢逆境，不要气馁和自我放弃，应学习苏东坡的减压之道，寄情于所好，发展专长，积极营造快乐的生活，勇往直前。

教育故事

做自己的小太阳

三四月的广东，气候着实让人有些压抑，如果遇上事情多，别说孩子，就连大人或许都会觉得有点压力。意识到这一点后，我一方面积极自我调节，另一方面也想办法开展一些活动以支持身边的老师和家长们。“游戏力工作坊”是每年这个时候我必开展的活动之一，通过游戏的方式让大人们放松身心，同时也更好地与自己联结、与身边的人联结。当自己感觉状态不那么好时，我们需要学会自我调节，看到自己内心的感受和需求，调节之后再向前。要允许自己停歇，允许自己按照自己的方式抒怀减压。

有一次，聊到这个话题的时候，有个家长分享道：“我们需要做一个有趣的人。我们不仅仅是父母，还是我们自己。我们要把孩子的成长尽量交给他们自己，我们只管做好我们自己。当我们活出自己，平衡好生活中的各种角色和忙碌，孩子也能做好他们自己。”或许，不论是孩子还是家长，我们都要学会做自己的小太阳。

（广东省佛山市南海区桂城街道灯湖初级中学　谈继红）

做孩子可停靠的港湾

在孩子成长的过程中，作为父母，我们究竟该扮演怎样的角色呢？对于这个问题，有一段时间，我是很迷茫的，好在后来在积极探索下，找到了平衡点，把握好了火候，不急不躁，不慌不忙，等待孩子“停靠”。

孩子刚上初三才两个星期，就不愿意再去学校了，这可急坏了我们做父母的。初三虽不是高三，但也是非常重要的。加之孩子本来学习成绩就可以，努力一下上重点高中是没问题的。我们好说歹说，用尽各种办法，效果依然不济，怎么办？我们急得像热锅上的蚂蚁。

朋友推荐我们去咨询一下，无奈之下，我们只能尝试。咨询师有个比喻让我印象非常深刻，也彻底让我改变了原有的观念和方式。“有时候，家就像码头，是远航的船只停靠的港湾。或许，我们不能以船只载了多少货物、有了多少收获而决定它是否应该靠岸，它是否应该靠岸要看船只本身是否需要停靠、调整。”“有时候孩子没有梳理好某些情绪，或是没有梳理清楚遇到的一些事情，如果是这样，他是没办法继续远航的……”

是的，我们要做孩子停靠的港湾。带着这样的觉察，我们夫妻俩开始不那么急于眼前，而是努力做好孩子停靠的港湾。慢慢地，孩子也愿意和我们交流了，交流学习上的得失、心情的好坏，我们也不着急去猛推他，而是和他一起把握节奏，轻推他向前。

（广东省深圳市　刘爸爸）

第七章

校园活动

没有爱就没有教育，没有兴趣就没有学习，教师育人在细微处，学生成长在活动中。

——顾明远

本章导读

本章同前六章有所不同，选取了四位校长的五个真实故事，通过校园文化建设、家校共育、课堂建设等，让生命健康教育潜移默化地实施，“润物细无声”。

案例1“如何让学生爱上阅读”：校长通过策划“听校长讲故事”活动，带动了全校的学生爱上阅读，并养成阅读的习惯。案例2“如何让学生爱上运动”：在校长的创新版“大课间”的带动下，体育老师们在全校确定了3 000多个点位，让每一个孩子都有一个属于他的大课间位置，实现了有限空间内的无限运动。案例3“如何让学生成为‘文明人’”：校长通过引导学生讨论、主题班会、家校联动等多方面的措施，深挖行为背后的原因，正向引导学生养成文明礼貌的习惯。案例4“如何让学生勇于发言”：针对课堂上学生不爱发言的现象，校长提出了“说错了也要理直气壮”这一独特的教育理念，实施“课堂四声”，制定“四声用语”，给了教师具体的抓手，且可操作、可评价，带给教师方向上的引领和智慧上的启迪。案例5“如何进行美育教育”：展示了一位“爱美”的校长将学校的每一个角落都变成美育教育的阵地，将美育渗透在教育教学的全过程。

案例 1

如何让学生爱上阅读

引言：很多学校都有图书馆、班级图书角，可是课间、午休时却鲜有孩子阅读，有的孩子专注于各种流行的小游戏，有的孩子总想着在学校就把家庭作业完成，而老师们也热衷于争分夺秒地讲评作业、二次批改作业。老师们舍不得将阅读的时间还给孩子，孩子们不会利用时间阅读。如何让孩子们从小爱上阅读呢？一起来读智慧校长的故事。

我常带着学校管理团队转校园，转的过程中能关注到校园环境、班级管理、学生活动等方方面面的细节。一天午饭后，我在教学楼转了一圈，发现孩子们不是在写作业就是在玩卡片游戏，很少有在阅读的，一个班有一两个孩子在看书就算多的了。书中有那么多有趣的故事，孩子们为何就是不爱读呢？我心中有疑惑，也有担心，尤其是作为一位语文老师，我深知阅读的重要性。我马上找了语文教研组长来开会，大家讨论后发现，原来这不是我一个人的担忧，如何引导孩子们爱上阅读也是很多语文老师的苦恼之处。我想，学校层面该做些什么了。

我不禁回想起了自己小时候，那时我特别喜欢听广播，从《杨家将》《岳飞传》到《隋唐演义》，听得如痴如醉、欲罢不能。现在学生的条件比我小时候好太多了，能用眼睛看的东西太多了，已经不需要用耳朵听了，但是听读也是一种阅读方式，是不是可以将它作为孩子们爱上阅读的一个引子呢？我爱听故事，也擅长讲故事，如果我能每天给孩子们讲一个故事，天天讲，坚持讲，是否能唤醒孩子们的耳朵，让他们也享受到我小时候的快乐呢？渐渐地，孩子们应该也能爱上阅读吧！我的想法很快得到了副校长、教导主任的支持。2020 年 12 月 22 日，学校专门成立了“听校长讲故事”课程群，群里的 14 位教师一起共商大计，谋划怎么讲故事。从 2021 年 2 月起，我开始坚持每天给孩子们讲一个故事。刚开始讲的是书中的故事，后来就发动全校教师找故事，也鼓励孩子们投稿推荐故事。有的孩子想出现在“好故事推荐者名单”中，就在空闲时间积极阅读、寻找素材。一个简单的讲故事和听故事的互动，就让校园里的阅读氛围愈发浓厚。后来，每周周一我讲原创故事，周二到周五由各班语文老师讲故事。再后来，三位副校长也加入讲故事队伍，每人讲一个月的故事。从校长讲故事，到老师讲故事，到孩子讲故事，从教育故事到活动故事，校园中处处有故事。中午在校园广播里听校长讲故事，成了师生们的必修课。

不久，“听校长讲故事”产生了更大的“溢出效应”，校长积极创造的“故事时间”，让故事中的情感、形象、趣味、创意、细节不仅弥散于校园的每一个角落，还渗透到了教育教学的许多环节中。孩子们逐渐习惯了午间有故事相伴，也渐渐爱上了故事。与此同时，学校也积极建设校园公共阅读区，让孩子们有更多机会从书中阅读更多精彩故事。2023 年 3 月，学校将校园的各个角落打造成“新遇见绘本世界”，每月上新 400 册绘本，学生可以利用小微时间阅读绘本故事，语文课老师们也可以带着孩子们开展新形式的阅读交流课。

由故事带起的校园读书热成了校园的潮流，有关阅读的各项活动在学校蓬勃开展。学校以学生喜闻乐见的绘本故事为载体，让学生在制作绘本卡、故事会、指导阅读课等活动中，走进书中的人物和故事。这些活动形式新颖，生动有趣，大大激发了学生的课外阅读兴趣，同时也锻炼了学生的表达、展示能力，学生的参与积极性非常高，学校的阅读氛围也日益浓厚。在教育中，我始终以十足的爱心和耐心，用故事带动孩子们爱上阅读，用故事陪伴孩子们成长。

当我们看到学生和老师的行为的时候，需要想到行为背后的原因和需求。对于孩子们不爱阅读、老师们引导不佳这个现象，要想到学校层面是否做得不够。第一步，我结合自己的成长经历和优势，以“听校长讲故事”的形式来唤醒孩子们的耳朵，以“听读”带动阅读，让他们爱上故事，并让他们在为校长找故事的过程中自发阅读更多书。第二步，改造环境，建设“新遇见绘本世界”。孩子们有了阅读兴趣是第一步，但光有兴趣还不够，学校需要从硬件层面提供更好的阅读环境，于是我便和学校的管理团队、各学科教研组长齐心打造了校园公共阅读区并将它升级成“新遇见绘本世界”。第三步，创设活动，提升校园阅读氛围。孩子们爱上阅读后，校园中阅读书的身影也多了，在此基础上学校进一步开展丰富的读书活动，使孩子们发掘阅读的更多趣味和自身的无限可能。

（浙江省衢州市实验学校教育集团新湖校区校长　严丽萍）

案例2

如何让学生爱上运动

引言：小学生在校期间需要保证每天一小时的运动量，但是随着近两年学生数量的突增，学校班级数不断突破新高，空间不够、时间不够、运动项目花样不够等问题日益突出，学生在校的运动量无法保证，学生的运动积极性也大大降低。如何战胜这一挑战，让学生们爱上运动呢？一起来读智慧校长的故事。

每当校园大课间音乐响起的时候，只要有时间，我就会走进队伍中去感受孩子们运动的快乐，这一走就是几年。最初的时候，所有的孩子都在操场上做操，后来孩子多了，就分出两个年级在篮球场上做操，到了2021年学生数创历史之最，操场和篮球场已经无法满足孩子们的运动需要，运动空间严重不足。而且我还发现孩子们“出工不出力”的现象越来越明显，就连简单的广播体操也很少有孩子能做标准，手伸不直、跳不高、弯腰不到位等现象比比皆是，孩子们是省力了，但是却达不到运动的目的和效果。空间不够，如何实现有限空间的无限运动？时间不够，如何增加孩子们的在校运动时间？运动项目花样不够，如何进一步激发孩子们的运动积极性？我陷入了思考，想着要采取一系列行动。

首先，老师们需要将体育工作重视起来。我在2021学年将学校体育工作作为学校的重点工作。整个体育教研组的老师们干劲十足，力求在学校体育工作中做出特色、做出新意。体育老师们将学校的大道、通道、空地、走廊这些闲置空间全部利用起来，经过统筹规划，确定了3 000多个点，让每一个孩子都有一个属于他的大课间位置，实现了有限空间内的无限运动，也为大课间活动的顺利开展提供了场地保障。解决了运动空间问题后，体育老师们开始在练习内容、练习形式上做文章，将跳绳、弹力带纳入大课间活动中，自编了绳操、弹力带操、弹力带体能操等一系列活泼、有趣、有效的大课间内容，并用音乐进行串联和指挥，以便更好地调节整个活动的进程，同时还营造了更加轻松愉悦的运动氛围。

创新版的大课间让每个孩子都动起来了，但运动不止于此，体育月单项活动、校园马拉松、春季全员运动会相继创新推出。以班级为单位，每个孩子都成了集体运动项目的运动员，在运动场上挥汗拼搏，尽情运动。这进一步激发了孩子们的运动激情与无限可能。此外，体育教研组创新推出的沙球运动还获得了国家专利。沙球运动融合了传接、投掷、跑动、躲闪、对抗等众多技战术，具有攻防转换快、趣味性强、运动伤害小等特点，非常契合小学生的心理特点、运动特点，受到了孩子们的欢迎。

两年间，“无体育，不新湖”从口号变成了新湖人的共识。孩子们已经习惯了全情投入于运动中。在运动赛场上，每个孩子都是主角，每个孩子都有独属于他的成为焦点的时刻。

当我们看到学生和老师的行为的时候，需要想到行为背后的原因和需求。对于孩子们不爱运动这个现象，要想到学校层面是否做得不够。第一步，思想上重视。我将学校体育工作纳入学校重点工作，这引起了老师们的重视并激发了体育教研组老师们的工作热情和积极性。第二步，创新思维。在寻求解决问题的办法的过程中，充分给予体育老师们肯定，让他们利用自身专业知识，突破原有运动空间的限制，创新运动项目的形式和内容，改进传统运动模式。第三步，尊重学生。学生是否喜欢、是否乐于参与是检验一个体育项目是好是坏的唯一标准。持续开展学生喜欢的运动并不断完善运动是我校体育工作一贯的工作态度，从学生愿意动起来到学生习惯动起来，增强学生体质就成了自然而然的事情。

（浙江省衢州市实验学校教育集团新湖校区校长　严丽萍）

案例 3

如何让学生成为“文明人”

引言：在校园里，总会听到学生们在交流中夹杂着一两句脏话，随后就会听到巡视的老师说：注意文明用语。但老师们不能总盯着学生，总有不在的时候，这时学生说话就更随便了，有时候感觉他们打招呼时说的都是脏话，且不以为耻。如何让学生成为讲文明的人？如何让学校成为文明的校园？一起来读智慧校长的故事。

一天上午十点半，我约了校外的两个领导来我办公室商量如何建设绿色校园的事情。我们刚谈到一半，就听见楼上有很大的动静，感觉是活动课，老师在带着学生们挪桌椅。我跟校外的两位领导说：“先喝口水，等楼上静下来，咱们再探讨。”

我话音还没落，就听到一句：“你那 ×× 样，能不能往边上点儿。”接着又一个学生说：“着 ×× 什么急，就不能等会老子……”紧跟着，老师让大家迅速落座，开始了正常上课。

我当时觉得这是一件很丢人的事，毕竟自己的孩子口无遮拦，都让外人听见了，他们会怎么评价学校的教育教学质量，难道我们学校的孩子就这般素质吗？其中一个校外领导说：“现在的孩子受社会、网络的影响，中毒不浅！”另外一个领导也说：“看来这是一个普遍现象，我们学校中学部的班主任经常反映，学生们打招呼都带脏字，就要彰显自己的个性。”

这件事一直困扰着我，做过德育管理工作的我认为：不能让中学生习惯性说脏话，必须养成文明用语的习惯。

首先，要调查这背后的原因，可以通过班主任访谈、学生座谈的形式，让师生代表从以下几个方面谈一谈：什么时候最容易说脏话？班里哪些学生经常说脏话？这些学生的家庭环境是什么样子的？等等。

其次，以班级为单位召开主题班会，题目就是：如何做一名合格的中学生。作为一名学生，我们不仅要会学习，还要讲文明、懂礼貌。考虑到现在的孩子学习压力大，在班会上大家可以畅所欲言。孩子们表示自己也知道说脏话不对，可就是管不住嘴，有时候情绪一到，脏话就像潮水一样涌出来了。所以，主题班会后，在班里成立了监督文明小组，帮助大家共同成长。

最后，通过家委会，希望家长们和学校通力合作。父母要给孩子提供一个轻松和谐的家庭氛围，“最好的教育就是言传身教”，家长要以身作则，不在孩子面前说不文明的话。据我了解，在学习上很多家长帮不上忙，最多就是叮嘱。在生活上，我们作为孩子的第一责任人，一定要注意方式方法，要以鼓励为主，必要的时候要给予帮助，一起帮孩子解决问题、渡过难关，使孩子避免因为情绪问题导致说脏话。

当我们在学校听到学生说脏话的时候，很自然地就会想知道是哪班的学生，班主任是谁。这时候班主任就感到很无辜，因为造成这种情况的因素有很多。在学校中，老师虽不会听之任之，但是收效甚微。所以，第一步，面对中学生出现的习惯性说脏话的问题，我们先要冷静下来，找出背后的原因，对症下药。有些孩子说脏话是由于学习带来挫败感，为了发泄情绪；有些是受网络环境的影响，接触了不文明的语言；有些是和社会人员接触过多，将一些不堪入耳的话带到了学校；有些是受了家庭环境的影响，家里人就没有好的语言习惯；有些就是处于青春期，想用个性的脏话来表达自己的情感。所以，从学校角度，要理解老师，不要怪罪老师，要给老师搭建平台，一步步解决问题。

第二步，号召班主任召开主题班会。班主任既可以是传道授业的解惑者，也可以是孩子们的知心朋友。营造轻松愉快的班会氛围，让学生暂时卸下学习的包袱，用心感受老师的良苦用心和真诚真爱。孩子们放下戒备后，在班会上敞开心扉，进而在班里成立监督文明小组，设立公平公开的奖惩制度，就能一步步杜绝说脏话的现象，营造文明的学习环境。

第三步，家校共育。家庭和学校不仅要一致行动，向孩子提出同样的要求，而且要志同道合，抱着一致的信念，无论是在教育的目的上、过程中，还是手段上，都不要产生分歧。面对习惯性说脏话的问题，希望家长们认真严肃、高度重视、以身作则，在家里给孩子提供一个愉快和谐的家庭氛围。同时，若孩子遇到挫折或者不愉快的事情，要以倾听和鼓励为主，必要时候给予帮助。要充分保证孩子无论是在家里还是在学校都少说脏话，双方要共同促进孩子健康人格的形成和学习成绩的提高。

（首都师范大学附属回龙观育新学校副校长　陈自奎）

案例 4

如何让学生勇于发言

引言：课堂上，学生们没有发言的热情。一节课下来也就两三个学生发言，全班其他人几乎一言不发，课堂非常沉闷。老师们也很发愁，说想尽了各种办法来调动学生积极发言，可就是不奏效。如何让课堂热闹起来？如何让学生喜欢发言呢？一起来读智慧校长的故事。

2003 年的一天，我走进了一位老师的课堂听课。课前孩子们见到我特别兴奋，围着我有说有笑，可是出乎意料的是上课铃响之后，那些欢快的“小鸟”立马不见了，教室里变得鸦雀无声。整节课下来，只有两三个孩子发言，课堂气氛特别沉闷。“孩子们，不要怕，举手发言啊！”“还有哪位同学能说一说？”“我们看看谁是最勇敢的孩子？”面对老师期盼的眼神和一次次的提醒与鼓励，孩子们或是面面相觑，或是低头不语。我看到了老师微笑表情中的无奈与尴尬。我心想：这个班是什么情况？为什么课堂沉闷到如此程度呢？下课了，那位老师赶忙走到我面前，红着脸说：“校长，真不好意思，让您失望了！”我询问道：“这个班平时上课也是这样吗？是不是今天校长来听课，孩子们变‘乖’了？”“校长，不瞒您说，平时也只有几个孩子发言。为调动他们我没少想办法，什么招都用过了，可效果就是微乎其微。校长，我真不知道该怎么办了！”老师委屈和苦恼的样子，我至今依然清晰地记得。

之后，我向教学干部全面了解了全校各班的课堂情况，可以说这个班级并不是个例。怎么能让人大附小的课堂活跃起来呢？经过思考，我提出了这样一种理念：附小孩子上课发言，说错了也要理直气壮，因为你动脑筋，你就是好样的。“理直气壮”的意思是在课堂上要大胆发言，声音要洪亮，要表现出自信心。这句话一经推广就引发了孩子们的共鸣，更被他们简化为“说错了也要理直气壮”。

但课堂热热闹闹还远远不够，基于“如何能使学生的发言更有深度，怎么能让学生有独立见解”的思考，在2014年1月人大附小第三届科研年会上，从为学生未来人生发展考虑，也为让课堂成为学生真正的课堂，我提出了“课堂四声”理念——掌声、笑声、质疑声、辩论声。人大附小“课堂四声”不仅是一种教与学的方式，还是一种课堂文化，更是一种教育理念——在课堂中培养积极乐观、具有健全人格的人。

为了让老师在对学生进行“课堂四声”的培养时更有抓手，2017年学校研制出人大附小“课堂四声文化”低、中、高学段学生用语，进一步推动并深化了“课堂四声”的有效实施。老师们感受到拥有“课堂四声”的课堂生动丰富，学生真正成了学习的主人。为此，海淀区教研室还专门将附小的课堂录像发给更多学校学习。2018年学校召开了语文、数学、英语学科的人大附小课堂四声文化研讨会，向北京市更多的学校传递理念、分享实践，人大附小的做法受到与会的陶西平、田慧生、吴正宪等专家的充分肯定与高度赞誉。

自2003年担任校长以来，每个学期从开学的第一天开始我就会走进课堂听课，坚持听课已经成为我工作的一项重要内容。我深知，作为校长，我不能只坐在办公室里，只有深入教育教学一线，用脚底板履职才更有办学发言权，才能成为学校教育教学改革的领航者与带头人。

作为校长，听课绝不能走过场、摆样子，应把听课作为发现真实问题、了解老师和学生、了解学校教学现状、推动教学改革的重要途径。应重视在课堂上发现的问题，要急老师之所急，切实解决一线老师的问题。

作为校长，还应给予老师必要的引领和指导。“说错了也要理直气壮”这一独特的教育理念，引发了附小老师强烈的新奇感和认同感，“课堂四声”理念更是高站位的引领和创新，带给了老师方向上的引领和智慧上的启迪。为了更好地实施“课堂四声”，学校制定了“四声用语”，给老师提供了具体的抓手，且可操作、可评价。因此，“课堂四声”和“四声用语”一经推出，便很快产生了影响，并取得了显著的成效。

（中国人民大学附属小学原校长　郑瑞芳）

案例 5

如何进行美育教育

引言：2023 年 12 月 20 日，教育部下发《教育部关于全面实施学校美育浸润行动的通知》，指出："以美育浸润教师，发挥教师职业的美育功能，提升全员美育意识和美育素养，塑造人格魅力，涵养美育情怀。"美育的特点是"浸润"，校园处处是美育。如何激发每位学科老师在学科教学任务很繁重的情况下，将美育教育渗透到学科中呢？一起来读智慧校长的故事。

春节前夕，衢州高级中学骨干教师"领雁班"给老师布置了两项寒假作业：读一本美学专著，写一篇读书心得；准备一堂基于美育渗透的学科公开课。虽然老师们没有表现出为难或者不满，但我知道，老师们私底下还是会嘀咕：自己的学科教学已经忙得不可开交，还搞什么美育，对学校如此重视美育不理解，对学科如何渗透美育不清楚。基于学校的艺体特色，从 2017 年开始，我提出学校要全面实施生命教育、美育、礼仪教育（合称"衢高三育"），以美育带动学校艺体特色发展。2020 年初，我进一步提出美育必须与德育、智育、体育、劳动教育融合推进。根据高中课程负担重的特点，增加艺术课程几乎不可能，美育必须渗透在学科课程中，必须融于各类活动课程中。于是，我决定从骨干教师"领雁班"入手，布置寒假作业，写美育专著阅读心得，准备基于美育的学科公开课。

鉴于目前国内的美育现状，中学教师的美育意识普遍不强，美育能力普遍不足，教师的彷徨和不解完全可以理解。那么，面对大家的不解，我是怎么一步一步推进的呢？

首先是名家引领，营造氛围。每年大概 8～10 次，邀请文化艺术界名家做客柯山大讲堂。如今，柯山大讲堂让衢州高级中学被大家称为衢州教育的文化高地。还邀请科学家讲学科融合。如邀请著名物理学家、复旦大学金晓峰教授讲

“诗情画意的物理学”“我们该如何欣赏科学”“从万物皆数谈起——音乐中的物理”。

2020 年 10 月，学校举办衢州高级中学“领雁班”美育课程化实践研讨周活动，活动中老师们谈读书体会，9 位不同学科的老师上公开课，教研组长点评探讨，还邀请市教研室主任点评总结。

2022 年学校搬迁至新校区，我提出“重建校园、重塑精神、重构文化”，以学校文化建设为抓手，推进美育教育。学校以搬迁为契机，改校训为“原天地之美，达万物之理”，邀请我国著名美学家、北京大学叶朗教授题写，并将其刻在学校正门巨石上。学校还重新设计了非常具有辨识度的标识。通过视觉识别上的系统布置和一系列的美化，学校营造了良好的文化环境，又通过一系列的美育融合活动，创造了优良的美育氛围。

2023 年 11 月，学校组织教学理念专项竞赛，让老师们谈“我心目中的理想课堂”。2023 年 12 月，学校举办以“聚焦五育共美 · 构建高校课堂”为主题的青年教师优质课评比活动，推进美育学科渗透。

前不久，一位学校中层干部对我说：“谢谢校长让我们从乡下人变成了城里人。”当时我不解其意，以为是说学校完成了搬迁，从乡下搬到了城区。没想到他说的是老师们的思想文化素质这些年发生了巨大变化。我也切实感受到，学校这些年的美育教育已经收到了非常好的效果，美育渐渐深入人心。

有人说，现在老师的视野比较狭窄，存在认知壁垒，常常局限于自己学科的知识教学，对美育知之甚少，美育意识不强，更缺少美育能力。这固然是事实，但这首先是一个社会问题，是一个教育系统性问题。别说老师不懂美育，教育行政部门也不懂，校长也不懂。2018 年我参加了一个校长班，前往英国进修学习，大家对参观英国国家美术馆、大英博物馆感兴趣，但愿在里面流连的并不多。2020 年我到教育部校长培训中心参加培训，在近两个月时间听了众多专家讲课，但没有一堂课是讲美育的。

2023 年 12 月 20 日教育部下发《教育部关于全面实施学校美育浸润行动的通知》，指出：“以美育浸润教师，发挥教师职业的美育功能，提升全员美育意识和美育素养，塑造人格魅力，涵养美育情怀。”“强化各学科教师的美育意识和美育素养，将美育纳入教育系统领导干部和教师培训计划，广泛开展面向教育行政人员、学校领导的专题培训和面向艺术骨干教师的专业培训。”据我所知，这是教育部第一次提出全员美育的概念，第一次提出全员培训的要求，第一次强调美育的特点是“浸润”，要与其他学科融合。2018 年，相关报道中教育部提到的“美育教师”还是指艺术教师。所以，对于老师对美育的不理解，我没有任何批评。我只能从点滴开始，润物细无声。我凭一己之力，在几年时间里在学校为美育创下了一片天地。

第一步：倡导美育，为美育呐喊。不仅在校内讲，也到电视访谈里讲，到各类教育培训会上讲，扩大影响力，久而久之老师们慢慢接受了我的观点。

第二步：专家引领，借力造势。大批专家长期传播美育，加上媒体和学校的大力宣传，产生了良好的社会效应，反过来影响并推动老师开展美育教育。

第三步：活动推进，美育优先。学校组织的活动，无论是美育活动，还是德育等其他育人活动，都要求做到极致，符合审美要求。采购文化石，精选细挑；移栽树木花草，我都是亲自定位，一丝不苟；学校发出去的微信，从文字到图片到排版，我严格要求，即使是海报排版制作，我也从不随意。久而久之，大家把审美要求完全融入活动组织中，把美育融入教育教学的各个环节中。

第四步：营造氛围。我一直坚持认为美育的特点是“浸润”，美育不仅包含在教育教学的全过程，也包含在学校空间的每一个角落。校园处处是美育。“捕捉美丽瞬间，讲述校园故事”“做有温度的教育，办有故事的学校”已然成为衢高人的共识。

（浙江省衢州高级中学原校长　周晓天）

图书在版编目（CIP）数据

体验式教育实践：中小学健康教育教师手册/马欢，张凤茹主编. -- 北京：中国人民大学出版社，2025. 1.（读懂青少年成长与发展系列丛书）. -- ISBN 978-7-300-33401-1

Ⅰ. G637.9

中国国家版本馆CIP数据核字第2024214SG3号

读懂青少年成长与发展系列丛书
总主编　陈如平
体验式教育实践：中小学健康教育教师手册
主　编　马　欢　张凤茹
编　者　缪易珍　任佩娟　谈继红　白燕宁　纪学平　彭丽珊　孔丽颖　程　剑
　　　　李江波　郭　颖　严丽萍　陈自奎　郑瑞芳　周晓天
Tiyanshi Jiaoyu Shijian: Zhongxiaoxue Jiankang Jiaoyu Jiaoshi Shouce

出版发行	中国人民大学出版社		
社　址	北京中关村大街31号	邮政编码	100080
电　话	010-62511242（总编室）		010-62511770（质管部）
	010-82501766（邮购部）		010-62514148（门市部）
	010-62515195（发行公司）		010-62515275（盗版举报）
网　址	http://www.crup.com.cn		
经　销	新华书店		
印　刷	北京密兴印刷有限公司		
开　本	720 mm × 1000 mm　1/16	版　次	2025 年 1 月第 1 版
印　张	17.75 插页 1	印　次	2025 年 1 月第 1 次印刷
字　数	301 000	定　价	68.00 元